目　录

山东省教师招聘考试

历年真题解析及押题试卷

参考答案及解析

教育理论基础

（教学基础知识）

山香教师招聘考试命题研究中心　主编

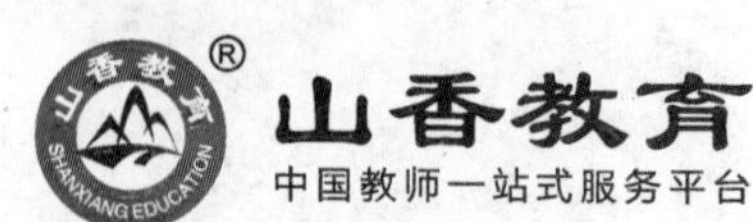

山东省教师招聘考试
历年真题解析及押题试卷
教育理论基础
（教学基础知识）

山香教师招聘考试命题研究中心　主编

扫码免费领取：
①免费名师视频课程
②精选20套历年真题（带答案和解析）
③山香独家内部讲义
④上岸必刷题库
⑤考试资讯第一时间获悉，从容准备，不错失每一次机会
⑥备考交流群，山香专业老师互动答疑，打卡督促学习

免费领取方式：
①扫码关注公众号
②回复备考省份，如"山东省"

图书在版编目（CIP）数据

山东省教师招聘考试·历年真题解析及押题试卷．教育理论基础／山香教师招聘考试命题研究中心主编．--北京：首都师范大学出版社，2015.5（2021.8重印）

ISBN 978-7-5656-2333-2

Ⅰ．①山… Ⅱ．①山… Ⅲ．①教育学－教师－聘用－资格考试－题解 Ⅳ．①G451.1-44

中国版本图书馆CIP数据核字（2015）第099009号

山东省教师招聘考试·历年真题解析及押题试卷
JIAOYU LILUN JICHU
教育理论基础
山香教师招聘考试命题研究中心　主　编

策划编辑　张文强
责任编辑　曹亮亮　王慕飞　　　　封面设计　山香教育
首都师范大学出版社出版发行
地　　址　北京市西三环北路105号
邮　　编　100048
咨询电话　010－68418523（总编室）　　010－68982468（发行部）
网　　址　http://cnupn.cnu.edu.cn
印　　刷　河南黎阳印务有限公司
经　　销　全国新华书店
版　　次　2015年7月第3版
印　　次　2021年8月第25次印刷
开　　本　787mm×1092mm　1/16
印　　张　17.5
字　　数　355千
定　　价　42.00元

前言

近年来，教师招聘考试越来越“火热”，使得考生在参加教师招聘考试时面临着两大困境：一方面，随着广大考生对教师招聘考试的不断探索，笔试成绩的差距在不断缩小；另一方面，教师招聘考试的试题难度和灵活性也在不断提高。

考生如何在严峻的教师招聘考试中脱颖而出呢？除了要具备扎实的专业知识外，短时间内系统、针对性地复习和训练也是必备的。为了让更多的考生有针对性地备考，使复习有方向、有条理，作为国内研究开发教师招聘考试辅导教材的专业机构，山香教育专门为有志于教育事业、需要通过教师招聘考试实现人生理想的广大考生朋友推出了本套试卷。2021 年，我们在深入钻研山东省教师招聘考情的基础上，结合历年真题，重新修订了《山东省教师招聘考试·历年真题解析及押题试卷. 教育理论基础》这套试卷。

本套试卷具有以下特点：

第一，真题全。真题试卷部分精选了近三年山东省各地最具有代表性的真题，知识点涵盖全面且题型丰富多样化，透视了课程标准和考试大纲的要点，预示了教师招聘考试的命题趋势。

第二，内容精。押题试卷部分是在充分研究各地考情和历年真题的基础上修订的。它注重对思想和方法的考查，注重对能力的考查，同时兼顾试题的基础性、综合性和现实性，重视试题间的层次性，合理调控综合程度。

第三，解析妙。本套试卷的解析由山香教育的实力派老师进行了数轮优化，并结合考生的理解误区和题目迷惑点，特设“易错提示”“方法技巧”两个栏目。“易错提示”为易错易混点辨析，“方法技巧”为做题方法指导和知识点解读，通过这两个栏目大大提升了该书的实用性，达到为考生答疑解惑、指点迷津的目的。

本套试卷难免存在一些不足之处，衷心希望各位读者朋友批评指正，同时希望这套试卷能为考生顺利通过教师招聘考试提供帮助。

山香教育编辑部

目录

参考答案及解析单独成册

真题试卷

2021年山东省济南市历下区教师招聘考试公共基础知识和教育基础知识真题试卷(一)

(满分100分　时间120分钟)

考情分析

本套试卷共110小题,包括单项选择题(70小题)、多项选择题(30小题)、判断题(10小题)。

第一部分　公共基础知识

一、单项选择题(在下列每小题四个选项中只有一个是符合题意的,将其选出并把它的标号填在括号内。错选、多选或未选均不得分。本大题共20小题,每小题0.9分,共18分)

1.2021年1月,习近平在世界经济论坛“达沃斯议程”对话会上发表致辞,强调面对世界上错综复杂的问题,解决办法是维护和践行多边主义。下列做法中属于多边主义的是(　　)

A.本国优先毁约退群　　B.搞意识形态对抗

C.搞集团政治和小圈子　　D.维护以联合国为中心的国际体系

2.三星堆遗址群位于(　　)

A.湖南　　B.四川　　C.湖北　　D.云南

3.中共中央办公厅印发通知,对庆祝建党100周年群众性主题宣传教育活动作出部署,该次宣传教育活动的主题为(　　)

A.永远跟党走　　B.感党恩、听党话、跟党走

C.新时代、新作为、新担当　　D.不忘初心,牢记使命

4.2021年为农历辛丑年,这一称谓沿用了古代干支纪年的方法。下列表述中没有使用干支纪年的是(　　)(易错)

A.永和九年,岁在癸丑,暮春之初,会于会稽山阴之兰亭

B.夏四月辛巳,败秦师于殽

C.淳熙丙申至日,予过维扬

D.死事之惨,以辛亥三月二十九日围攻两广督署之役为最

5.2020年抗疫期间,“文博文创热”成为文化产业和文化消费的新增长点,这表明(　　)

A.文化的力量可以转变为物质的力量　　B.精神是第一性的,精神是物质的产物

C.精神活动对物质活动有能动的反作用　　D.精神是客观事物在人脑中的反映

6.“前事不忘,后事之师”出自刘向《战国策·赵策一》,体现的哲学道理是(　　)

A.遵循客观规律,发挥主观能动性　　B.规律是客观的,不以人的意志为转移

C.要根据因果联系总结经验教训　　D.认识规律才能利用规律

7.下列属于霍金作品的是(　　)

A.大爆炸探秘　　B.自然的终结

C.物理世界奇遇记　　D.时间简史——从大爆炸到黑洞

8.人类通过生育过程繁衍后代,决定人类性别的自然因素是(　　)

A.外部环境　　B.遗传因素　　C.身体状态　　D.体内激素

9.根据《中华人民共和国道路交通安全法实施条例》的规定:未满(　　)的儿童不准在道路上骑自行车。

A.10周岁　　B.11周岁　　C.12周岁　　D.13周岁

10.大气中的臭氧是由氧气吸收了(　　)后生成的。

A.红光　　B.紫外线　　C.蓝紫光　　D.红外线

11.下列动物中属于我国特有的珍稀爬行动物,并享有“活化石”之称的是(　　)

A.长臂猿　　B.壁虎　　C.大鲵　　D.扬子鳄

12.“三更”是指(　　)

A.21点到23点　　B.23点凌晨1点

C.凌晨1点至3点　　D.24点

13.某学生在体育课上跌倒,扭伤脚踝,皮肤无破损,已排除骨折,下列应急方法中正确的是(　　)

A.局部使用抗生素　　B.用力按摩　　C.冷敷患处　　D.热敷患处

14.通过给女性注射人乳头瘤病毒(HPV)疫苗可大大降低(　　)发病几率。

A.卵巢癌　　B.宫颈癌　　C.乳腺癌　　D.肝癌

15.缺铁性贫血的人群,应当适量多摄取的食物是(　　)

A.菠菜　　B.粗粮　　C.动物肝脏　　D.胡萝卜

16.下列说法中正确的是(　　)(常考)

A.犯罪时不满18周岁的人不适用死刑

B.被剥夺政治权利的人在被剥夺权利期间仍享有选举权

C.审判时已满75周岁的人不适用死刑

D.犯罪时怀孕的妇女不适用死刑

17.毛泽东在1927年8月中共中央紧急会议上的讲话中提出的著名论断是(　　)

A.使马克思主义中国化　　B.加强调查研究是转变作风的基础

C.须知政权是由枪杆子中取得的　　D.统一战线是三大法宝之一

18.下列关于我国《民法典》的说法中,不正确的是(　　)

A.《民法典》被称为“社会生活的百科全书”

B. 我国第一部《民法典》共7编,1260条

C. 我国《民法典》自2021年1月1日起实施

D.《民法典》是由国务院制定的

19. 我国牧区和农耕区的分界线大体接近( )

A. 100毫米等降水量线　　B. 200毫米等降水量线

C. 400毫米等降水量线　　D. 800毫米等降水量线

20. 我国现行宪法是( )年颁布的。

A. 1954年　　B. 1982年　　C. 1998年　　D. 2018年

二、多项选择题(在下列每题列出的选项中至少有两项是符合题意的,将其选出并把它的标号写在括号内。多选、错选或少选均不得分。本大题共10小题,每小题1.2分,共12分)

21. 马克思创建的唯物史观和剩余价值学说为人类指明了从必然王国向自由王国飞跃的途径,下列选项中对必然与自由的认识正确的有( )

A. 对必然认识得越深刻越自由　　B. 认识必然是取得自由的前提

C. 人的自由在于摆脱必然的约束　　D. 自由是根据对必然的认识而对世界的改造

22. 下列选项中属于碳水化合物的是( )

A. 二氧化碳　　B. 蛋白质　　C. 糖　　D. 谷物

23. 下列说法中正确的有( )(易混)

A. 望指阴历每月十五　　B. 既望指小月农历十六,大月农历十七

C. 晦指每月农历初一　　D. 朔指每月农历的最末一天

24. "楷书四大家"是对书法史上以楷书著称的四位书法家的合称,下列书法家中属于唐朝的是( )

A. 欧阳询　　B. 赵孟頫　　C. 颜真卿　　D. 柳公权

25. 根据我国宪法的规定,下列属于政府组成人员的有( )

A. 国务院总理　　B. 国家主席　　C. 中国人民银行行长　　D. 国务委员

26. 关于全国人民代表大会,下列说法中正确的有( )

A. 全国人民代表大会是最高行政机关

B. 全国人民代表大会代表每届任期五年

C. 全国人民代表大会会议每年举行一次

D. 我国第一届全国人民代表大会第一次会议于1949年在北京召开

27. "氓之蚩蚩,抱布贸丝。"这是《诗经·卫风·氓》中的名句,关于"抱布贸丝"的理解正确的有( )

A. 是一种物物交换的方式　　B. 是一种商品流通方式

C. 这种交换常常是不等价的　　D. 这里的"布"和"丝"都是商品

28. 关于我国古代年龄的称谓,下列表述中正确的有( )(常考)

A. 襁褓:一周岁　　B. 始龀:十二三岁

C. 不惑之年:四十岁　　D. 耄耋之年:八九十岁

29. 平津战役是解放战争时期具有决定性意义的战役,是中国人民解放军将国民党军傅作义集团抑留于北平、天津、张家口地区,予以各个歼灭的战略决战性战役。参加平津战役的军队有( )

A. 华东野战军　　B. 华北野战军　　C. 中原野战军　　D. 东北野战军

30. 为减少雾霾天气的发生,下列措施中可行的有( )

A. 禁止焚烧秸秆　　B. 增加绿化面积　　C. 提高尾气排放标准　　D. 扩大城市面积

第二部分　教育基础知识

三、单项选择题(在下列每小题四个选项中只有一个是符合题意的,将其选出并把它的标号填在括号内。错选、多选或未选均不得分。本大题共50小题,每小题0.8分,共40分)

31. 西方教育史上第一个明确提出"教育心理学化",主张将教育和教学工作置于儿童心理活动规律基础上的教育家是( )

A. 洛克　　B. 蒙台梭利　　C. 裴斯泰洛齐　　D. 福禄贝尔

32. 个体一旦认可、仰慕某人为其偶像,便会在各个方面模仿和追随偶像的行为,并尽力在思想、情感和态度上与之保持一致。从品德的形成过程看,如果个体出现这一现象,则表明该个体的品德形成达到的阶段是( )

A. 模仿　　B. 依从　　C. 认同　　D. 内化

33. 2020年10月,中共中央、国务院印发了《深化新时代教育评价改革总体方案》。《方案》提出了"改革教师评价,推进践行教书育人使命"的重点任务,要求"坚持把( )作为第一标准"。

A. 教书育人　　B. 立德树人　　C. 师德师风　　D. 素质教育

34. 18世纪的教育家卢梭通过小说体教育名著《爱弥儿》表达了其自然主义教育思想。下列内容不属于卢梭所界定的教育内涵的是( )

A. 自然的教育　　B. 公民的教育　　C. 事物的教育　　D. 人为的教育

35. 由于学生发展的主客观条件不一样,其发展的过程和结果也有差异,这就要求教师( )

A. 把握学生发展的关键期,不失时机地采取教育措施,使其获得最佳发展

B. 深入了解学生的身心发展状况和水平,做到因材施教

C. 根据时代特征、地域特点,不断调整教学内容

D. 要考虑教育各个阶段的衔接

36. 提出了发展性教学理论,强调教学过程的实质是促使学生获得一般发展的教育家是( )(常考)

A. 凯洛夫　　B. 赞可夫　　C. 苏霍姆林斯基　　D. 马卡连柯

37. 上课是教学工作的中心环节,是提高教学质量的关键,需要遵循"内容正确"的基本要求。正确的教学内容应体现( )(易错)

A. 科学性与人文性的统一　　B. 专业性与艺术性的统一

C. 科学性与思想性的统一　　D. 科学性与艺术性的统一

38. 2021年4月8日，教育部办公厅发布《关于加强义务教育学校作业管理的通知》，要求"严控书面作业总量"，规定小学三至六年级家庭作业时间不超过(　　)

A. 50分钟　B. 60分钟　C. 70分钟　D. 80分钟

39. 马卡连柯认为："要尽量多地要求一个人，也要尽可能地尊重一个人。"这一观点体现的德育原则主要是(　　)(常考)

A. 教育影响的一致性与连贯性原则　B. 集体教育与个别教育相结合原则

C. 严格要求学生与尊重信任学生相结合原则　D. 长善救失原则

40. 维果斯基认为儿童有两个发展水平。第一个是现有发展水平，表现为儿童能够独立地完成教师提出的智力任务。第二个是潜在发展水平，表现为儿童无法独立完成任务，需要借助教师或其他成人的帮助才能完成任务。这两个水平之间的差距即为最近发展区，下列以最近发展区作为理论基础的教学方法是(　　)

A. 示范—模仿教学　B. 引导—发现教学

C. 情境—陶冶教学　D. 支架式教学

41. 教学规律是指教学现象中客观存在的，具有必然性、稳定性、普遍性的联系。教学规律对教学活动具有规约作用，是制定教学原则的重要依据。体现"教师主导与学生主体相统一"教学规律的教学原则是(　　)

A. 循序渐进原则　B. 启发性原则　C. 因材施教原则　D. 量力性原则

42. 德育途径是指实施德育的渠道。德育具有多种途径，其基本途径是(　　)

A. 政治课、思想品德课　B. 班主任工作

C. 各科教学　D. 各种课外活动、社会实践等

43. 教育具有促进社会发展的功能，但并非所有的教育都能够发挥这样的功能。教育促进社会的发展是有条件的，这个条件主要是指(　　)

A. 教育活动必须遵循个体的身心发展规律

B. 正确把握教育与社会之间的张力

C. 有效地组织教育活动以促进学生的发展

D. 发挥教师的引导作用，培养学生的自觉能动性

44. 教学过程的每一个环节，既是相对独立的、各自发挥着独特作用，又是彼此关联的、产生着相互作用。教学过程的中心环节是(　　)(常考)

A. 激发学习动机　B. 领会知识　C. 巩固知识　D. 运用知识

45. 如果学生在进入中学以后仍缺乏主见，在做选择和判断时过分遵从父母、教师或其他权威人士的期望或建议，依照他们的决定行动，很少或从不尝试按照自己的想法进行探索。根据玛西亚自我同一性理论的四种状态，其自我同一性状态属于(　　)

A. 同一性达成　B. 同一性早闭　C. 同一性弥散　D. 同一性延缓

46. 实用主义教育学是19世纪末20世纪初在美国兴起的一股教育思潮，对20世纪整个世界的教育理论研究和教育实践发展产生了极大的影响。下列观点与实用主义教育学观点不一致的是(　　)

A. 教育即生活　B. 教育即个人经验的增长

C. 学校的课程以学生的经验为中心　D. 教育教学中以教师为中心

47. 学科课程和活动课程在总体上都服从于整体的课程目标，但二者有着明显的区别。下列关于学科课程的表述不正确的是(　　)

A. 从目的来看，学科课程主要是传递人类长期创造和积累的经验的精华

B. 从编排方式来看，学科课程强调各种有教育意义的学生活动的系统性

C. 从教学方式来看，学科课程主要以教师为主导去认识人类的种族经验

D. 从评价方式来看，学科课程强调终结性评价，侧重考查学生学习的结果

48. 苏联教育家凯洛夫主编的《教育学》曾经对我国教育理论与实践产生过重大影响，其教育思想的主要特点是(　　)

A. 用心理学解释教学过程　B. 强调教学过程最优化

C. 强调知识的系统学习和教师的主导作用　D. 重视智力发展和创造性培养

49. 2019年9月17日，国家主席习近平签署主席令，根据十三届全国人大常委会第十三次会议表决通过的全国人大常委会关于授予国家勋章和国家荣誉称号的决定，授予于漪、卫兴华、高铭暄(　　)国家荣誉称号。

A. 教育科学家　B. 人民教育家　C. 教育艺术家　D. 教育改革家

50. "教育目的的主要包括两个方面，一方面是可能的目的，是与职业选择相关的目的；另一方面是必要的培养道德的目的。一个人无论从事什么样的职业，都必须具有一定的完善的道德品质，所以说道德教育是教育的最高目的。"持这一观点的教育家是(　　)

A. 杜威　B. 夸美纽斯　C. 斯宾塞　D. 赫尔巴特

51. 教育领导权和受教育权的主要决定因素是(　　)(常考)

A. 社会生产力和科技发展水平　B. 社会人口规模

C. 社会文化传统　D. 社会政治经济制度

52. 我国教育史上正式颁布但未实行的第一个学制，具体规定了各级各类学堂的性质、培养目标、入学条件、入学年限、课程设置和相互关系。该学制注重国民教育和实业教育，存在重男轻女的传统思想，保留着科举制度的痕迹。该学制是(　　)

A. 癸卯学制　B. 壬寅学制　C. 壬戌学制　D. 壬子癸丑学制

53. 教育目的的社会本位论价值取向把满足社会需要视为教育的根本目的，认为教育是培养人的社会活动，社会是人们赖以生存发展的基础，社会价值高于个人价值，个人的存在与发展依赖并从属于社会。下列代表人物的教育目的观属于社会本位论的是(　　)

A. 爱伦·凯勒　B. 卢梭　C. 涂尔干　D. 马斯洛

54. 小孩子看见穿白大褂的护士就联想起打针，从而表现出恐惧。根据加涅的学习分类理论，这种学

习行为属于(　　)(常考)

A. 信号学习　B. 刺激—反应学习　C. 问题解决学习　D. 言语联想学习

55. 下列行为矫正方法中,属于消退的是(　　)

A. 当孩子哭闹时不予理睬　B. 当学生打闹时进行呵斥

C. 当学生表现出良好行为时进行表扬　D. 当孩子完成作业时才能看电视

56. 个体若长时间身处黑暗无光处,一旦来到光明处,眼睛会什么都看不到。这种现象是(　　)(常考)

A. 暗适应　B. 明适应　C. 后像　D. 闪光融合

57. 埃里克森认为,个体的人格发展是一个逐渐形成的过程,必须经历八个顺序不变的阶段。每一阶段都有一个由生物学的成熟与社会文化环境、社会期望之间的冲突和矛盾所决定的发展危机。相应地,个体在其发展的每一阶段所面临的主要任务就是发展相应的品质,籍此化解发展危机。其中,小学生面临的任务主要是发展(　　)

A. 主动感　B. 勤奋感　C. 自主感　D. 信任感

58. 美国社会心理学家班杜拉认为,自我效能感是"人们对自身能否利用所拥有的技能去完成某项工作行为的自信程度",自我效能感的培养是教师对学生心理教育的重要内容。以下提高学生自我效能感的方式不包括(　　)

A. 小步子教学,帮助学生逐步积累成功经验

B. 树立榜样,引导学生学习榜样的良好行为

C. 提供展现学生个人能力的机会,增加学生自信心

D. 营造紧张氛围,让学生处于高度竞争性学习环境

59. 张利在记忆"chaos(混乱)"这个单词时,将其理解为"混乱中人很吵闹,声音大得要吵死人了",借助谐音"吵死"记住了这个单词。按照加涅的学习结果分类观点,学生使用谐音方法记忆单词属于(　　)

A. 联想策略　B. 认知策略　C. 言语信息　D. 智慧技能

60. 雷雷的整数加减法学得很好,但是到了学习小数加减法时却常常出错。因为他仍然按照整数加减的方法来计算小数加减,把数字进行末位对齐而不是小数点对齐。这种现象属于(　　)(常考)

A. 负向迁移　B. 平行迁移　C. 顺向迁移　D. 逆向迁移

61. 面对考试失败的学生,许多家长往往多是批评指责。久而久之,就可能导致学生每听到要考试,就会焦虑。按照巴甫洛夫的理论,这说明该学生在考试和焦虑之间建立起了(　　)

A. 一级条件作用　B. 替代强化作用

C. 初级条件作用　D. 高级条件作用

62. 按照美国心理学家法贝的观点,如果一个教师的职业倦怠表现为在高压力下放弃努力,籍此减少对工作的投入来求得心理平衡,则该教师的职业倦怠属于(　　)(常考)

A. 低挑战型　B. 狂热型　C. 情绪衰竭型　D. 精疲力竭型

63. 大海和小刚是一对好朋友,两人经常一起学习、玩耍,并且拒绝其他人加入。依据塞尔曼儿童友谊发展阶段理论,大海和小刚的友谊处于(　　)

A. 单向帮助阶段　B. 双向帮助但不能共患难的合作阶段

C. 亲密的共享阶段　D. 友谊发展的最高阶段

64. 学习动机是指激励并维持学生朝向某一目的的学习行为的动力倾向。对学习动机的解释大致可以分为驱力理论和诱因理论。其中驱力理论认为决定学习动机强度的是(　　)

A. 需要　B. 期待　C. 认知　D. 情感

65. 第一次世界大战后,促进美国教育向实用化、多元化和注重个人需要方向发展的教育理论流派是(　　)

A. 进步主义　B. 要素主义　C. 永恒主义　D. 社会改造主义

66. 谈到教师,人们往往就会与穿着朴实、举止文雅相联系;谈到医生,就会联想到身穿白大褂、说话严谨;谈到老年人,会与老态龙钟、守旧保守相联系。这种现象在心理学称之为(　　)(常考)

A. 刻板印象　B. 联想效应　C. 印象固着　D. 晕轮效应

67. 加涅根据学习的繁简水平不同,将人类的学习分为六种类型。其中最基础的学习类型是(　　)

A. 规则学习　B. 概念学习　C. 辨别学习　D. 连锁学习

68. 有的学生在学习上遇到困难的时候,会主动向他人寻求帮助,表现出较强的学业求助能力,从学习策略的角度看,学业求助属于(　　)

A. 认知策略　B. 元认知策略　C. 调节策略　D. 资源管理策略

69. 卡特尔将能够反映个体的信息加工能力、逻辑推理能力和记忆能力的智力称为(　　)

A. 分析智力　B. 创造智力　C. 流体智力　D. 晶体智力

70. 教学方法是教学活动结构的媒介,具有独特的教学功能,同时也承载着学生学习活动的特点。下列教学方法属于"以直接感知为主的方法"的是(　　)

A. 读书指导法　B. 参观法　C. 练习法　D. 发现法

71. 李兰同学的数学成绩一直不太好,班主任李老师就常利用课余时间鼓励她,告诉她要坚定信心找好方法,一定可以克服学习中遇到的困难,学好数学。李兰在得到老师的鼓励后,成绩真的渐渐得到了提升,心理学中把这种效应称为(　　)

A. 顺序效应　B. 安慰剂效应　C. 霍桑效应　D. 罗森塔尔效应

72. 在学校中,人们发现尽管有的学生在别人面前表现的贪玩、不在乎考试,但私下里却偷偷努力,拼命学习。因为在这些学生看来,如此做法,成功使其成绩更有价值,更能说明其能力过人;失败,也可以为自己找到很好的理由,不会被视为无能。按照动机的自我价值理论,这类学生的学习动机属于(　　)

A. 高驱低避型　B. 高驱高避型　C. 低驱低避型　D. 低驱高避型

73. 如果一个人看上去情绪平稳、表情平淡,思维灵活性较差但实则外柔内刚,考虑问题细致周到,则这个人的气质类型最有可能是(　　)(常考)

A. 多血质　B. 胆汁质　C. 黏液质　D. 抑郁质

74. 当个体看见别人尤其是同伴成功完成某项任务，往往就会产生“他们能做到，我也能”的信念。在班杜拉看来，这一现象的产生主要源于（　　）

A. 亲身体验　　B. 替代体验

C. 言语说服　　D. 个体的生理和情感状态

75. 学校教育制度是我国教育制度的主要部分。我国现行学校教育制度的阶段包括（　　）

A. 学前教育　小学教育　中学教育　大学教育

B. 学前教育　基础教育　中等教育　大学教育

C. 学前教育　中学教育　高等教育　小学教育

D. 学前教育　初等教育　中等教育　高等教育

76. 教育机智是指教师能根据学生新的特别是意外的情况，迅速而正确地做出判断，随机应变地采取及时、恰当而有效的教育措施解决问题的能力。教育机智体现了教师劳动的（　　）

A. 长期性　　B. 专业性　　C. 创造性　　D. 复杂性

77. 通过学校管理体制、学校组织机构、班级管理方式和班级运行方式等表现形式呈现的隐性课程，属于（　　）

A. 观念性隐性课程　　B. 物质性隐性课程

C. 心理性隐性课程　　D. 制度性隐性课程

78. 联合国教科文组织国际教育发展委员会在《学会生存——教育世界的今天和明天》中提到：“教育的基本功能之一就是重复，即重复地把上一代从祖先那里继承下来的知识传递给下一代。”这体现了教育功能的（　　）

A. 客观性　　B. 社会性　　C. 条件性　　D. 保守性

79.《中国教育现代化2035》提出的教育主要发展目标不包括（　　）

A. 普及有质量的学前教育　　B. 实现优质均衡的义务教育

C. 普及高质量的高中阶段教育　　D. 职业教育服务能力显著提升

80. 2020年12月23日，教育部颁布《中小学教育惩戒规则（试行）》，将教育惩戒纳入法治轨道。《中小学教育惩戒规则（试行）》首次对教育惩戒的概念进行了定义，认为教育惩戒是一种（　　）

A. 管理方式　　B. 评价方式　　C. 惩罚方式　　D. 教育方式

四、多项选择题（在下列每题列出的选项中至少有两项是符合题意的，将其选出并把它的标号写在括号内。多选、错选或少选均不得分。本大题共20小题，每小题1.1分，共22分）

81. 按照《中华人民共和国教育法》规定，受教育者应当履行的义务包括（　　）

A. 遵守法律、法规

B. 参加教育教学计划安排的各种活动，使用教育教学设施等

C. 遵守学生行为规范，尊敬师长，养成良好的思想品德和行为习惯

D. 努力学习，完成规定的学习任务

82. 马斯洛认为个体的动机需要呈等级结构，由低到高分为七种需要。这七种需要又可以分成缺失需要和成长需要两大类。下列不属于成长需要的是（　　）（易错）

A. 找一个好工作　　B. 保持体形　　C. 被人尊重　　D. 考上一所好大学

83. 信息社会的生产工具已经从大机器时代进入到智能时代，迅猛发展的计算机技术和数字技术已经深刻地影响着人们的生产方式、管理方式、生活方式、行为方式乃至思维方式。与这种发展趋势相联系，信息社会的教育呈现出的特征主要有（　　）

A. 教育与生产劳动从分离走向结合

B. 教育的公共性日益突出

C. 教育的全球化趋势更加明显

D. 教育的终身化理念成为指导教育改革的基本理念

84. 学校产生的条件主要有（　　）

A. 社会生产水平的提高，为学校的产生提供了物质基础

B. 脑力劳动与体力劳动的分离，为学校的产生提供了专门从事教育活动的人才

C. 文字的产生和知识的记载，使人类的间接经验得以传递

D. 国家机器的产生，需要专门的教育机构来培养官吏等

85. 与专门研究者的教育研究相比较，教师的教育研究主要体现为（　　）

A. 描述和解释教育的研究　　B. 改进教育的研究

C. 置身教育之中的研究　　D. 为了教育的研究

86. 根据学生评价在教学活动中的不同作用，美国心理学家布卢姆提出了学生评价的类型，具体包括（　　）

A. 诊断性评价　　B. 形成性评价　　C. 增值性评价　　D. 总结性评价

87. 无论是古希腊人的“七艺”，还是中国儒家的“六艺”，都体现了一种使人性臻于完善的教育理想。下列选项中属于“六艺”内容的是（　　）

A. 文法　　B. 礼节　　C. 射击　　D. 几何学

88. 教学有法，但无定法。选择和运用教学方法的依据包括（　　）（常考）

A. 教学目的和任务的要求　　B. 课程性质和教材特点

C. 学生特点　　D. 教师业务水平、实际经验及个性特点

89. 隐性课程是以内隐的、间接的方式呈现的课程，是学生在显性课程以外所获得的所有学校教育的经验。下列属于隐性课程表现形式的有（　　）

A. 班级管理方式　　B. 学校的人际关系

C. 思想政治课　　D. 教师的教育理念

90. 我国校本课程是与国家课程、地方课程紧密结合的一种具有多样性和可选择性的课程。校本课程开发的优势主要有（　　）

A. 有利于实现教育目标　　B. 有利于推进学校的特色发展

C. 有利于提高教学的学术性　　D. 有利于促进学生的个性发展

91. 因为没有完成作业受到老师批评的学生，会产生许多想法。下列学生想法中属于不合理信念的是(　　)

A. 我没有完成作业是我的不对，我下次一定保质保量完成

B. 我真是个没用的人，连作业都完不成

C. 我已经很努力地做了，就是做不完，我不配做学生

D. 受到老师批评，我很没面子，我讨厌这个老师

92. 文化教育学是19世纪末以来出现在德国的一种教育学说，其基本观点包括(　　)

A. 教育过程是一种历史文化过程

B. 教育研究必须采用精神科学或文化科学的方法

C. 教育的目的就是要促使社会历史的客观文化向个体的主观文化转变，培养完整的人格

D. 培养完整人格的主要途径是"陶冶""唤醒"，建构对话的师生关系

93. 成就目标理论将成就目标分为两种类型，一种是掌握目标，另一种是成绩目标。持成绩目标的个体会认为(　　)

A. 成功是有提高的，有进步的　　B. 努力是有价值的，要勇于挑战困难任务

C. 努力的理由是证明个人的价值　　D. 做事情时，犯错误就等于失败

94. 德国心理学家艾宾浩斯最早研究了遗忘的发展进程，提出"保持和遗忘是时间的函数"。根据艾宾浩斯的遗忘规律，下列陈述正确的有(　　)(常考)

A. 遗忘的进程先快后慢　　B. 遗忘的进程先慢后快

C. 遗忘在学习之后立即开始　　D. 遗忘在学习一天后开始

95. 随着互联网的不断发展，网络走进了千家万户，网络成瘾问题也逐渐引起了社会的关注。下列选项中可能导致青少年网络成瘾的因素有(　　)

A. 网络本身的吸引力强　　B. 学生的自我控制能力差

C. 学生的人际关系差　　D. 学校设置计算机相关课程

96. 行为主义对教学活动存在重要影响。下列关于华生的行为主义理论描述正确的是(　　)

A. 提出教育万能论　　B. 认为学习的决定条件是外部刺激

C. 设计了育婴箱　　D. 提出程序教学

97. 小爽数学考试成绩不理想，她认为原因是自己没有认真复习，如果好好努力，她一定会考满分。依据韦纳的归因理论，小爽的归因模式属于(　　)(常考)

A. 稳定的　　B. 不稳定的　　C. 可控的　　D. 不可控的

98. 依据皮亚杰的道德认知发展理论，处于自律道德水平的个体的典型表现是能够(　　)

A. 正确评价别人的观点　　B. 洞察言语与行为背后的动机

C. 服从权威人物　　D. 一如既往地遵守规则

99. 根据桑代克的学习理论，突袭式考试之所以能训导学生，学业成绩下降，主要是违背了(　　)

A. 练习律　　B. 效果律　　C. 准备律　　D. 选择反应律

100. 人格结构，当三者互不相让，产生敌对关系时，就会产生心理疾病，这三个层次分别是(　　)

A. 自我　　B. 他我　　C. 本我　　D. 超我

五、判断题(判断下列各题的正误，判断为正确的选"A"，判断为错误的选"B"。本大题共10小题，每小题0.8分，共8分)

101. 终身教育主要是为了发展人的职业能力。(　　)

102.《深化新时代教育评价改革总体方案》提出：义务教育学校重点评价促进学生全面发展、保障学生平等权益、引领教师专业发展、提升教育教学水平、营造和谐育人环境、建设现代学校制度以及学业负担、社会满意度等情况。(　　)

103. 现代学制主要有三种类型：双轨制、单轨制和分支型学制。原来的西欧学制属于双轨制，苏联的学制属于单轨制，美国的学制属于分支型学制。(　　)

104. 在马克思主义关于人的全面发展学说的思想中，人的全面发展既表现为人的劳动能力、人的体力和智力的全面发展，又表现为人的个性才能和志趣的全面发展。(　　)

105. 理想的师生关系体现为师生主体间关系的优化。从其发生、发展的过程及其结果来看，师生关系的基本特征是教师主导、学生主体。(　　)

106. 如果你注视瀑布的某一处一段时间后，再看周围静止的田野，会觉得田野上的一切在向上飞升。这种现象是运动后效。(易错)(　　)

107. 编码、存储和提取是记忆的三个基本过程。任何外界信息只有经过这些过程，才能成为个体可以保持和利用的经验。(　　)

108. 青少年的情绪表现总是强烈而狂暴的，同样一个刺激，在他们那里所引起的情绪反应强度相对大得多，甚至达到震撼人心的程度。(　　)

109. 大脑的右后部受伤的病人，会失去辨别方向的能力，易于迷路。根据加德纳智力多元理论，这种辨别方向的能力属于运动智力。(　　)

110. 当个体开始越来越能够考虑其他人的观点甚于自己的观点时，他的道德推理就从后习俗水平发展到前习俗水平。(　　)

2021年山东省济宁市教师招聘考试统考公共基础知识和教育基础知识真题试卷(二)

(满分100分　时间120分钟)

本套试卷共59小题,包括单项选择题(40小题)、多项选择题(15小题)、简答题(3小题)、作文题(1小题)。

一、单项选择题(在下列每小题四个选项中只有一个选项是符合题意的,将其选出并把它的标号写在括号内。错选、多选或未选均不得分。本大题共40小题,每小题1分,共40分)

1.2021年修订的《中华人民共和国教育法》规定,教育应该坚持(　　),对教育者加强社会主义核心价值观教育,增强社会责任感。

A.依法施教　　B.立德树人　　C.培根铸魂　　D.教书育人

2.《中华人民共和国义务教育法》规定,教科书根据(　　)编写,内容力求精简,精选必备的基础知识、基础技能,经济实用,保证质量。

A.国家课程标准和学生身心特点　　B.国家建设发展需要

C.教育规律和学生身心特点　　D.国家教育方针和课程标准

3.下列对教师的待遇和法律责任的描述,不符合《中华人民共和国教师法》规定的是(　　)

A.教师平均工资水平应不低于或高于国家公务员的平均工资水平

B.教师的医疗同当地国家公务员同等待遇,定期对老师进行身体健康检查

C.县乡两级人民政府应当为中小学老师解决住房问题、提供住宿

D.教师品行不良、侮辱学生情节严重,构成犯罪的依法追究刑事责任

4.2020年修订的《中华人民共和国未成年人保护法》规定,学校、幼儿园应根据需要制定对自然灾害、事故灾难、公共卫生事件等突发事件和(　　)的预案,配备相应设施并定期进行必要的演练。

A.校园欺凌　　B.传染性疾病　　C.食物中毒　　D.意外伤害

5.《中华人民共和国国民经济和社会发展第十四个五年规划和2035年远景目标纲要》提出,十四五时期,高等教育毛入学率达到(　　)

A.70%　　B.65%　　C.60%　　D.55%

6.《深化新时代教育评价改革总体方案》改革教师评价,推进践行教书育人使命,要坚持把(　　)作为第一标准。

A.师德师风　　B.教学实绩　　C.学生全面发展　　D.就业导向

7.2001年6月________颁布,标志着我国基础教育第________次课程改革开始。(　　)

A.《国务院关于基础教育改革与发展的决定》　六

B.《中共中央国务院关于深化教育改革全面推进素质教育的决定》　七

C.《基础教育课程改革纲要(试行)》　八

D.《中国学生发展核心素养》　九

8.新课程改革带来了许多教学观念的转变,以下不正确的是(　　)

A.从以教育者为中心向以学习者为中心转变

B.从关注学科向关注人为中心转变

C.从教会知识向教会学习转变

D.从重结论轻过程向重过程轻结论转变

9.新课程改革从原来注重知识传播变为引导学生学会学习、学会合作、学会生存、学会做人,体现的新课程改革核心目标是(　　)

A.改善学生学习方式　　B.实现课程功能的转变

C.体现课程结构选择性　　D.密切课程内容与生活的联系

10.新课程改革倡导建立的新型师生关系不包括(　　)

A.民主　　B.平等　　C.自由　　D.对话

11.某老师常把犯错学生关在办公室反省,不允许其参加课外活动,老师的行为侵犯了学生的(　　)(常考)

A.人格尊严权　　B.人身自由权

C.生命健康权　　D.个人名誉权

12.不属于现代教学理论三大流派的是(　　)

A.布鲁纳的发现式教学理论　　B.斯金纳的程序教学理论

C.赞科夫的发展式教学理论　　D.瓦·根舍因的范例式教学理论

13.加涅从信息加工的观点出发,把学习过程分为如下八个阶段,排序正确的是(　　)

①动机阶段　②获得阶段　③了解阶段　④概括阶段

⑤反馈阶段　⑥回忆阶段　⑦操作阶段　⑧保持阶段

A.①③⑧②④⑦⑤⑥　　B.①③⑧②⑦④⑥⑤

C.①③②⑧⑥④⑦⑤　　D.③①②⑧④⑥⑦⑤

14.新入职的杨老师极其关心学生和家长对自己的评价,把大量时间花在如何与学生搞好个人关系上,而没有更多关注学生进步。根据福勒的教师专业成长理论,杨老师处于(　　)(常考)

A.关注情境阶段　　B.关注生存阶段

C.关注学生阶段　　D.关注自我阶段

15.被誉为中国幼儿教育之父的陈鹤琴提出了"活教育理论",下列关于"活教育理论"的说法错误的

是(　　)

A. 认为大自然、大社会都是活教材　　B. 提出了儿童中心主义的教育原则

C. 目的是做人、做中国人、做现代中国人　　D. 方法是做中教、做中学、做中求进步

16. 随着自我意识逐渐增强,很多孩子对父母的教诲听不进去或当作耳边风,家长对家庭教育感到力不从心,针对这种情况教师应该(　　)

A. 给家长一些压力,让家长更多投入到孩子教育中来

B. 督促家长,让家长成为自己的助教

C. 尊重家长,树立家长的威信,从而一起做好教育工作

D. 以学校教育为主,放弃对家长配合自己工作的期望

17. 为促进家校沟通,各学校都积极开展家访活动。下面关于家访的说法正确的是(　　)

A. 电子家访可以取代传统的上门家访,成为家访新形式

B. 家访应该由学校领导进行,教师密切配合

C. 家访是学校进行家校沟通的重要通道

D. 家访的主要对象是行为出现问题的学生

18. 下列表述中,属于朱熹教育观点的是(　　)

A. 主张学习要善一、常一、专一　　B. 提出严慈相济的教育原则

C. 主张教育要随人分限所及　　D. 主张立志、居敬、存养、省察、力行的教育方法

19. 老师在教授古诗《芙蓉楼送辛渐》时问学生:"你能说一说'洛阳亲友如相问,一片冰心在玉壶'是什么意思吗?"这一提问属于(　　)的提问。

A. 识记水平　　B. 应用水平　　C. 分析水平　　D. 理解水平

20. 在新的历史时期,我国全面深化改革的总目标是(　　)

A. 全面与国际接轨,积极推进以民主富强为目标的政治体制改革

B. 保持政治稳定,确保国家始终沿着社会主义方向前进的显著优势

C. 全面推进依法治国,坚持依法治国、依法执政、依法行政共同推进

D. 完善和发展中国特色社会主义制度,推进国家治理体系和治理能力现代化

21. "十四五"时期,我国生态文明建设进入了以(　　)为重点战略方向、推动减污降碳协同增效、促进经济社会发展全面绿色转型、实现生态环境质量改善由量变到质变的关键时期。

A. 污染防治　　B. 降碳　　C. 治水　　D. 绿色转型

22. 君之视臣如手足,则臣视君如腹心;君之视臣如犬马,则臣视君如国人;君之视臣如土芥,则臣视君如寇仇。持这一观点的人物是(　　)

A. 孔子　　B. 孟子　　C. 荀子　　D. 韩非子

23. 受全面二孩政策影响,2016 年我国出生人口数量回升到 1786 万,是 2000 年以来出生人口数量最高的年份,但此后的 2017 年和 2018 年又出现了连续下滑,分别为 1723 万和 1523 万。2019 年我国出生人口 1465 万,2020 年出生人口继续下滑至约 1200 万。面对严峻的人口形势,我国人口政策逐渐从限制生育向鼓励生育调整。这一调整的哲学依据是(　　)

A. 矛盾的特殊性要求计生政策要具体问题具体分析

B. 矛盾的两面性要求我们一方面要限制生育,一方面要鼓励生育

C. 社会意识由社会存在决定并促进社会存在的发展

D. 量变是质变的必要准备,我们要重视量的积累

24. 治大国如烹小鲜,与该句体现的哲学道理相同的是(　　)(易错)

A. 欲穷千里目,更上一层楼　　B. 江碧鸟逾白,山青花欲燃

C. 梅须逊雪三分白,雪却输梅一段香　　D. 为者败之,执者失之

25. 2021 年 5 月 11 日,第七次全国人口普查结果公布,全国人口(指我国大陆 31 个省、自治区、直辖市和现役军人的人口,不包括居住在 31 个省、自治区、直辖市的港澳台居民和外籍人员)共(　　)人。

A. 140135 万　　B. 141178 万　　C. 138453 万　　D. 145219 万

26. 个人在经济生活中只考虑自己的利益,受"看不见的手"驱使,即通过分工和市场的作用,可以达到国家富裕的目的。后来,"看不见的手"便成为表示资本主义完全竞争模式的形象用语,这个理论是(　　)提出的。

A. 亚当·斯密　　B. 科尔贝尔　　C. 大卫·李嘉图　　D. 萨缪尔森

27. 英国著名经济学家凯恩斯认为,节俭对个人家庭来说是美德,而对社会来说,这意味着支出减少,导致有效需求不足,阻碍经济发展,造成失业增加,收入减少。在物质生活较为丰富、消费水平大幅提升的今天,中国的一些城市青年推崇新节食主义,拒绝奢华,远离名牌,讲究个人处事或人生哲理上的深藏不露、从容安定。综合这两种观点,下列说法正确的是(　　)

A. 提倡个人节俭,社会扩大消费

B. 消费决定生产,政府应适当刺激消费

C. 随着商品经济的发展,传统的节俭观念已不再提倡

D. 重视消费对生产的影响,积极引导消费

28. 老鼠是人人喊打的动物,但它却是草原生态系统中不可缺少的角色。如果老鼠数量过多,大量啃食草根,那就会使食物减少,鼠类死亡率增加,生殖力下降。同时,鼠类过多还会使它们的天敌——鹰、黄鼠狼等得以发展,反过来抑制鼠类增长,等到鼠类减少到一定程度,草原生态系统才会恢复到原来的状态。以下说法错误的是(　　)

A. 老鼠是草原生态系统中不可缺少的角色

B. 老鼠过多会间接导致其生殖力下降

C. 老鼠过多会使鹰和黄鼠狼得以发展

D. 老鼠越少草原生态系统越容易恢复原状

29. 以下医学家和著作对应正确的是(　　)

A. 张仲景《伤寒杂病论》—皇甫谧《针灸甲乙经》—王叔和《千金要方》—孙思邈《脉经》

B. 张仲景《脉经》—皇甫谧《千金要方》—王叔和《伤寒杂病论》—孙思邈《针灸甲乙经》

C. 张仲景《伤寒杂病论》—皇甫谧《针灸甲乙经》—王叔和《脉经》—孙思邈《千金要方》

D. 张仲景《千金要方》—皇甫谧《脉经》—王叔和《针灸甲乙经》—孙思邈《伤寒杂病论》

30. 1941 年,毛泽东在《改造我们的学习》一文中指出,"实事"是客观存在着的一切事物,"是"是客观事物的内部联系,即规律性;"求"是我们去研究。随后,"实事求是"被确定为中央党校校训。其实,"实事求是"一词最早出现在中国古代典籍中。最早提出这一词语的古代典籍是(　　)

A.《史记·项羽本纪》(司马迁)　　B.《汉书·河间献王传》(班固)

C.《后汉书·董宣传》(范晔)　　D.《资治通鉴·赤壁之战》(司马光)

31. "纳斯达克"指的是总部设在美国纽约百老汇的一个(　　)

A. 动物保护组织　　B. 超级媒体集团

C. 证券交易机构　　D. 体育运动组织

32. 产生温室效应的主要气体是(　　)

A. 氢气　　B. 臭氧　　C. 二氧化碳　　D. 二氧化硫

33. 下列按照汉字形体演变过程排列正确的是(　　)

A. 甲骨文—小篆—楷书—行书—隶书

B. 甲骨文—小篆—隶书—楷书—行书

C. 甲骨文—隶书—小篆—楷书—行书

D. 隶书—甲骨文—小篆—行书—楷书

34. 隋统一全国后,为加强中央集权,把选拔官吏的权力收归中央,用科举制代替九品中正制,隋炀帝大业三年开设进士科,用考试选进士。到明朝时已形成完备的封建科举考试制度,考试分为四级。明朝科举考试由低到高排序是(　　)

A. 院试—乡试—会试—殿试　　B. 乡试—会试—院试—殿试

C. 乡试—院试—会试—殿试　　D. 院试—会试—乡试—殿试

35. 在曲阜孔庙东南方不远的地方,有一个东西长、南北短的半月形水池,称为"泮池",又称"泮宫"。"泮宫"在古代指(　　)

A. 苑囿　　B. 官学　　C. 私塾　　D. 太液池

36. 济宁是"孝贤文化之乡"。与"鞭打芦花"相关的人物是(　　)

A. 闵子骞　　B. 樊子迟　　C. 宓子贱　　D. 曾参

37. 南北朝时期刘宋有一员大将,因为名声太高,左右部将又都骁勇善战。皇帝很不放心,在一些大臣的挑拨下,把他骗到京城建康想除掉他。当他被关进大牢时,两眼瞪得像火把一样,又气又恨,一口喝下一斛酒,大吼道:"你们这样做是自毁你们的万里长城啊!"人们常把自己削弱自己力量、自已挖自已墙角的现象,称为自毁长城。这位将领是济宁人。他是(　　)

A. 檀道济　　B. 仲长统　　C. 马隆　　D. 毕再遇

38. 某网站想设计一个虚拟的高峰论坛,讨论(甲)"权威管理"和(乙)"启发式管理"两种管理模式哪一种更有成效,如各找一位思想与主题相契合的古人来阐述,最恰当的人选应是(　　)

A. 甲:孔子　乙:韩非　　B. 甲:韩非　乙:孔子

C. 甲:孟子　乙:庄子　　D. 甲:庄子　乙:孟子

39. 济宁被称为"运河之都"。因运河而兴起的玉堂酱园有"京省驰名,味压江南"的美誉,玉堂酱园最初的经营者之一是(　　)

A. 吕德镇　　B. 靳云鹏　　C. 潘复　　D. 孙玉庭

40. 和亲是不同民族间的政治联姻,双方通过嫁娶公主来保持和睦相处的关系。历史上在济宁出生的和亲公主是(　　)

A. 细君公主　　B. 解忧公主　　C. 文成公主　　D. 金城公主

二、多项选择题(在下列每题列出的选项中至少有两项是符合题意的,将其选出并把它的标号写在括号内。多选、错选或少选均不得分。本大题共 15 小题,每小题 2 分,共 30 分)

41. 2021 年修订的《中华人民共和国教育法》第七条,教育应当继承和弘扬(　　),吸收人类文明发展的一切优秀成果。

A. 中华民族优秀的历史文化传统　　B. 中华优秀传统文化

C. 革命文化　　D. 社会主义先进文化

42. 以下符合《中华人民共和国义务教育法》规定的有(　　)

A. 实行九年义务教育不收学费,可收部分杂费

B. 不得将学校划分重点学校、非重点学校,学校不得分设重点班和非重点班

C. 学校实行校长负责制

D. 对违反学校管理规定的学生,可批评教育,严重者直至开除

43. 以下行为违反《中华人民共和国未成年人保护法》的是(　　)

A. 某老师有抽烟嗜好,在校不上课时抽几支

B. 被撤销监护人资格的父母不再负担抚养费用

C. 小明 17 周岁,去饭店打工补贴家用

D. 初中老师当着全班同学读情书,公开对其进行批评教育

44. 根据《关于加强和改进新时代师德师风建设的意见》相关要求,不属于加强师德师风建设基本原则的是(　　)

A. 坚持违规惩处　　B. 坚持尊重规律

C. 坚持聚焦重点　　D. 坚持考核评价

45.《深化新时代教育评价改革总体方案》指出,改革学生评价,促进全面发展,具体要树立科学成才观

念、(　　)严格学业标准,深化考试招生制度改革。

A. 完善德育评价　　B. 强化体育评价

C. 改善美育评价　　D. 加强劳动教育评价

46. 任何一项改革都必须有深厚的理论基础作指导,新一轮课改的理论基础包括(　　)(常考)

A. 知行合一理论　　B. 多元智能理论

C. 联结—试误理论　　D. 建构主义理论

47. 新一轮课改要求从小学至高中设置综合实践活动。作为必修课程,其具体内容包括(　　)(常考)

A. 社区服务与社会实践　　B. 研究性学习

C. 劳动与技术教育　　D. 信息技术教育

48. 关于接受学习和发现学习的表述,说法不正确的是(　　)

A. 接受学习可以是机械的,也可以是有意义的

B. 接受学习是机械的,发现学习是有意义的

C. 接受学习是低级的,发现学习是高级的

D. 接受学习是高级的,发现学习是低级的

49. 下列说法正确的是(　　)

A. 苏格拉底"产婆术"三步法:讽刺、定义、助产术

B.《雄辩术原理》是昆体良的代表作

C. 卢梭首次提出"教育遵循自然"的观点

D. 柏拉图是"寓学习于游戏"的最早倡导者

50. 关于注意规律,说法正确的是(　　)

A. 老师突然中断讲课,为引起分心学生的无意注意

B. 老师板书时用彩色粉笔,为了清晰醒目、突出重点,引起学生无意注意

C. 学生的间接兴趣越稳定,就越能对活动的对象产生有意注意

D. 让学生凭借无意注意来学习,利于克服学习中的困难

51. 下列关于遗忘说法错误的是(　　)(常考)

A. 学习一段材料,一般总是开头和结尾部分容易记住,而中间部分则容易忘记,这种现象叫系列位置效应

B. 早晨学习效果一般较好,因为这个阶段学习不受倒摄抑制干扰

C. 最初遗忘进展快,以后渐慢,艾宾浩斯认为"保持和遗忘是时间的函数"

D. 记忆效果最好的过度学习是在恰能背诵之后多学150%左右

52. 下列体现孔子教育思想的是(　　)

A. 中人以上,可以语上也;中人以下,不可以语上也

B. 不愤不启,不悱不发。举一隅不以三隅反,则不复也

C. 尽信《书》,则不如无《书》

D. 业精于勤荒于嬉,行成于思毁于随

53. 下列属于皮亚杰道德认知发展论的是(　　)(常考)

A. 前道德阶段　　B. 自律阶段

C. 社会契约定向阶段　　D. 他律道德阶段

54. 奥苏贝尔的《认知结构迁移理论》认为:认知结构的(　　)能促进学习者对新知识学习的迁移。

A. 稳定性强　　B. 共同性多　　C. 可利用性高　　D. 可辨别性大

55. 党的十九届五中全会指出,要坚持创新在我国现代化建设全局中的核心地位,把科技自立自强作为国家发展的战略支撑,(　　),深入实施科教兴国战略、人才强国战略、创新驱动发展战略,完善国家创新体系,加快建设科技强国。

A. 面向世界科技前沿　　B. 面向经济主战场

C. 面向国家重大需求　　D. 面向人民生命健康

三、简答题(本大题共3小题,每小题4分,共12分)

56. 近期,"内卷化"这个词汇频繁见诸报端,教育内卷化问题更是受到人们广泛关注,一时间成为社会热议的话题。高考"内卷化",中考"内卷化",就连幼儿园也"内卷化"了,这一现象引发了许多问题,学生负担重,身心深受伤害,教师超负荷工作,健康状况恶化,学校违背办学规律,陷入恶性竞争。

作为教育工作者,对改变教育"内卷化"现象,你有怎样的建议?

57. 小楠,女,初中二年级学生,父母在她读小学时离异,她一直跟着爷爷奶奶生活,爷爷奶奶觉得小楠可怜,不容易,对她的教育方式是“碎碎念”和迁就,可正因长期受到爷爷和奶奶的溺爱,带有家庭破碎的心理阴影,该生性格变得非常复杂,有孤僻自卑的一面,也有敏感自尊的一面,会常常否定自己,但是当别人轻视自己的时候,会很生气。

假如你是小楠班主任,针对离异家庭学生的心理困扰,应采取什么方法帮助她、引导她?

58. 近年来,教育部对多起违反教师职业行为十项准则典型问题进行公开曝光,这些典型问题涉及体罚学生、虐待学生、猥亵学生、学术不端、有偿补课、收受家长礼品礼金等方面。这些现象反映出当前仍有极个别教师理想信念模糊,育人意识淡薄以及法纪观念缺失,不仅做出了严重违反师德的行为,甚至踩上了法律的红线,社会影响极坏。

上述材料表明,加强和改进新时代师德师风建设,大力提升教师职业道德素养迫在眉睫。请具体说一说提升教师职业道德素养的途径有哪些?

四、作文题(本大题共 18 分)

59. 我国“天问一号”火星探测器发射成功后,历经近 10 个月的飞行和环绕,行程数亿公里,于 2021 年 5 月 15 日 7 时 18 分成功着陆于火星乌托邦平原南部预选着陆区。天问一号探测器着陆火星,迈出了中国星际探测征程的重要一步,实现了从地月系到行星际的跨越,在火星上首次留下中国人的印记,这是中国航天事业发展的又一具有里程碑意义的进展。中国首次火星探测任务总设计师张荣桥在接受采访时说道:“就我个人来讲为什么去火星,那就是提升人类的自身的能力。我们必须通过这些重大的前瞻性的科学探索活动,来提升我们的技术,培养人才,提升我们对未知世界的认知。所以总结成一句话的话那就是,提升我们人类的自身知识,从国家角度来讲,就是要提升国家的能力。”党的十八大以来,习近平总书记多次就建设世界科技强国,培养造就大批德才兼备的高层次人才发表重要讲话。他强调:“在我国发展新的历史起点上,把科技创新摆在更加重要位置,吹响建设世界科技强国的号角。科技是国之利器,国家赖之以强,企业赖之以赢,人民生活赖之以好。”

请结合上述材料,谈谈你对科教兴国的认识。

要求:选好角度,确定立意,自拟标题;不要套作,不得抄袭;不得泄露个人信息;不少于 600 字。

2021年山东省青岛市教师招聘考试教育基础知识真题试卷(三)

(本套试卷包括教育基础知识和专业基础知识两部分,仅收录教育基础知识部分的真题)

本套试卷共40小题,包括单项选择题(30小题)、多项选择题(10小题)。

一、单项选择题(在下列每小题四个选项中只有一个选项是符合题意的,将其选出并把它的标号写在括号内。错选、多选或未选均不得分。本大题共30小题,每小题0.7分,共21分)

1. 习近平总书记在全国教育大会上强调要坚持我国教育现代化的社会主义方向,坚持教育公益性原则,把(　　)作为国家基本教育政策。

A. 教育高效　B. 教育公平　C. 教育发展　D. 教育创新

2. 近代独立形态教育学的开端的标志是(　　)

A. 夸美纽斯的《大教学论》　B. 赫尔巴特的《普通教育学》

C. 杜威的《民主主义与教育》　D. 苏霍姆林斯基的《苏霍姆林斯基教育名言》

3. 把教学目标分为认知、情感和动作技能三大领域并提出了掌握学习理念的教育家是(　　)

A. 布鲁纳　B. 瓦·根舍因　C. 皮亚杰　D. 布卢姆

4. 生产力对教育有制约作用,下列说法中,不正确的是(　　)

A. 生产力的发展水平影响着教育目的的确定

B. 生产力的发展水平制约教育内容

C. 生产力的发展水平决定教育的规模和速度

D. 生产力的发展水平决定着受教育权利

5. 现代学制最早出现在欧洲,下列不属于西方发达国家典型学制类型的是(　　)

A. 双轨制　B. 单轨制　C. 总支制　D. 分支制

6. 关于教学阶段划分,教育史上曾有许多不同的观点和见解,其中不正确的是(　　)(易错)

A. 孔子——学、思、行的统一过程

B. 赫尔巴特——明了、联想、系统、方法四个阶段

C. 杜威——困难、问题、假设、验证、结论五个阶段

D. 凯洛夫——预备、提示、联想、系统、方法

7. 教师应遵循教育规律,实施素质教育。下列对素质教育基本内涵的描述,不正确的是(　　)

A. 教育是人才培养的基础,素质教育应以提高国民素质为根本宗旨

B. 教育应把全面发展与因材施教相统一,素质教育应面向全体学生

C. 素质教育不应立足于人的个性发展,而应促进学生的全面发展

D. 素质教育是以培养学生的创新精神和实践能力为重点的教育

8. 把一门学科的课程内容或其中一个课题的内容按照知识本身的逻辑结构来展开呈现在教科书中,使各种知识在内容上均不重复的编排。这种教材的编排形式是(　　)

A. 直线式　B. 螺旋式　C. 分科式　D. 综合式

9. 下列关于中小学综合实践活动内容的叙述,不正确的是(　　)

A. 研究性学习指的是从自然科学中选择和研究专题,主动学习的过程

B. 社区服务和社会实践活动,学生可走出教室,增强社会责任意识

C. 劳动和技术教育帮助学生获得积极的劳动体验,形成良好的劳动技术素养

D. 信息技术教育的目的在于培养学生适应信息时代所需的信息素养

10. 我国现阶段教学任务包括四个方面,下列说法中,正确的是(　　)

①发展学生的智力,至于学科内容的实用意义则无关紧要

②传播系统的科学基础知识和技能

③发展学生的智力、体力和创造才能

④培养社会主义品德和审美情趣,奠定学生的科学世界观基础

⑤关注学生个性的发展

⑥教学的主要任务在于传播给学生对生活有用的知识,至于学生智力则无须进行特殊训练

A. ①②④⑤　B. ①③④⑥　C. ②③④⑤　D. ②③④⑥

11. 在操作技能形成的过程中,许多不同成分的动作被组合成连续的整体动作,其中不涉及新的动作的增加,只是各动作成分的重新组合,重新排列,这种迁移类型属于(　　)

A. 逆向性迁移　B. 同化性迁移　C. 顺应性迁移　D. 重组性迁移

12. 在英语单词学习中,有许多学习方法,比如谐音记忆法,具有简单、直观、生动、有趣、过目不忘的效果。如aviation“爱飞爱升”航空(学)。这一方法使用的学习策略是(　　)(常考)

A. 复述策略　B. 精细加工策略　C. 组织策略　D. 计划策略

13. 下列教师教学工作的五个基本环节,顺序比较合理的是(　　)

①上课,这是教学工作的中心环节　②课外辅导,主要有集体和个别辅导两种形式

③备课,这是上课前的准备工作,是教好课的前提　④学业成绩的检查和评定

⑤课外作业的布置和反馈

A. ③①②④⑤　B. ③①⑤②④　C. ①④②③⑤　D. ①⑤②④③

14. 教学应着眼于学生的最近发展区,把潜在的发展水平变成现实的发展水平,并创造新的最近发展区。提出该理论的教育家是(　　)(常考)

A. 皮亚杰　B. 维果斯基　C. 陶行知　D. 杜威

15. 在学校举行的运动会上,为了班级荣誉,运动员竭尽全力的拼搏精神会鼓舞同学们克服重重困难,为班级增添光彩,这体现的情绪状态是(　　)(易错)

A. 心境　B. 激情　C. 应激　D. 道德感

16. 小明认为法律和规范是大家商定的,应符合社会大众权益。他看中法律的效力,认为法律可以帮助人们维持公平,但同时认为法律并不是绝对的,可以应大多数人的要求而改变。他处于道德发展的(　　)阶段。

A. 服从和惩罚　B. 社会契约　C. 维护权威或秩序　D. 普遍原理

17. “说出人体需要的主要营养物质”是《食物中的营养物质》一节的教学目标之一，关于该目标，下列叙述正确的是(　　)

A. 该目标是知识目标，属于了解水平

B. 该目标是知识目标，属于理解水平

C. 该目标是技能目标，属于独立操作水平

D. 该目标是情感态度价值观目标，属于反应水平

18. 打破学科逻辑组织的界限，从儿童的兴趣和需要出发来设计的课程属于(　　)

A. 学科课程　　B. 综合课程　　C. 活动课程　　D. 社会课程

19. 老师在进行《真菌》一节的教学时，展示了几幅自然界中奇形怪状的真菌图片，用以激发学生兴趣，自然引入正题。这种导入方式是(　　)

A. 复习导入　　B. 设疑导入　　C. 直观导入　　D. 情境导入

20. 有教师提问：“昆虫有哪些特征？”学生的回答为：“昆虫的身体分为头、胸、腹三部分。”这位教师适宜的理答方式是(　　)

A. 探问　　B. 提示　　C. 延伸　　D. 转引

21. 世界上最早实施义务教育的国家是(　　)

A. 英国　　B. 美国　　C. 德国　　D. 日本

22. 教育不能“陵节而施”，把小学生当成中学生对待，把儿童当作成人对待，这说明人的身心发展具有(　　)

A. 互补性　　B. 差异性　　C. 阶段性　　D. 发展性

23. 教师突破教材文本，结合学生特点与课堂现实情境，创生出更适合学生的课程，这是一种(　　)的课程实施。(易错)

A. 忠实取向　　B. 相互适应取向　　C. 自由取向　　D. 创生取向

24. “触类旁通”“举一反三”“问牛知马”这些成语反映的是(　　)

A. 创造性　　B. 学习迁移　　C. 发现教学法　　D. 学会学习

25. “神机妙算”“诡计多端”体现的是思维的(　　)

A. 广阔性　　B. 独立性　　C. 逻辑性　　D. 灵活性

26. 我国古代比较推崇的“六艺”，本质上是古代的教育内容，它是指(　　)(常考)

A. 礼、乐、射、御、书、数　　B. 礼、乐、诗、书、射、御

C. 诗、书、礼、乐、易、春秋　　D. 算术、几何、天文、音乐、地理、习射

27. 以培养忠于统治阶级的强悍的军人为教育目的的是古代的(　　)

A. 斯巴达　　B. 雅典　　C. 埃及　　D. 巴比伦

28. 实施教育时，既要通过集体教育来影响个人，又要通过对个人的直接教育去影响集体。这一原则是教育家马卡连柯所倡导的(　　)

A. 平行教育　　B. 自由教育　　C. 民主教育　　D. 常规教育

29. (　　)的教学组织形式主张辅导学生自学和独立作业，而不再主张教师一味地传授系统知识。

A. 分组教学　　B. 个别教学　　C. 道尔顿制　　D. 辅导教学

30. 想要采用观察法研究低年级学生的攻击行为，最理想的方法是(　　)

A. 时间取样法　　B. 频率取样法　　C. 日记描述法　　D. 事件取样法

二、多项选择题(在下列每题列出的选项中至少有两项是符合题意的，将其选出并把它的标号写在括号内。多选、错选或少选均不得分。本大题共 10 小题，每小题 0.9 分，共 9 分)

31. 实验法是中学教育科研的基本方法之一，根据实验的目的划分有三种类型，包括(　　)

A. 观察性实验　　B. 确认性实验　　C. 探索性实验　　D. 验证性实验

32. 教学规律具有必然性、稳定性、普遍性的联系，对教学活动具有制约、指导作用。下列属于教学过程中需要遵循的基本规律的是(　　)

A. 间接经验与直接经验相统一的规律　　B. 掌握知识与发展能力相统一的规律

C. 生活经验与课本知识相统一的规律　　D. 传授知识与思想教育相统一的规律

33. 认知学习理论是通过研究人的认知过程来探索学习规律的学习理论。下列有关认知学习理论的说法，正确的是(　　)(常考)

A. 苛勒的完形—顿悟学习理论　　B. 布鲁纳的认知—结构学习论

C. 班杜拉的有意义接受学习论　　D. 加涅的信息加工学习理论

34. 下列有关我国古代教育文献《学记》中的经典语句、句意阐释和体现的教学原则的描述，正确的是(　　)

A. “道而弗牵，强而弗抑，开而弗达”——告诉学生道理而不强迫服从，严格要求学生但不压抑个性，启发学生思想但不将结论和盘托出——启发性原则

B. “当其可之谓时”——教师应该抓住最佳教育时机，适时而教——循序渐进原则

C. “学然后知不足，教然后知困。知不足，然后能自反也；知困，然后能自强也”——学习后才知道自己的不足，教授后才知道自己的困惑。知道不足然后才能自我反省，知道困惑然后才能自强——教学相长原则

D. “时教必有正业，退息必有居学”——按照一定的时间或季节进行正课的教学，休息的时候也必须有各种课外作业——主张课内外相结合原则

35. 通常来说，态度与品德形成过程经历的阶段包括(　　)

A. 依从　　B. 内化　　C. 行动　　D. 认同

36. 以下哪些行为属于教育惩戒(　　)

A. 点名批评　　B. 书面检查　　C. 教室外罚站　　D. 罚抄课文

37. 教育的政治功能包括(　　)

A. 培养社会政治人才　　B. 促进社会政治变革

C. 提高社会政治文明水平　　D. 维系社会政治稳定

38. 教育目的是对培养人的期待和要求，即通过教育能够培养什么样的人。教育目的对教育工作有着重要的作用，主要包括(　　)

A. 评价作用　　B. 导向作用　　C. 激励作用　　D. 主导作用

39. 为了研究的需要，研究人员进入学校，随堂听课，这属于(　　)

A. 自然情境中的观察　　B. 实验室中的观察

C. 直接观察　　D. 间接观察

40. 班主任的领导方式可以分为三种类型，分别是(　　)(常考)

A. 专政型　　B. 权威型　　C. 放任型　　D. 民主型

2021年山东省德州市平原县教师招聘考试
教育基础知识真题试卷(四)

(本套试卷包括教育基础知识和学科专业知识两部分,仅收录教育基础知识部分的真题)

本套试卷共22小题,包括单项选择题(10小题)、填空题(10小题)、简答题(2小题)。

一、单项选择题(在下列每小题四个选项中只有一个选项是符合题意的,将其选出并把它的标号写在括号内。错选、多选或未选均不得分。本大题共10小题,每小题1分,共10分)

1."十年树木,百年树人",这句话反映了教师劳动的(　　)(常考)

A.创造性　B.长期性　C.主体性　D.连续性

2.教育科学体系中的基础学科是(　　)

A.心理学　B.教育经济学　C.教育学　D.学校管理学

3."近朱者赤,近墨者黑"反映了哪个因素对教育者的影响(　　)

A.环境　B.遗传　C.社会活动　D.教育

4.马克思主义观点认为,培养全面发展的人的唯一方法是(　　)

A.脑力劳动与体力劳动相结合　B.城市与农村相结合

C.知识分子与工人农民相结合　D.教育与生产劳动相结合

5.教育的最特殊形式是(　　)

A.犯人教育　B.集体教育　C.自我教育　D.家庭教育

6.杜威所主张的教育思想被称作(　　)

A.存在主义教育思想　B.要素主义教育思想

C.实用主义教育思想　D.永恒主义教育思想

7.义务教育实行国务院领导,省、自治区、直辖市人民政府来统筹规划实施,(　　)政府为主管理的体制。

A.国家教育部　B.省级人民

C.地市级人民　D.县级人民

8.自我调控系统是以自我意识为核心的人格调控系统,由三个子系统所构成。下面不属于三个子系统的一项是(　　)

A.自我认知　B.自我体验　C.自我控制　D.自我评价

9."现代教育学之父"、"科学教育学的奠基人"、"德国心理学家和教育学家"(　　)的《普通教育学》被公认为是第一本现代教育学著作。(常考)

A.赫尔巴特　B.康德　C.夸美纽斯　D.卢梭

10.对多方面的事物或活动具有的兴趣是(　　)

A.直接兴趣　B.间接兴趣　C.中心兴趣　D.广阔兴趣

二、填空题(在下列每小题的空格中填上正确答案。错填、不填均不得分。本大题共10小题,每小题1分,共10分)

11.必须把教育摆在优先发展的战略地位思想的提出始自党的________。

12.心理过程包括认知过程、意志过程、________。

13.在人文教育与科学教育的关系问题上,应坚持的是________。

14.文化发展对学校课程产生的影响主要体现在内容的丰富和________。

15.发展心理学将个体从十二三岁到十七八岁的阶段称为________。

16.教育活动中要注意"三结合",发展教育合力,这"三结合"所指的三种教育是家庭教育、学校教育和________。

17.坚持教育为社会主义现代化建设服务、为人民服务,把________作为教育的根本任务,全面实施素质教育。

18.联合国《儿童权利公约》核心精神的基本原则有无歧视原则、尊重儿童观点与意见原则、尊重儿童尊严原则和________。

19.我国的教育目的是建立在马克思关于人的________基础上的。

20.《中小学教师违反职业道德行为处理办法》中所称处分包括警告、记过、________、撤职、开除。

三、简答题(本大题共2小题,第1小题4分,第2小题6分,共10分)

1.学校教育产生的条件是什么?(常考)

2.什么是教育方针?我国的教育方针是什么?

2020年山东省济南市市中区教师招聘考试教育教学类专业基础知识真题试卷(五)

(满分100分　时间90分钟)

本套试卷共42小题,包括选择题(20小题)、判断题(15小题)、简答题(5小题)、论述题(2小题)。

一、选择题(本大题共20小题,其中第1~15小题是单项选择题,每小题的四个选项中只有一个符合题意,第16~20小题是多项选择题,每小题的四个选项中至少有两项符合题意,请找出恰当的选项,并将其标号填在括号内。多选、错选、少选或不选均不得分。1~15小题每小题1分,16~20小题每小题2分,共25分)

1. 实现"全面发展"这一教育目的的根本途径是(　　)(常考)

A. 五育并举,德育为先　B. 尊重学生的主体性

C. 教育与生产劳动相结合　D. 实施素质教育

2. 与"不愤不启,不悱不发"体现同样教学思想的是(　　)

A. 产婆术　B. 白板说　C. 教学相长　D. 泛智

3. "自然教育"的思想渊源已久,(　　)在教育史上首次提出"教育遵循自然"的原则,注意到儿童心理发展的自然特点和发展阶段。

A. 卢梭　B. 亚里士多德　C. 昆体良　D. 柏拉图

4. "给我一打健康的儿童以及我可以操纵的环境,我可以按照自己的意愿,将他们培养成任何一种我所希望的人。"这段话体现的教育理念是(　　)

A. 内发论　B. 宿命论　C. 万能论　D. 外铄论

5. 在素质教育的本质属性中,能体现素质教育灵魂的是(　　)

A. 主体性　B. 全面性　C. 发展性　D. 整体性

6. 根据《中华人民共和国义务教育法》的规定,教师对学生体罚、变相体罚或其他侮辱人格尊严的行为,侵犯了学生的(　　)(常考)

A. 教育权　B. 人身自由权　C. 人格尊严权　D. 隐私权

7. 李老师在讲解圆周率时,给学生介绍了我国数学家刘徽、祖冲之在当时数学工具匮乏的情况下,克服困难,为数学界做出了巨大贡献。李老师的做法体现了教学过程中的(　　)(易错)

A. 教师主导作用与学生主体作用相统一的规律

B. 传授知识与思想品德教育相统一的规律

C. 掌握知识与发展智力相统一的规律

D. 直接经验与间接经验相统一的规律

8. 马卡连柯提出的"平行教育原则"是指(　　)(常考)

A. 集体教育和个别教育相结合

B. 尊重学生和严格要求相结合

C. 知行统一

D. 因材施教

9. 小学生容易混淆"p""q",这说明小学生的(　　)能力还不成熟。

A. 感知　B. 注意　C. 思维　D. 记忆

10. 因"品行不良、侮辱学生,影响恶劣"被撤销教师资格的,自撤销之日起(　　)年内不得重新申请认定教师资格。

A. 1　B. 3　C. 5　D. 10

11. 根据动机产生的诱因来源,可以把动机分为内部动机和外部动机,下面属于内部动机的是(　　)(常考)

A. 附属内驱力　B. 自我提高内驱力

C. 认知内驱力　D. 远大理想和父母期望

12. 小明经常对自己的学习方式进行反思,及时调整学习方法,这说明他具有良好的(　　)策略。(易混)

A. 认知　B. 元认知　C. 精加工　D. 资源管理

13. 衡量一个教师是否成熟的重要标志之一是(　　)

A. 关注成绩　B. 关注生存

C. 关注情境　D. 关注学生

14. 下面不属于学习的主体的是(　　)

A. 动物　B. 学生　C. 网络　D. 机器

15. 下列行为需要承担民事法律责任的有(　　)

A. 克扣教育经费　B. 侵占学校校舍

C. 体罚学生情节严重　D. 殴打教师情节严重

16. 学生主观能动性主要表现为(　　)

A. 全面性　B. 自觉性　C. 创造性　D. 独立性

17. 课程设计是一个科学的过程,课程设计的基础一般包括(　　)

A. 学生基础　B. 社会基础

C. 学校基础　D. 知识和信息基础

18. 以实际训练为主的教学方法有(　　)(易混)

A. 参观法　　B. 讨论法

C. 练习法　　D. 实验法

19. 个性心理特征系统包括(　　)

A. 能力　　B. 气质　　C. 性格　　D. 自我调控

20. 下列关于教学与发展关系的表述正确的是(　　)

A. 教学应该走在学生发展的前面

B. 教学应该促进学生的发展

C. 教学要重视最近发展区

D. 良好的教学应该指向学生的未来

二、判断题(判断下列各题的正误,正确的打"√",错误的打"×"。本大题共 15 小题,每小题 1 分,共 15 分)

1. 学校的校风、学风、师生关系、教师的教育理念等属于显性课程。(　　)
2. 作业的分量要适当,难度应该在教学的基础上尽量提高。(　　)
3. 班级是学校进行教育教学工作的基本单位。(　　)
4. 班主任在班级管理中扮演的角色有组织者、监督者、教育者和法人。(　　)
5. 儿童意识到客体在外形上发生了变化,但其本质属性不变,这说明儿童的认知发展阶段进入到形式运算阶段。(易错)(　　)
6. 少年期也被称为"心理断乳期"或"危险期"。我们既要尊重少年的独立性要求,又要引导其形成正确的自我意识。(　　)
7. 奥苏贝尔认为,最有效的学习是有意义的发现学习。(　　)
8. 心理定势对问题解决既有积极作用,也有消极作用。(　　)
9. 学习程度超过 150%,学习效果最好。(　　)
10. 发散思维是创造思维的核心成分。(　　)
11. 新课程改革的核心任务是学习方式的改变,即彻底改变教师授课、学生接受的学习方式,转变为学生自主学习、主动发展。(　　)
12. 教育机会平等是肯定每一个人都受到同等的教育,而且这种教育的进度和方法是适合每一个人特点的。(　　)
13. 教育现代化的最高目的是实现人的现代化,教师素质的现代化是教育现代化的核心。(　　)
14. 在解决常规问题时,专家比新手更快;在解决困难的新问题时,专家用于表征问题的时间比新手要长。(　　)
15. 根据《中华人民共和国义务教育法》的规定,对违反学校管理制度的学生,学校应予以批评教育,不得开除。(　　)

三、简答题(本大题共 5 小题,每小题 6 分,共 30 分)

1. 2020 年 3 月,中共中央国务院出台了《关于全面加强新时代大中小学劳动教育的意见》。请结合教育实践,谈一下新时代中小学开展劳动教育的目标。

2. 苏联伟大教育家苏霍姆林斯基说过:"让学校的每一面墙壁都开口说话",由此可以看出班级文化建设的重要性。请结合你的理解,谈一下如何建设良好的班级文化。

3. 一位历史教研员带领全区教师去听一位具有 30 年教龄的教师讲课,大家都被这位教师精彩的讲解吸引了,以至于很多老师都忘记了做听课笔记。当课下听课老师问他为这节课准备了多长时间时,他说我准备了一辈子,但这节课的准备我只用了 15 分钟。请结合案例谈一下你对备课的理解。

4. 随着课程改革的不断深化，广大一线教师逐步有了这样的理解：课改前，教科书就是学生的世界；课改后，世界才是学生的教科书。请针对这句话谈一下你的课程观。

5. 近年来全国各地中小学都发生了多起学生自杀自残事件，全社会都对这些生命的逝去感到惋惜，请分析为预防这类极端行为的发生，学校应当采取哪些干预措施。

四、论述题（本大题共 2 小题，每小题 15 分，共 30 分）

1. 2020 年初，新型冠状病毒影响了全球各国人民的生产和生活，截至目前，全球被感染人员已破千万。我们国家在以习近平同志为核心的党中央坚强领导下，全国各族人民的积极配合下，戮力同心，众志成城，取得了疫情防控的阶段性胜利。各级各类学校积极响应教育部门的号召，落实“停工不停学，离校不离教”的要求，开始了史无前例的大规模的“线上教学”。

(1)结合实际，谈谈线上教学的优越性。

(2)针对存在的问题，谈谈如何进一步提高线上学习的有效性。

2. 多年来，济南市市中教育始终把“名校云集、名师辈出、学生幸福社会满意”作为该区域教育发展目标，不断提升教育品质，各级各类学校整体教育教学质量得到了教育同仁和社会各界的高度认可。教育质量的提升得益于济南市市中教育始终坚持“追求绿色质量”，落实“减负提质”的长期实践。以某一学科为例，谈谈在学科教学中如何落实减负措施，提升教育质量。

2020年山东省济南市历城区教师招聘考试公共基础知识和教育基础知识真题试卷(精编)(六)

本套试卷共100小题,目前已收录88小题,包括单项选择题(60小题)、多项选择题(24小题)、判断题(4小题)。

第一部分　公共基础知识

一、单项选择题(在下列每小题四个选项中只有一个是符合题意的,将其选出并把它的标号填在括号内。错选、多选或未选均不得分。本大题共20小题,每小题0.9分,共18分)

1.2019年12月,我国第一艘国产航空母舰(　　)在海南三亚某军港交付海军。中共中央总书记、国家主席、中央军委主席习近平出席交接入列仪式。(易混)

A.山东舰　B.辽宁舰　C.青岛舰　D.海南舰

2.2019年10月,国务院新闻办公室发布《中国的粮食安全》白皮书。白皮书指出,中国正处在历史上粮食安全形势最好的时期。中国立足世情、国情、粮情,确立了中国的新粮食安全观。中国新粮食安全观是指谷物基本自给和(　　)

A.粮食出口　B.适度进口

C.口粮自给　D.口粮绝对安全

3.习近平引用"不驰于空想,不骛于虚声",勉励全国人民一步一个脚印,踏踏实实把十九大描绘的美好蓝图变为现实。"不驰于空想,不骛于虚声"是中国共产党主要创始人之一(　　)的名言。

A.陈独秀　B.李立三　C.李大钊　D.瞿秋白

4.政治建设是政党建设的内在要求。只有加强党的政治建设,才能保证党的政治方向对头、政治原则坚定、政治路线正确,才能统一全党意志、凝聚全党力量。党的政治建设的首要任务是(　　)

A.坚持马克思列宁主义　B.全面增强党的执政本领

C.坚决做到"两个维护"　D.统揽"四个伟大"

5.2022北京冬奥会吉祥物"冰墩墩"、冬残奥会吉祥物"雪容融"把中华文化元素、现代国际风格、冰雪运动特征和主办城市特色有机融为一体,象征着冬奥会运动员强壮有力的身体、坚韧不拔的意志和鼓舞人心的奥林匹克精神,其中"冰墩墩"设计的原型是(　　)

A.熊猫　B.灯笼　C.和平鸽　D.牛

6.商务部等五部委联合公布2019~2020年度国家文化出口重点企业和2019~2020年度国家文化出口重点项目名单。全国129个项目中,尼山书屋"走出去"工程榜上有名。尼山位于山东的(　　)

A.滕州　B.日照　C.临沂　D.曲阜

7.陶渊明是东晋时期著名的诗人,被后世称为"百世田园之主,千古隐逸之宗"。他的诗歌可分为饮酒诗、咏怀诗和(　　)三大类。

A.田园诗　B.游记　C.边塞诗　D.言志诗

8.党的十九大报告明确指出,中国特色社会主义进入新时代,社会主要矛盾已经转化为人民日益增长的美好生活需要和不平衡不充分的发展之间的矛盾。领域发展的不平衡主要体现在(　　)发展较快。

A.政治领域　B.经济领域

C.文化领域　D.社会领域

9.国家医保局会同财政部印发《关于做好2019年城乡居民基本医疗保障工作的通知》,要求稳步提升待遇保障水平,大病保险政策范围内报销比例由50%提高至(　　)

A.55%　B.60%　C.65%　D.70%

10.为了庆祝建国70周年,表彰先进,弘扬模范,某机关通过民主选举确定了一批在工作中勤奋努力,成绩突出的工作人员进行表彰。在公布这一事件及先进名单时,应该使用的公文种类是(　　)(常考)

A.通报　B.通告　C.公报　D.公告

11.竞技游泳是指有特定技术要求,按游泳竞赛规则进行竞赛的游泳项目。下列选项中不属于竞技游泳项目的是(　　)

A.蛙泳　B.自由泳　C.侧泳　D.仰泳

12."轻肌弱骨散幽葩,更将金蕊泛流霞。欲知却老延龄药,百草摧时始起花。"苏轼这首作品描写的是(　　)

A.迎春花　B.菊花　C.梅花　D.牡丹

13.三省六部制是西汉以后长期发展形成的封建管理制度。六部是指吏部、户部、礼部、兵部、刑部、工部,不同朝代各部履行的基本职能大体一致。其中,管理全国学校事务及科举考试的是(　　)

A.吏部　B.户部　C.礼部　D.兵部

14.秦始皇统一六国后推行"书同文,车同轨"的政策,"书同文"是中国第一次有系统地将文字的书体标准化的过程,其规定的标准字体是(　　)

A.大篆　B.小篆　C.隶书　D.金文

15.1927年8月1日,周恩来、贺龙等领导的(　　),打响了武装反抗国民党反动派的第一枪,开创了中国共产党独立领导和创建革命军队的新时期。(易错)

A.南昌起义　B.秋收起义

C.黄花岗起义　D.武昌起义

16. 1936年10月,红军三大主力在(　　)胜利会师,宣告了红军两万五千里长征胜利结束。

A. 贵州遵义　B. 青海玉树　C. 四川小金县　D. 甘肃会宁

17. 下列诗词名句与作者对应错误的是(　　)

A. 感时花溅泪,恨别鸟惊心—白居易

B. 沉舟侧畔千帆过,病树前头万木春—刘禹锡

C. 先天下之忧而忧,后天下之乐而乐—范仲淹

D. 落红不是无情物,化作春泥更护花—龚自珍

18. 古人的年龄有时不直接用数字表示,而是用一种与年龄有关的称谓来代替。《桃花源记》中有"黄发垂髫,并怡然自乐"的语句。"垂髫"是指(　　)

A. 三四岁到八九岁的儿童　B. 八九岁到十三四岁的少年

C. 男子十五岁　D. 少女十三四岁

19. 2019年11月26日,中国船舶集团有限公司(中国船舶集团)在京正式揭牌成立。成立后的中国船舶集团有限公司拥有我国最大的造修船基地和最完整的船舶配套产品研发能力。中国船舶集团是由中国船舶工业集团有限公司和(　　)联合重组成立。

A. 南阳船舶集团有限公司　B. 中国船舶重工集团有限公司

C. 江南造船(集团)有限责任公司　D. 太平洋造船集团有限公司

20. 墨家是春秋战国时期代表平民阶级的一个学派,与儒家、道家共同构成了中国古代三大哲学体系。下列属于墨家思想的是(　　)(常考)

A. 民为贵,社稷次之,君为轻　B. 道法自然

C. 兼爱非攻　D. 缘法而治

二、多项选择题(在下列每题列出的选项中至少有两项是符合题意的,将其选出并把它的标号写在括号内。多选、错选或少选均不得分。本大题共10小题,每小题1.2分,共12分)

21. 党的十九届四中全会提出,坚持和完善中国特色社会主义制度、推进国家治理体系和治理能力现代化的总体目标是(　　)

A. 到我们党成立100年时,在各方面制度更加成熟更加定型上取得明显成效

B. 到2035年,各方面制度更加完善,基本实现国家治理体系和治理能力现代化

C. 到改革开放100年时,全面实现国家治理体系和治理能力现代化

D. 到新中国成立100年时,基本实现国家治理体系和治理能力现代化

22. 社会主义基本经济制度既体现了社会主义制度优越性,又同我国社会主义初级阶段社会生产力发展水平相适应,是党和人民的伟大创造。我们必须坚持和完善社会主义基本经济制度,推动经济高质量发展。下列选项中属于我国基本经济制度的是(　　)(易错)

A. 公有制为主体,多种所有制经济共同发展

B. 按劳分配为主体,多种分配方式并存

C. 社会主义市场经济体制

D. 基层群众自治

23. 2019年11月14日,在金砖国家领导人巴西利亚会晤公开会议上,习近平主席对困扰世界经济发展和全球治理的焦点问题提出中国方案。下列属于中国方案的有(　　)

A. 维护多边主义,为全球治理带来新气象

B. 促进互利共赢,为全球发展创造新机遇

C. 坚持开放合作,为全球经济释放新活力

D. 培育互信土壤,为世界和平注入正能量

24. 世界自然保护联盟简称IUCN,也被称作"国际自然与自然资源保护联盟",是世界上规模最大、历史最悠久的全球性非营利环保机构。下列有关说法正确的是(　　)

A. 1948年在德国成立

B. 联盟所保护的环境包括陆地环境与海洋环境

C. 是自然环境保护与可持续发展领域唯一作为联合国大会永久观察员的国际组织

D. 是世界自然遗产的唯一评估机构

25. 社会治理制度是国家治理体系的重要组成部分。推进社会治理现代化,需要坚持以解决实际问题为导向,遵循(　　)的原则。

A. 共建　B. 共治　C. 共商　D. 共享

26. 王某,24岁,某高校毕业生,尚未就业。根据宪法和法律的规定,有关其权利与义务的说法不正确的是(　　)

A. 无须承担纳税的义务　B. 不得征集服兵役

C. 有休息权　D. 有选举权与被选举权

27. 根据我国《民事诉讼法》规定,下列情形属于中级人民法院管辖的有(　　)(易混)

A. 重大涉外案件

B. 省内有重大影响的案件

C. 最高人民法院确定由中级人民法院管辖的案件

D. 认为应当由本院审理的案件

28. 世界遗产分为自然遗产、文化遗产、自然遗产与文化遗产混合体(即双重遗产)、文化景观4类。在中国的55项世界遗产中,属于文化景观的是(　　)

A. 庐山　B. 五台山

C. 杭州西湖　D. 红河哈尼梯田

29. 2019年12月,中央经济工作会议在北京召开。会议提出,着力推动高质量发展,要坚持巩固、增

强、提升、畅通的方针，以(　　)为两个轮子。全面提高经济整体竞争力，加快现代化经济体系建设。

A. 新型城镇化　　B. 创新驱动　　C. 乡村振兴　　D. 改革开放

30. 第六届世界互联网大会于2019年10月20日至22日在浙江桐乡乌镇举行。大会主题为“智能互联开放合作——携手共建网络空间命运共同体”。大会以互联网时代为契机，以文化为载体，各美其美，美人之美，美美与共，携手并进，推动网络空间命运共同体的构建。对此理解正确的是(　　)

A. 各美其美要求尊重世界文化的多样性

B. 美人之美要求尊重其他民族文化

C. 美美与共会让全世界文化趋同

D. 尊重文化多样性要坚持以中国为主导

第二部分　教育基础知识

三、单项选择题(在下列每小题四个选项中只有一个是符合题意的，将其选出并把它的标号填在括号内。错选、多选或未选均不得分。本大题共40小题，每小题1分，共40分)

31. 在全国教育大会上，习近平总书记指出：“我国是中国共产党领导的社会主义国家，这就决定了我们的教育必须把(　　)作为根本任务，培养一代又一代拥护中国共产党领导和我国社会主义制度、立志为中国特色社会主义奋斗终身的有用人才。”

A. 培养什么人、怎样培养人、为谁培养人　　B. 培养社会主义建设者和接班人

C. 立德树人　　D. 培养德智体美劳全面发展的人

32. 有教育家认为：“教育目的主要包括两个方面，一方面是与职业及谋生相关的目的；另一方面是必要的培养道德的目的。一个人无论从事什么样的职业，都必须具有一定的完善的道德品质，所以说道德教育是教育的最高目的。”为此，该教育家提出了一个非常重要的原则——教育性教学原则。该教育家是(　　)

A. 杜威　　B. 夸美纽斯　　C. 斯宾塞　　D. 赫尔巴特

33. 学生在课前借助网络平台观看微视频进行自主学习，课堂上在教师指导下分组讨论、合作探究，这种新型教学组织形式称为(　　)

A. 在线课堂　　B. 虚拟课堂　　C. 翻转课堂　　D. 网络课堂

34.《礼记·学记》中说：“记问之学，不足以为人师。”这主要体现的教学规律是(　　)

A. 直接经验与间接经验相统一　　B. 掌握知识与发展智力相统一

C. 传授知识与思想品德教育相统一　　D. 教师主导作用与学生主体地位相统一

35. 苏联教育家马卡连柯说：“要尽量多地要求一个人，也要尽可能地尊重一个人。”这句话体现的德育原则是(　　)(常考)

A. 理论与实际相结合的原则　　B. 说服教育与纪律约束相结合的原则

C. 集体教育与个别教育相结合的原则　　D. 严格要求与尊重信任相结合的原则

36. 被毛泽东主席称为“伟大的人民教育家”的陶行知先生，不仅创立了完整的教育理论体系，而且进行了大量教育实践。他提出的主要教育主张是(　　)

A. 因材施教　　B. 遵循自然

C. 教学做合一　　D. 官能训练

37. 教育作为培养人的社会活动，虽然具有多方面的教育功能，但这些功能的实现却不是自发的，而是一种在理性引导下的有目的的追求。现阶段，确立我国教育目的的理论依据是(　　)

A. 马克思主义关于人的全面发展理论　　B. 素质教育理论

C. 创新教育理论　　D. 生活教育理论

38. 教育与社会诸多因素有着密切的联系。其中，决定教育领导权和受教育权的主要因素是(　　)(易混)

A. 社会生产力和科技发展水平　　B. 社会人口规模

C. 社会文化传统　　D. 社会政治经济制度

39. 以直接感知为主的教学方法具有形象、直观、具体和真实的特点，能够激发和强化学生的学习兴趣，吸引和维持学生的学习注意力。下列属于以直接感知为主的教学方法的是(　　)

A. 讲授法　　B. 谈话法　　C. 实习法　　D. 演示法

40. 作为教学的一部分，课堂管理能够教给学生一些行为准则，并促使学生行为实现由他律到自律的转变。这说明课堂管理具有(　　)

A. 维持功能　　B. 缓冲功能　　C. 发展功能　　D. 解释功能

41. 教师不应满足“授之以鱼”，更要做到“授人以渔”。这主要是强调教学应重视(　　)

A. 传授知识　　B. 发展能力　　C. 形成品德　　D. 培养个性

42. 1992年联合国环境与发展大会通过的《21世纪议程》指出：“教育对促进可持续发展和提高人们解决环境和发展问题的能力，具有重要的作用。”这一论述主要体现的教育功能是(　　)

A. 政治功能　　B. 经济功能　　C. 文化功能　　D. 生态功能

43.《礼记·学记》中说：“知其心，然后能救其失也。”这句话所体现的教学原则是(　　)

A. 因材施教原则　　B. 启发性原则

C. 理论联系实际原则　　D. 直观性原则

44. 中国正式实施的第一个现代学制规定学堂的立学宗旨是“以忠孝为本，以中国经史之学为基。俾学生心术壹归于纯正，而后以西学瀹其知识，练其艺能，务期他日成才，各适实用”。该学制还规定

了各级各类学堂的性质、任务、入学条件、修业年限及相互衔接和关系。该学制是(　　)

A. 癸卯学制　B. 壬寅学制　C. 壬子癸丑学制　D. 壬戌学制

45. 教学规律是指教学现象中客观存在的,具有必然性、稳定性、普遍性的联系。教学规律对教学活动具有规约作用,是制定教学原则的重要依据。依据“间接经验与直接经验相统一规律”制定的教学原则是(　　)

A. 循序渐进原则　B. 理论联系实际原则

C. 因材施教原则　D. 量力性原则

46. 青少年身心发展具有一定的阶段性,它反映了量变与质变的统一。由于身心发展各阶段是相互联系的,具有连续性,前一阶段是后一阶段的准备。这就要求教育工作者应做到(　　)

A. 因材施教　B. 抓好关键期教育

C. 考虑各阶段教育的衔接　D. 促进学生的一般发展

47. 由于教育关系到政治意识形态的传播、社会规范的传递、科学文化的传承与创新、劳动力的再生产等,且是一种对于个体和社会发展都具有重大意义的公共事务。因此,教育政策与法规的制定应体现(　　)

A. 科学性　B. 公共性　C. 正义性　D. 思想性

48. 某校长在谈到学校的校园环境时讲道:“这些长长的回廊和雄伟的石柱,这些随风摇曳的棕榈树就像化学实验室和讲堂一样在学生的教育中起着重要的作用。这个庭院的每块石头都有教育意义。”这主要体现的德育方法是(　　)

A. 实际锻炼法　B. 情感陶冶法

C. 说服教育法　D. 榜样示范法

49. 有教育家认为:“儿童的智力像肌肉一样,如果不给予适当的负担,加以锻炼,它就会萎缩、退化。”强调教学要充分利用儿童智力上的潜在发展水平,适当超前进行,提出实行高难度的教学。该教育家是(　　)

A. 苏霍姆林斯基　B. 赞科夫　C. 马卡连柯　D. 凯洛夫

50. 在资本主义迅速发展时期,为了批判当时占主导地位的古典学科,唤起人们对自然科学的热情,明确提出“什么知识最有价值”这一经典课程论命题的学者是(　　)

A. 夸美纽斯　B. 斯宾塞　C. 康德　D. 杜威

51. 皮亚杰认为,儿童的认知发展是在已有图式的基础上,通过同化、顺应和平衡等机制,不断从低级向高级发展的一个建构过程。其中个体调节自己的内部结构以适应特定刺激的过程是(　　)(易混)

A. 图式　B. 同化　C. 顺应　D. 平衡

52. 埃里克森认为发展是一个过程,他将人格发展划分为八个阶段。个体在每一个阶段都有其特殊的目标、任务和冲突。中学阶段学生人格发展的主要任务是获得(　　)

A. 勤奋感　B. 自主性　C. 自我同一性　D. 亲密感

53. 某学生对物体的知觉倾向于以外部参照作为信息加工的依据,注意并记忆言语信息中的社会内容,该生的态度和自我知觉更易受周围的人特别是权威人士的影响和干扰,善于察言观色。该学生的认知风格属于(　　)

A. 场独立型　B. 场依存型　C. 整体型　D. 分析型

54. 奥苏贝尔按照学习进行的方式将学习分为接受学习和发现学习;按照学习材料与学习者原有知识经验的关系将学习分为机械学习和意义学习。科学家的科学研究属于的学习类型是(　　)

A. 有意义的接受学习　B. 有意义的发现学习

C. 机械的接受学习　D. 机械的发现学习

55. 在某强化程序中,得到强化之前的反应数量是变化的、不可预期的。该强化程序是(　　)

A. 固定时距强化　B. 固定比率强化

C. 变化时距强化　D. 变化比率强化

56. 首先做我要你做的事,然后才可以做你想做的事。如要求不爱吃青菜的孩子吃青菜,可以这样做:吃完这些青菜,才可以吃鸡腿。这种做法符合(　　)

A. 普雷马克原理　B. 扇贝原理

C. 德西效应　D. 习得性无助效应

57. 托尔曼认为,学习的实质是形成认知地图。该结论的实验论据是(　　)

A. 顿悟学习实验　B. 对偶学习实验

C. 系列学习实验　D. 位置学习实验

58. “其身正,不令而行;其身不正,虽令不从。”可以解释这一现象的学习理论是(　　)(常考)

A. 观察学习理论　B. 信息加工学习理论

C. 建构主义学习理论　D. 有意义学习理论

59. 下列不属于建构主义学习理论倡导的学习方式是(　　)

A. 情境学习　B. 探究式学习　C. 个别化学习　D. 支架式教学

60. 学习动机有很多种,“让学习本身成为调动学生学习积极性的因素”这句话强调被激发的动机是(　　)

A. 情境动机　B. 成就动机　C. 外部动机　D. 内部动机

61. 某学生关心学习的过程,关心如何提高自己的能力,对成败进行努力和策略归因;面对失败,焦虑程度适中,敢于面对挑战性任务,对困难坚持性高。该学生的成就目标定向类型属于(　　)(易混)

A. 学习目标　B. 成绩目标　C. 任务目标　D. 表现目标

62. 根据阿特金森的理论，成就动机可以分为追求成功的动机和避免失败的动机，无论哪一种，其强度都取决于动机、期望和诱因三个因素；而且成就动机的强度等于追求成功的倾向减去避免失败的倾向。因此可以推断高成就动机者在工作学习中倾向于选择的任务类型是(　　)

A. 难度大的任务　　B. 中等难度的任务

C. 难度小的任务　　D. 感兴趣的任务

63. 小学生先前学习的加法、减法，对以后更高级的乘、除法的学习具有促进作用。这种迁移是(　　)

A. 纵向迁移　B. 横向迁移　C. 负向迁移　D. 逆向迁移

64. 不同的迁移理论对影响迁移效果的因素的认识不同。其中强调前后学习情境的相似性对迁移效果影响的理论是(　　)

A. 形式训练说　B. 共同要素说　C. 学习定势说　D. 关系转换说

65. 在教师指导下，学生利用思维导图对知识进行归纳整理，以促进对所学知识的掌握。学生采用的这种学习策略是(　　)

A. 资源管理策略　　B. 复述策略

C. 精细加工策略　　D. 组织策略

66. 陈述性知识和程序性知识具有不同的特点，下列推论正确的是(　　)

A. 陈述性知识习得速度快，遗忘也快

B. 陈述性知识只能通过观察人的行为间接测量

C. 程序性知识激活速度慢，提取是一个有意义的探索过程

D. 程序性知识在头脑中以命题及命题网络的方式储存

67. 问题解决的策略可以分为算法式和启发式，常用的启发式策路有逆推法、爬山法、手段—目的分析法，这些方法的共同特点是(　　)(常考)

A. 问题解决速度快，且能保证问题一定得到解决

B. 问题解决速度慢，但能保证问题一定得到解决

C. 问题解决速度慢，且不能保证问题一定得到解决

D. 问题解决速度快，但不能保证问题一定得到解决

68. 某学生在体操技能训练中表现为：整体动作趋向于协调连贯，多余的动作有所减少，视觉控制让位于动觉控制，但动作技能尚未达到自动化。该学生体操技能的形成处于的阶段是(　　)

A. 操作定向　B. 操作模仿　C. 操作整合　D. 操作熟练

69. 某儿童认为规则不是绝对的，它可以怀疑、可以改变，甚至可以违反。按照科尔伯格的理论，其道德发展处于的阶段是(　　)

A. 服从与惩罚定向　　B. 良心和原则定向

C. 维护权威和社会秩序　　D. 社会契约定向

70. 小学生张亮不愿意写作业，一看到那么多作业就干脆放弃。为了帮助张亮完成期待的作业量，老师先让他一次写很少的作业，完成后就给予表扬，然后再慢慢增加作业的量，直到他能完成期待的作业量。这种行为矫正的方法是(　　)

A. 系统脱敏法　B. 自信心训练法　C. 行为塑造法　D. 满灌疗法

四、多项选择题(在下列每题列出的选项中至少有两项是符合题意的，将其选出并把它的标号写在括号内。多选、错选或少选均不得分。本大题共 14 小题，每小题 1.1 分，共 15.4 分)

71. 谈话法是教师按照一定的教学目标向学生提出问题，要求学生回答，并通过问答的形式来引导学生获取或巩固知识的方法。运用谈话法，教师应做到(　　)

A. 谈话方式要因人而异　　B. 准备好问题和谈话计划

C. 善于把握提问时机和分寸　　D. 注意启发诱导学生

72. 教育的经济功能是伴随着近代工业革命才出现的，并在当代社会更加突出。现代教育对经济发展的促进功能主要表现为(　　)

A. 教育使潜在的劳动力转变为现实的劳动力，促进经济的发展

B. 教育推进社会走向民主

C. 教育通过培养合格的公民和政治人才，为社会发展服务

D. 教育能够产生经济效益，是经济发展新的增长点

73. 隐性课程是以内隐的、间接的方式呈现的课程，是学生在显性课程以外所获得的所有学校教育的经验。下列属于隐性课程表现形式的有(　　)

A. 班级管理方式　　B. 学校的人际关系

C. 思想政治课　　D. 教师的教育理念

74. 文化与教育是相互依存、相互制约的关系。文化对教育发展的制约作用主要表现为(　　)

A. 文化影响教育目的的确立　　B. 文化影响教育内容的选择

C. 文化影响教育教学方法的使用　　D. 文化本身不能产生教育力量

75. 在班级中，非正式群体的存在是必然的，非正式群体对促进学生个体发展和正式群体的发展都具有深刻意义。班主任加强对非正式群体的管理应做到(　　)

A. 正确认识、客观评价非正式群体

B. 争取非正式群体中的核心人物

C. 通过各种方式方法将非正式群体转化为正式群体

D. 加强正式群体与非正式群体的交流

76. 教育目的对教育活动的定向功能不仅内含对整个教育活动努力方向的指向性和结果要求，而且还含有对教育活动的具体规定性。下列观点符合教育目的的定向功能的是(　　)

A. 对教育社会性质的定向作用　　B. 对学生学习的定向作用

C. 对人的培养的定向作用 D. 对课程选择及其建设的定向作用

77. 校本课程开发实质上是学校根据自己的教育哲学,为满足学生的实际学习需要,以教师为本,吸收有关人员参与,并以学校为基础进行民主开放的课程决策的过程。校本课程开发的优点主要有( )

A. 有利于实现教育目标 B. 有利于推进学校的特色发展

C. 有利于提高教学的学术性 D. 有利于促进学生的个性发展

78. 2019 年 10 月 31 日,中国共产党第十九届中央委员会第四次全体会议通过了《中共中央关于坚持和完善中国特色社会主义制度、推进国家治理体系和治理能力现代化若干重大问题的决定》,特别提出“构建服务全民终身学习的教育体系”。该教育体系的具体内容包括( )

A. 推动城乡义务教育均衡发展

B. 健全学前教育、特殊教育和普及高中阶段教育保障机制

C. 完善职业教育、高等教育、继续教育统筹协调发展机制

D. 构建覆盖城乡的家庭教育指导服务体系

79. 班级组织能够按照一定社会的要求,在集体的教育教学过程中,借助课程等载体,以集体为导向,向学生传授社会经验,使学生从一个自然有机体发展成为合格的社会成员,其社会化功能主要表现为( )

A. 传递社会价值观 B. 传授科学文化知识

C. 教导社会生活规范 D. 培养社会角色

80. 学科课程和活动课程在总体上都服从于整体的课程目标,二者都是学校课程结构中不可缺少的要素。下列符合学科课程特征的有( )

A. 主要向学生传递人类长期积累和创造的种族经验的精华

B. 强调各种有教育意义的学生活动的系统性

C. 主要以教师为主导去认识人类的种族经验

D. 重视过程性评价,侧重考查学生学习的过程

81. 1903 年,美国心理学家桑代克出版了《教育心理学》一书,这是西方第一本以教育心理学命名的著作,标志着教育心理学的诞生。1913 ~ 1914 年该书发展为三大卷《教育心理学大纲》,这一著作奠定了教育心理学的内容体系,它包括的三部分内容是( )

A. 人类的本性 B. 学习心理 C. 教师心理 D. 个别差异

82. 苏联心理学家维果斯基的心理发展观区分了两种心理机能,一种是作为动物进化结果的低级心理机能,另一种是作为历史发展结果的高级心理机能。他认为心理机能由低级向高级发展的表现有( )

A. 随意机能的不断发展 B. 心理活动的个性化

C. 形成以符号为中介的心理结构 D. 抽象—概括机能的提高

83. 关于学习的含义,下列表述正确的有( )(常考)

A. 人与动物都有学习

B. 学习表现为有机体行为与行为潜能的变化

C. 学习是经由练习而产生的

D. 学习引起的变化可以是短暂的

84. 下列陈述中,属于人本主义心理学家提出的促进意义学习的条件的有( )

A. 以学生为中心,突出学习者在教学过程中的中心地位

B. 让学生觉察到学习内容与自我的关系

C. 让学生身处一个和谐的、融洽的、被人关爱和理解的氛围

D. 要从做中学

五、判断题(判断下列各题的正误,判断为正确的选“A”,判断为错误的选“B”。本大题共 4 小题,每小题 0.9 分,共 3.6 分)

85. 学业求助是种非常值得提倡的有助于提高学习效率的学习策略。低成就的学生往往比高成就的学生更愿意寻求老师的帮助。 ( )

A. 正确 B. 错误

86. 个体的成败经验是影响自我效能感的重要因素,但成败经验对自我效能感的影响很大程度上取决于对成败的归因方式。 ( )

A. 正确 B. 错误

87. 品德是个体依据一定的道德行为准则行动时所表现出来的某些稳固的特征。因此品德就是道德。 ( )

A. 正确 B. 错误

88. 苏联心理学家维果斯基提出最近发展区的概念,认为学生的发展有两种水平:一种是学生的现有水平,另一种是学生可能的发展水平,两者之间的差异就是最近发展区。维果斯基认为教学要想对儿童的发展发挥主导和促进作用,就必须走在儿童发展的前面。 ( )

A. 正确 B. 错误

2020年山东省青岛市教师招聘考试公共基础知识和教育基础知识真题试卷(七)

(满分100分　时间150分钟)

本套试卷共130小题,包括单项选择题(95小题)、多项选择题(30小题)、不定项材料分析题(5小题)。

第一部分　公共基础知识(共35题,共30分)

一、单项选择题(在下列每小题四个选项中只有一个选项是符合题意的,将其选出并把它的标号写在括号内。错选、多选或未选均不得分。本大题共25小题,每小题0.8分,共20分)

1. 习近平总书记2020年"七一讲话"的主题是(　　)

A. 不忘初心、砥砺前行　　B. 不忘初心、继续前进

C. 不忘初心、牢记使命　　D. 不忘初心、矢志前行

2. 2020年6月30日,全国人大常委会根据十三届全国人大三次会议决议通过了(　　)

A.《中华人民共和国香港特别行政区维护国家治安法》

B.《中华人民共和国香港特别行政区维护国家领土法》

C.《中华人民共和国香港特别行政区维护国家安全法》

D.《中华人民共和国香港特别行政区维护国家和平法》

3. 被称为"社会生活的百科全书",也是中国第一部以法典命名的法律是(　　)

A.《中华人民共和国民法典》　　B.《中华人民共和国宪法典》

C.《中华人民共和国刑法典》　　D.《中华人民共和国行政法典》

4. 依靠高收入国家提供资金支持,向发展中国家提供低息贷款、无息信贷和赠款的世界经济组织是(　　)(易混)

A. 国际货币基金组织　　B. 国际贸易银行

C. 世界贸易组织　　D. 世界银行

5. 对山东省的历史描述,下列选项中不正确的是(　　)

A. 山东省简称"鲁",源自西周封邦建国的分封名称

B. 明朝初期设置山东省,"山东"才成为该省的专名

C. 齐国作为"战国七雄"之一,占据了今山东省的大部分地区

D. 山东行政区划大致萌芽于夏代,在氏族部落基础上逐渐形成

6. 港珠澳大桥建成通车的时间是(　　)

A. 2016年　　B. 2017年　　C. 2018年　　D. 2019年

7. 我国真正意义上的第一艘国产航空母舰是(　　)

A. 辽宁舰　　B. 海南舰　　C. 浙江舰　　D. 山东舰

8. 2020年6月1日起,我国卫生与健康领域施行的第一部基础性、综合性法律是(　　)

A.《中华人民共和国基本医疗健康保障法》

B.《中华人民共和国基本医疗卫生促进法》

C.《中华人民共和国基本医疗卫生与健康促进法》

D.《中华人民共和国基本医疗卫生与健康保障法》

9. 在防疫特殊时期,全国政协提案委员会建立政协提案工作"快速通道",围绕抓好疫情防控和经济社会发展提交了一批提案,并在第一时间以参阅件的形式发给承办单位参考。全国政协在上述行动中行使的职能是(　　)(常考)

A. 政治协商　　B. 民主监督　　C. 参政议政　　D. 民主管理

10. 我国正在积极推进垃圾分类的试点工作,下列选项中属于有害垃圾的是(　　)

A. 废电池　　B. 书本　　C. 中药残渣　　D. 果皮

11.《国务院关于加强教师队伍建设的意见》将每五年为一周期的教师全员培训由不少于240学时提高到不少于(　　)

A. 300学时　　B. 320学时　　C. 340学时　　D. 360学时

12. 关于科学家与其代表成就的描述,下列选项中对应错误的是(　　)

A. 牛顿—经典力学　　B. 法拉第—电磁感应

C. 普朗克—狭义相对论　　D. 爱因斯坦—广义相对论

13. 我国各地昼夜平分的节气是(　　)

A. 立春　　B. 谷雨　　C. 芒种　　D. 秋分

14. 确立以毛泽东为代表的马克思主义正确路线在中国共产党内领导地位的会议是(　　)(常考)

A. 瑞金会议　　B. 遵义会议　　C. 井冈山会议　　D. 西柏坡会议

15. 关于"倡议书"的表述,下列选项中不正确的是(　　)

A. 正文开头需要写问候语　　B. 倡议的响应者具有不确定性

C. 倡议书本身不具有很强的约束力　　D. 主体内容需要交待倡议的背景、目的

16. 2020年是我国开展"节能宣传周"(　　)

A. 20周年　　B. 30周年　　C. 40周年　　D. 50周年

17. 我国《刑法》对残疾人犯罪的规定,下列表述正确的是(　　)(常考)

A. 精神病人犯罪的,不负刑事责任

B. 有肢体障碍的人犯罪,不负刑事责任

C. 又聋又哑的人或者盲人犯罪,可以从轻、减轻或者免除处罚

D. 尚未完全丧失行为能力的精神病人犯罪的,应当负刑事责任,且不可从轻或减轻处罚

18. 对“人力资本”的表述，下列选项中不正确的是(　　)

A. 人力资本并不是体现在人身上的资本

B. 人力资本的素质提高对提高劳动生产率具有重要作用

C. 人力资本的衡量依据是人的劳动能力的高低和可使用程度

D. 人力资本是对生产者进行教育、培训等支出及其接受教育的机会成本等的总和

19. 第55颗导航卫星的成功发射，标志着我国组网成功的卫星导航系统是(　　)

A. 北斗一号　　B. 北斗二号　　C. 北斗三号　　D. 北斗四号

20. 为扩大“一带一路”在中国东南沿海的影响力和辐射力，我国着力打造的新区是(　　)

A. 粤港澳大湾区　　B. 珠三角发展区

C. 雄安新区　　D. 三沙新区

21. 下列不属于人格权的是(　　)

A. 债权　　B. 姓名权　　C. 隐私权　　D. 身体权

22. 关于侵权责任的归责方式，下列选项中正确的是(　　)(易错)

A. 所有未成年学生在学校发生的侵权纠纷均适用无过错原则

B. 所有未成年学生在学校外发生的侵权纠纷均适用过错原则

C. 过错原则要求行为人在行为存在过错时，行为人才承担责任

D. 法律没有明确规定适用无过错原则时，也可酌情适用无过错原则

23. 关于“奥林匹克”相关内容的表述，下列选项中正确的是(　　)

A. 奥林匹克首届运动会在雅典举行

B. 奥林匹克的口号是更高、更快、更强

C. 奥林匹克之父是英国教育家皮埃尔·德·顾拜旦

D. 奥林匹克五环标志象征五大洲和四大洋的团结

24. 下列各组商品中，不属于互补品的是(　　)(常考)

A. 网球和网球拍　　B. 手机和手机充电器

C. 牙膏和牙刷　　D. 花生油和玉米油

25. 下列我国古代科举考试与录取者称谓，对应正确的是(　　)

A. 院试：贡生　　B. 乡试：秀才　　C. 会试：举人　　D. 殿试：进士

二、多项选择题(在下列每题列出的选项中至少有两项是符合题意的，将其选出并把它的标号填在括号内。多选、错选或少选均不得分。本大题共10小题，每小题1分，共10分)

26. 通货膨胀是指在货币流通条件下，因货币发行量超过了流通中实际需要的量，现实购买力大于产出供给，导致货币贬值，而引起的一段时间内物价持续而普遍上涨的现象。通货膨胀的衡量指标包括(　　)

A. 消费者物价指数　　B. 生产者价格指数

C. 商品价格指数　　D. 国民生产总值价格折算指数

27. 下列法律纠纷可用《中华人民共和国民法典》规定的法律规范直接调整的是(　　)

A. 甲乙结婚后，甲常常夜不归宿，乙要求离婚，甲坚决不同意

B. 甲骑车不慎将正常行走的乙撞伤，甲拒绝向乙支付由此产生的医药费

C. 甲与乙签订木材买卖合同，甲支付价款后，乙迟迟未按合同约定向甲交付木材

D. 某工商局以甲违法经营为由对甲进行行政处罚，甲认为自己的经营行为是合法的

28. 下列化学反应中能产生二氧化碳的是(　　)

A. 碳酸钙加盐酸　　B. 高温煅烧石灰石

C. 甲烷在空气中燃烧　　D. 氢氧化钙加碳酸钾

29. 哺乳动物是动物发展史上最高级的阶段，下列选项中属于哺乳动物的是(　　)

A. 海马　　B. 蓝鲸　　C. 长颈鹿　　D. 海象

30. 在行政公文中，报告的主要功能包括(　　)

A. 汇报工作实施的情况　　B. 答复各级机关的询问

C. 提出合理化的对策建议　　D. 反映执行中的具体问题

31. 习近平总书记提出的建设中国特色社会主义，必须坚持的是(　　)

A. 道路自信　　B. 理论自信　　C. 制度自信　　D. 文化自信

32. 2020年6月，小明于16岁生日当天与同学偷偷溜出校外庆生，不幸遭遇车祸死亡。对小明死亡的责任认定，下列选项中不正确的是(　　)

A. 肇事车主与学校共同承担连带责任

B. 学校即使承担责任，也只承担补充责任

C. 学校对学生有安全保障义务，无法证明自己无过错时，应对小明的死亡承担责任

D. 学校对学生有安全保障义务，不论学校是否有过错，都应对小明的死亡承担责任

33. 封建社会女性地位低，随着社会的发展，两性平等越来越受到重视，女性在社会各个领域都发挥着重要作用，这说明(　　)

A. 社会存在决定社会意识

B. 社会意识随着社会存在的变化而变化

C. 社会意识的内容有时可以决定社会存在

D. 社会意识的发展始终与社会存在保持一致

34. 下列属于唯物主义的代表人物有(　　)

A. 罗素　　B. 黑格尔　　C. 墨子　　D. 王守仁

35. 关于古代年龄的称谓，下列选项中正确的是(　　)(易混)

A. 垂髫：两三岁　　B. 及笄：十五岁

C. 弱冠：二十岁　　D. 耳顺：五十岁

第二部分 教育基础知识(共95题,共70分)

三、单项选择题(在下列每小题四个选项中只有一个选项是符合题意的,将其选出并把它的标号写在括号内。错选、多选或未选均不得分。本大题共70小题,每小题0.6分,共42分)

36. 主张“有教无类”与“上说下教”的古代思想家分别是( )

A. 孔子 墨子　B. 老子 墨子　C. 孔子 老子　D. 墨子 老子

37. 战国时期集讲学、著述、育才活动为一体,并兼有咨议作用的高等学府是( )

A. 国学　B. 太学　C. 官学　D. 稷下学宫

38. 我国古代教育史上提出“循序渐进”“熟读精思”“虚心涵泳”“切己体察”“着紧用力”“居敬持志”读书法的思想家是( )(常考)

A. 朱熹　B. 韩愈　C. 董仲舒　D. 王夫之

39. 在东西方教育史上,最早提出“课程”一词的思想家是( )

A. 孟子 夸美纽斯　B. 孔颖达 夸美纽斯

C. 孟子 斯宾塞　D. 孔颖达 斯宾塞

40. 论述家庭教育经验的教育名著是( )

A.《教育漫话》　B.《普通教育学》

C.《实验教育学》　D.《经验与教育》

41. 学生对明星的某种品质或特征印象深刻,以至掩盖了对他的其他品质和特征的判断,这种现象称为( )(常考)

A. 近因效应　B. 晕轮效应　C. 投射效应　D. 刻板效应

42. 李老师发现王红这段时间听讲认真,就不再像以前上课时那样总提醒她,王红的成绩也逐步提高。李老师的这种行为属于( )(常考)

A. 替代性强化　B. 自我强化　C. 内部强化　D. 负强化

43. 每次考试前,小刘就出现紧张、失眠,甚至头痛、胸闷等现象,导致学习效率下降。由此判断,小刘产生了( )(常考)

A. 强迫症　B. 焦虑症　C. 抑郁症　D. 恐惧症

44. 现实中,人们往往对事物的用途持固定的看法,如“刀是用来切东西的,笔是用来书写的”,这会影响问题的解决。这种心理因素属于( )

A. 知识表征　B. 定势　C. 功能固着　D. 刺激呈现

45. 学生学习数学新知识时,将原有算术图式发展为代数图式,运用新图式可正确解决代数题,实现图式上的新平衡。这在皮亚杰心理学理论中被称为( )(易混)

A. 同化　B. 顺应　C. 组织化　D. 平衡

46. 儿童将“有头无尾”理解为“只有头没有尾巴”,将“一针见血”理解为“扎一针就看见血”,表明其思维处于( )

A. 直觉水平的概括　B. 形象水平的概括

C. 抽象水平的概括　D. 逻辑水平的概括

47. 迁移是一种学习对另一种学习的影响,平面镜、凸透镜、凹透镜等知识的学习会相互影响,这是学习的( )(常考)

A. 横向迁移　B. 负迁移　C. 逆向迁移　D. 特殊迁移

48. 某学生特别喜欢小动物,经常阅读相关的课外书籍,还饲养小动物并做观察记录,这种行为体现的是( )

A. 安全需要　B. 尊重需要　C. 归属与爱的需要　D. 求知需要

49. 暑假期间,小丁想跟爸爸妈妈外出旅游,但又想参加学校组织的夏令营,不知该怎么办。这种心理活动属于心理冲突中的( )

A. 多重趋避冲突　B. 双避冲突　C. 双趋冲突　D. 趋避冲突

50. 下列选项中,属于学习动机中附属内驱力的是( )

A. 某学生为了让老师喜欢自己,从而更积极地学习

B. 某学生考试名列前茅,得到了爸爸妈妈的夸奖,从而更积极地学习

C. 某学生认为期末考试一定要考班级前三名,这样同学们就会对他刮目相看

D. 学生非常喜欢科技知识,总喜欢按自己的想法设计一些小实验

51. 下列表述符合桑代克“联结说”的是( )

A. 学习是反应与强化之间建立联结的过程

B. 学习是刺激与反应之间建立联结的过程

C. 学习需要在学生经验和教材之间建立联结

D. 学习建立在人的大脑对学习材料加工的基础上

52. 下列说法属于现代认知学习观的是( )

A. 学习是行为改变的过程　B. 学习是一个顿悟的过程

C. 学习是知觉的重新组织过程　D. 学习是通过认知获得意义的过程

53. 小明在语文学习中非常刻苦,但每次语文考试成绩都不理想。小明逐渐丧失了学习的自信心,觉得自己再怎么努力都学不好语文。这在心理学中被称为( )

A. 自我效能感低　B. 消极归因　C. 成就动机水平低　D. 习得性无助

54. 冬天时节,学校组织冬泳,同学们跳进水里,最初感觉很冷,过一会儿就不觉得冷了。这种现象是( )

A. 感觉对比　B. 感觉适应　C. 嗅觉　D. 感觉后效

55. 有位数学教师长期教学生用“——”表示已知条件,用“～～”表示未知条件,用“△”表示关键词,如果有疑难处,则用“?”表示,这在心理学中称为( )

A. 内隐表征　B. 外显表征　C. 元认知　D. 意义表征

56. 学校要求各班级以“健全人格，自我管理”为主题，开展系列班级活动，该措施属于培养学生核心素养中的(　　)

A. 健康生活　B. 实践创新　C. 人文底蕴　D. 自主发展

57. 学生有时候会模仿教师的语气，甚至运用教师的经典语句进行表达。这一现象说明语言具有(　　)

A. 创造性　B. 指代性　C. 意义性　D. 社会性

58. 在短时记忆阶段，记忆容量保持最大的是(　　)

A. 数字　B. 颜色　C. 字母　D. 图形

59. 关于教育的生物起源说，下列选项中正确的是(　　)(易混)

A. 教育起源于人与人之间的社会交往

B. 教育起源于儿童对成人无意识的模仿

C. 教育起源于动物界中各类动物的生存本能活动

D. 教育起源于劳动过程中人的生产需要和发展需要的辩证统一

60. 康德说：“人只有通过教育才能成为人。”对这句话的理解正确的是(　　)

A. 教育是成人的充分条件　B. 人是需要教育的生物

C. 教育是人个性化的需求　D. 受教育是人的基本权利

61. 为促进教育公平，促进义务教育学校的均衡发展，提供同样质量的师资、课程、评价，尽可能保证学生都受到同样水平的教育，这体现了教育公平内涵中的(　　)

A. 教育起点公平　B. 教育过程公平

C. 教育结果公平　D. 教育机会公平

62. 教育功能表示教育作用，根据教育作用的对象，可以把教育功能分为(　　)

A. 个体功能和社会功能　B. 本体功能和派生功能

C. 显性功能和隐性功能　D. 保守功能和超越功能

63. “教育的目的是实现个人的社会化，因为社会化而使一个民族的整个生活道德化。”这一观点属于(　　)

A. 形式教育论　B. 实质教育论

C. 社会本位论　D. 个人本位论

64. 我国高中阶段实行普通高中和职业高中全面分流，采用的教育制度是(　　)

A. 分支制　B. 双轨制　C. 混合制　D. 单轨制

65. 我国近代教育家陶行知毕生致力于教育和社会改革事业，其教育思想的核心是(　　)

A. 活教育　B. 全人生指导　C. 教育独立　D. 生活教育

66. 放假前，老师要求学生以小组为单位到社区开展社会调查，并参加公益活动，以帮助学生形成良好的文明行为习惯，这是德育方法中的(　　)

A. 陶冶法　B. 榜样示范法　C. 说服教育法　D. 实际锻炼法

67. 李强发现爸爸挪用单位巨额现金为爷爷做心脏病手术，他纠结于该不该向公安机关举报爸爸，这属于(　　)

A. 道德两难问题　B. 道德法则问题　C. 道德发展问题　D. 道德能力问题

68. 某教师对学生们说：“成绩好是衡量你们学业成功的标志，我们教师的责任就是让每位同学考上理想的大学。”该教师的说法违背职业道德规范中的(　　)(常考)

A. 爱岗敬业　B. 关爱学生　C. 教书育人　D. 廉洁从教

69. 下列教学实践中，不符合杜威教育思想的是(　　)

A. 教师引导学生在新旧知识之间建立关联

B. 教师引导学生在购买物品的过程中认识人民币

C. 教师通过创设问题情境帮助学生理解知识的情境性

D. 教师组织学生结合自己的生活经验来建构知识的实践意义

70. 教学应以培养学生的德行为最终目的，这一观点体现的教学原理是(　　)

A. 发展性教学原理　B. 教育性教学原理

C. 建构性教学原理　D. 社会性教学原理

71. 为了更好地促进学生发展，在课堂教学中，强调小组合作学习、情景教学、教学对话等，其主要理论依据是(　　)

A. 掌握学习理论　B. 累积学习理论

C. 行为主义学习理论　D. 建构主义学习理论

72. 下列属于教学组织形式的是(　　)

A. 个别教学　B. 探究教学　C. 对话教学　D. 讲授教学

73. 教学设计的诸子系统有序地成等级结构排列，且前一子系统制约、影响着后一子系统，后一子系统依存并制约着前一子系统。这是教学设计的(　　)

A. 程序性原则　B. 结构性原则

C. 整体性原则　D. 统一性原则

74. 告诉学生某人的心率为每分钟 76 次，要求回答出此人一个心动周期是多少秒，这类知识属于(　　)

A. 陈述性知识　B. 程序性知识　C. 策略性知识　D. 结构性知识

75. “一个孩子仅仅把手伸进火焰，这还不是经验；当这个行动和他遭受的疼痛联系起来的时候，才是经验，从此以后，他知道手伸进火焰意味着灼伤。”这句话说明(　　)

A. 经验由儿童理解和社会理解构成　B. 经验是个体对所经历事件的提炼

C. 经验由主动和被动两方面因素构成　D. 经验是一个完全主观的心理过程

76. 一位接受了亚里士多德或裴斯泰洛齐唯实论哲学思想的教师，在教学方法上最有可能采用(　　)

A. 启发式问答　B. 直观教学法

C. 问题解决教学　D. 探究教学法

77. 物理教师讲解浮力原理后，通过视频向学生展示日常生活中的浮力现象，该教学方法体现了(　　)

A. 实物直观　　B. 言语直观　　C. 模像直观　　D. 教学直观

78. 行为主义教学理论、认知教学理论与情感教学理论的代表人物分别是(　　)

A. 华生、布鲁纳、罗杰斯　　B. 华生、罗杰斯、布鲁纳

C. 布鲁纳、华生、罗杰斯　　D. 罗杰斯、华生、布鲁纳

79. 教学应创设与真实任务类似的问题情境，让学生通过亲身体验和感受，主动识别、探索、发现并解决问题。这种教学设计被称为(　　)

A. 随机通达教学设计　　B. 支架式教学设计

C. 抛锚式教学设计　　D. 传递式教学设计

80. "学然后知不足，教然后知困。知不足，然后能自反也；知困，然后能自强也"，这句话体现的教学理念是(　　)

A. 问题和学习相互交融　　B. 困难和学习相辅相成

C. 教授和学习相互促进　　D. 教授和学习相得益彰

81. 新生入学时，张老师为了提高教学针对性，通过摸底测验了解学生的学习情况，这种评价属于(　　)(易错)

A. 诊断性评价　　B. 形成性评价　　C. 总结性评价　　D. 过程性评价

82. 小丽数学考了 89 分，在全班同学中处于中间水平，小丽爸爸因此觉得小丽不够努力，此评价属于(　　)(易混)

A. 绝对性评价　　B. 相对性评价　　C. 个体内差异评价　　D. 综合性评价

83. 隐性课程是学校课程的重要构成，下列不属于制度性隐性课程的是(　　)(易混)

A. 教师教学风格　　B. 学校组织机构

C. 班级管理方式　　D. 学校管理体制

84. 小学《品德与社会》包括公民、历史、地理等社会科学内容，这种课程属于(　　)

A. 广域课程　　B. 学科课程

C. 核心课程　　D. 活动课程

85. 有关国家课程和校本课程的表述，下列选项中不正确的是(　　)

A. 校本课程的形式可以是改编已有的课程

B. 国家课程和校本课程都具有权威性和强制性

C. 校本课程是相对于国家课程和地方课程而言的

D. 国家课程由中央政府负责编制，而校本课程以学校为课程编制的主体

86. 芝加哥实验学校实施了诸如烹饪、缝纫和木工等课程，支撑这些课程开设的理论流派是(　　)

A. 社会改造主义课程论　　B. 存在主义课程论

C. 经验主义课程论　　D. 学科中心主义课程论

87. 将英语课程中前一单元中所学的单词在后面单元中予以重复，这是课程组织的(　　)

A. 顺序性　　B. 整合性　　C. 连续性　　D. 重复性

88. 关于我国第八次基础教育课程改革的表述，下列选项中不正确的是(　　)

A. 以"基础知识、基本技能"为核心价值导向

B. 分别从课程功能、课程结构、课程内容等九个方面进行了改革

C.《基础教育课程改革纲要(试行)》的颁布标志着课程改革的正式实施

D. 构建了有中国特色、反映时代精神、体现素质教育理念的基础教育课程体系

89. 关于课程标准在教学设计中的作用，下列选项中不正确的是(　　)

A. 评价作用　　B. 纲领作用

C. 导向作用　　D. 执行作用

90. 关于"教材"的表述，下列选项中不正确的是(　　)

A. 教材是课程标准的具体化　　B. 教材是学科内容的系统反映

C. 教材是供教学所用的资料　　D. 教材是由教育部统一编制的

91. 关于"说课"的表述，下列选项中不正确的是(　　)

A. 说课是一种教研活动　　B. 说课的对象主要是同行

C. 说课的核心是教学依据　　D. 说课的目的是改进教学

92. 教师对不同学生采取不同的教育教学方法，尤其能因势利导地处理学生突发事件，这表明教师劳动具有(　　)

A. 示范性　　B. 创造性　　C. 繁重性　　D. 灵活性

93. 某教师最担心的问题是："学生喜欢我吗？""同事如何看我？""领导是否觉得我干得不错？"这说明该教师处于成长中的(　　)(常考)

A. 关注形象阶段　　B. 关注生存阶段　　C. 关注情境阶段　　D. 关注学生阶段

94. 教师从班级中随机抽取一位学生，并对其寄予了高期待，数月后，这位学生比其他没被抽到的学生进步快，这在心理学中称为(　　)

A. 潜移默化　　B. 霍桑效应　　C. 马太效应　　D. 皮格马利翁效应

95. "近朱者赤，近墨者黑"属于学生失范行为解释模式中的(　　)

A. 差异交往说　　B. 控制缺乏说

C. 标签理论　　D. 亚文化群理论

96. 当学习到一定层次后，想要再进一步提高学习成绩变得非常困难，仿佛学习停滞不前了，这是因为学习过程中存在(　　)(常考)

A. 死海现象　　B. 洼地效应　　C. 高原现象　　D. 晕轮效应

97. 小叶因考试不及格，情绪十分低落，不愿见人。老师发现后，经常找小叶交谈、疏导、鼓励。该老师扮演的角色是(　　)

A. 班级领导者　　B. 行为示范者　　C. 学习指导者　　D. 心理辅导者

98. 小学四年级学生出现早恋倾向，班主任并未责备，而是分析学生的情况和原因，站在学生的角度看问题，体现了心理辅导中的(   )

A. 发展性原则　　B. 尊重与理解学生原则

C. 价值中立原则　　D. 保密性原则

99. 某班开展以“小发明小创造”为主题的兴趣活动，这属于课外活动中的(   )(常考)

A. 文艺活动　　B. 体育活动　　C. 科技活动　　D. 游戏活动

100. 学生的学校生活与家庭生活最大的差别是(   )

A. 教育性　　B. 强制性　　C. 指导性　　D. 支持性

101. 儿童最基本的权利是(   )

A. 生存权、健康权、受尊重权、安全权

B. 生存权、受教育权、受尊重权、隐私权

C. 生存权、受教育权、受尊重权、安全权

D. 生存权、隐私权、受尊重权、安全权

102. 学校要求教师相互听课、研讨问题，这体现了校本研究倡导的(   )

A. 同伴互助　　B. 自我反思　　C. 专家引导　　D. 问题驱动

103. 某教师为调查学生的学习动机投放了问卷，用该问卷重复调查同一群体学生的情况，每次的调查结果趋于一致，但调查结果和实际情况有较大差距。这表明(   )

A. 问卷信度低，效度也低　　B. 问卷信度高，效度却低

C. 问卷信度高，效度也高　　D. 问卷信度低，效度却高

104. 某教师做“单元教学设计针对学生学习改进的实验研究”，此研究中的因变量是(   )

A. 单元教学设计

B. 新来的实习老师提升了学生学习兴趣

C. 通过单元教学设计，学生学习方面得以改进

D. 全新多媒体的使用促进学生学习的改进

105. 实际工作者在现实情境中自由展开反思，敢于探索，并以解决工作情境中特定的实际问题为主要目的的研究是(   )

A. 叙事研究　　B. 个案研究　　C. 行动研究　　D. 调查研究

四、多项选择题(在下列每题列出的选项中至少有两项是符合题意的，将其选出并把它的标号写在括号内。多选、错选或少选均不得分。本大题共 20 小题，每小题 0.9 分，共 18 分)

106. 教师让学生列举水的用途，小刚一口气说出了许多用途，个别用途让大家意想不到，这表明该学生发散性思维具有(   )

A. 流畅性　　B. 变通性　　C. 独特性　　D. 多样性

107. 下列教育思想中，由赫尔巴特提出的是(   )

A. 教育性教学原则　　B. 兴趣的多方面性

C. 自然主义教育　　D. 教学形式阶段

108. 学校激发和维持学生外部动机的措施有(   )

A. 多用正强化，慎用负强化　　B. 及时反馈学生的学习结果

C. 对学习结果进行适当评价　　D. 帮助学生设立明确的学习目标

109. 下列属于经典性条件反射的有(   )(易混)

A. 画饼充饥

B. 望梅止渴

C. 小白鼠通过反复尝试，会通过按压杠杆的方式获取食物

D. 每次给狗提供食物之前摇铃，反复几次后，狗听到铃声就会流口水

110. 关于“成就动机水平”和“归因倾向”之间关系的表述，下列选项中正确的是(   )

A. 成就动机水平高的人在失败时往往把原因归于努力不够

B. 成就动机水平低的人在失败时往往把原因归于能力不够

C. 成就动机水平高的人在失败时往往把原因归于运气不好

D. 成就动机水平低的人在失败时往往把原因归于努力不够

111. 学生的同辈群体是因年龄、兴趣、发展水平等因素相近或相同而自发形成的群体，学生加入同辈群体的主要原因是同辈群体对其成员有(   )

A. 支持功能　　B. 保护功能　　C. 发展功能　　D. 吸引功能

112. 课堂管理是维持课堂秩序的重要手段，教师有效制止学生课堂不良行为的做法有(   )

A. 提供可选择的目标行为

B. 严厉地要求停止与任务无关的行为

C. 给学生提供足够的信息，使之明确理解课堂的要求

D. 忽视与任务无关的行为，对与任务有关的行为进行表扬

113. 关于“劳动技术”内容的表述，下列选项中正确的是(   )

A. 我国当前的劳动技术教育尚不包括职业认知

B. 中小学的公益性劳动主要体现为服务性的劳动

C. 人的全面发展是在劳动技术实践过程中实现的

D. 劳动技术教育属于以操作性学习为特征的学习领域

114. 在西方教育思想史上，被称为“里程碑著作”的有(   )(常考)

A.《爱弥儿》　　B.《理想国》

C.《普通教育学》　　D.《民主主义与教育》

115. 对青少年叛逆期的表述，下列选项正确的是(   )

A. 14 岁左右是青少年叛逆行为的高峰年龄

B. 具有反叛性格的学生当中，女生多于男生

C. 学习成绩差的学生一定比学习成绩好的学生更加反叛

D. 主要表现在家长和孩子或老师和学生之间的激烈对抗

116. 2016 年教育部发布“中国学生发展核心素养”框架，该框架包括(　　)

A. 文化基础　　B. 信息技术　　C. 社会参与　　D. 自主发展

117.《中学教师专业标准(试行)》中，“专业理念与师德”维度包括(　　)(常考)

A. 教育教学的态度与行为　　B. 对学生的态度与行为

C. 职业理解与认识　　D. 个人修养与行为

118. 关于《中小学班主任工作规定》相关内容的表述，下列选项中正确的是(　　)

A. 中小学每个班级应当配备一名班主任

B. 教师担任班主任期间应将班主任工作作为主业

C. 班主任有采取适当方式对学生进行批评教育的权利

D. 担任一个班级的班主任时间一般应连续 3 学年以上

119. 对课程内容的解释，主要围绕几种不同的取向，这些取向是(　　)

A. 课程内容即教材　　B. 课程内容即学习活动

C. 课程内容即教学内容　　D. 课程内容即学习经验

120. 师生关系是指教师和学生在教育教学过程中结成的相互关系，其类型包括(　　)

A. 以促进年轻一代成长为目标的社会关系

B. 以维持双方情感为目标的朋友关系

C. 以促进学生发展为目标的教育关系

D. 以维持和发展教育关系为目标的心理关系

121. 以下属于中华优秀传统文化教育的是(　　)

A. 举行校园诗词大会　　B. 组织学生参观历史博物馆

C. 组织学生在端午节前一起包粽子　　D. 邀请非物质文化遗产传承人做讲座

122. 杜威对西方哲学史中的“经验”概念进行了改造，这些改造包括(　　)

A. 拓展了经验的外延　　B. 克服了经验与理性的对立

C. 强调经验过程中人的主动性　　D. 强调经验是知识唯一来源的重要性

123. 关于学生主体性的表述，下列选项中正确的是(　　)

A. 学生认识的主体性是自然存在的

B. 在教学系统中，学生是认识人类文明经验的主体

C. 学生主体性的发挥与自身努力和教师引导分不开

D. 学生主体性的充分发挥是教学活动有序进行的基础

124. 多媒体技术和网络技术给传统教学带来了巨大影响，关于这些影响的表述正确的是(　　)

A. 消解了传统意义上的“知识”概念

B. 多媒体网络技术不会控制和操纵学生的主体意识

C. 打破了传统教学以教室为主要场所的局限，极大地拓展了教学时空

D. 冲击了传统教学的“工业化”模式，为“个性化”教学提供了支持

125. 某学生原在农村学校学习名列前茅，后随父亲来到城市学校后，学习成绩不理想。虽然非常努力，但成绩仍不好。父亲开始骂他，同学嘲笑他，该学生从而出现厌学、逃学等情况。如果你是老师，改变该生厌学状态的措施有(　　)

A. 引导其他学生帮助该学生

B. 与家长沟通，鼓励学生建立自信

C. 指导学生正确归因，促使其继续努力

D. 抓住时机表扬学生，使学生获得成就感

五、不定项材料分析题(请仔细阅读下面给定的材料，根据所提供的信息，回答 126～130 小题。题目中的选项至少有一项是符合题意的，请找出恰当的选项，多选、错选或少选均不得分。本大题共 5 小题，每小题 2 分，共 10 分)

《一堂有趣的数学课》

叮铃铃……上课了，这是王老师的一堂小学数学课。在上节课学完“平行四边形的面积”之后，本节课要学习“三角形的面积”。王老师首先引导学生复习上节课的内容，再组织学生围绕“如何计算三角形的面积”展开合作学习，具体包括：(1)给每位同学分发两个形状、大小相同的三角形纸片，要求学生结合平行四边形面积计算的知识，动手探索三角形面积的计算(该环节中，小飞同学将两个纸片重合在一起，但这显然不利于核心问题的解决，在与同组同学交流后，他开始尝试新的方法)。(2)操作完成后，学生小组内部讨论图形拼接与解决核心问题之间的关联。讨论结束后请学生总结发言。(3)王老师结合学生的操作和讨论，提出问题：①拼接成的这个图形是什么图形？面积如何计算？②拼接成的图形面积与原三角形面积之间有何关系？③三角形的面积如何计算？最后，王老师引导学生总结概括出本节课中所用的数学思想是“转化思想”。整堂课，学生沉浸在“做数学”的乐趣中，不断挑战自己的思维和理解，学生们觉得这些知识是通过自己的努力发现的，因此也更加喜欢数学课。

126. 以上案例中，王老师坚持的教育理念是(　　)

A. 以学生的学为中心　　B. 以学科知识为中心

C. 以教师的教为中心　　D. 以问题解决为中心

127. 以上案例中，采用的教学方法有(　　)

A. 探究教学法　　B. 讨论法　　C. 问答法　　D. 演示法

128. 与个别学习相比，小组学习的优势是(　　)

A. 有助于提高学习效率　　B. 有助于学生学会合作

C. 有助于开发学生的智力潜能　　D. 有助于激发学生的学习兴趣

129. 以上案例中，教学设计的特点有(　　)

A. 目标明确　　B. 思路清晰

C. 重点突出　　D. 结构完整

130. 对上述案例的评价，下列选项中正确的是(　　)

A. 注重教学思想方法的渗透　　B. 充分发挥了学生的主体性

C. 教师重视小组合作中的指导　　D. 有助于学生数学学科核心素养的养成

2019年山东省属事业单位教师招聘考试公共基础知识和教学基础知识真题试卷(八)

(满分100分　时间150分钟)

本套试卷共130小题,包括单项选择题(95小题)、多项选择题(30小题)、案例分析题(5小题)。

第一部分　公共基础知识(共35题,共30分)

一、单项选择题(在下列每小题四个选项中只有一个是符合题意的,将其选出并把它的标号填在括号内。错选、多选或未选均不得分。本大题共25小题,每小题0.8分,共20分)

1. 习近平总书记在2018年全国宣传思想工作会议中指出,做好新形势下宣传思想工作,必须自觉承担起举旗帜、聚民心、(　　)、兴文化、展形象的使命任务。

A. 立自信　B. 育新人　C. 强根基　D. 鼓斗志

2. 2018年9月,习近平总书记在全国教育大会上强调,(　　)是教育的首要问题。(常考)

A. 谁来培养人　B. 为谁培养人

C. 培养什么人　D. 怎样培养人

3. 2018年11月,首届(　　)在上海开幕,国家主席习近平出席开幕式并发表题为《共建创新包容的开放型世界经济》的主旨演讲。

A. 中国国际进出口博览会　B. 中国国际出口博览会

C. 中国国际贸易博览会　D. 中国国际进口博览会

4. 2018年全国科普日活动于9月15日在全国范围内同步启动。自2004年以来,该活动连续14年成功举办,已成为世界上规模最大的科学节。本届科普日活动的主题是(　　)

A. 创新引领时代,智慧点亮生活　B. 创新驱动发展,科学破除愚昧

C. 创新放飞梦想,科技引领未来　D. 科技成就梦想,拥抱智慧未来

5. 2018年10月,山东省政府出台《关于加快七大高耗能行业高质量发展的实施方案》,提出立足山东省产业基础和优势,重点推动七大高耗能行业高质量发展。下列不属于该方案中七大高耗能行业的是(　　)

A. 钢铁　B. 氯碱　C. 化肥　D. 造纸

6. 2019年山东省政府工作报告中指出,做好今年经济社会发展工作,必须牢牢把握的根本要求是(　　)

A. 高速发展　B. 可持续发展　C. 绿色发展　D. 高质量发展

7. 国务院决定,自2018年起,将每年的8月19日设立为(　　)

A. 中国医师节　B. 中国护士节

C. 中国医生节　D. 中国护师节

8. 2019年1月1日,国家主席习近平发表2019年新年贺词。贺词中指出,2018年我国举办了多次主场外交活动,提出了中国主张,发出了中国声音。下列选项中,不属于贺词中提到的主场外交活动的是(　　)

A. 博鳌亚洲论坛年会　B. 上海合作组织青岛峰会

C. 首届"一带一路"国际合作高峰论坛　D. 中非合作论坛北京峰会

9. 儒家音乐理论专著《乐记》,开篇就阐明了音乐产生的根源:"凡音之起,由人心生也。人心之动,物使之然也。感于物而动,故形于声。"这是一种(　　)

A. 主观唯心主义观点　B. 客观唯心主义观点

C. 朴素唯物主义观点　D. 感觉对知觉的能动反映

10. 关于经济基础和上层建筑关系的论述,下列说法不正确的是(　　)

A. 经济基础的需要决定上层建筑的产生

B. 经济基础的性质决定上层建筑的性质

C. 上层建筑适应经济基础的需要就能推动社会的进步和发展

D. 上层建筑通过法律、政治制度等手段的调控来为经济基础服务

11. "一个时代有一个时代的主题,一代人有一代人的使命。中国特色社会主义进入新时代,新的历史方位、新的社会主要矛盾、新的现代化时间表……新征程上,向高处登攀、向远方前行,还有一道道山梁需要翻越,一个个险滩必须跋涉。"上述材料蕴含的哲理是(　　)(易混)

A. 矛盾无处不在无时不有　B. 发展的方向和道路是曲折的

C. 同一事物在不同阶段有不同的矛盾　D. 不同的事物拥有不同的矛盾

12. 1952年,柳青辞去了陕西省长安县县委副书记职务,到当地的皇甫村生活14年,集中精力创作《创业史》。因为他对陕西关中农民生活有深入了解,所以笔下人物栩栩如生,《创业史》因此成为中国农村题材的代表作,被誉为"经典性的史诗之作"。《创业史》的创作成功说明了(　　)

A. 服务于人民群众的生活、实践活动是文学创作的目的

B. 文学创作要对人民群众的生活、实践活动作直观反映

C. 直接经验比间接经验更可靠,文学创作要体验生活

D. 文学创作的源泉是人民群众的生活、实践活动

13. 2018年秋分时节,我们迎来了首个中国农民丰收节。亿万农民用辛勤与汗水,浇灌出丰硕的果实,为国家的繁荣富强作出了巨大贡献。设立中国农民丰收节,就是要用节日的形式为农民呐喊、为农民加油、为农民点赞。从唯物史观看,设立中国农民丰收节体现了(　　)

A. 劳动者的生产活动是社会存在和发展的基础

B. 劳动者就是从事物质资料生产的劳动群众

C. 劳动者的精神面貌决定着社会的性质和面貌

D. 劳动者的实践活动是认识的来源和发展动力

14.“盛年不重来，一日难再晨。及时当勉励，岁月不待人。”陶渊明的诗句深刻揭示了时间的（　　）

A. 相对性　　B. 绝对性　　C. 一维性　　D. 无限性

15.《民法总则》第一条指出，本法的核心目的之一是“弘扬社会主义核心价值观”。下列选项中，没有体现社会主义核心价值观的是（　　）

A. 民事主体在民事活动中的法律地位一律平等

B. 民事主体从事民事活动，应当遵循诚信原则，秉持诚实，恪守承诺

C. 民事主体的财产权利受法律平等保护

D. 因自愿实施紧急救助行为造成受助人损害的，救助人应当承担民事责任

16. 近年来，校园欺凌案件频发。2017年，北京某区法院对一起因校园欺凌，造成被害学生轻伤并伴有严重心理阴影的案件作出了判决，对五名涉案未成年人分别判处1～3年不等有期徒刑。通过该判决可以推断出（　　）

A. 未成年人实施校园欺凌，均应承担刑事责任

B. 校园欺凌案是未成年人犯罪的惩治重点，应加重处罚

C. 本案中五名未成年人已满16周岁，应当为欺凌致伤行为承担刑事责任

D. 本案中五名未成年人已满14周岁，应当为欺凌致伤行为承担刑事责任

17. 我国宪法规定，国家合理安排积累和消费，兼顾国家、集体和个人的利益，在发展生产的基础上，逐步改善人民的（　　）（易混）

A. 物质生活和精神生活　　B. 物质生活和文化生活

C. 经济生活和精神生活　　D. 文化生活和社会生活

18. 2018年7月，美国开始对340亿美元的中国产品加征25%关税，发动了经济史上最大规模的贸易战。关于关税，下列说法不正确的是（　　）

A. 海关根据本国法律规定，对通过其关境的进出口货物课征的一种税收

B. 对于对外贸易发达的国家而言，关税是国家税收乃至国家财政的主要收入之一

C. 提高关税会减少所有出口商品的收益

D. 关税会提高进口国相应商品的价格

19. 截至2017年末，我国中小微企业（含个体工商户）占全部市场主体的比重超过90%，贡献了全国80%以上的就业、70%以上的发明专利、60%以上的GDP和50%以上的税收。但融资难、融资贵仍是困扰和制约中小微企业发展的瓶颈。下列选项中，有助于解决中小微企业融资难、融资贵的措施是（　　）

A. 减少央行对中小微企业的再贴现额度

B. 增加金融机构贷款管理费用

C. 对中小微企业贷款实施定向降准

D. 降低贷款利息收入免征增值税单户授信额度的上限

20. 古人所说的“不夜侯”“仙芽”“雀舌”，指的是（　　）

A. 茶　　B. 竹笋　　C. 韭菜　　D. 瓜子

21. 关于医学常识，下列说法错误的是（　　）

A. 华佗首创“麻沸散”，被称为外科鼻祖

B. 张仲景是唐代人，著有《伤寒杂病论》

C. 明朝李时珍著的《本草纲目》，被称为东方药物巨典

D. 孙思邈著有《千金方》，这是一本综合性临床百科全书

22. 宋代著名词人辛弃疾和李清照都是济南人，字号中都有“安”字，于是后人将他们合称为“济南二安”。下列名句不出自二人的是（　　）

A. 生当作人杰，死亦为鬼雄

B. 我看青山多妩媚，料青山见我应如是

C. 枝上柳绵吹又少，天涯何处无芳草

D. 众里寻他千百度，蓦然回首，那人却在灯火阑珊处

23. 成语是中国传统文化的一大特色，有固定的结构形式和说法，表达一定的含义。下列选项中，与“蟾宫折桂”含义最接近的是（　　）

A. 名落孙山　　B. 金榜题名　　C. 掩耳盗铃　　D. 胸有成竹

24.“冬九九”又称“数九”，是我国冬季一种民间节气，生动形象地记录了冬天的气候变化情况，同时也表达了农事活动的一些规律。“冬九九”始于（　　）

A. 立冬　　B. 冬至　　C. 小寒　　D. 大寒

25. 莫言在小说《檀香刑》中大量使用了高密、胶州地区的地方戏曲（　　），该戏曲经国务院批准列入第一批国家级非物质文化遗产名录。

A. 吕剧　　B. 梆子戏　　C. 茂腔　　D. 柳琴戏

二、多项选择题（在下列每题列出的选项中至少有两项是符合题意的，将其选出并把它的标号填在括号内。多选、错选或少选均不得分。本大题共10小题，每小题1分，共10分）

26. 2018年5月，习近平总书记在北京大学考察时指出，只有抓住培养社会主义建设者和接班人这个根本才能办好，才能办出中国特色世界一流大学。为此，必须抓好的基础性工作有（　　）

A. 坚持办学正确政治方向　　B. 建设高素质教师队伍

C. 形成高水平人才培养体系　　D. 加强师德师风建设

27. 2018年5月，习近平总书记在纪念马克思诞辰200周年大会上的讲话中指出，学习马克思，就要学习和实践马克思关于（　　）

A. 人类社会发展规律的思想、坚守人民立场的思想

B. 生产力和生产关系的思想、人民民主的思想

C. 人与自然关系的思想、世界历史的思想、马克思主义政党建设的思想

D. 文化建设的思想、社会建设的思想

28. 在庆祝改革开放40周年大会上，党中央、国务院决定，授予100名同志改革先锋称号，颁授改革先锋奖章。下列受奖人员系山东籍或在山东工作的有（　　）

A.“863”计划的主要倡导者王大珩

B.“一带一路”卫生领域合作推动者陈冯富珍

C.企业管理创新的优秀企业家张瑞敏

D.党员领导干部的楷模孔繁森

29.当前,精神卫生(或心理健康)问题已严重影响到人们的正常生活,心理障碍成为全球性问题,影响着不同年龄、不同文化、不同社会经济地位的人群。为了引起人们对精神卫生(或心理健康)问题的关注,全球范围内都设立了精神卫生日或心理健康日。下列选项中正确的有(　　)

A.每年的5月5日为中国大学生心理健康日

B.每年的5月25日为中国大学生心理健康日

C.每年的8月8日为世界精神卫生日

D.每年的10月10日为世界精神卫生日

30.2019年1月,习近平总书记在《告台湾同胞书》发表40周年纪念会上的讲话中指出,70年来,我们顺应两岸同胞共同愿望,推动打破两岸隔绝状态,实现全面直接双向“三通”,开启两岸同胞大交流大交往大合作局面。其中,“三通”是指(　　)

A.通邮　　B.通商　　C.通航　　D.通话

31.《医疗保障扶贫三年行动实施方案(2018~2020年)》要求重点聚焦“三区三州”等深度贫困地区和因病致贫返贫等特殊贫困人口,充分发挥(　　)各项制度作用,切实提高农村贫困人口医疗保障受益水平。

A.基本医保　　B.疾病预防　　C.大病保险　　D.医疗救助

32.习近平总书记在庆祝改革开放40周年大会上发表重要讲话时强调,我们党作出实行改革开放的历史性决策是基于(　　)

A.对党和国家前途命运的深刻把握

B.对社会主义革命和建设实践的深刻总结

C.对时代潮流的深刻洞察

D.对人民群众期盼和需要的深刻体悟

33.“宋人有耕田者。田中有株,兔走触株,折颈而死。因释其耒而守株,冀复得兔。兔不可复得,而身为宋国笑。”从哲学上看,这个宋国人犯下的错误有(　　)(易错)

A.不尊重事物发展的客观规律　　B.把个人的狭隘经验当成了普遍真理

C.认为偶然性背后一定隐藏着必然性　　D.把事物之间的偶然联系当成了必然联系

34.《百喻经》中有一则寓言:一位长者,想吃庵婆罗果,便派人去买,吩咐说:“很甜美的,就买来。”买果人来到果园,果园主说:“我这树上的果都很好,你尝一个,就知道了。”买果人说:“我要一一尝之,若只尝一个,怎知好坏呢?”随即每个尝了一下,拿回家来。长者见了,觉得厌恶,便都扔了。这则寓言给我们的启示有(　　)

A.归纳和演绎是认识世界的重要推理形式

B.要善于从事物的个性中发现共性

C.事事都必须亲身经历后才能得到真知

D.丰富的感性认识就是理性认识

35.关于中国现代作家,下列说法正确的是(　　)

A.被毛泽东评价为“中华民族新文化的方向”的作家是鲁迅

B.中国杰出的现代话剧剧作家曹禺被誉为“东方的莎士比亚”,代表作是《雷雨》

C.新中国第一位获得“人民艺术家”称号的作家是茅盾

D.巴金的长篇小说《激流三部曲》包括《雾》《雨》《电》

第二部分　教学基础知识(共95题,共70分)

三、单项选择题(在下列每小题四个选项中只有一个选项是符合题意的,将其选出并把它的标号写在括号内。错选、多选或未选均不得分。本大题共70小题,每小题0.6分,共42分)

36.随着时代发展,学校教育的任务也不断发生变化。当前我国学校教育的根本任务是(　　)

A.传授知识　　B.发展学生智力

C.立德树人　　D.培养良好人格

37.《学记》是世界上第一部论述(　　)的著作。(常考)

A.教学原则　　B.教学问题　　C.教学方法　　D.教学过程

38.教育是人类特有的社会现象,任何社会的存在和发展都离不开教育。这表明教育具有(　　)

A.选择性　　B.阶段性　　C.永恒性　　D.继承性

39.席勒认为,每个儿童机体内都存在着一定量的精力,游戏则是生物机体内精力释放的最好形式。这种观点是游戏的(　　)

A.松弛说　　B.剩余精力说　　C.种族复演说　　D.生活预备说

40.我国古代对许多教育问题有了规律性认识,其中“学不躐等”“不陵节而施”体现的教育原则是(　　)

A.整体性原则　　B.因材施教原则

C.循序渐进原则　　D.教育性原则

41.某语文教师通过播放“荷塘月色”的视频引导学生体会月夜的美。这体现的教学原则是(　　)

A.科学性原则　　B.直观性原则

C.系统性原则　　D.量力性原则

42.王老师刚刚参加工作,他特别希望得到学生的认可,想方设法与学生处好关系。这表明王老师处于专业成长的(　　)

A.关注生存阶段　　B.关注情境阶段

C.关注学生阶段　　D.关注自我阶段

43.美育是全面发展教育的重要组成部分,当前我国学校美育的最高目标是(　　)(易错)

A.提高学生感受美的能力　　B.培养学生鉴赏美的能力

C.形成学生创造美的能力　　D.培养学生的审美观

44. 18世纪中期,法国思想家卢梭在其著作《爱弥儿》中系统阐述了(　　)思想。(常考)

A. 义务教育　B. 超常教育　C. 自然教育　D. 普及教育

45. "故天将降大任于斯人也,必先苦其心志,劳其筋骨,饿其体肤,空乏其身,行拂乱其所为,所以动心忍性,曾益其所不能。"这段话体现的德育方法是(　　)

A. 情感陶冶法　B. 实际锻炼法　C. 明理教育法　D. 自我修养法

46. 以培养学生的探究精神和自学能力为主要目标的教学方法是(　　)

A. 发现教学法　B. 活动教学法

C. 尝试教学法　D. 合作教学法

47. 随着生产力水平的提高,教学组织形式发生了重大改变,班级授课代替个别教学成为主要形式。最早提出班级授课思想的是(　　)

A. 泰勒　B. 夸美纽斯　C. 裴斯泰洛齐　D. 凯洛夫

48. 一般而言,教学过程是师生共同参与、相互促进的一种认识过程。创立教学过程最优化理论的是(　　)

A. 斯金纳　B. 布卢姆　C. 巴班斯基　D. 布鲁纳

49. 班主任工作的基本任务是带好班级、教好学生,其中心环节是(　　)

A. 做好学生思想工作　B. 处理家校关系

C. 组织和培养班集体　D. 做好少先队工作

50. 课程是实施教学的主要依据,以学校为主体开发并在本校使用的课程是(　　)

A. 地方课程　B. 学科课程　C. 活动课程　D. 校本课程

51. 教师专业发展和自我成长的核心因素是(　　)

A. 教学反思　B. 师生对话　C. 终身学习　D. 教学观摩

52. 主张以"礼"为道德规范,以"仁"为最高道德准则,提倡立志、克己、力行、中庸、内省、改过。这位教育思想家是(　　)

A. 孔子　B. 孟子　C. 墨子　D. 老子

53. 陶行知是伟大的人民教育家,他所创立的(　　)理论为我国教育发展做出了巨大贡献。

A. 活教育　B. 生命教育　C. 生活教育　D. 大众教育

54. 在我国全面发展教育中,处于首要、引领地位的是(　　)

A. 德育　B. 智育　C. 体育　D. 劳动教育

55. 文化建设对学校形成良好的校风、教风、学风具有重要的引领作用,学校文化建设的核心要素是(　　)(易错)

A. 物质文化　B. 组织文化　C. 制度文化　D. 精神文化

56. 教学中运用因材施教原则,要求教师充分考虑学生发展的(　　)

A. 顺序性　B. 阶段性　C. 差异性　D. 复杂性

57. "不愤不启,不悱不发。举一隅不以三隅反,则不复也。"与该观点对应的教育方法是(　　)

A. 启发式　B. 引导式　C. 灌输式　D. 讲授式

58. 认为游戏是儿童学习的最好方式,首倡"寓学习于游戏"的教育家是(　　)

A. 巴斯多　B. 柏拉图　C. 卢梭　D. 福禄贝尔

59. 终身教育是20世纪60年代逐渐形成的一种教育思想,最早系统论述该理论的教育家是(　　)

A. 朗格朗　B. 阿德勒　C. 蒙台梭利　D. 赫尔巴特

60. 培养个体关爱他人、体谅他人的社会情感的最佳方法是(　　)

A. 榜样示范法　B. 角色扮演法　C. 实际锻炼法　D. 品德评价法

61. 美国心理学家孟禄认为,教育起源于儿童对成人简单的、无意识的模仿。这种关于教育起源的学说是(　　)(常考)

A. 心理起源说　B. 生物起源说　C. 神话起源说　D. 劳动起源说

62. 赫尔巴特认为,不同的教学阶段与学生不同的心理活动相对应,下列对应关系中正确的是(　　)

A. 明了—思考　B. 联想—探究　C. 系统—注意　D. 方法—行动

63. 各科教材之间的横向组合方式以及教材内部各要素、各成分之间的组合方式是(　　)

A. 课本标准　B. 课本结构　C. 课本要素　D. 课本原则

64. "读书无疑者,须教有疑;有疑者,却要无疑,至此方是长进"这段话体现的教学原则是(　　)

A. 整体性原则　B. 启发性原则　C. 教育性原则　D. 差异性原则

65. 师生关系是由多维度关系构成的体系,其中具有约束和规范作用的最高层次关系是(　　)

A. 社会关系　B. 教育关系　C. 心理关系　D. 伦理关系

66. 苏霍姆林斯基认为,教师的工作对象——儿童经常在变化,永远是新的,这要求教师的工作具有(　　)

A. 创造性　B. 专业性　C. 重复性　D. 长期性

67. 主张教学的主要任务在于训练学生的思维形式,持这种观点理论的是(　　)

A. 实质教育论　B. 现代教育论

C. 传统教育论　D. 形式教育论

68.《中共中央关于教育体制改革的决定》规定,我国中小学现行的管理体制是(　　)

A. 校长负责制　B. 党委负责制

C. 党委领导下的校长负责制　D. 民主管理制

69. 义务教育是国家统一实施的所有适龄儿童、少年必须接受的教育,其突出特征是(　　)

A. 阶段性　B. 公平性　C. 选择性　D. 强制性

70. 学生在课堂上一边听讲,一边记笔记;司机驾驶汽车时手扶方向盘,同时脚踩油门,眼睛还能注意路标和行人。上述现象体现的注意品质是(　　)

A. 注意的选择　B. 注意的转移

C. 注意的稳定性　D. 注意的分配

71. 下列现象属于感觉适应的是(　　)(易混)

A. 秀色可餐　B. 月明星稀

C. 红花还需绿叶配　D. 入芝兰之室,久而不闻其香

72. “五四运动发生在1919年”“生命在于运动”等,这类说明事物“是什么”“为什么”“怎么样”的知识称为(　　)

A. 程序性知识　B. 策略性知识　C. 陈述性知识　D. 隐性知识

73. 马斯洛认为人的基本需要有五种,这五种需要又分为缺失性需要和成长性需要两类。下列选项中,属于成长性需要的是(　　)

A. 生理需要　B. 归属与爱的需要

C. 尊重需要　D. 自我实现的需要

74. 在不同的记忆系统中信息的编码不同。以语义编码为主的是(　　)(易混)

A. 感觉记忆　B. 短时记忆　C. 长时记忆　D. 工作记忆

75. 只看到物体的固有功能,比如盒子就是装东西的、笔就是写字的,而不能将这种物体灵活地运用到其他问题解决中。这体现的影响问题解决的因素是(　　)

A. 思维定势　B. 学习迁移　C. 功能固着　D. 问题情境

76. 小明计算“当 $A+B=12$, $A-B=8$ 时,求A和B的值”,他先将“$A+B=12$”中A和B所有可能的值都计算出来,然后再代入“$A-B=8$”看哪一组A和B的值符合要求。小明使用的问题解决策略是(　　)

A. 算法式　B. 手段—目的分析法

C. 启发式　D. 爬山法

77. 不同的教学流派关注不同的学习因素,强调学习过程中人的情感的重要性,主张建立良好的师生关系的理论流派是(　　)

A. 人本主义　B. 建构主义　C. 认知主义　D. 行为主义

78. 个人对他人心理状态,以及他人行为与其心理状态的关系的推理或者认知能力称为(　　)(易错)

A. 内隐刻板印象　B. 内隐人格理论　C. 元认知　D. 心理理论

79. 为了改善学生家庭作业不规范的情况,王老师决定每天选出10名家庭作业书写认真的学生,并奖励每人一朵小红花,积累30朵小红花就可以换一个笔记本。老师的这种做法是(　　)

A. 代币法　B. 系统脱敏法　C. 消退法　D. 满灌法

80. 人们往往认为一个学习成绩优异的学生在纪律和品德方面表现得也很好,这种现象属于(　　)

A. 刻板效应　B. 晕轮效应　C. 近因效应　D. 首因效应

81. 一个学期以来,小华对什么都不感兴趣,情绪非常低落,消沉悲观,觉得活着没有意义。小华的主要心理问题是(　　)

A. 抑郁　B. 焦虑　C. 恐惧　D. 强迫

82. 中学生小娟在课堂上对老师的提问能很快做出回答,但常常不准确。这表明小娟的认知风格是(　　)(常考)

A. 场依存型　B. 场独立型　C. 冲动型　D. 沉思型

83. 某儿童把规则看作是固定的、不可改变的,并且只根据行为的后果来判断对错。按照皮亚杰的观点,该儿童所处的品德发展阶段是(　　)

A. 自我中心阶段　B. 权威阶段　C. 可逆性阶段　D. 公正阶段

84. 鲁迅在谈创作经验时说过,人物模特没有专门用过一个人,往往嘴在浙江,脸在北京,衣服在山西,是一个拼凑起来的角色。这种想象形式属于(　　)

A. 夸张　B. 典型化　C. 联想　D. 黏合

85. 入乡随俗反映的是(　　)

A. 从众　B. 服从　C. 社会促进　D. 群体极化

86. 根据埃里克森的心理社会发展理论,中学生人格发展的主要任务是形成(　　)

A. 信任感　B. 亲密感　C. 自我同一性　D. 主动性

87. 青少年的情绪容易多变,遇到顺境就格外高兴,对生活充满信心;遇到逆境就灰心丧气。这说明青少年情绪具有的特点是(　　)(易混)

A. 外露性　B. 两极性　C. 感染性　D. 主观性

88. 尽管小明同学非常努力,但是学习成绩依然不理想,他对此非常懊恼,觉得自己一无是处。根据合理情绪疗法,小明的这种不合理信念是(　　)

A. 绝对化要求　B. 过分概括化

C. 糟糕至极　D. 强迫观念

89. 掌握加减法的运算规则后,再学习乘除法的运算规则就比较容易,这种学习迁移属于(　　)

A. 横向正迁移　B. 横向负迁移

C. 纵向正迁移　D. 纵向负迁移

90. 在学习上遇到困难,向他人求助。这种学习策略属于(　　)

A. 认知策略　B. 精加工策略

C. 元认知策略　D. 资源管理策略

91. 某儿童能够完成守恒实验,但却无法解决钟摆实验。根据皮亚杰的理论,该儿童的思维发展处于(　　)

A. 感知运动阶段　B. 前运算阶段

C. 具体运算阶段　D. 形式运算阶段

92. 王芳在学习中国近代史时,将历史事件和发生时间采用流程图的形式加以整理,从而帮助理解和记忆。他使用的策略是(　　)

A. 复述策略　B. 精加工策略　C. 组织策略　D. 计划策略

93. 愤怒时血压升高、怒发冲冠,高兴时眉开眼笑、手舞足蹈。这种情绪状态是(　　)(常考)

A. 心境　B. 激情　C. 应激　D. 热情

94. 儿童经常观看暴力电影电视易导致其产生攻击性行为,支持该观点的实验是(　　)

A. 波波玩偶实验　B. 恒河猴实验

C. 陌生情境实验　D. 棉花糖实验

95. 经过一周的学习,学生可以较好地做完一整套广播体操,但是动作还不够流畅。这说明学生动作技能形成处于(　　)

A. 认知阶段　B. 联系形成阶段

C. 自动化阶段　D. 熟练阶段

96.“当机立断”所体现的意志特征是(　　)(易混)

A.自觉性　　B.果断性　　C.坚韧性　　D.自制性

97.人的能力有多种,其中取决于后天学习、与社会文化关系密切、主要表现为获得语言及数学等知识的能力是(　　)

A.晶体智力　　B.流体智力　　C.认知能力　　D.创造能力

98.根据加涅对学习水平的分类,对两个或两个以上的概念间关系的学习属于(　　)

A.连锁学习　　B.概念学习　　C.规则学习　　D.解决问题学习

99.根据行为主义的观点,学习的实质是(　　)

A.建构新的完形　　B.形成良好的认知结构

C.发展健全的人格　　D.形成刺激—反应的联结

100.学生在掌握金属的特性后,再来学习“钠”的特性。这种学习属于(　　)

A.下位学习　　B.上位学习

C.并列结合学习　　D.组合学习

101.主张心理学应该以可观察与测量的行为为研究对象的理论流派是(　　)

A.机能主义　　B.行为主义　　C.人本主义　　D.精神分析

102.对差别感受性与差别阈限关系的描述,下列说法正确的是(　　)

A.差别阈限越小,差别感受性越大

B.差别阈限与差别感受性呈正比关系

C.差别阈限与差别感受性呈倒U型关系

D.无论差别阈限如何变化,差别感受性都不变

103.小明同学相信自己有能力学好数学,这种对自己能否成功地进行某一成就行为的主观判断,称为(　　)

A.成就目标　　B.目标定向　　C.学习兴趣　　D.自我效能感

104.学生既想参加社会团体活动以锻炼能力开阔眼界,又担心耽误学习。这种心理冲突类型是(　　)(常考)

A.接近—接近型　　B.多重接近—回避型

C.回避—回避型　　D.接近—回避型

105.对学生做出的正确行为及时给予积极反馈,有利于学生正确行为的增加。这符合桑代克提出的(　　)

A.准备律　　B应用律　　C.效果律　　D.失用律

四、多项选择题(在下列每题列出的选项中至少有两项是符合题意的,将其选出并把它的标号写在括号内。多选、错选或少选均不得分。本大题共20小题,每小题0.9分,共18分)

106.班主任接手一个新的班级,首先要了解班级学生的情况。班主任了解学生的途径和方法有(　　)

A.观察　　B.谈话　　C.分析书面材料　　D.调查

107.关于人的发展动因,向来有不同观点,持外铄论的有(　　)

A.荀子　　B.华生　　C.孟子　　D.老子

108.讲授法是当前我国中小学使用最广泛的教学方法,它包括(　　)

A.阅读　　B.讲述　　C.讲解　　D.谈话

109.孔子是我国古代伟大的思想家和教育家,其思想博大精深,影响深远。下列与孔子有关的说法正确的有(　　)

A.倡导因材施教　　B.提倡启发式教学

C.强调学、思、行结合　　D.提出朴素的普及教育思想——“有教无类”

110.教学评价是对教学活动及其结果进行测试、分析和评定的过程。根据评价的作用,教学评价可分为(　　)

A.诊断性评价　　B.形成性评价

C.相对性评价　　D.总结性评价

111.学校课程的变化深受文化发展的影响,文化对课程的影响主要体现在(　　)

A.更新课程理念　　B.丰富课程内容

C.改善课程结构　　D.改变教育目标

112.学制的发展与完善经历了漫长的历史进程,现代学制包括(　　)

A.单轨制　　B.双轨制　　C.多轨制　　D.分支型学制

113.教师的知识分为条件性知识和本体性知识两类,前者包括(　　)

A.教与学的知识　　B.学科基本知识

C.学生身心发展知识　　D.学生成绩评价知识

114.除时间因素外,影响遗忘进程的因素还包括(　　)

A.学习的程度　　B.识记者的态度

C.识记材料的系列位置　　D.识记材料的性质与数量

115.下列现象属于学习的有(　　)(常考)

A.蜘蛛织网　　B.猴子学骑自行车

C.吃了酸的食物流唾液　　D.儿童模仿电影中人物的行为

116.下列关于惩罚与负强化关系的描述,正确的有(　　)

A.二者都使不良行为的发生概率降低

B.惩罚是撤销一个愉快的刺激,负强化是给予一个愉快的刺激

C.惩罚是给予一个不愉快的刺激,负强化是撤销一个不愉快的刺激

D.惩罚使不良行为发生的概率降低,负强化使好的行为发生的概率增高

117.动作技能的形成离不开练习。下列有关练习的说法,正确的有(　　)

A.练习过程中存在高原现象

B.练习一开始成绩进步快,后来进步慢,总体趋势是进步的

C.身体练习与心理练习相结合有利于提高练习效果

D. 及时提供反馈有利于提高练习效果

118. 根据班杜拉的社会学习理论,影响儿童道德学习的决定性因素有(　　)(易错)

A. 行为主体的观察　　B. 对榜样的模仿

C. 成熟　　D. 遗传

119. 关于头脑风暴法的特点,下列描述正确的有(　　)

A. 对小组成员人数没有限制

B. 鼓励畅所欲言,追求观点的多样化

C. 对成员观点暂缓做出评价

D. 教师引导学生思考的方向

120. 教师职业倦怠是指教师在长期的职业压力下缺乏应对资源和应对能力而产生的身心耗竭状态,玛勒斯等人认为职业倦怠的主要表现有(　　)

A. 情绪耗竭　　B. 人格解体

C. 个人成就感低　　D. 情感压力

121. 关于建构主义学习理论的观点,下列说法正确的有(　　)

A. 知识是动态的、主观的、不确定的

B. 学生经验背景的丰富性和差异性是学习的宝贵财富

C. 不同学生对于同一知识的理解是相同的

D. 学习是个体主动建构的过程

122. 提高自我效能感有利于增强学生的学习动机,下列选项中能提高学生自我效能感的有(　　)

A. 使学生尽可能多地获得成功经验

B. 为学生提供成功榜样,使其获得替代经验

C. 通过言语说服改变学生对自己能力的消极评价

D. 唤起学生积极的情绪体验

123. 根据动机成就目标理论,下列说法正确的有(　　)(易混)

A. 持有能力实体观的人容易形成的成就目标是成绩目标

B. 持有能力增长观的人容易形成的动机模式是掌握模式

C. 具有学习目标的人容易形成的动机模式是无助模式

D. 具有成绩目标的人容易形成的动机模式是掌握模式

124. 关于智力与创造性的关系,下列说法正确的有(　　)

A. 高智力的人创造性一定高

B. 低智力的人不可能有高的创造性

C. 低创造性的人智力不一定低

D. 高创造性的人必须具有高于一般水平的智力

125. 关于影响人格形成和发展的因素,下列说法正确的有(　　)

A. 童年经验是影响人格形成与发展的重要因素

B. 主观因素是人格形成与发展的内部决定因素

C. 社会文化因素决定了人格的共同特征

D. 遗传决定了人格形成与发展的可能性

五、案例分析题(请仔细阅读下面给定的材料,根据所提供的信息,回答 126 ~ 130 小题。题目中的选项至少有一项是符合题意的,请找出恰当的选项,多选、错选或少选均不得分。本大题共 5 小题,每小题 2 分,共 10 分)

李老师是一名高一物理老师,为了激发学生学习物理的动机,他采用了多种方法。开学第一堂课,李老师就通过介绍生活中的物理现象引起学生学习物理的兴趣。后来又陆续介绍了与物理有关的专业的良好就业前景,如机械专业、电子专业等。有的同学为了以后能找到一个好工作,暗下决心要学好物理。

随着学习难度的增加,有些考试成绩不理想的学生慢慢丧失了学习的动力,于是李老师找这些学生谈话,引导他们对考试失利进行积极的归因,重拾学习的信心。

126. 学习动机对学生学习的作用包括(　　)

A. 激活作用　　B. 指向作用

C. 维持作用　　D. 调节作用

127. 学生为了以后找个好工作而决定要学好物理。这种学习动机属于(　　)

A. 内部动机　　B. 外部动机

C. 直接的近景动机　　D. 间接的远景动机

128. 为了激发学生的学习动机,李老师还可以采取的措施有(　　)(常考)

A. 适当地开展学习竞赛

B. 采用多样化的教学方法

C. 为学生设置合适的学习目标

D. 充分利用反馈信息,妥善对学生进行奖惩

129. 为了让学生重拾学习的信心,李老师引导学生对考试失利进行积极归因。下列属于积极归因的是(　　)

A. 将失败归因为学习任务太难　　B. 将失败归因为能力差

C. 将失败归因为运气不好　　D. 将失败归因为努力不够

130. 根据成败归因理论,李老师可以从能力、努力程度、任务难度、运气等因素帮助学生对考试失利进行归因。这些因素又可以划分为不同维度,它们是(　　)

A. 原因源　　B. 稳定性　　C. 可控性　　D. 区别性

2019年山东省枣庄市滕州市教师招聘考试公共基础知识和教学基础知识真题试卷(九)

(满分100分　时间120分钟)

本套试卷共110小题,包括单项选择题(70小题)、多项选择题(30小题)、判断题(10小题)。

第一部分　公共基础知识

一、单项选择题(在下列每小题四个选项中只有一个选项是符合题意的,将其选出并把它的标号写在括号内。错选、多选或未选均不得分。本大题共20小题,每小题0.9分,共18分)

1. 2019年5月15日,亚洲文明对话大会在中国北京开幕。来自亚洲全部47个国家和世界其他国家及国际组织的1352位会议代表共同出席大会。此次会议的主题是(　　)(常考)

A. 我们的亚细亚　　B. 亚洲文明发展之道

C. 亚洲文明交流互鉴与命运共同体　　D. 文化在,则国家存

2. 在第五套人民币中,不同的纸币背面都印有不同的风景名胜。哪种面值的纸币背面图案是泰山风景(　　)

A. 一元　　B. 五元　　C. 十元　　D. 二十元

3. 2012年10月11日,山东籍作家莫言获得2012年诺贝尔文学奖。下列属于莫言作品的是(　　)

A.《活着》　　B.《人生》　　C.《蛙》　　D.《白鹿原》

4.《再别康桥》是著名诗人徐志摩的代表作,是新月派诗歌名作。"康桥"是指(　　)

A. 剑桥　　B. 廊桥　　C. 伦敦桥　　D. 栈桥

5. 诗句"指点江山,激扬文字,粪土当年万户侯"书写了革命青年对国家命运的感慨和以天下为己任,蔑视反动统治者,改造旧中国的豪情壮志。该诗句出自毛泽东的哪部作品(　　)

A.《沁园春·雪》　　B.《采桑子·重阳》

C.《满江红·和郭沫若同志》　　D.《沁园春·长沙》

6. 全国人民代表大会是最高国家权力机关,下列不属于全国人民代表大会职权的是(　　)

A. 选举中华人民共和国主席和副主席

B. 依照法律规定决定省、自治区、直辖市的范围内部分地区进入紧急状态

C. 审查和批准国民经济和社会发展计划和计划执行情况的报告

D. 制定和修改刑事、民事、国家机构和其他的基本法律

7. 2019年6月6日,工信部向中国电信、中国移动、中国联通、中国广电发放5G商用牌照。5G相对于4G来说是一次全面的提升,5G的速度更快、稳定性更高、设备耗能更低。下列选项中,对5G的含义理解正确的是(　　)

A. 第五代互联网革命技术　　B. 第五代信息革命技术

C. 第五代移动互联网技术　　D. 第五代移动通信技术

8. 在沃尔玛超市,桃子4元一个,苹果3元一个。若小明必须花完41元钱,则他最多可购买这两种水果共多少个(　　)

A. 12个　　B. 13个　　C. 14个　　D. 15个

9. 被称为"七丘城"和"永恒之城"的欧洲著名城市是(　　)

A. 罗马　　B. 维也纳　　C. 巴黎　　D. 雅典

10. 小明在商场中购买了一件衬衫,含税价273元,假设这件衬衫适用的税率是5%,则这件衬衫的价款中包含的税金是(　　)

A. 13元　　B. 13.65元　　C. 26元　　D. 27.3元

11. 经济学中常用"看不见的手"来形容市场对资源配置的作用,"看不见的手"这一说法最早由哪位经济学家提出(　　)(常考)

A. 亚当·斯密　　B. 凯恩斯

C. 大卫·李嘉图　　D. 马歇尔

12. 奥林匹克运动会是世界上规模和影响力最大的体育盛会,2020年的夏季奥运会将由下列哪座城市举办(　　)

A. 里约热内卢　　B. 东京　　C. 巴黎　　D. 洛杉矶

13. 小苏打是一种生活中常见的化学用品,其主要化学成分是(　　)(常考)

A. 氢氧化钠　　B. 碳酸钠　　C. 氧化钠　　D. 碳酸氢钠

14. 樟脑丸是常见的生活用品,放在衣橱中的樟脑丸时间长了体积会缩小,这是物理学中的什么现象(　　)

A. 液化　　B. 升华　　C. 凝华　　D. 蒸发

15. 被称为中国历史上第一位伟大的爱国诗人、中国浪漫主义文学的奠基人、辞赋之祖的是(　　)

A. 李白　　B. 杜甫　　C. 宋玉　　D. 屈原

16. 甲工程队单独完成某项工程需要12天,乙工程队单独完成该项工程需要8天,甲工程队与乙工程队合作该项工程2天后,乙工程队退出由甲工程队单独完成。甲工程队还需要多少天才能完工(　　)

A. 5天　　B. 6天　　C. 7天　　D. 8天

17. 1949年10月1日,第一面中华人民共和国国旗由毛泽东在天安门广场首次升起。正式决定采纳红地五星旗的方案并将其改为五星红旗的会议是(　　)

A. 中国共产党七届三中全会

B. 华北临时人民代表大会

C. 中国人民政治协商会议第一届全体会议

D. 第一届全国人民代表大会第一次会议

18. 中国工农红军二万五千里长征是一次举世闻名的伟大壮举。1934 年 10 月，参加战略转移的中共中央、中央军委机关和直属部队及红一、三、五、八、九军团 8.6 万余人在(　　)集结，开始踏上漫漫长征路。

A. 古田　B. 于都　C. 九江　D. 赣州

19. 黄河发源于青海省，是中华文明最主要的发源地，被称为中国的“母亲河”。黄河在流经九个省(自治区)后，流入(　　)(易错)

A. 东海　B. 黄海　C. 渤海　D. 南海

20. “卑鄙是卑鄙者的通行证，高尚是高尚者的墓志铭”出自著名的朦胧诗《回答》。它的作者是(　　)

A. 海子　B. 北岛　C. 顾城　D. 汪国真

二、多项选择题(在下列每题列出的选项中至少有两项是符合题意的，将其选出并把它的标号写在括号内。多选、错选或少选均不得分。本大题共 10 小题，每小题 1.2 分，共 12 分)

21. 粤港澳大湾区由香港、澳门两个特别行政区和广东省的九个地市组成，是国家建设世界级城市群和参与全球竞争的主要空间载体。与粤港澳大湾区并称为世界四大湾区的是(　　)(易混)

A. 美国洛杉矶湾区　B. 美国旧金山湾区

C. 美国纽约湾区　D. 日本东京湾区

22. 2019 年 3 月 21 日至 26 日，国家主席习近平出访欧洲，开启了 2019 年的首次出访行程，这次出访欧洲期间，国家主席习近平对哪些国家进行了国事访问(　　)

A. 意大利　B. 摩纳哥　C. 法国　D. 摩洛哥

23. 京杭大运河是世界上里程最长、工程最大的古代运河，也是最古老的运河之一，它将我国国内的很多水系连通到了一起，被京杭大运河连通的水系有海河、黄河、(　　)

A. 钱塘江　B. 淮河　C. 黄浦江　D. 长江

24. 下列成语故事与其主人公对应的关系正确的是(　　)(易错)

A. 指鹿为马—赵高　B. 凿壁偷光—匡衡

C. 程门立雪—杨时　D. 卧薪尝胆—夫差

25. 在生活中，一部分人饮酒后会出现面部发红的现象，这说明其身体分解酒精的能力较差。酒精在人体内的分解代谢主要依靠的酶有哪几种(　　)

A. 甲醇脱氢酶　B. 乙醇脱氢酶

C. 乙醛脱氢酶　D. 乙醚脱氢酶

26. 解放战争亦称“第三次国内革命战争”，是中国人民解放军在中国共产党的领导下，为推翻国民党统治，解放全中国而进行的战争。下列事件发生于解放战争期间的有(　　)

A. 第五次反“围剿”　B. 辽沈战役

C. 渡江战役　D. 千里跃进大别山

27. 中国证监会在《关于在上海证券交易所设立科创板并试点注册制的实施意见》中明确提出，为做好科创板试点注册制工作，需要进一步完善资本市场基础制度，下列选项与完善资本市场基础制度内容相关的有(　　)

A. 构建科创板股票市场化发行承销机制

B. 基于科创板上市公司特点和投资者适当性要求，建立更加市场化的交易机制

C. 建立更加高效的并购重组机制

D. 进一步强化信息披露监管与严格实施退市制度

28. 以下关于中国传统节日与节日习俗对应不正确的是(　　)

A. 清明节—插柳、放风筝　B. 端午节—划旱船、祭祖

C. 元宵节—赏灯、扭秧歌　D. 春节—聚午宴、饮雄黄酒

29. 德国哲学家尼采认为“超人”是历史的主宰者，没有“超人”就没有历史，而人民群众则是“奴隶”和“畜群”，是“超人”用以实现其意志的工具。这是一种典型的英雄史观，与之相对的唯物史观则认为(　　)

A. 人民群众是社会变革的决定力量

B. 只有代表先进性的杰出人物才能够改变历史发展的基本方向

C. 人人创造历史

D. 任何历史人物的出现都体现了必然性与偶然性的统一

30. 《富春山居图》是元代画家黄公望于 1350 年创作的纸本水墨画，是中国十大传世名画之一。此画几经易手，并因“焚画殉葬”而身首两段，现存放《富春山居图》的博物馆有(　　)

A. 北京故宫博物院　B. 台北故宫博物院

C. 南京博物院　D. 浙江省博物馆

第二部分　教学基础知识

三、单项选择题(在下列每题列出的四个选项中只有一个是符合题意的，将其选出并把它的标号写在括号内。本大题共 50 小题，每小题 0.8 分，共40 分)

31. 小冬通过韦氏儿童智力测验，测得智商分数是 110。这说明小冬的智力属于(　　)

A. 超常　B. 正常　C. 弱智　D. 低常

32. 如果某一课程重在关注根据课程的实际进展情况提出相应的目标，强调在教学过程中学生与教育情境的交互作用，充分发挥师生的主动性。这一课程目标最有可能是(　　)

A. 普遍性目标　B. 行为性目标　C. 表现性目标　D. 生成性目标

33. 依据加涅对学习结果的分类，学习用以支配个人的心智加工过程的内部组织能力称为(　　)

A. 智力技能学习　B. 认知策略学习

C. 动作技能学习　　D. 态度学习

34. 苏联出版的《教育学》一书，被认为是第一部以马克思主义理论为指导的教育专著。这一专著的作者是(　　)

A. 凯洛夫　　B. 马卡连柯

C. 赞科夫　　D. 苏霍姆林斯基

35. 按照桑代克的观点，在试误学习过程中，学习者对刺激情境做出特定的反应之后，若能够获得满意的结果，联结力量就会增强，这一学习规律被称为(　　)(常考)

A. 练习律　　B. 效果律　　C. 准备律　　D. 失用律

36. 品德是个体依据一定的社会道德规范，在行为过程中表现出来的比较稳定的心理特征和倾向。影响学生品德形成与发展的因素涉及多个方面，其中具有主导作用的因素是(　　)

A. 家庭教育　　B. 社会风气　　C. 学校教育　　D. 同伴群体

37. 波兰尼认为"我们知晓的比我们能说出的多得多"，据此，他将知识分为(　　)

A. 陈述性知识和程序性知识　　B. 显性知识和隐性知识

C. 策略性知识和条件性知识　　D. 感性知识和理性知识

38. 从学习策略的角度看，中小学教学中使用的思维导图主要属于(　　)

A. 复述策略　　B. 精加工策略

C. 组织策略　　D. 资源管理策略

39.《宋史・程颐传》记载："今夫人民善教其子弟者，亦必延名德之士，使与之处，以熏陶成性"。这主要体现的德育方法是(　　)

A. 榜样示范法　　B. 情感陶冶法　　C. 修养指导法　　D. 理想激励法

40. 说服是使学生放弃原来的观点与认识，接受新的意见，努力使学生心服口服，产生即时或可见性的教育成效。运用说服教育法的基本要求不包含(　　)

A. 内容有针对性　　B. 情感要充沛

C. 激起学生自我教育的愿望　　D. 讲究教育时机

41. 小学三年级学生李明经常在课堂上吃零食，张强同学提醒李明："老师说不能在课堂上随意吃东西。"李明总是不听话，张强认为李明不是一个好学生。根据科尔伯格的道德发展理论，张强的道德发展处于的阶段最有可能是(　　)

A. 惩罚与服从定向　　B. 相对功利取向

C. 维护权威或秩序取向　　D. 社会契约取向

42. 学生通过对整数的学习掌握了基本的数概念，在此基础上学习有理数的概念，这属于(　　)

A. 上位学习　　B. 派生类属学习

C. 相关类属学习　　D. 并列结合学习

43. 班级是开展教育管理工作的基本组织单位，班级管理的核心工作是(　　)

A. 了解和研究学生　　B. 组织和培养班集体

C. 加强对非正式群体的管理　　D. 形成良好的班风

44. 主张支架式教学技术的学习理论是(　　)

A. 布鲁纳的认知—发现学习理论　　B. 建构主义学习理论

C. 社会认知学习理论　　D. 人本主义学习理论

45. 情境学习理论提出的交互式教学步骤不包括(　　)(易错)

A. 专家示范　　B. 问题提示　　C. 角色变换　　D. 教师反馈

46. "教育的过程，在它自身以外没有目的，它就是它自己的目的"，持有这一观点的教育家是(　　)

A. 福禄贝尔　　B. 布卢姆　　C. 凯兴斯泰纳　　D. 杜威

47. 在教学中，促进程序性知识向不同情境迁移的教学策略是向学生提供大量的(　　)

A. 具体事例　　B. 反馈信息　　C. 变式练习题　　D. 相同练习题

48. 人本主义心理将学习分为无意义学习和意义学习两大类，并认为促进意义学习的条件之一是(　　)

A. 教材本身具有逻辑意义　　B. 学生的学习心向

C. 以学生为中心　　D. 对学科基本结构的理解

49. 不同的设计取向影响甚至决定着课程内部的众多因素，规定着各级各类学校课程的设置、开设的顺序、课时的比例分配等。从宏观层面来看，课程设计的价值取向不包含(　　)

A. 以学科为中心　　B. 以社会为中心

C. 以学生为中心　　D. 以经验为中心

50. 关于学校教育与生产劳动的关系，古代的教育主要体现为(　　)

A. 教育与生产劳动相融合　　B. 教育与生产劳动相结合

C. 教育与生产劳动相分离　　D. 教育与生产劳动相统一

51. 在自我差异理论的基础上，调节聚焦理论进一步区分了人们在追求目标的自我调节过程中的两种动机倾向，他们是(　　)

A. 促进定向和防御定向　　B. 追求成功定向和避免失败定向

C. 掌握定向和成绩定向　　D. 内部定向和外部定向

52. 下列选项中，不属于波斯纳提出的概念转变条件的是(　　)

A. 新概念的可读性　　B. 新概念的合理性

C. 新概念的有效性　　D. 对原有概念的不满

53. 根据加里培林的智力技能形成阶段理论，当学生以词的声音表象和动作表象为支柱进行智力活动时，其智力技能形成最有可能处于的阶段是(　　)

A. 内部言语活动阶段　　B. 无声的外部言语活动阶段

C. 有声的外部言语活动阶段　　D. 物质化活动阶段

54. "在高山煮食物为什么煮不熟？"依据探究的深度，这种问题属于(　　)

A. 描述性问题　　B. 解释性问题

C. 预测性问题　　D. 关系性问题

55. 西蒙认为问题具有初始状态、目标状态和操作状态，这三种状态构成了(　　)

A. 问题空间　　B. 问题程式　　C. 问题特征　　D. 问题难度

56. 经过一段时间的教学，张老师学习欲望变得强烈，开始积极查找新的资料、探索新的教学策略，愿意接受并吸收新的观念，渴望建立富有个人风格的教学体系。按照菲斯勒的教师成长阶段理论，张老师处于(　　)

A. 职前阶段　　B. 入职阶段

C. 能力形成阶段　　D. 热心和成长阶段

57. 埃里克森认为，个体的心理社会发展要经历八个阶段，每个阶段都有相应的发展任务。根据他的观点，12～18 岁阶段儿童的发展任务是(　　)

A. 获得自主感，克服怀疑与羞怯感　　B. 获得主动感，克服内疚感

C. 获得勤奋感，克服自卑感　　D. 建立同一性，防止同一性混乱

58. 在世界教育发展史上，某教育家第一次明确提出"使人类教育心理学化"的口号，这对于推动教育活动的科学化及教育学的诞生都起到了重要作用。该教育家是(　　)

A. 拉伊　　B. 裴斯泰洛齐

C. 福禄贝尔　　D. 蒙台梭利

59. 小学低年级的数学测验，如果学生因对文字理解能力的欠缺而影响其正常解题，那么该测验就无法正确测量学生数学学习的状况。这说明该数学测验主要缺乏(　　)(常考)

A. 效度　　B. 信度　　C. 区分度　　D. 难度

60. 社会的政治意识形态、文化样态、经济结构都强烈地制约着学校的目的、课程、师生关系、评价方式等，学校教育的功能就是再生产出占主导地位的社会政治意识形态、文化关系和经济结构。持这种观点的教育学派是(　　)

A. 实用主义教育学　　B. 文化教育学

C. 制度教育学　　D. 批判教育学

61. 小学生先学习汉语拼音再学习英语，往往会将英语读成汉语拼音。从心理学角度看，这种现象属于(　　)

A. 正迁移　　B. 负迁移　　C. 特殊迁移　　D. 普遍迁移

62. 斯腾豪斯在 1975 年出版的《课程研究与开发导论》中提出了课程编制的(　　)，强调课程开发关注的应是过程而不是目的。

A. 实践模式　　B. 过程模式　　C. 情境模式　　D. 目标模式

63. 在教学过程中，教师应利用学生的多种感官和已有的经验，通过各种形式的感知，使学生获得生动的表象，这是指教学的直观性原则。以下各项中不属于直观手段的是(　　)

A. 实物直观　　B. 言语直观　　C. 模像直观　　D. 数字直观

64. 我国古代教育著作《学记》中提到"学不躐等""不陵节而施""杂施而不孙，则坏乱而不修"。这体现的教学原则是(　　)

A. 启发性原则　　B. 因材施教原则

C. 循序渐进原则　　D. 直观性原则

65. 教师在上课时不再向学生系统讲授教材，而只为学生分别指定自学参考书、布置作业，由学生自学和独立完成作业，有疑难时才请教师辅导，学生完成一定阶段的学习任务后，向教师汇报学习情况并接受考查。这种教学组织形式是(　　)(易混)

A. 文纳特卡制　　B. 道尔顿制

C. 活动课时制　　D. 特朗普制

66. 奥苏贝尔对学生在课堂中言语材料的学习进行研究，指出学生的学习是一种有意义的学习。有意义学习的内部心理机制是(　　)

A. 同化　　B. 联结　　C. 动机　　D. 建构

67. 1992 年联合国环境与发展大会通过的《21 世纪议程》指出："教育对促进可持续发展和提高人们解决环境与发展问题的能力，具有重要的作用。"这主要体现的教育功能是(　　)

A. 政治功能　　B. 经济功能　　C. 文化功能　　D. 生态功能

68. 下列各种学习动机，属于内部动机的是(　　)

A. 为了得到老师的表扬　　B. 出于兴趣

C. 出于对父母的爱　　D. 为了获得好名次

69. 上课是教学工作的中心环节，是提高教学质量的关键。一堂好课的标准不包括(　　)

A. 要有明确的教学目标

B. 教学内容要体现科学性与思想性的统一

C. 教学方法要灵活多样

D. 教学评价要以教师"教的好"为重要依据

70. 苏联教育家马卡连柯认为："当我们对一个人提出很多要求的时候，在这种要求里也包含着我们对这个人的尊重。"这主要体现的德育原则是(　　)

A. 因材施教原则　　B. 疏导原则

C. 理论联系实际原则　　D. 严格要求与尊重信任相结合原则

71. 启发性原则是指在教学活动中，教师认为学生是学习的主体，注重调动学生的学习主动性，引导他们通过独立思考、积极探索，生动活泼地学习，自觉地掌握科学知识和提高分析问题、解决问题的能力。贯彻启发性原则的基本要求不包括(　　)

A. 树立正确的学生观，让学生成为学习活动的主人

B. 充分发挥教师的积极性和主动性

C. 创设问题情境，引导学生质疑问题和学会思考

D. 发扬教学民主，鼓励学生敢于发表自己的独立见解

72. 按照皮亚杰的品德发展理论，当儿童把准则看成是同伴间共同约定时，说明该儿童的品德发展最

有可能处于的阶段是(　　)

A. 自我中心阶段　B. 权威阶段　C. 可逆性阶段　D. 公正阶段

73. 王老师在教学过程中,善于引导学生理解知识,深入思考、运用多种策略解决学习问题。这表明王老师具有突出的(　　)

A. 教学认知能力　B. 教学反思能力

C. 教学监控能力　D. 教学操作能力

74. 在动作技能学习中将动作序列由陈述性知识表征转换为程序性知识表征的过程,在心理学上称为(　　)(易混)

A. 程序组合　B. 程序化　C. 程序连接　D. 概括化

75. 加涅的智力技能层次论把智力技能按照层次高低分为五类,每一类的习得都有先决条件,其中,规则学习的先决条件是掌握(　　)

A. 定义性概念　B. 具体概念　C. 程序　D. 辨别

76. 随着学习理论在实际教育中的广泛的应用,形成了许多可促进学生心理发展的教学技术,其中主张认知学徒式教学的学习理论是(　　)

A. 托尔曼的符号学习理论　B. 新行为主义学习理论

C. 情境学习理论　D. 人本主义学习理论

77. 为了深化对课程实施的认识,提升课程实施的成效,急需将(　　)纳入课程实施及其研究之中,并给予相当程度的关注。

A. 校长　B. 教师　C. 学生　D. 家长

78. 随着"互联网+"时代的到来,网络和信息安全显得尤为重要。现如今,我国对网络信息安全人才的需求呈现爆炸式增长,"网络空间安全"专业应运而生。这表明制约教育结构和专业设置的因素是(　　)

A. 社会政治经济制度　B. 生产力发展水平

C. 社会意识形态　D. 本国学制改革

79. "慎独"是中国古代传统的德育方法。东汉郑玄注《中庸》"慎独"云:"慎其家居之所为。"慎独体现的德育方法是(　　)

A. 说服教育法　B. 讲授法　C. 行为训练法　D. 道德修养法

80. 关于掌握知识与发展能力的关系问题,西方教育史上最典型的论争是(　　)

A. 形式教育与实质教育的论争　B. 通识教育与专业教育的论争

C. 显性教育与隐性教育的论争　D. 科学教育与人文教育的论争

四、多项选择题(在下列每题列出的选项中至少有两项是符合题意的,将其选出并把它的标号写在括号内。多选、错选或少选均不得分。本大题共 20 小题,每小题 1.2 分,共 24 分)

81. 布鲁纳认为学习是一个复杂的认识过程,它包括几乎同时发生的三个过程是(　　)

A. 习得新信息　B. 巩固新信息　C. 转换　D. 评价

82. 下列属于建构主义学习观的有(　　)

A. 学习是认知结构的改变过程

B. 学习是个体主动构建自己知识的过程

C. 学习是在头脑中形成新的完形

D. 学习需要在具体的物理情境和社会实践情境中进行

83. 注意的转移与注意的分散的区别在于(　　)(易错)

A. 前者符合任务的要求,后者则偏离了任务要求

B. 前者是积极的、主动的,后者是消极的、被动的

C. 前者是由于对象的变化,后者是由于个人的努力

D. 前者持续时间较长,后者则持续时间短暂

84. 教育内容随着历史的变迁而不断发生变化。不同于中国古代的"六艺",以下学科中属于西方"七艺"的是(　　)

A. 修辞　B. 体育　C. 天文　D. 音乐

85. 马斯洛认为人的各种需要之间有先后顺序和高低层次之分。后来,他又把这些需要分为基本需要和成长需要,下列属于成长需要的有(　　)

A. 自我实现的需要　B. 尊重的需要

C. 认知的需要　D. 审美的需要

86. 构建理想的师生关系既是教育工作者的共同追求,又是教育规律的必然要求。理想师生关系的基本特征主要表现为(　　)

A. 教师主导和学生主体　B. 尊师爱生

C. 教学相长　D. 民主平等

87. 我国心理学家认为心智技能的形成要经过的三个阶段是(　　)

A. 原型定向　B. 原型操作

C. 原型整合　D. 原型内化

88. 个体品德的形成过程是接受社会规范的过程,一般说来,品德的形成过程经历的阶段有(　　)(常考)

A. 依从　B. 认同　C. 反馈　D. 内化

89. 品德与道德的区别主要表现为(　　)

A. 概念范畴不同　B. 影响的因素不同

C. 表征方式不同　D. 性质不同

90. 我国学者冯忠良根据国内外的研究并结合我国教育实际,将学生的学习划分为(　　)

A. 知识的学习　B. 技能的学习

C. 品德的学习　D. 社会规范的学习

91. 某一教育学派主张教育应该通过实验(或测量)以取得确切数据、量表,通过科学的分析和综合的

教学方法,不断提高教育效果。该学派的代表人物是(　　)

A. 梅伊曼　B. 弗莱雷　C. 拉伊　D. 狄尔泰

92. 班杜拉认为观察学习是学习者通过观察榜样在一定情境中的行为及其后果所进行的学习。其心理过程包括(　　)

A. 注意　B. 保持　C. 动机　D. 再现

93. 经国务院同意,教育部、国家发展改革委、公安部、民政部、财政部、人力资源社会保障部、国家市场监管总局、国家广播电视总局、全国妇联等九部门联合向省级人民政府印发了《关于印发中小学生减负措施的通知》,要求严控书面作业总量。以下说法符合通知要求的是(　　)(易混)

A. 小学一二年级适量布置书面家庭作业

B. 三至六年级家庭作业不超过 60 分钟

C. 初中家庭作业不超过 90 分钟

D. 高中也要合理安排作业时间

94. 创造力的三维侧面模型认为,创造力是由既相互独立又相互联系的三个侧面组成。这三个侧面是(　　)

A. 创造力的动机侧面　B. 创造力的智力侧面

C. 创造力的智力方式侧面　D. 创造力的人格侧面

95. 下列关于教育的经济功能的论述,正确的是(　　)

A. 教育使潜在的劳动力转变为现实的劳动力,促进经济的发展

B. 教育生产科学技术,促进经济的发展

C. 教育能够产生经济效益,是经济发展新的增长点

D. 教育通过培养合格的社会公民为社会发展服务

96. 教育目的是教育活动的出发点和归宿,其层次的多样性使它具有多方面的功能。教育目的的功能主要有(　　)

A. 对教育活动的定向功能

B. 对教育活动的调控功能

C. 对教育活动的激励功能

D. 对教育活动的评价功能

97. 习近平总书记指出:好老师没有统一的模式,可以各有千秋、各显身手,但有一些共同的、必不可少的特质。好老师的特质表现在(　　)

A. 做好老师,要有理想信念　B. 做好老师,要有道德情操

C. 做好老师,要有扎实学识　D. 做好老师,要有仁爱之心

98. 学生既是教育的对象,又是教育的主体。了解和研究学生的本质特征是教育工作的出发点和归宿。学生的本质特征体现为(　　)

A. 学生以系统学习间接经验为主　B. 学生具有主体性

C. 学生具有明显的发展特征　D. 学生以学习直接经验为主

99. 教师即研究者,教师要想真正成为教育教学的研究者,应当具备的基本素养有(　　)

A. 满怀教育教学改进的热情　B. 具有自我反思和批判的能力

C. 掌握教育教学研究的基本方法　D. 具有独立的研究精神

100. 校本课程开发是一个持续的过程,人们在长期的实践和研究中,创造了许多有效的校本课程开发的模式和流程。目前,影响较大的校本课程开发模式主要有(　　)

A. 过程分析模式　B. 学生需求模式

C. 问题解决模式　D. 目标主导模式

五、判断题(判断下列各题的正误,并在题后括号内打"√"或"×"。本大题共 10 小题,每小题 0.6 分,共 6 分)

101. 在教育目的决定方面,个人不具有任何价值,个人不过是教育的原料,个人不可能成为教育的目的。(　　)

102.《国家中长期教育改革和发展规划纲要(2010～2020 年)》提出,我国教育工作的方针是:优先发展、育人为本、改革创新、促进公平、提高质量。(　　)

103. 在概念教学中,先呈现例子,再引导学生根据概念的特征,不断修正推导适合的概念,这种概念学习方式是概念接受学习。(　　)

104. 衡量学生道德品质的重要标志是看他道德评价能力的发展水平。(　　)

105. 适应学生学习风格的教学策略有两种:一是匹配策略,二是失配策略。(易错)(　　)

106. 赫尔巴特被认为是"科学教育学的奠基人",他的《大教学论》被公认为是第一本现代教育学著作。(易混)(　　)

107. 问题解决包括算法式和启发式两种策略,其中算法式可以保证问题得到解决,但是费时费力。(　　)

108. 活动课程主要是以学生自主的实践交往为主导去获取直接经验。(　　)

109. 教育法规执行必须遵循以人为本的基本原则。(　　)

110. 研究发现,象棋大师和新手的工作记忆容量并无显著差异,对于加工无意义的信息,专家不一定比新手表现好。(　　)

押题试卷

山东省教师招聘考试教学基础知识押题试卷(十)

(满分100分　时间150分钟)

本套试卷共130小题,包括单项选择题(95小题)、多项选择题(30小题)、案例分析题(5小题)。

一、单项选择题(在下列每小题四个选项中只有一个是符合题意的,将其选出并把它的标号写在括号内。错选、多选或未选均不得分。本大题共95小题,第1~25小题,每小题0.8分,第26~95小题,每小题0.6分,共62分)

1. 新冠病毒疫情当前,学生停课不停学,各个学校的老师开始学习使用各类直播软件,当起了网红,做起了直播,对学生进行在线教学。这说明教师劳动具有(　　)

A. 创造性　B. 复杂性　C. 示范性　D. 隐蔽性

2. 对于获得知识的理解,墨家认为有三个方面的来源,即(　　)

A. "亲知""见知"和"闻知"　B. "亲知""闻知"和"说知"
C. "见知""闻知"和"说知"　D. "亲知""见知"和"说知"

3. 乌申斯基说:"如果你厌恶学生,那么,教育工作刚刚开始时就已经结束了。"这强调教师应具备(　　)

A. 高尚的师德　B. 广博的文化素养
C. 专门的教育素养　D. 扎实的学科素养

4. 行动研究法是教育研究方法之一。有关行动研究法的缺点,下列说法正确的是(　　)

A. 无法将理论研究与实践问题结合起来,解决实际问题的有效性较差
B. 研究样本受具体情境的限制,缺少控制,影响研究的代表性
C. 对研究人员的语言技能、洞察力有较高要求
D. 研究结论一定会遇到伦理道德问题

5. 作为个体身心发展的前提,并为个体的身心发展提供可能性的是(　　)

A. 学校教育　B. 个体实践活动　C. 遗传素质　D. 环境

6. 王老师发现班级里的学生违纪后并没有立马责备他们,而是把他们请到办公室聊天,从父母的辛苦付出到社会竞争的激烈,让他们自己意识到学习的重要性以及自己的错误,从而好好学习并不再违纪。王老师采用的教育方法是(　　)

A. 说服教育法　B. 陶冶教育法　C. 奖惩法　D. 榜样教育法

7. 美术课上,郭老师在讲解《创意空间》这一节课时,没有直接介绍创意空间的概念及要求,而是让学生进行自由创作,利用手中的画笔、卡纸和模具来完成创意制作。这种课程目标取向属于(　　)

A. 普遍性目标取向　B. 行为性目标取向
C. 生成性目标取向　D. 表现性目标取向

8. 某教师在教授《路旁的橡树》一课时,将学生"学会关爱生命"拟定为教学目标之一。该教学目标属于(　　)

A. 过程与方法目标　B. 知识与技能目标
C. 价值观与方法目标　D. 情感态度与价值观目标

9. 孟子说"征于色,发于声,而后喻",意在强调教师的(　　)

A. 道德素养　B. 专业知识　C. 教学技能　D. 教育机智

10. 教科书是对某学科现有知识和成果的综合归纳和系统阐述,为教师备课、上课、布置作业、评定学生学习成绩提供基本材料。在编写教科书时,应遵循的原则是(　　)

A. 科学性、操作性、基础性、适用性　B. 普遍性、思想性、基础性、适用性
C. 科学性、思想性、基础性、适用性　D. 科学性、思想性、强制性、适用性

11. 两个人看见桌子上的半瓶水,一个学生说:"只有半瓶了。"另一个学生说:"还有半瓶呢!"这说明了心理对客观现实的反映具有(　　)

A. 真实性　B. 被动性　C. 客观性　D. 主观性

12. 小彤的妈妈想要纠正小彤的驼背,所以一旦发现小彤驼背,就会让小彤贴着墙站立半个小时,这种方式属于(　　)

A. 正强化　B. 负强化　C. 正惩罚　D. 负惩罚

13. 个别化教学是指让学生以自己的水平和速度进行学习的一种教学模式。下列哪项是个别化教学模式(　　)

A. 程序教学　B. 情境教学　C. 合作学习　D. 发现学习

14. 孔子是闻名世界的大教育家,其教育思想极其丰富而且自成体系。关于孔子的教育思想,下列对应关系中有误的是(　　)

A. 教育对象:有教无类　B. 教学原则:因材施教
C. 教育目标:教学相长　D. 教学方法:不愤不启,不悱不发

15. 我国最早提出"教育"一词的是(　　)

A. 孔子　B. 墨子　C. 孟子　D. 荀子

16. "家有一斗粮,不当孩子王。"这种说法反映了中国传统社会中教师普遍较低的(　　)

A. 政治地位　B. 经济地位　C. 法律地位　D. 专业地位

17. "鱼,我所欲也;熊掌,亦我所欲也。二者不可得兼,舍鱼而取熊掌者也。"属于动机斗争中的(　　)

A. 双趋冲突　B. 双避冲突　C. 趋避冲突　D. 多重趋避冲突

18. 某教师在教授《小小的船》一课时,想要了解学生对这首诗的理解情况,于是在课堂上向学生提问:"你们知道叶圣陶先生想要通过这首诗表达什么吗?"这属于教学过程中的(　　)

A. 个体内差异评价　B. 诊断性评价　C. 形成性评价　D. 总结性评价

19. 教师不仅要在课内、校内发挥影响力,还要进行家访,协调学校、家庭、社会的教育影响。这体现的教师劳动特点是(　　)

A. 广延性　B. 长期性　C. 示范性　D. 复杂性

20.《学记》指出"大学之教也，时教必有正业，退息必有居学"，这实际上表达了(　　)的思想。

A. 教学相长　　B. 藏息相辅　　C. 豫时孙摩　　D. 长善救失

21. "我好开心啊，今天我当值日生，老师表扬了我"这句话反映的是学生自我意识中的(　　)

A. 自我认识　　B. 自我监控　　C. 自我调节　　D. 自我体验

22. 学生孟某在记忆一组绝对值不等式的解集：$|x|>a, x<-a$ 或 $x>a$；$|x|<a, a>x>-a$ 这一知识点时，将其记作"大鱼取两边，小鱼取中间"。这种学习策略属于(　　)

A. 调节策略　　B. 资源管理策略　　C. 组织策略　　D. 精细加工策略

23. 小梁看见自己的同桌小左因为学习成绩有进步受到老师的点名表扬后，也开始努力学习。这种强化属于(　　)

A. 直接强化　　B. 自我强化　　C. 内部强化　　D. 替代强化

24. 小明今年8岁了，每次考试超过90分，老师和家长就会表扬他，为了能一直获得这种表扬，小明学习一直很努力。根据奥苏贝尔的学习动机理论，小明的学习动机属于(　　)

A. 自我提高内驱力　　B. 社会认可内驱力

C. 附属内驱力　　D. 认知内驱力

25. 小军的头脑中具备这样一个概念："会动的事物是有生命的。"有一天他看到纸飞机在飞、在动，但是他知道纸飞机是没有生命的。这时他认识到不是所有会动的事物都是有生命的。根据皮亚杰的认知发展理论，小军的认知过程属于(　　)

A. 组织　　B. 顺应　　C. 图式　　D. 平衡

26. 罗杰斯创立了以学生为中心的教育和教学理论，其基本理论不包括(　　)

A. 知情统一的教学目标观　　B. 有意义的自由学习观

C. 学生中心的教学观　　D. 积极关注学生成长

27. 低年级学生借助香蕉、苹果的图片等代替物进行加、减运算，属于(　　)

A. 物质活动　　B. 物质化活动

C. 外部言语活动　　D. 内部言语活动

28. 共青团、少先队组织属于(　　)

A. 正式群体　　B. 一般群体　　C. 非正式群体　　D. 松散群体

29. 一名学生早上到学校后主动打扫教室，老师看到后进行了表扬，以后这个学生经常早到打扫教室。这可以用(　　)原理来解释。

A. 替代强化　　B. 负强化

C. 操作性条件反射　　D. 经典性条件反射

30. 在教材编写过程中，课程内容前后反复出现，且后面内容是对前面内容的扩展和深化，这种教材的编排方式是(　　)

A. 直线式　　B. 螺旋式　　C. 分科式　　D. 综合式

31. 某物理老师讲了有关理论后，要学生"说说电饭锅、老虎钳等器具用到了哪些物理知识"。该老师的教学体现了(　　)的教学原则。

A. 科学性与思想性相统一　　B. 直观性

C. 理论联系实际　　D. 循序渐进

32. 当班主任接到一个教育基础较差的班级时，首先要做好哪项工作(　　)

A. 确定班集体的发展目标　　B. 建立班集体核心队伍

C. 建立班集体的正常秩序　　D. 组织形式多样的集体活动

33. 思想品德老师在设计《看看谁的主意妙》一课的教学目标时，列举了知识与技能、过程与方法、情感态度与价值观目标。下列属于情感态度与价值观目标的是(　　)

A. 强化学生主人翁意识和团队精神

B. 让学生初步了解教室布置的科学性和合理性

C. 让学生认识到教室是自我生活和成长的重要空间

D. 通过学生自己动手布置教室，形成装扮教室的能力

34. 现代教育发展的根本动因是(　　)

A. 政治需要　　B. 科技进步　　C. 生产力发展　　D. 产业革命

35. 以下教学模式和代表人物相匹配的是(　　)

A. 非指导性教学模式——布卢姆　　B. 发现教学模式——布鲁纳

C. 掌握学习教学模式——瓦·根舍因　　D. 暗示教学模式——罗杰斯

36. 我国最早采用班级授课制的教学组织形式始于(　　)

A. 民国时期的北京大学　　B. 清代时期的北洋水师学堂

C. 清代末期的京师同文馆　　D. 明代时期的武夷精舍

37. 德育原则是有效地进行德育工作必须遵循的(　　)

A. 基本规律　　B. 基本方法　　C. 基本途径　　D. 基本要求

38.《学记》是中国古代也是世界上最早的专门论述教育问题的论著，其思想观点不包括(　　)

A. 古之王者，建国君民，教学为先　　B. 教也者，长善而救其失者也

C. 蓬生麻中，不扶而直　　D. 道而弗牵，强而弗抑，开而弗达

39. 班长小博是班里许多同学的偶像，同学们都十分认同小博认真负责的态度和良好品德，许多同学还会主动去模仿小博的良好行为，试图与小博在态度和行为上保持一致，这体现了其他同学的态度与品德形成处于(　　)阶段。

A. 依从　　B. 认同　　C. 内化　　D. 信奉

40. 阅读小说后加深对已学词句的理解，这属于(　　)

A. 顺向正迁移　　B. 顺向负迁移　　C. 逆向正迁移　　D. 逆向负迁移

41. 注视一个红色的对象一定时间以后，再将视线转到白色的背景上，看到一个蓝绿色的对象，这是(　　)造成的。

A. 视觉后像　　B. 闪光融合　　C. 联觉　　D. 遗觉表象

42. 学与教的系统包含的五个要素是：学生、教师、教学内容、教学环境和(　　)

A. 教学过程　　B. 学习过程　　C. 学习氛围　　D. 教学媒体

43. 吴老师在教育教学过程中，始终都认为学生走进教室来上课并不是空着脑袋来的，他们在自己的学习生活当中，已经积累了非常丰富的经验，学生对于问题的看法和解释也并不是无中生有的，而

是从他们自己的经验背景出发，做出符合逻辑的回答。吴老师的学生观符合(　　)的观点。

A. 情感学习理论　　B. 认知主义教学理论

C. 哲学取向的教学理论　　D. 建构主义教学理论

44. 下列不能促进良好课堂气氛的营造的是(　　)

A. 建立和谐的课堂人际关系　　B. 运用灵活多样的教学方式

C. 采用专制的领导方式　　D. 给予学生合理的期望

45. 根据识记方法的不同，学生对无意义音节、地名、人名、历史年代等的识记属于(　　)

A. 机械识记　　B. 意义识记　　C. 无意识记　　D. 有意识记

46. 从众现象发生的原因之一是人们往往相信大多数人的意见是正确的，觉得别人提供的信息(　　)

A. 是权威意见　　B. 将有助于他　　C. 是旁观者的意见　　D. 是客观的意见

47. “爱屋及乌”表现的心理效应是(　　)

A. 晕轮效应　　B. 刻板效应　　C. 首因效应　　D. 投射效应

48. 在教师聘任法律关系中，受聘教师具体享有哪些权利、履行哪些义务是固定的，与之对应，聘任者具体享有哪些权利、履行哪些义务也是固定的。依据教育法律关系主体是否完全特定化，这种教育法律关系的类型是(　　)

A. 平权型教育法律关系　　B. 隶属型教育法律关系

C. 绝对教育法律关系　　D. 相对教育法律关系

49. 取得高级中学教师资格和中等专业学校、技工学校、职业高中文化课、专业课教师资格，应当具备(　　)

A. 中等师范学校毕业及以上学历

B. 高等师范专科学校或其他大学本科毕业及其以上学历

C. 高等师范院校本科或其他大学本科毕业及其以上学历

D. 大学专科毕业及以上学历

50. 陈老师罚学生抄写单词100遍，侵犯了学生的(　　)

A. 身心健康权　　B. 格尊严权　　C. 受教育权　　D. 隐私权

51. 未受过教育的个体，其发展是率性的自然发展、自然成熟的过程；受过教育的个体，其发展是从自在的发展转向自觉的发展，会以一种科学有效的方式，使个体获得更好、更快的发展。这体现了教育对个体发展的价值在于(　　)

A. 引导个体发展的方向　　B. 提升个体发展的速度

C. 开发个体的特殊才能　　D. 唤醒个体生命的自觉

52. 经验主义课程理论认为(　　)

A. 课程应该有益于促进人的尊严和潜能的发展

B. 课程应该从儿童的兴趣和需要出发，以活动为中心加以组织

C. 课程不应该帮助学生适应社会，而是应该建立一种新的社会秩序

D. 课程标准应该体现丰富性、循环性、关联性和严密性

53. 教育科学研究中使用最广泛的一种方法是(　　)

A. 个案研究法　　B. 观察研究法　　C. 调查研究法　　D. 实验研究法

54. 下列不属于课外教育活动的是(　　)

A. 学校组织学生参观博物馆

B. 学校开展“小发明”活动，鼓励学生动手操作

C. 语文老师引导学生对课文进行阅读赏析

D. 学校组织学生到养老院看望老人

55. 即使人们对长大后的“狼孩”进行再好的教育，也很难令其用人类的语言进行顺畅的交流。这说明个体身心发展具有(　　)

A. 阶段性　　B. 差异性　　C. 不平衡性　　D. 互补性

56. 美国著名认知教育心理学家奥苏贝尔根据学生学习的方式，把学习分为(　　)

①接受学习　②发现学习　③有意义学习　④机械学习

A. ①②　　B. ③④　　C. ①③　　D. ②③

57. 认为所有复杂的心理活动都是由感觉、意象和激情状态这些基本元素构成的心理学理论学派是(　　)

A. 机能主义心理学　　B. 构造主义心理学

C. 格式塔心理学　　D. 认知心理学

58. 王老师是初二(2)班的物理老师，他坚定地认为只要自己努力教学，就能提高学生的学习效果，因此就以最大的热情投入到物理教学工作中。这说明王老师具有较好的(　　)

A. 教学认知能力　　B. 教学操作能力　　C. 教学效能感　　D. 教学应变能力

59. 对于不敢真实表达自己意见、情感的学生来说，有效的行为改变方法是(　　)

A. 系统脱敏法　　B. 松弛训练法　　C. 肯定性训练　　D. 认知转变法

60. 一年级小学生在计算时，需借助头脑中的小棒等实物表象才能完成计算任务，这说明其思维类型是(　　)

A. 动作思维　　B. 形象思维　　C. 抽象思维　　D. 发散思维

61. 下列选项中，属于结构良好问题的是(　　)

A. 如何实现理想　　B. 创造发明　　C. 写作文　　D. 解决几何证明题

62. 高中生安然平时安静沉稳，喜欢沉思，考虑问题全面，情绪不易外露，善于忍耐和克制自己，但反应缓慢，对新环境的适应能力较差。该生的气质类型最可能是(　　)

A. 多血质　　B. 胆汁质　　C. 黏液质　　D. 抑郁质

63. 人际排斥的特征表现为认知失调、情感冲突和(　　)

A. 行为对抗　　B. 不团结、不信任　　C. 拉帮结伙　　D. 互相为难

64. 根据加涅的学习水平分类理论，下列属于规则学习的是(　　)

A. 学习三角形的概念　　B. 学习三角形的面积公式

C. 学习区别两个相似的汉字　　D. 学习利用所学过的公式去完成几何证明题

65. 价值观念的组织属于(　　)的教育目标。

A. 认知领域　　B. 操作技能领域　　C. 动作技能领域　　D. 情感领域

66. 下列不属于新课程改革的具体目标的是(　　)

A. 优化课程结构　　B. 更新课程内容

C. 改善学习方式　　D. 提升课程理论

67. 注重身心和谐发展，以培养有文化、有修养和多种才能的政治家和商人为教育目的的是(　　)

A. 印度　　B. 罗马　　C. 雅典　　D. 斯巴达

68. 我国汉代出现的研究文学艺术的专门学校是(　　)

A. 庠　　B. 鸿都门学　　C. 国子学　　D. 书院

69. 教育目的与教育方针的关系是(　　)

A. 教育目的是教育方针的组成部分　　B. 教育目的包括教育方针

C. 教育目的规定教育方针　　D. 教育目的是教育方针的指导原则

70. 在课堂教学中，教师讲授的内容和材料实际上只是学生学习的一个"剧本"，是一个个生动的"案例"，对于这些"剧本"与"案例"，由于教师以及每个学生的经历、体验和解读方式不同，从而得出的结论和观点也就有可能不同。因此，课堂教学不能停留在对教材本身所传达的文字信息上，而要关注"案例"之后更为本质的东西，鼓励学生不能满足于已有的观点和结论，鼓励学生的奇思妙想，允许学生对"文本"进行不同的解读，倡导"创读"。上述文字意在(　　)

A. 突出自主创新学习观的创造性特点

B. 强调全面发展与个性发展的相辅相成关系

C. 说明学生能根据已有经验对新旧知识进行组合、改造

D. 强调教师在课堂教学中应引导学生从被动接受走向自主发现和探究

71. 工业社会的教育具有的主要特征是(　　)

A. 教育的复杂性不断降低　　B. 教育的本土化趋势明显

C. 教育与生产劳动相脱离　　D. 教育的公共性日益突出

72. 被誉为"课程评价之父"的是(　　)

A. 史密斯　　B. 泰勒　　C. 科尔伯格　　D. 皮亚杰

73. 化学课上，李老师通过展示学生收集的关于燃料的资料，引导学生辩证思考燃料带给人类的便利和危害，树立环境保护意识。李老师采用的德育途径是(　　)

A. 班主任工作　　B. 社会实践活动　　C. 学科教学　　D. 课外与校外活动

74. 英国所向往的理想人物是"绅士"，比较重视人文素质，所以教育目的强调陶冶学生的人格，注重培养有教养的人。这体现了英国的教育目的受(　　)的影响。

A. 社会制度　　B. 文化背景　　C. 社会发展　　D. 教育理想

75. 直接经验与间接经验的关系反映到课程类型上主要表现为(　　)的关系。

A. 活动课程与学科课程　　B. 学科课程与综合课程

C. 显性课程与隐性课程　　D. 选修课程与必修课程

76. 有意注意可以控制活动向着一定的目标和方向进行，使注意适当分配和适当转移，这体现了注意的(　　)

A. 保持功能　　B. 选择功能　　C. 导向功能　　D. 调节功能

77. 合作学习最有效的小组人数是(　　)人。

A. 2～3　　B. 4～6　　C. 8～9　　D. 6～8

78. 某学生喜欢预习和复习数学，且数学成绩很好，这是因为任课教师讲得很生动，使枯燥的数字变成了一串串美丽的音符，容易理解与记忆，这类学习动机属于(　　)

A. 近景的间接性动机　　B. 近景的直接性动机

C. 远景的直接性动机　　D. 远景的间接性动机

79. 低年级的小学生玩游戏入迷的时候就会忘了写作业，放学前夕往往不能注意听课。到了中高年级，小学生往往能够根据纪律的要求约束自己认真听课，按时完成作业。这种现象体现了小学生(　　)

A. 情感不断倾向稳定　　B. 情感丰富性不断发展

C. 情感不断倾向可控性　　D. 情感变化逐渐变得简单

80. 小学生品行的养成需要经过几个心理过程，比如明明前后两位教师是同样好的老师，由于先入为主的印象、观念或对比作用，他们总感觉后不如前。这种现象属于学生的(　　)

A. 道德评价　　B. 态度定势

C. 道德品质的形成　　D. 道德习惯的养成

81. 根据我国《未成年人保护法》规定，学校不得占用国家法定节假日、休息日及寒暑假期，组织义务教育阶段的未成年学生集体补课，加重其(　　)负担。

A. 精神　　B. 学习　　C. 生理　　D. 心理

82. 如果学校侵犯了教师的合法权益，受理教师申诉的机关是(　　)

A. 当地人民政府　　B. 当地人民法院

C. 当地人民检察院　　D. 主管学校的教育行政部门

83. 实行教师聘任制，学校和教师之间的法律关系主要表现为以(　　)为原则的法律关系。

A. 平等　　B. 服从　　C. 对立　　D. 自愿

84. 小吴自小就很顽皮，在课堂上经常与同学吵闹，影响教师教学，且小吴经常迟到早退，违反学校的管理制度。对此，下列说法正确的是(　　)

A. 学校应予以小吴批评教育　　B. 学校可以对小吴进行体罚

C. 学校可以劝退小吴　　D. 学校应当开除小吴

85. 村民王某家境贫寒，其小女儿小花(7岁)每天在家种田劳作，村民议论纷纷。下列说法正确的是(　　)

A. 王某家境贫寒，小花不该去上学

B. 小花应该学着干活，不去上学来减轻家庭负担

C. 政府对这种事情也无能为力，小花无法上学

D. 对于家庭困难的学生，国家、社会应为其提供帮助和便利，且国家实行九年义务教育，小花应该去上学

86. "知子莫若父，知女莫若母"，说明家庭教育比学校教育更具有(　　)

A. 先导性　　B. 感染性　　C. 权威性　　D. 针对性

87. 以下选项中，关于教育家与其著作表述正确的是(　　)

A. 泰勒　《课程与教学的基本原理》　　B. 布卢姆　《什么知识最有价值》

C. 斯宾塞　《教育目标分类学》　　D. 苏霍姆林斯基　《教育诗篇》

88. 教育的最高理想是通过(　　)体现出来的。

A. 课程目标　　B. 教育目的　　C. 教学目标　　D. 培养目标

89. 下列关于课程资源的说法，正确的是(　　)

A. 教师和学生不是课程资源　　B. 课程资源越多越好

C. 课程资源具有多样性　　D. 课程资源就是教科书

90. 以下不属于新时期教师职业道德规范的特征的是(　　)

A. 体现以人为本的理念　　B. 坚持继承与创新相结合

C. 倡导严慈相济的理念　　D. 他律与自律相结合

91. 下列法律或条例，由国务院制定的是(　　)

A.《中华人民共和国宪法》　　B.《中华人民共和国义务教育法》

C.《教师资格条例》　　D.《中华人民共和国教育法》

92. 教育法律关系主体、客体、内容三者密切联系，相互制约，缺一不可，任何一个改变都会导致原有法律关系的(　　)

A. 消失　　B. 变更　　C. 消灭　　D. 产生

93. 我国自古提倡的"文以载道"意味着(　　)

A. 教学与研究相结合　　B. 科学性与人文性相结合

C. 教书与育人相结合　　D. 主导性与主体性相结合

94. 按照美国教育哲学家谢弗勒对教育定义的分类，作者自己创制的、其内涵在作者的某种话语情境中始终是同一的定义属于(　　)

A. 描述性定义　　B. 纲领性定义　　C. 解释性定义　　D. 规定性定义

95. 衡量和判断教师行为善恶的最高道德标准是(　　)

A. 教师职业道德修养　　B. 教师职业道德评价

C. 教师职业道德基本原则　　D. 教师职业道德规范

二、多项选择题(在下列每题列出的四个选项中至少有两项是符合题意的，将其选出并把它的标号写在括号内。多选、错选或少选均不得分。本大题共 30 小题，第 96～105 小题，每小题 1 分，第 106～125 小题，每小题 0.9 分，共 28 分)

96. "染于苍则苍，染于黄则黄，所入者变，其色亦变。"与这句话表述一致的有(　　)

A. "近朱者赤，近墨者黑"　　B. "孟母三迁"

C. "蓬生麻中，不扶而直"　　D. "龙生龙，凤生凤，老鼠的儿子会打洞"

97. 以下属于条件性课程资源的是(　　)

A. 活动方式与方法　　B. 物力与财力

C. 技能与经验　　D. 环境

98. 以课程任务为依据，可把课程分为(　　)

A. 研究型课程　　B. 技能性课程　　C. 拓展型课程　　D. 基础型课程

99. 教师要培养良好的道德义务感就要努力(　　)

A. 提高自己的道德义务认知水平　　B. 提高自己的业务能力

C. 提升自己的教育事业意识水平　　D. 实现教育义务意识向教育良心的转化

100. 教师的职业形象包括(　　)

A. 道德形象　　B. 文化形象　　C. 社会形象　　D. 人格形象

101. 教育的本质属性，即教育具体而实在的规定性表现在(　　)

A. 教育是人类有意识地传递社会经验的活动

B. 教育具有经济功能

C. 教育是以人的培养为直接目标的社会实践活动

D. 教育是人类所特有的一种有意识的社会活动

102. 现代教学的辅助形式有(　　)

A. 设计教学法　　B. 个别教学　　C. 现场教学　　D. 导生制

103. 关于学习理论，下列观点表述正确的是(　　)

A. 托尔曼认为，学习是有目的的行为，而不是盲目的

B. 布鲁纳认为，学习是学习者通过发现而获得的

C. 有意义的自由学习观是奥苏贝尔提出的

D. 学习是通过尝试—错误来实现的，这是早期认知主义的观点

104. 实际锻炼法是指有目的地组织学生进行一定的实际活动以培养学生良好的品德的方法，运用此方法的要求是(　　)

A. 坚持严格要求　　B. 调动学生主动性

C. 坚持实事求是　　D. 注意检查和持之以恒

105. 教学过程作为一种特殊的认识过程，其特殊性表现在(　　)

A. 认识对象的直接性与具体性　　B. 认识的教育性与发展性

C. 认识的交往性与实践性　　D. 认识方式的简捷性与高效性

106. 下列选项中不属于正强化的有(　　)

A. 学生认真完成家庭作业，老师没有任何表示

B. 学生作业字体潦草，老师要求重写

C. 学生不好好做作业，父母不让他看电视

D. 学生尝试了一种新的解题方法，老师提出表扬

107. 教师角色的形成经历了哪些阶段(　　)

A. 角色认知阶段　　B. 角色认同阶段

C. 角色定位阶段　　D. 角色信念阶段

108. 李红学习的平行四边形知识对她梯形的学习很有帮助，这种现象属于(　　)

A. 正向迁移　　B. 垂直迁移　　C. 顺向迁移　　D. 逆向迁移

109. 下列关于性格和气质的说法，正确的是(　　)

A. 气质是先天的，性格是后天的　　B. 气质无好坏之分，性格有优劣之别

C. 不同的气质可以形成相同的性格　　D. 气质会影响性格的形成和发展速度

110. 课堂管理的功能包括(　　)

A. 维持功能　　B. 促进功能　　C. 发展功能　　D. 强调功能

111. 培养优良班风的基本要求包括(　　)

A. 确立班风目标　　B. 培养正确舆论

C. 强化行为训练　　D. 加强榜样示范

112. 有人发现在裂开一条缝的茧中，一只蝴蝶正在痛苦地挣扎，他于心不忍，便拿起剪刀把茧剪开，帮助蝴蝶破茧而出。可是这只蝴蝶却因身体臃肿，翅膀干瘪，根本飞不起来，不久便死去了。蝴蝶必先在痛苦中挣扎，直到把翅膀练强壮了，再破茧而出，才能飞得起来。省去了过程看似为其免除了痛苦，但结果却相反。这给我们的启示是教学要遵循循序渐进原则，那么贯彻这一原则应注意(　　)

A. 按教材的系统性进行教学　　B. 突出重点，突破难点，抓住主要矛盾

C. 注重联系实际　　D. 由浅入深、由易到难、由简到繁

113. 下列有关教育思想的表述,正确的有(　　)

A. 高尔顿提出"一两的遗传胜过一吨的教育"

B. 陈鹤琴提倡幼稚园的课程以大自然、大社会为核心

C. 卢梭主张让儿童通过实地探究明白知识的有用之处

D. 荀子认为"不学博依,不能安诗;不学杂服,不能安礼"

114. 教师的教育机智在教学中主要体现在(　　)

A. 善于因势利导　　B. 善于随机应变

C. 善于对症下药　　D. 善于掌握分寸

115. 根据皮亚杰的认知发展阶段理论,下列属于具体运算阶段的认知特点的有(　　)

A. 可逆性　　B. 假设推理　　C. 去自我中心性　　D. 反思能力

116. 福勒和布朗根据教学所关注的焦点问题,把教师的成长分为(　　)阶段。

A. 关注生存　　B. 关注自我　　C. 关注情境　　D. 关注学生

117. 有关学习结果的反馈信息,不仅对学生的学习动机具有激发作用,也有利于提高他们的学习成绩。当运用反馈激发学生的学习动机时应注意(　　)

A. 反馈要清楚、具体

B. 反馈要及时,必须使反馈紧随个体的学习结果

C. 反馈要是经常性的,使学生能付出最大的努力

D. 负面反馈比正面反馈更有效,强调差距的反馈比强调进步的反馈更有效

118. 学生伤害事故具有以下哪些法律特征(　　)

A. 是在学校校园内发生的伤害事故

B. 是在校学生发生的伤害事故

C. 是人身损害事故

D. 是在学校负有管理职责的时间和空间范围内发生的伤害事故

119. 不属于教师可采用的行政救济途径有(　　)

A. 行政复议　　B. 民事诉讼　　C. 仲裁　　D. 教师申诉

120. 父母或其他监护人不依法履行监护职责,或者侵害未成年人合法权益的,由其所在单位或者居民委员会、村民委员会予以(　　)

A. 管教　　B. 劝诫　　C. 制止　　D. 惩罚

121. 根据埃里克森的心理社会发展理论,儿童成长和接受教育时期的危机冲突有(　　)

A. 自主感对羞耻感　　B. 亲密感对孤独感

C. 勤奋感对自卑感　　D. 自我同一性对角色混乱

122. 根据《中华人民共和国教师法》的相关规定,学校或者其他教育机构应当对教师的(　　)进行考核。教育行政部门对教师的考核工作进行指导、监督。

A. 业务水平　　B. 工作态度　　C. 工作成绩　　D. 政治思想

123. 持学科中心主义的课程理论流派有(　　)

A. 经验主义课程理论　　B. 后现代主义课程理论

C. 要素主义课程理论　　D. 永恒主义课程理论

124. 李老师在做班主任期间,在家校联系中,除了平时和家长保持电话联系外,同时利用休息时间到个别学生家里家访,让家长及时了解学生的情况,还给家长讲些教育学生的知识,以便更好地教育孩子。根据《中小学教师职业道德规范》的相关规定,李老师的行为(　　)

A. 凸显了爱岗敬业精神　　B. 体现了严谨治学的要求

C. 符合为人师表的要求　　D. 符合关爱学生的要求

125. 与家庭教育、社会教育相比较,学校教育在人的发展中起主导作用,其原因是(　　)

A. 学校教育是有目的、有计划地培养人的社会活动

B. 能有效控制和协调影响学生发展的各种因素

C. 有专门的教师来负责教育工作

D. 教育资源较丰富

三、案例分析题(下列各题备选答案中至少有一项是符合题意的,请找出恰当的选项,并将其标号填在相应的括号内,多选、错选或少选均不得分。本大题共5小题,每小题2分,共10分)

案例一　王老师在课堂上让学生按课本内容分角色表演。有一位学生问:"老师,我能不用书中的原话吗?"王老师问:"为什么呢?"学生说:"因为书中的原话太长,我背不下来,如果拿着书表演,又不太好。"王老师同意了学生的要求,结果,这个学生表演得非常出色。

126. 从教学中的师生关系上看,这个案例说明了(　　)

A. 教师与学生的关系是平等的,学生是平等中的首席

B. 教师与学生的关系是平等的,教师是平等中的首席

C. 教师在教学中处于主导地位,学生处于服从地位

D. 学生在教学中处于主导地位,教师处于服从地位

127. 案例中的学生表演得非常出色,说明了(　　)

A. 学生的精神状态最好时会学得更好

B. 有个性的学生会学得更好

C. 学生发现学习的意义时会学得更好

D. 教学内容能用多种形式来呈现时学生会学得更好

案例二　古时候,某少年很贪玩,模仿性很强。他家原来住在坟地附近,他常常玩筑坟墓或学别人哭拜的游戏。其母认为这样不好,就把家搬到集市附近,该少年又模仿别人做生意和杀猪的游戏。其母认为这样的环境也不好,就把家搬到学堂旁边,该少年就跟着先生学习礼节和知识。其母认为这才是孩子应该学习的,心里很高兴,就不再搬家了。后来,该少年成了著名的教育家。

128. 一般认为,在人的发展过程中起决定作用的是(　　)

A. 遗传　　B. 环境　　C. 教育　　D. 个体主观能动性

129. 案例中的少年"玩筑坟墓或学别人哭拜的游戏""模仿别人做生意和杀猪的游戏""跟着先生学习礼节和知识",体现了其具有(　　)的特点。

A. 依赖性　　B. 向师性　　C. 可塑性　　D. 接受性

130. 上述案例对当代教育的启示是(　　)

A. 遗传为人的发展提供了重要的物质基础　　B. 环境对人的发展有重要的影响

C. 教育为人的发展提供了重要的保证　　D. 环境对人的发展不具有重要影响

山东省教师招聘考试教学基础知识押题试卷(十一)

(满分 100 分　时间 150 分钟)

本套试卷共 130 小题,包括单项选择题(95 小题)、多项选择题(30 小题)、案例分析题(5 小题)。

一、单项选择题(在下列每小题四个选项中只有一个是符合题意的,将其选出并把它的标号写在括号内。错选、多选或未选均不得分。本大题共 95 小题,第 1 ~ 25 小题,每小题 0.8 分,第 26 ~ 95 小题,每小题 0.6 分,共 62 分)

1. 每一个民族都有自己的教育传统,不随时代变迁而消失。这说明教育具有(　　)

A. 继承性　B. 历史性　C. 民族性　D. 永恒性

2. 最早提出教育要适应儿童的年龄阶段,进行和谐发展教育的教育思想家是(　　)

A. 柏拉图　B. 赫尔巴特　C. 孔子　D. 亚里士多德

3. 教育形成自己相对独立形态的标志是(　　)

A. 家庭的出现　B. 部落的形成　C. 学校的出现　D. 专职教师的出现

4. 把伦理学和心理学作为教育学的理论基础的教育家是(　　)

A. 赫尔巴特　B. 斯宾塞　C. 裴斯泰洛齐　D. 康德

5. 布鲁纳所倡导的"发现学习"的教学方法是一种(　　)

A. 以直观感知为主的教学方法　B. 以实际训练为主的教学方法

C. 以引导探究为主的教学方法　D. 以情感陶冶为主的教学方法

6. "既追求让所有人都受到同样的教育,又追求教育的自由化"体现了(　　)的特点。

A. 教育全民化　B. 教育终身化　C. 教育多元化　D. 教育民主化

7. 教师的教学风格属于(　　)

A. 观念性隐性课程　B. 物质性隐性课程

C. 制度性隐性课程　D. 关系性隐性课程

8. 课程计划的首要问题是(　　)

A. 课程设置　B. 学科顺序　C. 课时分配　D. 学年编制

9. 斯克里文提出了一种不受预定活动目标影响的评价模式,即(　　)

A. 行为目标模式　B. 目的游离模式　C. CIPP 模式　D. 对手模式

10. 下列各种教育类型中,对个人发展具有加速的特殊功能的是(　　)

A. 家庭教育　B. 社会教育　C. 自我教育　D. 学校教育

11. 当魏老师出现下列哪种想法时,最有可能处在教师发展的关注生存阶段(　　)

A. "肖同学怎么看我呢? 他会喜欢我的讲课方式吗?"

B. "我要怎么做才能上好一堂课?"

C. "这节课时间把握刚刚好。"

D. "我要认清不同学生知识掌握程度的差异。"

12. (　　)是指由教师的资历、声望、才能和品德等因素决定的,教师个人或群体在学生或社会中的影响力。

A. 教学效能感　B. 教学能力　C. 教师威信　D. 教师榜样

13. 教师在板书时,用红色粉笔标注教学重点内容,以引起学生关注。这体现了知觉的(　　)

A. 理解性　B. 恒常性　C. 整体性　D. 选择性

14. 下列对应关系中正确的是(　　)

A. 构造主义心理学—斯金纳　B. 行为主义心理学—冯特

C. 人本主义心理学—安吉尔　D. 机能主义心理学—杜威

15. 遗忘的进程受多种因素影响,以下表述正确的是(　　)

①学习者最先遗忘的往往是对其没有重要意义的材料

②一般情况下,学习者对于熟悉的情景材料遗忘较慢

③在学习程度相等的情况下,识记材料越多遗忘越慢

④适当的过度学习对学习者的记忆保持具有正向作用

A. ①②③　B. ①②④　C. ②③④　D. ①②③④

16. 儿童厌学症的主要表现是(　　)

A. 缺乏学习技能　B. 过度焦虑　C. 注意力缺陷　D. 对学习不感兴趣

17. 对学习内容达到掌握的程度,通常意味着完成(　　)的评价项目。

A. 50% ~60%　B. 60% ~70%　C. 70% ~80%　D. 80% ~90%

18. 电子广告、摄影技术、放映机利用了哪种似动知觉(　　)

A. 动景运动　B. 自主运动　C. 诱导运动　D. 运动后效

19. 在动作技能的形成阶段中,从学习者的角度看,(　　)主要是理解学习任务,形成目标表象和目标期望。

A. 认知阶段　B. 联结形成阶段　C. 自动化阶段　D. 活动的定向阶段

20. 儿童从具体形象思维为主逐渐向抽象逻辑思维为主的过渡中出现"飞跃"或"质变",一般认为这个关键年龄出现在(　　)

A. 6 ~ 8 岁　B. 10 ~ 11 岁　C. 12 ~ 13 岁　D. 14 ~ 16 岁

21. 樊迟请学稼,子曰:"吾不如老农。"请学为圃,曰:"吾不如老圃。"樊迟出。子曰:"小人哉,樊须也!上好礼,则民莫敢不敬;上好义,则民莫敢不服;上好信,则民莫敢不用情,夫如是,则四方之民襁负其子而至矣,焉用稼?"上述典故体现了这一阶段的学校教育(　　)

A. 与生产劳动相结合　B. 与生产劳动相脱离

C. 教育内容科学化　D. 实现了大众化

22. 学校教育的中心工作是(　　)

A. 德育　B. 教学　C. 体育　D. 后勤

23. 某教师教授《景阳冈》时发现学生积极性不高,便灵机一动,让学生替武松写一封求职自荐信,学生

表现出浓厚的学习兴趣。这体现出教师劳动的(   )

A. 复杂性 B. 长期性 C. 创造性 D. 示范性

24. 在德育过程中起主导作用的是(   )

A. 教育者 B. 受教育者 C. 教育内容 D. 教育方法

25. “使弈秋诲二人弈,其一人专心致志,惟弈秋之为听;一人虽听之,一心以为有鸿鹄将至,思援弓缴而射之。虽与之俱学,弗若之矣。”这个小故事启示我们(   )

A. 环境的给定性离不开主体的选择性

B. 个体的能动性影响人的自我设计和自我奋斗

C. 环境对人的发展具有重要影响

D. 个体的能动性是人发展的内在动力

26. 孩子从很小的时候就会模仿父母的行为,所以父母一定要做好榜样,表里如一。这体现的是家庭教育的(   )

A. 先导性 B. 权威性 C. 感染性 D. 针对性

27. 礼、乐、射、御、书、数“六艺”中“数”是指(   )

A. 计算 B. 数学 C. 算命 D. 数量

28. 教师从事职业活动最强大的精神动力和根本目的是(   )

A. 职业正义感 B. 职业责任感 C. 职业荣誉感 D. 职业幸福感

29. 下列属于教学活动的是(   )

A. 小明在家借助手机学习英语口语

B. 小明和小红练习英语口语

C. 李老师与王老师讨论英语口语教学

D. 李老师与小明练习口语对话

30. “秀才不出门,尽知天下事”强调了知识的(   )

A. 实践价值 B. 能力价值 C. 陶冶价值 D. 认识价值

31. 研究型课程注重培养学生的(   )

A. 记忆能力 B. 探究能力 C. 计算能力 D. 概括能力

32. (   )明确提出了“博学之,审问之,慎思之,明辨之,笃行之”的学习过程理论。

A.《论语》 B.《大学》 C.《中庸》 D.《学记》

33. 刘明同学在阅读教材的时候使用自己已经掌握的知识,来帮助自己理解书中内容,并力图使之能够指导自己的学业。从布鲁纳的理论来看,这样的学习过程属于(   )

A. 知识的获得 B. 知识的转化 C. 知识的评价 D. 知识的同化

34. 在影响品德学习的一般条件中,(   )指的是个体由于过去的经验,对所面临的人或事可能会具有某种肯定或否定、趋向或回避、喜好或厌恶等内心倾向性,这种事先的心理准备或态度定势常常支配着人对事物的预料与评价,进而影响着是否接受有关的信息和接受的量。

A. 同伴群体 B. 态度定势 C. 道德认知 D. 社会风气

35. 下列教育案例中,最能体现“最近发展区”理论运用的案例是(   )

A. 3 岁的小军在妈妈的指导下,逐渐学会了自己穿衣服

B. 小海的妈妈希望他将来成为一名科学家

C. 小明的实际身高和同龄男孩的平均身高之间的差距

D. 5 岁的小西能够背诵 100 首古诗

36. 下列属于冲动型学生认知特点的是(   )

A. 阅读理解能力强

B. 擅长从整体上分析问题

C. 善于完成细节性分析的学习任务

D. 反应快,善于察言观色

37. “见者易,学者难。”这句话强调的是(   )对动作技能学习的重要性。

A. 练习 B. 示范 C. 言语指导 D. 反馈

38. 在某综艺真人秀节目中,黄磊会给女儿多多设立恰当的目标,同时,也会倾听女儿的意见。这说明其家庭教养方式属于(   )

A. 忽视型 B. 溺爱型 C. 专制型 D. 权威型

39. “以小人之心,度君子之腹”可用(   )解释。

A. 投射效应 B. 近因效应 C. 晕轮效应 D. 首因效应

40. 教师提高教学研究技能的三种途径是(   )

A. 自主、合作、探究

B. 阅读、合作、行动研究

C. 学习、讨论、创新

D. 兴趣、发现、研讨

41. 以下关于测验法的描述,不正确的是(   )

A. 是相关研究常用的方法

B. 可以从中得出因果性结论

C. 能对心理进行定量化的分析

D. 可同时分析多个变量之间的相关程度

42. 关于韦纳的归因理论,以下表述正确的是(   )

A. 所有稳定性因素都是内在因素

B. 所有内在因素都是稳定性因素

C. 所有内在因素都是可控因素

D. 所有可控因素都是内在因素

43. (   )是指注意能在一定时间内所能清楚地把握对象的数量。

A. 注意稳定性

B. 注意的广度

C. 注意的分配

D. 注意的转移

44. 九宫格中每格中间均有一个黑点,现要求将九个黑点用一笔连起来,而小亮却认为这九个黑点组成了正方形,无法完成这一要求。小亮产生这一认知的原因是(   )

A. 受到表征方式的影响

B. 受到思维定势的影响

C. 受到无关信息的影响

D. 受到功能固着的影响

45. 一般情况下,初中生的品德发展在科尔伯格的道德发展阶段理论中位于(   )

A. 习俗水平 B. 后习俗水平 C. 前习俗水平 D. 可逆性阶段

46. 诚实或虚伪、勇敢或怯懦、谦虚或骄傲、勤劳或懒惰等描述的是个体的(   )

A. 性格特征 B. 能力特征 C. 气质特征 D. 认知特征

47. 一个学生不敢同老师讲话,也没有勇气向老师请教,当他一旦敢于主动向老师请教,老师就给予表扬并耐心解答,他就能学会主动向老师请教的行为方式。这种方法属于(   )

A. 强化法 B. 代币奖励法 C. 行为塑造法 D. 示范法

48. 为了消除饥饿而引起觅食活动,为了获得优秀成绩而勤奋学习,为了摆脱孤独而结交朋友等体现了动机的(   )

A. 指向功能 B. 激活功能 C. 维持功能 D. 调整功能

49. 古代的许多学者曾提出学习要“五到”，即眼到、耳到、口到、手到和心到。其目的是(　　)

A. 运用知觉的组合规律来巩固知识　B. 运用感知的强度律来巩固知识

C. 运用感知觉的对比来巩固知识　D. 通过多种感知渠道来巩固知识

50. 在对系列呈现的学习材料进行自由回忆时，最后呈现的材料遗忘较少。这种现象叫(　　)

A. 首因效应　B. 启动效应　C. 词优效应　D. 近因效应

51. 永久性遗忘是因消退而引起的(　　)

A. 存储性障碍　B. 提取性障碍

C. 生理性障碍　D. 心理性障碍

52. 某生在学习上总是提前制订好计划，根据目标安排学习进程，及时总结不足并进行针对性的改进。这种学习策略属于(　　)

A. 精加工策略　B. 资源管理策略

C. 组织策略　D. 元认知策略

53. 吃糖之后再吃药，就觉得药特别苦，而吃完药再吃糖，就会觉得糖特别甜。这种感觉规律属于(　　)

A. 感觉适应　B. 同时对比　C. 继时对比　D. 感觉转换

54. 班级最后一排的学生自习课上总爱讲话，周老师采取恰当的方法对其中一名学生进行了批评教育，达到了杀一儆百的效果，自习课纪律明显改善。这种做法的理论依据是(　　)

A. 操作性条件反射理论　B. 经典条件反射理论

C. 社会学习理论　D. 期待惩罚理论

55. 杜甫在听到官兵收复河南、河北的消息时，写下了“漫卷诗书喜欲狂”的诗句。他当时的情绪状态是(　　)

A. 冲动　B. 心境　C. 应激　D. 激情

56. 小明是个活泼好动的孩子，某天上课的时候，老师以他过分活跃干扰了课堂秩序为由，将他赶出课堂，老师这样的做法(　　)

A. 剥夺了学生的人身权

B. 剥夺了学生在学业成绩和品行上获得公正评价的权利

C. 剥夺了学生参加教育教学计划安排的各种活动的权利

D. 可以督促学生遵守课堂行为规范

57. 如果一个家长想用看电视作为强化物，奖励儿童认真按时完成作业的行为，最合适的安排应该是(　　)

A. 让儿童看完电视后立即督促他完成作业　B. 规定每周看电视的适当时间

C. 惩罚孩子过分喜欢看电视的行为　D. 只有按时完成作业后才能看电视

58. 某学生勾结社会青年在学校内结伙斗殴，扰乱教育教学秩序，按照我国《教育法》的规定，应该由(　　)来处罚。

A. 学校　B. 上级教育局　C. 家长　D. 公安机关

59. 古诗句“欢娱嫌夜短，寂寞恨更长”描写的心理现象是(　　)

A. 空间错觉　B. 时间错觉　C. 运动错觉　D. 视觉错觉

60. 在引导学生复习回顾“三角形”的概念、性质、研究方法等内容后，再指导学生学习“等腰三角形”。这一做法符合著名教育心理学家奥苏贝尔学习理论中的(　　)策略。

A. 项目学习　B. 元认知　C. 表现性学习　D. 先行组织者

61. 列宁曾经说过：“文盲是站在政治之外的，必须先教他们识字，不识字就不能有政治，不识字只能有流言蜚语、传闻偏见，而没有政治。”从这可以看出(　　)

A. 教育通过传播一定的社会政治意识形态，完成年青一代的政治社会化

B. 教育是形成社会舆论、影响政治时局的重要力量

C. 教育通过造就政治管理人才，促进政治体制的改革与完善

D. 教育通过提高全民文化素质，推动国家的民主政治建设

62. 教师的职业形象中最基本的形象是(　　)

A. 教师的道德形象　B. 教师的文化形象

C. 教师的人格形象　D. 教师的个体形象

63. 学校中的传统、仪式和规章，一般统称为(　　)

A. 学校制度文化　B. 学校教师文化　C. 学校精神文化　D. 学校物质文化

64. 陈老师为某中学的数学教师，他在给学生讲解完等差数列的基本概念之后，不断给他们出新的题目进行练习，以加深学生对等差数列概念的理解。陈老师遵循了教学过程中的(　　)

A. 循序渐进原则　B. 直观性原则　C. 巩固性原则　D. 启发性原则

65. 路老师在进行生物课教学的过程中，经常是先给大家讲解知识，然后带大家到植物园里去观察，有时候大家一起进行一些扦插的操作，这样既有课堂知识的学习，又有实际的感性认识。这体现了路老师遵循了教育过程的(　　)

A. 直接经验与间接经验相统一的规律　B. 掌握知识与发展能力相统一的规律

C. 教师主导与学生主体相统一的规律　D. 传授知识与思想教育相统一的规律

66. “与善人居，如入芝兰之室，久而自芳也。”所体现的影响人发展的因素是(　　)

A. 自我意识　B. 社会环境　C. 遗传素质　D. 主观努力

67. 杨老师在讲《小马过河》这篇文章时，希望通过这篇课文的学习，让学生学会11个生字和词语，读准字音，认清字形，理解字意，并学会规范书写“棚、驮、磨、坊、趟、筋、试”这7个生字。这属于三维课程目标中的(　　)目标。

A. 知识与技能　B. 过程与方法

C. 情感态度与价值观　D. 能力与行为

68. 在教育理论中，教育与教学的关系是(　　)

A. 结果与过程的关系　B. 整体与部分的关系

C. 目标与手段的关系　D. 内容与方法的关系

69. 赵校长多年来都认为不能让学生“死读书，读死书”，教师应当尽量教给学生有利于他们生活工作的科学知识。他认为通过这样的方式才能使学生幸福地学习和生活。赵校长的说法反映了教育目的论中的(　　)

A. 教育无目的论　B. 社会本位论　C. 神学本位论　D. 个人本位论

70. 某校在开展“扫黑除恶”活动中，班主任仅上交德育处资料，未开展具体工作。其违反的德育原则是（　　）

A. 疏导原则　B. 尊重学生原则　C. 长善救失原则　D. 知行统一原则

71. 从教学改革的角度看，本次课程改革的显著特征和核心任务是促进（　　）

A. 教学方式的转变　B. 教学行为的转变

C. 学习方式的转变　D. 教育教学方法的转变

72. “弟子不必不如师，师不必贤于弟子，闻道有先后，术业有专攻，如是而已。”这种观点给当今教育的启示是（　　）

A. 教学相长，相互尊重　B. 乐教善教，讲究教法

C. 严于律己，为人师表　D. 有教无类，教书育人

73. 美术学科中，要求学生根据老师的提示，设计一款产品的 logo。这在课程目标陈述中属于（　　）

A. 表现性目标　B. 体验性目标　C. 发展性目标　D. 结果性目标

74. 孔子的“有教无类”思想体现了（　　）

A. 教育机会均等　B. 教育过程均等

C. 教育条件均等　D. 教育结果均等

75. “学高为师”强调了（　　）对教师发展的重要性。

A. 本体性知识　B. 条件性知识　C. 实践性知识　D. 文化性知识

76. 智力的发展存在个体差异，下列不属于智力发展差异的是（　　）

A. 天才儿童　B. 大器晚成　C. 多愁善感　D. 过目不忘

77. 下列关于“学习”的表述，正确的是（　　）

A. 学习是人类特有的现象，在人的整个生活中都贯穿着学习

B. 学习是有机体后天习得行为经验的过程

C. 鸭子游水、小狗钻火圈都属于学习的范畴

D. 学习表现为个体行为由于经验和遗传而发生的行为较为稳定的变化

78. 周围神经系统由 12 对脑神经和（　　）对脊神经组成。

A. 11　B. 21　C. 31　D. 35

79. 学生先学习了质量与能量、热与体积、遗传结构与变异等概念之间的关系，之后又学习需求与价格之间的关系。这种学习属于（　　）

A. 上位学习　B. 下位学习　C. 并列结合学习　D. 总括学习

80. 汉代董仲舒“目不窥园”的事例，典型地表现了（　　）

A. 注意的集中性　B. 注意的指向性　C. 注意的转移　D. 注意的分配

81. 关于记忆，下列观点不正确的是（　　）

A. 瞬时记忆加以注意能转入短时记忆

B. 短时记忆是经过加工之后的记忆

C. 长时记忆是保持一分钟以上的记忆

D. 瞬时记忆、短时记忆和长时记忆中，短时记忆的容量最小

82. 学习的“倒摄抑制”是指（　　）

A. 先学的东西由于受到后学东西的干扰被遗忘了

B. 原来的观念太根深蒂固，影响了新知识的接收

C. 学习某件事有助于以后学习类似的东西

D. 后来的知识使原先学的知识更加巩固

83. 利用现代科学技术使知识以活动的方式展现在学生面前，这是利用了感知规律中的（　　）

A. 强度律　B. 差异律　C. 活动律　D. 组合律

84. 下列选项属于加德纳提出的多元智力范围的是（　　）

①数学运算与逻辑思考的能力

②有效地理解别人及其关系以及与人交往的能力

③感知音调、旋律、节奏的能力

④独处、反思的能力

A. ①②④　B. ①③④　C. ①②③　D. ①②③④

85. 处于这个阶段的学生不仅能运用经验—归纳方式进行逻辑推理，而且能运用假设—演绎推理的方式来解决问题。“这个阶段”是指（　　）

A. 感知运动阶段　B. 前运算阶段

C. 具体运算阶段　D. 形式运算阶段

86. 从教师个体职业良心形成的角度看，教师的职业良心首先会受到（　　）的影响。

A. 教育对象　B. 教育原则

C. 社会生活和群体　D. 教育法规

87. 洛克认为：“我们日常所见的人中，他们之所以或好或坏，或有用或无用，十分之九都是他们的教育所决定的。”康德甚至认为：“人只有靠教育才能成为人，人完全是教育的结果。”这些观点属于（　　）

A. 遗传决定论　B. 教育无用论　C. 教育万能论　D. 辐合论

88. 教学方式、学习方式转变的基本精神是（　　）

A. 自主、合作、创新　B. 自主、合作、探究

C. 主动、合作、改革　D. 提高、发展、创新

89. 德育的永恒主题是（　　）

A. 理想教育　B. 爱国主义教育　C. 法制教育　D. 劳动教育

90. 著名生态学家、生物学家劳伦兹发现，刚出生的小鸭子会发生“印刻”现象，即模仿第一眼看到的动物并向其学习。这一观点支持了教育的（　　）

A. 神话起源说　B. 生物起源说　C. 劳动起源说　D. 心理起源说

91. 布鲁纳认为，无论我们选教何种学科，都务必使学生理解该学科的基本结构，依此而建立的课程理论是（　　）

A. 百科全书式课程理论　B. 综合课程理论

C. 实用主义课程理论　D. 结构主义课程理论

92. 陈老师在讲解岛屿的概念时,列举了中国、澳大利亚、美国夏威夷以及中国台湾来进行例证,其中中国、澳大利亚属于,美国夏威夷、中国台湾属于(　　)

A. 正例、反例　　B. 反例、正例　　C. 正例、变式　　D. 变式、反例

93. 下列有关教育的法律,效力最高的是(　　)

A.《中华人民共和国义务教育法》　　B.《中华人民共和国教育法》

C.《中华人民共和国教师法》　　D.《中华人民共和国教师资格条例》

94. 在学生心目中,老师一般都是"全知"的,他们常常向老师提出"是什么""为什么"等问题,尤其在信息化的今天,学生的视野愈加开阔,老师常常被"问倒",这就需要教师具备(　　)

A. 高尚的道德品质　　B. 专业的教学能力

C. 宽厚的文化素养　　D. 健康的身心素质

95. 一位语文教师在教学《会吹气球的瓶子》时,最容易使学生接受的教学方法是(　　)

A. 讲授法　　B. 欣赏教学法　　C. 行动研究法　　D. 直观演示法

二、多项选择题(在下列每题列出的选项中至少有两项是符合题意的,将其选出并把它的标号写在括号内。多选、错选或少选均不得分。本大题共 30 小题,第 96～105 小题,每小题 1 分,第 106～125 小题,每小题 0.9 分,共 28 分)

96. 下列关于师生关系的表述,正确的是(　　)

A. 师生关系的本质是人与人的关系

B. 形成良好师生关系的基础是了解、研究学生

C. 教师在师生关系建立与发展中起主导作用

D. 师生关系体系中最高层次的关系形式是心理关系

97. 在教学中,教师要成为学生建构意义的帮助者。下列做法恰当的是(　　)

A. 激发学生的学习兴趣,帮助学生形成学习动机

B. 创设符合教学内容要求的情境和提示新旧知识之间联系的线索

C. 提出恰当的问题以引起学生的思考和讨论

D. 直接呈现所教问题的最终结果,并告诉学生记下就行了

98. 新中国成立以来,我国的教育目的的表述虽然几经变换,但基本精神是一致的,总的来说有这样几个基本点(　　)

A. 培养"劳动者"或"社会主义建设人才"　　B. 要求全面发展

C. 教育必须与生产劳动和社会实践相结合　　D. 使受教育者具有独立个性

99. 教师专业发展的内容包括(　　)

A. 专业理想的建立　　B. 专业知识的拓展

C. 专业自我的形成　　D. 专业能力的提高

100. 常见的文献检索方法有(　　)

A. 顺查法　　B. 逆查法　　C. 引文查找法　　D. 综合查找法

101. 教育心理学研究的基本原则有(　　)

A. 发展性原则　　B. 系统性原则　　C. 教育性原则　　D. 客观性原则

102. 下列哪项属于建构主义的"知识观"所提出的观点(　　)

A. 知识不是对现实的纯粹客观的反映

B. 不能无视学习者的已有知识经验

C. 知识不可能以实体的形式存在于个体之外

D. 知识并不能绝对精确地概括世界的法则

103. 优秀教师的自我效能感表现为(　　)

A. 对学生有正向的期望　　B. 对学生的学习负有责任

C. 认为从事教学活动很有价值　　D. 有个人成就感

104. 教学过程中,学生领会知识一般包括(　　)

A. 感知教材　　B. 完成作业　　C. 参加考试　　D. 理解教材

105. 下列属于运用说服教育法的要求的是(　　)

A. 明确目的性和针对性　　B. 富有知识性、趣味性

C. 注意时机　　D. 以诚待人

106. 关于先进生的教育,教师需要注意的问题有(　　)

A. 严格要求,防止自满　　B. 不断激励,弥补挫折

C. 培养和激发学习动机　　D. 消除嫉妒,公平竞争

107. 教师劳动的复杂性主要表现为(　　)

A. 劳动对象的复杂性　　B. 劳动任务的复杂性

C. 劳动手段的复杂性　　D. 劳动过程的复杂性

108. 课堂管理的目标可以概括为(　　)

A. 为学生争取更多的时间学习　　B. 为教师争取更多的时间教学

C. 帮助学生自我管理　　D. 争取使更多的学生投入学习

109. 课程标准的基本框架除前言和附录以外,还包括(　　)

A. 课程计划　　B. 课程目标　　C. 内容标准　　D. 实施建议

110. CIPP 模式主张将课程评价过程分为(　　)

A. 背景评价　　B. 输入评价　　C. 过程评价　　D. 成果评价

111. 小军是家里的独生女,父母长辈对她都非常溺爱、百依百顺。然而学校的同学并不会像家里长辈那样迁就她,因此小军在学校里多次和同学发生冲突。班主任知道这一情况后,多次与小军进行单独谈话,并且鼓励小军多参加由学校组织的公益活动和集体活动,对于小军每次取得的进步,班主任都会给予肯定和鼓励。案例中班主任对小军进行德育时使用的方法包括(　　)

A. 说服教育　　B. 情感陶冶　　C. 实践锻炼　　D. 品德评价

112. 教育在人的发展中发挥着主导作用,但影响这一主导作用发挥的主要条件是(　　)

A. 教育自身的状况　　B. 人的主观能动性的调动

C. 家庭环境　　D. 社会发展的状况

113. 意志总是和行动紧密联系着,通常称之为意志行动。意志行动具有以下哪些特征(　　)

A. 自觉的目的是意志行动的前提　　B. 克服困难是意志行动的核心

C. 自由是意志行动的体现　　D. 随意动作是意志行动的必要条件

114. 复述策略是一种促进陈述性知识学习的策略，分为识记过程中的复述策略和保持过程中的复述策略。下列属于保持过程中的复述策略的是(　　)

A. 复习形式多样化　　B. 及时复习

C. 排除相互干扰　　D. 分散复习与集中复习相结合

115. 概念是人脑对客观事物本质特征的认识，概念的结构包括(　　)

A. 概念词汇　　B. 概念定义　　C. 概念属性　　D. 概念例证

116. 加涅将智慧技能分成了四类，分别是辨别、概念、规则和高级规则，并指出四类之间存在层次关系。下列关于这四类的层次关系的说法正确的有(　　)

A. 高级规则的学习以简单规则学习为先决条件

B. 规则学习以概念学习为先决条件

C. 知觉辨别以概念学习为先决条件

D. 概念学习以高级规则学习为先决条件

117. 兴趣的迁移是指将已有的兴趣延伸到相关的事物上，使学生对该事物也发生兴趣。兴趣的迁移需要满足以下哪些条件(　　)

A. 教师要善于发现学生感兴趣的事物或活动

B. 教师应寻找到使学生感兴趣的新事物或活动与学生原有兴趣的相同点

C. 教师要通过各种方法使学生产生对新事物与活动的认识需要，并把这种需要转化成强烈的动机

D. 教师要明确学习活动目的，启发学生自觉培养学习兴趣

118. 中学教师的专业知识包括(　　)

A. 教育知识　　B. 学科知识　　C. 学科教学知识　　D. 通识性知识

119. 关于小学生道德发展特点的描述，下面的说法正确的是(　　)

A. 10 岁以下的儿童道德判断基本是受他自身以外的价值标准支配

B. 10 岁以下的儿童认为规则(规范)是由权威人士(家长、教师)制定的，是不可改变的，要严格地遵守它们

C. 10 岁以上的儿童基本处于自律道德发展阶段

D. 10 岁以上的儿童认为判断一个行为不仅要看后果，也要看意向

120. 下列做法中有助于学生创造性个性塑造的有(　　)

A. 保护学生的好奇心　　B. 鼓励独立性和创新性

C. 重视逻辑思维的培养　　D. 为学生树立创造性的榜样

121. 下列对自我效能感作用的描述，正确的是(　　)

A. 决定人们对活动的选择及对活动的坚持性

B. 影响人们在困难面前的态度

C. 影响活动时的情绪

D. 影响新行为的习得

122. 以下属于多元智力理论观点的是(　　)

A. 每个人在不同领域的智力发展水平是不同步的

B. 学生学习的差异性是由于智能的不同组合所决定的

C. 具有数学智能可能体现在直觉速算上，也可能体现在逻辑思维上

D. 测智商可以确定一个人的智力水平

123. 班杜拉发展了行为主义心理学的“强化”概念，除了“直接强化”概念外，还提出了(　　)

A. 定时强化　　B. 定比强化　　C. 替代强化　　D. 自我强化

124. 教师职业道德修养的基本原则有(　　)

A. 坚持知和行统一　　B. 坚持个人和社会相结合

C. 坚持动机和效果统一　　D. 坚持自律和他律相结合

125. 孟子的教学思想包括(　　)

A. 因材施教　　B. 教学相长　　C. 专心致志　　D. 教亦多术

三、案例分析题(下列各题备选答案中至少有一项是符合题意的，请找出恰当的选项，并将标号填在相应的括号内。多选、错选或少选均不得分。本大题共 5 小题，每小题 2 分，共 10 分)

案例一　小贺最近的几次考试成绩都不理想，他认为“自己根本不是学习的料”，于是听任失败，情绪低落甚至自暴自弃。

126. 小贺的这种归因维度属于(　　)

A. 稳定的、内在的、不可控的　　B. 不稳定的、内在的、可控的

C. 不稳定的、外在的、不可控的　　D. 不稳定的、内在的、不可控的

127. 小贺这种心理状态是(　　)

A. 忧愁感　　B. 焦虑感　　C. 习得性无助　　D. 认知功能障碍

128. 为帮助小贺缓解这种心理状态，下列干预的策略错误的是(　　)

A. 积极评价小贺，培养他的自控信念　　B. 创设良好环境，营造和谐师生关系

C. 引导小贺对成败进行正确的归因　　D. 保证爱的持续，避免有差异地发展

案例二　几名学生家长拿着微信截图等材料，来到市教育局纪检部门反映情况。自 2018 年底开始，某小学教师王某在一个网络交易平台从事微商经营活动，通过推荐产品赚取提成。今年 2 月，她利用微信朋友圈进行减肥产品“X 教授”网络营销活动。据反映，王某在学校上班时间也进行微商买卖活动，还介绍了一部分学生家长加入购物群购买产品。接到举报后，教育局相关部门迅速行动，王某由于违规从事微商经营活动，违背了教师廉洁从教的职业道德，受到查处。

“原来我只想把一些好东西分享给大家，也顺便赚点零花钱，没有想到造成了不良后果，影响了教师的声誉，实在不应该。”王某后悔地说。

129. 教师王某从事微商兼职活动，违背了《中小学教师职业道德规范》对教师提出的(　　)规定。

A. 钻研业务　　B. 爱岗敬业　　C. 关爱学生　　D. 为人师表

130. 教师要廉洁从教，其具体内容包括(　　)

A. 不从学生及家长身上谋取个人利益　　B. 不贪占公共和他人的钱物

C. 不沾染社会上的贪、贿、欲等恶习　　D. 不从事校外有偿补课活动

山东省教师招聘考试教学基础知识押题试卷(十二)

(满分 100 分　时间 150 分钟)

本套试卷共 130 小题,包括单项选择题(90 小题)、多项选择题(25 小题)、判断题(10 小题)、案例分析题(5 小题)。

一、单项选择题(在下列每小题四个选项中只有一个是符合题意的,将其选出并把它的标号写在括号内。错选、多选或未选均不得分。本大题共 90 小题,第 1 ~ 25 小题,每小题 0.8 分,第 26 ~ 90 小题,每小题 0.6 分,共 59 分)

1. 班级组织建立的首要原则是(　　)
A. 有利于教育的原则　B. 目标一致的原则
C. 可接受性原则　D. 有利于身心发展的原则

2. 主张用理解和解释的方法进行教育研究的教育学流派是(　　)
A. 实验教育学　B. 文化教育学
C. 制度教育学　D. 马克思主义教育学

3. 各类研究中唯一能确定因果关系的研究是(　　)
A. 实验研究　B. 调查研究　C. 个案研究　D. 质化研究

4. 传统教学的"三中心"是指(　　)
A. 学生中心、活动中心、生活中心　B. 学生中心、社会中心、实践中心
C. 教师中心、实践中心、生活中心　D. 教师中心、课堂中心、教材中心

5. 宗教权威至高无上,教育权控制在婆罗门教和佛教手中的国家是(　　)
A. 古代希腊　B. 古代印度　C. 古代埃及　D. 古代罗马

6. 教师提问学生,要求学生列举砖头的各种用途。学生给出的可能的答案是:建房子用的材料、打人的武器、用于垫高、用于固定某种东西。这种寻求答案的思维方式是(　　)
A. 发散思维　B. 形象思维　C. 抽象思维　D. 直觉思维

7. (　　)是人生观开始形成的时期,又是容易发生品德两极分化的时期。
A. 小学阶段　B. 初中阶段　C. 高中阶段　D. 青年中期

8. 当人接连不断地受到挫折,便会感到自己对一切都无能为力,丧失信心。这种心理状态是(　　)
A. 忧愁感　B. 习得性无助感　C. 抑郁感　D. 焦虑感

9. 只考虑事物属性的相似性,忽略与其他属性之间的差异性。这指的是思维过程中的(　　)阶段。
A. 抽象化　B. 辨别　C. 类化　D. 同化

10. "学习过程就是尝试错误的过程",这一观点属于哪种学习理论(　　)
A. 行为主义　B. 认知主义　C. 人本主义　D. 建构主义

11. 对学生进行心理辅导工作,让当事人自己运用学习原理,进行自我分析、自我监督、自我强化,以改变自身行为的方法是(　　)
A. 行为塑造法　B. 强化法　C. 示范法　D. 自我控制法

12. 以下属于元认知计划策略的是(　　)
A. 设置学习目标　B. 对材料进行自我提问
C. 测验时先做简单题目　D. 考试时监视自己做题的速度和时间

13. 看到天上的白云,根据它的变动,人们不由自主地把它想象为一群羊、一团棉花。这种想象属于(　　)
A. 无意想象　B. 有意想象　C. 再造想象　D. 幻想

14. 过度学习的记忆效果最好,那么小红花了十分钟刚好记住《山行》,她还需要继续背诵(　　),才最有利于保持记忆。
A. 5 分钟　B. 10 分钟　C. 15 分钟　D. 20 分钟

15. 个体在解决问题的过程中表现为搜集或综合信息与知识,运用逻辑规律,缩小解答范围,直至找到唯一正确的解答的认知方式是(　　)
A. 场独立型　B. 沉思型　C. 辐合型　D. 发散型

16. 陶行知"生活教育"的方法论是(　　)
A. 教学做合一　B. 创新思维　C. 活动与发展　D. 要素启发

17. (　　)以美国学制为蓝本,第一次明确规定以学龄儿童和青少年身心发展规律作为划分学校教育阶段的依据。
A. 壬戌学制　B. 癸卯学制　C. 壬寅学制　D. 壬子癸丑学制

18. 我国古代伟大的教育家(　　)把学习过程概括为"学—思—行"的统一过程。
A. 荀子　B. 孔子　C. 孟子　D. 墨子

19. 培根首次提出把教育学作为一门独立的学科,他提出的(　　)为教育学的发展奠定了方法论基础。
A. 演绎法　B. 归纳法　C. 辩证法　D. 阶级分析法

20. 备好每一份教案,上好每一节课,阅好每一份作业,体现了教师职业道德规范中的(　　)
A. 团结协作　B. 关爱学生　C. 爱岗敬业　D. 爱国守法

21. 某学生考不上理想的高中而考上了职高,就说考上职高更好,学费少,能够早点出来参加工作,早挣钱。这种心理防御机制是(　　)
A. 投射　B. 转移　C. 压抑　D. 合理化

22. 学生中流传的俏皮话"大考大玩、小考小玩、不考不玩"体现了(　　)
A. 耶克斯—多德森定律　B. 皮格马利翁效应
C. 罗森塔尔效应　D. 晕轮效应

23. 教师讲课时,一位小学生一会儿听教师讲,一会儿翻书看,一会儿在本子上写着什么。你认为这位小学生这时的注意状态是(　　)
A. 稳定的　B. 起伏的　C. 转移的　D. 分散的

24. 心智技能形成的最初阶段是(　　)

A. 物质活动和物质化活动阶段　　B. 活动的定向阶段

C. 出声的外部言语阶段　　D. 无声的外部言语阶段

25. 小明很容易适应环境,且他善于学习系统化、条理化的材料,喜欢与同伴一起讨论或进行协作学习,因此很受大家欢迎。小明的认知风格可能属于(　　)

A. 场独立型　　B. 场依存型　　C. 冲动型　　D. 沉思型

26. 编制课程表时,尽量将文科与理科、形象性的学科与抽象性的学科(　　)

A. 随机安排　　B. 分类安排　　C. 集中安排　　D. 交错安排

27. 吃过梅子的人一见到它的外形、闻到它的香味,就会有"吞咽口水"的反应。这是一种(　　)

A. 非条件反射　　B. 无条件反射　　C. 条件反射　　D. 生来的反射

28. 对于认知风格属于场依存型的学生,一般情况下,适合的教学方法是(　　)

A. 不给予任何指导,鼓励其自学

B. 为其提供无结构的材料,让其自己探索

C. 为其提供一些明确的指导和讲解

D. 为其提供充分的时间,让其总结出结构性知识

29. 学生在学习一篇议论文之后,能找出文章的总论点和分论点,并用箭头标出论点之间的关系。这属于(　　)

A. 复述策略　　B. 组织策略　　C. 精加工策略　　D. 监控策略

30. 妈妈每周六都会带阳阳去动物园游玩,之后妈妈发现阳阳能够画出去动物园的简易路线图。根据皮亚杰提出的认知发展阶段理论,阳阳最可能处于(　　)

A. 形式运算阶段　　B. 具体运算阶段　　C. 前运算阶段　　D. 感知运动阶段

31. 下列对于教材的认识不正确的是(　　)

A. 教材是根据学科课程标准编制的、系统反映学科内容的教学用书

B. 教材是知识授受活动的主要信息媒介

C. 教材是课程标准的进一步展开和具体化

D. 优秀教师进行教学时不需要教材

32. 教师职业道德的核心是(　　)

A. 忠于人民的教育事业　　B. 热爱学生

C. 团结协作　　D. 以身作则

33. 刘老师在教学中,特别注重课程实施过程中与学生讨论、对话和沟通所产生的灵感和实际经验。这说明刘老师的课程实施取向是(　　)

A. 忠实取向　　B. 创生取向　　C. 相互调适取向　　D. 长善救失取向

34. 某小学为培养学生的"工匠精神"和动手能力,与企业合作开发"手工陶瓷工艺品制作"课程。从空间上讲,这种课程资源属于(　　)

A. 校内课程资源　　B. 素材性课程资源

C. 校外课程资源　　D. 条件性课程资源

35. "家校携手,共育学子"的理念,侧面反映了家庭教育的(　　)

A. 强制性　　B. 局限性　　C. 普及性　　D. 民主性

36. 某教师认为,只要教学认真,就能够取得优异的教学成绩;但又认为即使自己认真教学也没有能力达到期待目标。根据班杜拉的自我效能感理论,表明该教师(　　)

A. 结果期待低,效能期待低　　B. 结果期待低,效能期待高

C. 结果期待高,效能期待低　　D. 结果期待高,效能期待高

37. 下列哪种强化是观察者不直接受到强化,而是看到榜样受到强化,从而改变了自己的行为动机(　　)

A. 直接强化　　B. 替代强化　　C. 间接强化　　D. 模仿强化

38. 某教师在进行"鸟"的概念教学中,列举了"企鹅、麻雀、鸵鸟"等实例。该教师运用了(　　)来进行概念学习。

A. 同位概念　　B. 变式　　C. 反例　　D. 以上三者均有

39. 受面包放入发酵剂后产生多孔变得松软的启发,人们制造出泡沫橡胶。这种解决问题的过程与方法属于(　　)

A. 抽象思维　　B. 功能固着　　C. 原型启发　　D. 思维定势

40. 小吴把在考试中取得好名次视为获得家长夸奖的途径,因而努力学习,这种学习动机属于(　　)

A. 附属内驱力　　B. 认知内驱力　　C. 内部求知欲　　D. 自我提高内驱力

41. 我国教育目的的根本性质是(　　)

A. 培养劳动者　　B. 为人民服务

C. 坚持社会主义方向　　D. 培养全面发展的人

42. 斯普兰格的《教育与文化》属于哪个教育学派的著作(　　)

A. 实验教育学　　B. 实用主义教育学

C. 马克思主义教育学　　D. 文化教育学

43. 小芳在语言表达方面总是欠缺条理性,王老师便让她在课上多做复述和发言;大鹏上课时总是容易分心,注意力不集中,王老师便常在课上对他进行提醒、暗示和提问。这表明王老师在教学中较好地贯彻了(　　)

A. 因材施教原则　　B. 理论与实践相结合原则

C. 循序渐进原则　　D. 发展性原则

44. 某校开展"争做垃圾分类排头兵"活动,而学校的垃圾箱里却乱堆乱放。其违反的德育原则是(　　)

A. 因材施教原则　　B. 疏导原则　　C. 导向性原则　　D. 知行统一原则

45. 小李同学在高一时被推选为劳动委员,妈妈发现小李自从当上劳动委员之后,越来越懂事了,会主动帮助他人,遇到事情总能换位思考,一分为二地看待问题。小李的变化主要体现了(　　)

A. 班级对学生社会化的影响　　B. 班级对学生独立人格的影响

C. 班级对学生心理品质的影响　　D. 班级对学生自我意识的影响

46. 有的人觉得晚上的学习效果会更好，这是因为这一阶段的学习不受(　　)的干扰。

A. 前摄抑制　　B. 双重抑制　　C. 单一抑制　　D. 后摄抑制

47. 道德感、理智感、美感是与(　　)相联系的情感。

A. 社会需要　　B. 生理需要　　C. 客观环境　　D. 物质需要

48. 如果学生喜爱做航空模型而不喜欢阅读，可以让学生完成一定的阅读之后再去做模型。这体现了强化中的(　　)

A. 行为塑造　　B. 修正原理

C. 普雷马克原理　　D. 比例强化原理

49. 张明打了通宵的游戏，以致第二天上课时无精打采。这属于(　　)

A. 同时性负诱导　　B. 相继正诱导

C. 相继负诱导　　D. 同时性正诱导

50. 历史上第一部论述各种心理现象的著作是(　　)

A.《心理学大纲》　　B.《认知心理学》

C.《论灵魂》　　D.《生理心理学原理》

51. 教育目的与培养目标是(　　)的关系。

A. 联系与静止　　B. 全面与片面　　C. 整体与部分　　D. 普遍与特殊

52. 王老师教学《满江红》时讲到了抗金英雄岳飞，她从历史事实出发，高度赞扬了岳飞舍身为国的精神，使同学们受到了感染。王老师的教学主要体现了教学原则中的(　　)

A. 启发性原则　　B. 因材施教原则

C. 直观性原则　　D. 科学性和思想性相结合原则

53. 主张回归自然，"复归"人的自然本性，认为一切顺其自然便是最好教育的是(　　)

A. 孔子　　B. 墨子　　C. 荀子　　D. 老子

54. 教师产生职业道德信念和养成职业道德行为习惯的前提条件是(　　)

A. 职业道德理想　　B. 职业道德知识

C. 职业道德情感　　D. 职业道德意志

55. 探究式教学的基本程序是(　　)

A. 发现问题—提出问题—解决问题

B. 问题—假设—推理—验证—总结提高

C. 创设情境—提出假设—推理验证—总结提高

D. 确定问题—创设情境—自主学习—协作学习—效果评价

56. 小杰上课主动回答问题受到老师的表扬，之后逐步养成积极回答问题的习惯。引起这种变化的机制是(　　)

A. 经典性条件反射　　B. 联结反应

C. 操作性条件反射　　D. 应激反应

57. 小红通过努力找到了一份稳定的工作，还给自己买了多种保险。这体现了小红具有(　　)

A. 生理需要　　B. 安全需要

C. 归属与爱的需要　　D. 自我实现需要

58. 某儿童认为好的行为就是帮助别人、使别人愉快、受他人赞许的行为，根据科尔伯格的品德发展阶段理论，该儿童处于(　　)

A. 前习俗水平：惩罚和服从的定向阶段

B. 前习俗水平：工具性的相对主义的定向阶段

C. 习俗水平：人际关系和谐协调的定向阶段

D. 习俗水平："法律与秩序"的定向阶段

59. 心理现象的产生方式是(　　)

A. 精神活动　　B. 反射活动　　C. 意识活动　　D. 技能活动

60. 小丽用了30分钟学习一篇英语短文，为了防止遗忘，她又学习了15分钟。这种学习属于(　　)

A. 强化学习　　B. 过度学习　　C. 适度学习　　D. 意义学习

61. "教师中心论"的代表人物是(　　)

A. 裴斯泰洛齐　　B. 赫尔巴特　　C. 克伯屈　　D. 怀特海

62. 数学老师在教应用题时一再强调学生要看清题目，必要时可以画一些示意图。这样做的目的是帮助学生(　　)

A. 牢牢记住题目内容　　B. 很好地完成对问题的心理表征

C. 有效地监控解题过程　　D. 熟练地使用计算技能

63. 陶行知说："你的教鞭下有瓦特，你的冷眼里有牛顿，你的讥笑里有爱迪生。"这说明教师应当(　　)

A. 公平对待学生，促进学生平均发展　　B. 尊重学生人格，关注个体差异

C. 观察与研究学生，提高学生成绩　　D. 严格要求学生，关注学生学习

64. 下列关于作为学习方式的"研究性学习"与作为课程的"研究性学习"二者关系的描述，有误的是(　　)

A. 作为一种学习方式，"研究性学习"是指教师不把现成结论告诉学生，而是学生自己在教师指导下自主地发现问题、探究问题、获得结论的过程

B. 作为一种课程形态，"研究性学习"课程是为"研究性学习"方式的充分展开所提供的相对独立的、有计划的学习机会

C. 各门学科有效渗透了"研究性学习"方式，没有必要设置"研究性学习"课程

D. 作为一种课程形态，"研究性学习"是在课程计划中规定一定的课时数，以更有利于学生从事"在教师指导下，从学习生活中确定研究专题，主动地获取知识的学习活动"

65. 品德发展所具有的(　　)表明，德育既可以从知到行，也可以从行到知，或者从情开始兼顾知和行。

A. 随机性　　B. 多开端性　　C. 层次性　　D. 多项选择性

66. 小学生“三点半难题”指小学下午三点半就会放学,而忙于工作的家长们却无暇接送孩子回家。为解决这个难题,许多小学在放学后组织学生开展3D打印、机器人、航模、手工制作、足球、篮球等兴趣课程。这类兴趣课程属于(　　)

A. 基础型课程　　B. 拓展型课程
C. 研究型课程　　D. 识记型课程

67. “惟官有书,而民无书”体现了教育的(　　)

A. 道统性　　B. 普遍性　　C. 阶级性　　D. 全民性

68. 下列说法正确的是(　　)

A. 课程的CSE评价模式包括背景评价、输入评价、过程评价、成果评价四个步骤
B. 三级课程管理是学校、老师、学生三级共同管理的基础教育课程体系
C. 课程标准是课程设置的整体规划
D. 新的课程计划和课程标准为教学活动预留了充分的空间,视教材为案例,开放教材,鼓励教师充实教材,超越教材,使教材成为教学活动的真正“跳板”,成为学生学习和创新的有力凭借

69. “君子既知教之所由兴,又知教之所由废,然后可以为人师也。”这表明教师应具备(　　)

A. 广博的文化修养　　B. 扎实的专业基础知识
C. 丰富的教育理论知识　　D. 良好的实际工作能力

70. 教育法规实施的两种方式是(　　)

A. 适用与遵守　　B. 贯彻与落实　　C. 执行与监督　　D. 宣传与执行

71. 某语文教师不按课程标准所要求的学段目标开展教学,超出学生的发展水平来施予教育,其行为主要违背了儿童身心发展的(　　)

A. 整体性　　B. 阶段性　　C. 不平衡性　　D. 个别差异性

72. 提倡课程内容应该是人类文化的“共同要素”的是(　　)课程理论。

A. 学科中心主义　　B. 社会中心主义　　C. 经验主义　　D. 存在主义

73. 教育可以使原来为少数人所掌握的科学知识在较短的时间内为更多的人所掌握,从而提高劳动生产效率,促进生产力的发展。这说明教育具有的功能是(　　)

A. 再生产劳动力　　B. 再生产科学知识
C. 科学研究　　D. 促进科研技术成果的开发利用

74. 我国最早运用马克思主义理论研究教育问题的是(　　)

A. 徐特立　　B. 蔡元培　　C. 晏阳初　　D. 杨贤江

75. “劳心者治人,劳力者治于人”的中国传统儒家思想把(　　)相隔离。

A. 教育与生活　　B. 教育与经济
C. 教育与政治　　D. 教育与生产劳动

76. 运用标准化心理量表对被试进行测量,从而了解其心理特点的方法称之为(　　)

A. 观察法　　B. 实验法　　C. 教育经验总结法　　D. 测验法

77. 学习策略是学习者为了提高学习的效果和效率,有目的、有意识地制订的有关学习过程的复杂的方案,包括(　　)

A. 方法和经验　　B. 规则和步骤　　C. 操作和监控　　D. 规则和技能

78. 学生小辉在两个月内进行了两次数学测验,得到的分数大致相等,这表明两次测验的(　　)较高。

A. 信度　　B. 效度　　C. 难度　　D. 区分度

79. 根据《学生伤害事故处理办法》的规定,学校对未成年学生(　　)

A. 不承担安全教育职责　　B. 不承担自救教育职责
C. 不承担监护职责　　D. 不承担教育保护职责

80. 有经验的司机,在正常开车时,可以顺利地与别人交谈。此时他的动作技能处于(　　)

A. 认知阶段　　B. 联系形成阶段
C. 动作模仿阶段　　D. 自动化阶段

81. 杜老师每堂课都会给学生留下适量的课后作业和思考题,学生回家做作业的过程就是学生掌握知识阶段中的(　　)

A. 检查知识、技能和技巧　　B. 理解教材
C. 感知教材　　D. 引起学习动机

82. “视其所以,观其所由,察其所安”最符合下列哪项德育原则(　　)

A. 导向性原则　　B. 尊重信任学生与严格要求学生相结合的原则
C. 教育影响的一致性与连贯性原则　　D. 因材施教原则

83. 现代教育与传统教育的根本区别是(　　)

A. 重视人的全面发展　　B. 理论与实践相结合
C. 创新能力的培养　　D. 教育手段的运用

84. 教师公正的最基本的内容是(　　)

A. 赏罚分明　　B. 坚持真理
C. 公平合理地评价和对待每个学生　　D. 秉公办理

85. 我国的教育目的是培养德智体美劳全面发展的学生,下列属于美育的是(　　)

A. 组织学生去森林公园捡垃圾　　B. 在课上采用新型体育器材
C. 开展各种道德讲堂活动　　D. 开设美术、音乐、书法课

86. 小红的父母以小红是女孩为由,不愿意供她继续读书,而是强行将她送到某个酒店当服务员。小红的父母侵犯了小红的(　　)

A. 名誉权　　B. 受教育权　　C. 人格尊严权　　D. 隐私权

87. 根据《中华人民共和国教育法》的规定,学校及其他教育机构的国有资产属于(　　)

A. 国家所有　　B. 全社会所有　　C. 管理者所有　　D. 主管部门所有

88. 李正同学上课玩手机,被王老师发现,王老师没收了他的手机。李正课后多次找王老师要回手机,王老师都以各种借口拒绝,李正可以采取的法律途径是(　　)

A. 申诉和仲裁　　B. 申诉和诉讼　　C. 复议和诉讼　　D. 复议和仲裁

89. 一名学生决心改掉迟到的毛病,遵守学校纪律。可冬天一到,他又迟迟不肯起床,结果又迟到了。

对于该生应该着重培养其(　　)

A. 道德认识　B. 道德情感　C. 道德意志　D. 道德行为

90. 甲学校的校长即将退休，欲选一名新校长，下列人员中除国籍和定居地外，其他条件均符合相关规定，则最适合当选的是(　　)

A. 具有中华人民共和国国籍，但定居美国的张某

B. 具有中华人民共和国国籍，定居中国的李某

C. 具有澳大利亚国籍，但定居中国的王某

D. 具有英国国籍，但定居日本的华人赵某

二、多项选择题(在下列每题列出的选项中至少有两项是符合题意的，将其选出并把它的标号写在括号内。多选、错选或少选均不得分。本大题共 25 小题，每小题 1 分，共 25 分)

91. 下列说法中，能体现教育的相对独立性的是(　　)

A. 教育脱离其他一切条件孤立地存在

B. 教育与其他社会意识形式的平行性

C. 教育具有历史继承性

D. 教育具有与政治经济制度和生产力发展的不平衡性

92. 2020 年 3 月 5 日，凤凰网有这样一段文字："从 1917 年 1 月至 1927 年 7 月，蔡元培断断续续执掌北大十年半，其实真正在校的时间只有一半，其余都是在海内外'遥领'。他既非北大的创校校长，也非在任时间最长的校长，但只有他被北大人称为'永远的校长'"。蔡元培值得不断追怀，原因在于(　　)

A. 提倡思想自由、兼容并包　B. 提出"美育"

C. 毛泽东评价其为"学界泰斗，人世楷模"　D. 提出"五育并举"

93. 某小学科学老师将《我的手》一课的部分教学目标设定为：学生在观察与实践中知道手的基本构造、形态与功能，并能用语言或图画较准确地描述观察结果；与同学合作，并能设计出简单的实验验证自己的猜想。该教学目标属于三维目标中的(　　)

A. 情感与方法目标　B. 过程与方法目标

C. 知识与技能目标　D. 情感态度与价值观目标

94. 动作技能与智力技能的区别主要有(　　)

A. 活动的对象不同　B. 活动的结构不同　C. 活动的要求不同　D. 活动的范围不同

95. 罗杰斯认为促进学生学习的关键不在于教师的教学技巧，而在于特定的心理氛围，下列属于罗杰斯提出的促进学习的心理气氛要素的有(　　)

A. 严肃与敬畏　B. 移情性理解　C. 真实或真诚　D. 权威或信任

96. 学习包括知识的哪几个过程(　　)

A. 获得　B. 转化　C. 评价　D. 实践

97. 对于现实的课堂教学而言，学生的学习动机主要来源有(　　)

A. 学习兴趣　B. 交往动机　C. 教师教学　D. 成就动机

98. 教学行为目标的陈述必须具备(　　)等三个因素。

A. 具体目标　B. 行为主体　C. 产生条件　D. 行为标准

99. 以下关于环境对个体发展的影响，正确的说法有(　　)

A. 环境对个体发展的影响可能是消极的　B. 人接受环境的影响不是消极被动的

C. 人的发展完全由环境决定　D. 环境为个体发展提供内在条件

100. 贯彻平行教育原则的要求包括(　　)

A. 建立健全的学生集体

B. 开展丰富多彩的集体活动，充分发挥学生集体的教育作用

C. 加强个别教育，并通过个别教育影响集体，增强集体的生机和活力

D. 教育者应根据教育目的和德育目标，对学生严格要求，认真管理

101. 下列不属于以情感陶冶为主的教学方法的有(　　)

A. 欣赏教学法　B. 读书指导法　C. 参观法　D. 情境教学法

102. 根据教育合力原则，教师家访主要是(　　)

A. 告知家长孩子在校的表现　B. 督促家长，让家长成为自己的助教

C. 家校结合，齐抓共管　D. 了解孩子在家的表现

103. 道德评价能力发展的特点是(　　)

A. 从他律到自律　B. 从效果到动机

C. 从律他到律己　D. 从自律到他律

104. 影响教师心理健康的个人因素表现为(　　)

A. 教师的自我期望　B. 教师的工作任务繁重

C. 教师的能力素质　D. 教师过强的感受力

105. 与自制性相反的意志品质有(　　)

A. 任性　B. 优柔寡断　C. 怯懦　D. 动摇性

106. 专制型教养方式下成长的孩子容易形成(　　)的性格特征。

A. 不诚实　B. 依赖　C. 消极　D. 懦弱

107. 品德的心理结构包括(　　)

A. 道德认识　B. 道德情感　C. 道德修养　D. 道德行为

108. 班主任处理偶发事件的原则有(　　)

A. 教育性原则　B. 客观性原则

C. 可接受性原则　D. 冷处理原则

109.《中小学教师职业道德规范》中对"为人师表"的要求有(　　)

A. 坚持高尚情操，知荣明耻，严于律己　B. 作风正派，廉洁奉公

C. 以身作则，衣着得体，举止文明　D. 关心集体，团结协作，尊重同事，尊重家长

110. 师德的核心内容是(　　)

A. 爱岗敬业　B. 终身学习　C. 为人师表　D. 教书育人

111. 个案研究法是当今教育研究中运用较为广泛的定性研究方法。下列关于该研究方法的说法，正确的有(　　)

A. 能生动地描述过程，形象地展示个案

B. 不会遇到任何伦理道德问题

C. 对研究人员的语言技能、洞察力的要求较低

D. 研究结论的主观性较强

112. 下列教师行为，不利于建构良好师生关系的是(　　)

A. 利用 QQ、微信和学生谈心　　B. 对班级中的学困生产生"魔鬼效应"

C. 认为好学生就是考试成绩高的学生　　D. 利用业余时间学习书法、绘画

113. 补救性教育主要是(　　)

A. 提高性的　　B. 矫正性的

C. 面对正常发展的学生　　D. 面对心理出现问题的学生

114. 根据各主体之间的法律地位是否平等，教育法律关系可以分为(　　)

A. 基本教育法律关系　　B. 普通教育法律关系

C. 平权型教育法律关系　　D. 隶属型教育法律关系

115. 教师考核应注意遵循(　　)，以利于教师积极性、创造性的调动，增强教师的事业心、责任心。

A. 科学性原则　　B. 客观性原则　　C. 公正性原则　　D. 准确性原则

三、判断题(判断下列各题的正误，正确的打"√"，错误的打"×"。本大题共 10 小题，每小题 0.6 分，共 6 分)

116. 维果斯基认为决定儿童语言获得的因素不是经验和学习，而是先天遗传的语言能力。(　　)

117. 看见路上的垃圾就绕道走开，这属于正强化。(　　)

118. 情绪和情感是人对客观事物的态度体验和相应的行为反应，它反映的是主体需要和外界客观事物之间的关系。(　　)

119. 教育心理学的研究对象是学校教育、教学情境中人的心理。(　　)

120. 冲动型认知风格的学生，面对问题时一般采取小心谨慎的态度，做出的选择比较精确，但速度要相对慢一些。(　　)

121. 教育从产生开始就具有阶级性和等级性。(　　)

122. 在任何时期，教育与生产力的发展都是同步的。(　　)

123. 理想的师生关系就是教师和学生之间建立亲密无间、"零距离"的关系。(　　)

124. 老鹰教小鹰、师傅教徒弟、老师教学生都是教育现象。(　　)

125. 组织教学是在上课开始时进行的，目的在于使学生做好上课准备。(　　)

四、案例分析题(下列各题备选答案中至少有一项是符合题意的，请找出恰当的选项，并将其标号填在相应的括号内。多选、错选或少选均不得分。本大题共 5 小题，每小题 2 分，共 10 分)

案例一　王老师是初一生物学科教师。在讲授"昆虫标本制作"时，正值油菜花盛开的时节，看着美丽而壮观的遍地"黄花"，王老师想：此时，可以让学生更多地了解虫媒花的特征。于是，王老师决定以"十字形花冠标本采集"及"菜粉蝶的捕捉和蝶类标本制作"作为教学内容上一节课。

教学中，王老师抓住时机，适时启发引导学生进行讨论：怎样将"十字形花冠"制成标本长期保存？怎样快速捉住飞舞的蝴蝶？怎样使蝶类标本保持完整？怎样让蝶类标本美观而栩栩如生？……每个同学都开动脑筋，积极思考。

学生们经过激烈的讨论，说出了许多颇有探索性、创造性的见解。例如：将采回的油菜花进行消毒杀菌后，可用"胶贴法"(宽形透明胶带)制成"十字形花冠"标本；蝴蝶飞舞时，迎面便于捕捉；用手捏腹部法便于从昆虫网中拿出蝴蝶，减少标本的破损。还有一些学生提出了独特的想法，如用废平面泡沫做昆虫展翅板，用装校服的废纸盒做昆虫标本盒等。

126. 王老师采用的教学方法主要有(　　)

A. 讨论法　　B. 发现法　　C. 读书指导法　　D. 演示法

127. 这节课体现的教学原则主要有(　　)

A. 直观性原则　　B. 循序渐进原则

C. 启发性原则　　D. 理论联系实际原则

案例二　一日，某老师收到一位学生的来信，信上说："我这人整天不高兴，觉得自己每天都碌碌无为，而且还会给别人造成麻烦。我的性格比较内向，也不太爱说话，其实我也想像别人一样性格开朗，善于言谈，但我不知道该和同学们说什么。我想说的，我所想的，我觉得都与其他同学不一样，所以我不愿与同学说话，总觉得别人都看不起我，这种心情一直困扰着我。我会把自己做错的事、别人也许并不在意的事反复思量，认为是自己的错，因此我很难过，甚至会在别人没看到的时候哭。晚上睡觉时，我会想起这一天中所发生的事，如果有不顺心的事，我会总想，而且会非常难过，这常常让我难以入睡。我非常痛苦，心情也总是处于压抑、郁闷的状态中，甚至不想活下去了。给您写信的时候是我最痛苦、最难受的时候，我想向您倾诉，想请问我的心理是否有病，是否应找心理医生来看看？我真的不知道该怎么办才好。"通过分析和观察，该老师认为该学生所表现出来的心理特点和行为主要是抑郁所致。

128. 一般而言，抑郁症的表现有(　　)

A. 少言寡语　　B. 孤独沉默　　C. 郁郁寡欢　　D. 智力低下

129. 下列情形中，可能造成中小学生出现抑郁症状的有(　　)

A. 从小在家庭中受到歧视和虐待，在学校里又受到不公平的待遇，严重挫伤了自尊心

B. 从小在不健全的家庭中长大，由于受到歧视，形成过于敏感、多愁善感等性格特点

C. 生活过于单调，思想闭塞，缺乏与人交往的机会，情绪上受到压抑

D. 家族中发生了重大不幸，学习又力不从心，心理负担过重

130. 假设你是案例中的老师，为帮助该学生，可以建议其采取下列哪些方法(　　)

A. 主动寻求他人的帮助　　B. 向好朋友倾诉

C. 建立心理防御机制　　D. 助人为乐，发现自我价值

山东省教师招聘考试教学基础知识押题试卷(十三)

(满分100分　时间150分钟)

本套试卷共130小题,包括单项选择题(90小题)、多项选择题(25小题)、判断题(10小题)、案例分析题(5小题)。

一、单项选择题(在下列每小题四个选项中只有一个是符合题意的,将其选出并把它的标号写在括号内。错选、多选或未选均不得分。本大题共90小题,第1~25小题,每小题0.8分,第26~90小题,每小题0.6分,共59分)

1. 下列有关教学原则的表述错误的是(　　)

A."我辈致知,只是各随分限所及"——量力性原则

B."教之而不受,虽强告之无益"——启发性原则

C."高者抑之,下者举之;有余者损之,不足者补之"——因材施教原则

D."眼过千遍不如手过一遍"——直观性原则

2. 同年龄的儿童具有不同的兴趣爱好和性格,这说明人的身心发展具有(　　)

A. 顺序性　　B. 阶段性　　C. 不均衡性　　D. 个别差异性

3. 新课程改革提倡的教学观是(　　)

A. 教学的最终目的是甄别和选拔学生

B. 教学应以大量的重复训练为主要途径

C. 学生是接受知识的工具

D. 教师和学生在教学过程中,应积极互动、共同发展

4. "一齐人傅之,众楚人咻之,虽日挞而求其齐也,不可得矣;引而置之庄岳之间数年,虽日挞而求其楚,亦不可得矣。"这说明了(　　)对人的影响。

A. 父母　　B. 环境　　C. 主观能动性　　D. 遗传素质

5. 盲人的视力有缺陷,但通常在触觉或者味觉、嗅觉方面会优于常人。这体现了个体身心发展的(　　)

A. 顺序性　　B. 阶段性　　C. 个别差异性　　D. 互补性

6. 将课程分为两部分,一部分学生按学科自学知识和技能,另一部分通过音乐、艺术、集会以及开办商店、组织自治会等方式培养学生的社会意识。这段话描述的是教学组织形式中的(　　)

A. 文纳特卡制　　B. 贝尔—兰喀斯特制

C. 葛雷制　　D. 道尔顿制

7. 下列有关艾宾浩斯遗忘曲线的描述,错误的是(　　)

A. 德国心理学家艾宾浩斯采用自然科学的方法对记忆进行了实验研究

B. 遗忘的过程最初进展得很慢,以后逐渐变快

C. 艾宾浩斯最早研究了遗忘的发展进程

D. 保持和遗忘是时间的函数

8. 在教育教学中,对学生进行考试测验时,测验达到目的的程度称作测验的(　　)

A. 效度　　B. 信度　　C. 区分度　　D. 难度

9. 在一节课45分钟内,甲同学能够集中注意力30分钟,乙同学能够集中注意力20分钟。这说明甲同学注意的(　　)比乙同学好。

A. 转移　　B. 分配　　C. 广度　　D. 稳定性

10. 常常被一些表面的现象所迷惑,满足于一知半解,在未触及事物的实质之前就想解决问题。这是思维缺乏(　　)的表现。

A. 批判性　　B. 独立性　　C. 深刻性　　D. 敏捷性

11. 在遇到不开心的事情时,张亮总是会去操场上踢一场球,将不开心的事情都释放出去,他这种情绪调节方法属于(　　)

A. 升华　　B. 补偿　　C. 宣泄　　D. 幽默

12. 一个人做事认真细致,这是性格的(　　)特征的表现。

A. 态度　　B. 意志　　C. 情绪　　D. 理智

13. 小王擅长逻辑推理,但缺乏音乐才能;小李擅长绘画,但在数学计算方面比较差。这反映出不同的个体智力具有(　　)

A. 结构差异　　B. 发展速度差异

C. 发展水平差异　　D. 发展过程差异

14. 适度的紧张和焦虑促使个体积极思考并产生行动,达到成功解决问题的目的。这是情绪的(　　)

A. 适应功能　　B. 信号功能　　C. 组织功能　　D. 动机功能

15. 在《中小学班主任工作规定》中,班主任角色的定位不包括(　　)

A. 学生日常思想道德教育的实施者　　B. 学生健康成长的引领者

C. 学生自我完善的辅导者　　D. 学生管理工作的主要实施者

16. 教师不仅要传授学生科学文化知识、训练技能、发展智力与培养能力,还要培养学生一定的思想品德,并促进其心理健康。这说明教师的劳动具有(　　)的特点。

A. 示范性　　B. 复杂性　　C. 主体性　　D. 创造性

17. 麦克费尔提出的德育模式是(　　)

A. 目标模式　　B. 认知模式　　C. 体谅模式　　D. 社会模仿模式

18. 班主任在班级管理体制中的领导影响力主要表现在两个方面:一是职权影响力,二是(　　)

A. 年龄影响力　　B. 性别影响力

C. 个性影响力　　D. 学术影响力

19. 孔子是中国古代最伟大的教育家和教育思想家，其教育思想中的“博学于文，约之以礼”是指(　　)

A. 教学纲领　　B. 办学方针　　C. 教学原则　　D. 学科知识

20. 孔子将古代封建文化典籍分为诗、书、礼、乐四科来教学生，这些课程属于(　　)

A. 综合课程　　B. 分科课程　　C. 活动课程　　D. 隐性课程

21. 某班教师为了激发和保持学生的学习动机，开展了一系列学习竞赛活动。结果如教师所料，学生的学习热情高涨，成绩明显提高。但没有想到的是，学生之间相互猜忌、隐瞒学习资料等现象日趋严重。上述事实表明教育(　　)

A. 既有正向显性功能，又有正向隐性功能

B. 既有正向显性功能，又有负向隐性功能

C. 既有正向隐性功能，又有负向隐性功能

D. 既有负向显性功能，又有负向隐性功能

22. 在教学中讲授“果实”的概念时，既选可食的果实，又选不可食的果实(如棉籽等)，这样才有利于学生准确地掌握“果实”的概念。这是运用了(　　)

A. 正例与反例配合法　　B. 变式

C. 比较法　　D. 直观法

23. 化学老师在讲解各种化学反应时，利用绘制表格图形的方法告诉学生科学合理地运用箭头连线等方式建立知识结构，这是运用了以下哪种学习策略(　　)

A. 组织策略　　B. 精细加工策略

C. 计划策略　　D. 时间管理策略

24. 小李在校园招聘会上收到一家工资很高的用人单位的招聘意向，但是公司要求经常出差，这让小李举棋不定。这种心理冲突是(　　)

A. 趋避冲突　　B. 双趋冲突　　C. 双避冲突　　D. 多重趋避冲突

25. 下列关于影响课堂管理的因素，说法正确的是(　　)

A. 权威式的课堂管理效果最好

B. 班级人数越多，课堂管理效果越好

C. 教师在课堂管理中起主导作用

D. 班级中的非正式群体对课堂管理只有负面作用

26. 批评传统教育“或多或少地为遥远的未来做准备”，提倡“教育是生活的过程，而不是将来生活的准备”的是(　　)

A. 杜威　　B. 皮亚杰　　C. 舒尔曼　　D. 谢弗勒

27. 新课程教学改革要求我们首先确立(　　)

A. 先进的教学观念

B. 与新课程相适应的、体现素质教育精神的教育观念

C. 教师为主导、学生为主体的教学观念

D. 以课堂教学为中心的教学观念

28. 关于教育的起源问题在教育学史上有几种观点，以下关于它的描述不正确的是(　　)

A. 神话起源说是教育起源的最古老的观点

B. 劳动起源说是在马克思辩证唯物主义理论的指导下形成的

C. 生物起源说以达尔文的进化论为指导

D. 心理起源说的代表人物是美国教育家孟禄

29. 确定课程目标的主要依据不包括(　　)

A. 学习者的需要　　B. 社会发展的需要

C. 学科的发展　　D. 教师的教学水平

30. 下列选项是某老师在讲授“物体沉浮的条件”一课时拟定的目标，其中属于过程与方法目标的是(　　)

A. 能与同学互相协作友好相处　　B. 注重实验探究方案设计的思考与改善

C. 能解释生活中常见的沉浮现象　　D. 能说出物体沉浮的三种情况及其条件

31. 人们看书时用红笔画出重点，便于重新阅读，是利用知觉的(　　)

A. 理解性　　B. 整体性　　C. 选择性　　D. 恒常性

32. 约翰3岁左右时，看到盛开的花朵会说：“花儿开了，因为它想看看我。”根据皮亚杰的认知发展阶段理论，此时约翰最有可能处于(　　)阶段。

A. 感知运动　　B. 前运算　　C. 具体运算　　D. 形式运算

33. 根据埃里克森的社会发展理论，处于(　　)阶段的孩子开始追求出于自我利益和动机的活动，如当妈妈在洗衣服时，孩子帮妈妈递过洗衣粉，他便认为自己是在做一件很重要的事情，起到了举足轻重的作用。

A. 自主感对羞怯感　　B. 勤奋感对自卑感

C. 主动感对内疚感　　D. 角色同一性对角色混乱

34. 爱国主义情感和集体主义情感属于(　　)道德情感。

A. 直觉的　　B. 想象的　　C. 伦理的　　D. 行为的

35. 某学生这样来管理自己的学习：“如果我能在30分钟内完成英语老师布置的家庭作业，那么就可以和爸爸出去玩。”该学生运用的是(　　)

A. 外部强化　　B. 替代强化　　C. 自我强化　　D. 消极强化

36. (　　)关系到人的生命，被称为“生命中枢”。

A. 后脑　　B. 骨髓　　C. 前脑　　D. 延髓

37. 合作学习是一种教学策略，它的特征是以学生的主动合作学习的方式代替(　　)

A. 教师主导教学　　B. 独立完成作业

C. 家庭作业　　D. 个别课堂练习

38. 对于一个过分害怕猫的学生，为了让他不怕猫，可以让他先看猫的照片，谈论猫；远远观看关在笼中的猫，再让他靠近笼中的猫；最后让他抚摸猫，抱猫，消除对猫的惧怕反应。这是一种(　　)

A. 代币奖励法　　B. 行为塑造法

C. 系统脱敏法　　D. 肯定性训练

39. 根据课程内容的组织方式，可以把课程分为(　　)

A. 学科课程和经验课程　　B. 显性课程和隐性课程

C. 分科课程和综合课程　　D. 选修课程和必修课程

40. 我国唐朝学制中的“二馆”指的是(　　)

A. 博文馆和崇文馆　　B. 崇文馆和弘文馆

C. 崇文馆和学文馆　　D. 弘文馆和学文馆

41. 学校对学生进行德育的重要而又特殊的途径是(　　)

A. 思想品德课　　B. 学科教学　　C. 社会实践活动　　D. 班主任工作

42. 将观察研究法分为自然观察法和实验观察法的依据是(　　)

A. 观察的情境条件

B. 是否借助仪器设备

C. 观察者是否直接参与被观察者所从事的活动

D. 是否有一定结构的观察项目和要求

43. 课程资源的核心是(　　)

A. 教师　　B. 教材　　C. 学生　　D. 学校

44. 明老师经常外出开会，班级管理完全交给学生，纪律井然有序。这一教师的管理方式类型最可能属于(　　)

A. 仁慈专断型　　B. 民主型　　C. 强硬专断型　　D. 放任型

45. 实验教育学所强调的定量研究是 20 世纪教育学研究的一个基本范式，推动了教育科学的发展。该学派提倡把实验心理学的研究成果和方法运用于教育研究，目的是实现教育研究的“科学化”。该学派的代表人物是(　　)

A. 赫尔巴特　　B. 梅伊曼和拉伊

C. 洛克　　D. 鲍尔斯和金蒂斯

46. 根据对竞争利弊的分析，我们认为，有利于集体主义的培养，也是学校教育所应该推崇的是(　　)

A. 群体内竞争　　B. 群体间竞争

C. 个人间竞争　　D. 个人与群体竞争

47. 在班额太大这样一个现实情况下，为了维持课堂纪律，有的教师将所谓的“问题学生”安排到教室角落，只要他们不影响课堂教学的正常进行，教师对他们便不予理睬。关于教师的这一做法，下列说法正确的是(　　)

A. 教师的做法合理，照顾了大部分学生的需求

B. 教师的做法合理，有效防止了问题学生扰乱课堂

C. 教师的做法不合理，不利于师生间的和平共处

D. 教师的做法不合理，忽略了问题学生的需求，侵犯了学生的受教育权

48. 李老师教学生如何解一元二次方程，并讲解了具体过程和操作步骤。李老师传授的属于哪种知识(　　)

A. 描述性知识　　B. 陈述性知识

C. 策略性知识　　D. 程序性知识

49. 学校的模范教师刘老师，在上每一堂课之前都会先和同学们进行交流，了解大家的学习准备情况，然后才会设计教学过程。而在实际教学过程中，他也会不断启发学生思考，调动学生的积极性、主动性。这体现了刘老师遵循教育过程中(　　)

A. 直接经验与间接经验相统一的规律　　B. 掌握知识与发展能力相统一的规律

C. 教师主导与学生主体相统一的规律　　D. 传授知识与思想教育相统一的规律

50. 下列关于综合实践活动课程的说法，错误的是(　　)

A. 小学低年级阶段不开设综合实践活动课程，五年级以上开设

B. 综合实践活动课程是国家规定必须实施的课程

C. 综合实践活动课程的目标之一是提高学生利用所学知识解决实际问题的能力

D. 高中综合实践活动课程包括社会实践、社区服务和研究性学习三类

51. 小学生记忆发展的特点包括(　　)

①从外显记忆为主转变为内隐记忆为主　②从无意记忆为主转变为有意记忆为主

③从机械记忆为主向意义记忆为主过渡　④从具体形象记忆向抽象逻辑记忆方向发展

A. ①②③　　B. ②③④　　C. ①③④　　D. ①②③④

52. 人本主义的有意义学习的特征不包括(　　)

A. 参与性　　B. 自发性　　C. 渗透性　　D. 排他性

53. 小朱在春游的时候看到湖面上游着一只白天鹅，他以为是自己在爷爷家看到的鸭子，就开心地大叫：“看，是鸭子。”根据皮亚杰的认知发展理论，小朱的认知过程属于(　　)

A. 同化　　B. 顺应　　C. 组织　　D. 平衡

54. 某中学的一次数学考试中，陈鹏是唯一满分的学生，当老师宣布考试成绩时，陈鹏内心非常高兴，但他却表现出若无其事的样子。这反映了青少年的情绪具有(　　)

A. 稳定性　　B. 持久性　　C. 掩饰性　　D. 短暂性

55. 某学生可以将在语文学习中习得的阅读技巧、写作技巧等运用到英语学习中。这种迁移属于(　　)

A. 零迁移　　B. 负迁移　　C. 具体迁移　　D. 一般迁移

56. 下列属于结构不良问题的是(　　)

A. 求边长为 2cm 的正方形的面积

B.《背影》的作者是谁

C. 从北京出发乘火车到香港,最好的路线是什么

D. 如何激发学生的学习动机

57. 小敏刚刚来到一个新班级,看到班上的同学每次上课前都会提前把课本拿出来翻看,小敏便认为自己也需要这样做,于是小敏在上课前也会提前翻看课本,这种情况下,小敏遵循的纪律属于(　　)的纪律。

A. 教师促成　　B. 集体促成　　C. 任务促成　　D. 自我促成

58. 体现垂直迁移的具体事例是(　　)

A. 汉语拼音的学习影响英语字母的发音

B. "角"的概念掌握影响"直角""平角"等概念的学习

C. "石"字的学习影响"磊"字的学习

D. 在学校形成的爱护公物的习惯影响在校外的行为表现

59. 小丽经常随地乱扔果皮纸屑,在学习了小学生守则后,她决定改正自己的这一行为。可是不久后,这一行为依然频频出现。因此,对小丽的教育应该重点培养其(　　)

A. 道德认知　　B. 道德情感

C. 道德意志　　D. 道德行为

60. 在态度和品德的形成过程中,对榜样的模仿属于哪个阶段(　　)

A. 依从　　B. 认同　　C. 同化　　D. 内化

61. 何老师经常利用空余时间组织、参与有偿补课。何老师的做法(　　)

A. 正确,教师有人身自由权

B. 正确,有利于提高学生的成绩

C. 错误,违背了坚守廉洁自律的教师职业行为准则

D. 错误,违背了规范从教行为的教师职业行为准则

62. 我国教师申诉制度确立的法律依据是(　　)

A.《中华人民共和国义务教育法》　　B.《中华人民共和国教育法》

C.《中华人民共和国教师法》　　D.《中华人民共和国职业教育法》

63. 关于教育法律关系中,下列说法有误的是(　　)

A. 教育法律关系的构成要素是由法律关系的主体、客体和内容三个方面组成

B. 教育法律关系的主体是实际参与者,也就是具体的享有权利并承担义务的人

C. 教育法律关系的客体是教育法律主体权利和义务所指向的对象

D. 教育法律关系的发生、变更和消灭不受法律事实的影响

64. "甲之熊掌,乙之砒霜"这个谚语体现了以下科学心理观中的哪个观点(　　)

A. 心理是脑的机能　　B. 脑是心理的器官

C. 客观现实是心理的源泉　　D. 心理是对客观现实的主观映像

65. 班级规模会影响课堂管理,以下说法中错误的是(　　)

A. 班级越大,情感纽带的力量越强

B. 班级越大,成员间相互交往的频率越低

C. 班级越大,越容易形成各种非正式小群体

D. 班级越大,成员间个别差异越大

66. 小江上课时因正确回答问题被老师表扬,心里很是开心。但是下午放学回到家因为房间很乱被妈妈训了一顿,还被禁止玩游戏。小江的老师和妈妈的行为分别属于(　　)

A. 正强化、负强化　　B. 正强化、惩罚

C. 负强化、惩罚　　D. 负强化、消退

67. 红红看动画片时,妈妈喊她很多遍她都没有听见。这一现象体现了注意的(　　)

A. 指向性　　B. 调节性　　C. 集中性　　D. 维持性

68. 借助于想象,我们可以"思接千载,视通万里""精骛八极,心游万仞"。这体现了想象的(　　)

A. 预见功能　　B. 补充功能　　C. 替代功能　　D. 调节功能

69. 下列说法不正确的是(　　)

A. 问题行为是个教育性概念,主要是针对学生的某一种行为而言的

B. 只有差生有问题行为

C. 优秀生也有可能发生问题行为

D. 问题行为影响学生的身心健康

70. 课程目标与几个相关概念正确的层次顺序是(　　)

A. 教育目的→培养目标→课程目标→教学目标

B. 培养目标→教育目的→课程目标→教学目标

C. 教育目的→培养目标→教学目标→课程目标

D. 培养目标→教育目的→教学目标→课程目标

71. 王老师告诉陈浩妈妈,陈浩期中语文测试成绩在班上属于中等水平。这种评价属于(　　)

A. 绝对性评价　　B. 相对性评价

C. 内部评价　　D. 个体内差异评价

72. 某学校机器人兴趣小组开展的编程交流活动属于课外活动中的(　　)

A. 文体活动　　B. 学科活动　　C. 科技活动　　D. 公益活动

73. 下列哪项不属于柏拉图的教育思想(　　)

A. 教育的最高目标是培养哲学家和政治家

B. 将教育划分为体育、德育、智育三个部分

C. 认为女子应该和男子受同样的教育,从事同样的职业

D. 重视早期教育,是"寓学习于游戏"的最早提倡者

74. 美国经济学家(　　)创立的人力资本理论,开辟了人类关于人的生产能力分析的新思路。

A. 舒尔茨　　B. 凯恩斯　　C. 恩格斯　　D. 托宾

75. 王老师对班上痴迷上网的同学没有进行严厉批评而是和他聊比尔·盖茨,肯定他的电脑技术,安排他当电脑兴趣组的小组长。王老师这样做体现的德育原则是(　　)

A. 理论与实际相结合的原则

B. 疏导原则

C. 长善救失原则

D. 严格要求学生与尊重信任学生相结合的原则

76. 推动教师专业发展的巨大动力是(　　)

A. 专业态度　　B. 专业自我　　C. 专业理想　　D. 专业人格

77. 关于教育,下列观点表述错误的是(　　)

A. 斯宾塞提出,科学知识最有价值

B. 亚里士多德提出,教育应该由国家负责

C. 卢梭提出泛智教育,主张把一切知识教给一切人

D. 福禄贝尔是教育史上第一个承认游戏对幼儿有教育价值的学者

78. 否定教育的等级化、特权化和专制化的教育特征是(　　)

A. 教育的终身化　　B. 教育的多元化

C. 教育的民主化　　D. 教育的全民化

79. 2008 年,我国高等教育的毛入学率为 23.3%,这意味着我国的高等教育处于(　　)

A. 精英教育阶段　　B. 大众化阶段

C. 普及化阶段　　D. 全民化阶段

80. 当前教师队伍中存在的"有偿家教"现象违背了教师职业道德规范中的(　　)

A. 关爱学生　　B. 依法执教　　C. 严谨治学　　D. 廉洁从教

81. 小周的家乡为某小县城,他在北京的某一流大学完成了本科、硕士、博士阶段的学业后,选择留在北京工作。这体现了教育在(　　)方面的作用。

A. 减少人口数量,控制人口增长　　B. 提高人口素质,改变人口质量

C. 促进人口结构趋向合理化　　D. 促进人口迁移

82. 张老师在课堂上讲完知识点之后,利用 iPad 给每个学生发了几道练习题,学生做完后提交。张老师在教师端上看学生的答题情况,再对错误率高的题目进行讲解。张老师的这种教学评价属于(　　)

A. 诊断性评价　　B. 形成性评价　　C. 总结性评价　　D. 比较性评价

83. 教师专业化发展的奠基阶段是(　　)

A. 自我教育　　B. 在职培训

C. 入职培训　　D. 师范教育

84. 教师在讲授"种子的构造"时,把提前泡好的蚕豆带到课堂上,教师边讲解边剥开蚕豆,用实物展示给学生观察,这位教师采用了哪种教学方法(　　)

A. 谈话法　　B. 实验法　　C. 演示法　　D. 研究法

85. 有史以来,除(　　)以外,教育都具有阶级性的特征。

A. 原始社会　　B. 奴隶社会　　C. 近代社会　　D. 现代社会

86. 教师对所要讲的知识内容进行解释、说明、分析、论证的一种讲授方式是(　　)

A. 讲述　　B. 讲读　　C. 讲演　　D. 讲解

87. 体现教师道德修养达到高度自觉程度的是(　　)

A. 坚持不懈　　B. 虚心求教　　C. 慎独　　D. 爱岗敬业

88. 某学校开展了好习惯训练营活动,培养学生对班级、学校和社会负责的好行为,如检查班级、学校卫生死角,照顾生病的同学等。这体现出的德育原则是(　　)

A. 导向性原则　　B. 教育影响的一致性原则

C. 知行统一原则　　D. 疏导原则

89. 中国近代教育走向制度化、法制化阶段的标志是(　　)

A. 京师同文馆的设立　　B. 京师大学堂的创设

C. 癸卯学制的颁布施行　　D. 壬子学制的颁行

90. 列宁说:"我们需要用基本事实的知识来发展和增进每个学习者的思考力。"这一段话体现的是(　　)

A. 直接经验与间接经验的关系　　B. 智力活动与非智力活动的关系

C. 掌握知识和提高思想的关系　　D. 掌握知识和发展智力的关系

二、多项选择题(下列每题列出的选项中至少有两项是符合题意的,将其选出并把它的标号写在括号内。多选、错选或少选均不得分。本大题共 25 小题,每小题 1 分,共 25 分)

91. 关于人的发展,下列表述错误的是(　　)

A. 高尔顿认为"一两的遗传胜过一吨的教育"

B. 卢梭提出了著名的"白板说"

C. 吴伟士认为,人的发展等于遗传和环境的乘积

D. 董仲舒的"性三品"学说,突出"先天""命定"性因素在人的发展中的作用

92. 小强妈妈望子成龙心切,小强一上幼儿园,才刚刚学会认字,就给他报了一个作文班。上小学后,明知道儿子不喜欢弹钢琴,还是给他报了钢琴兴趣班。这说明小强妈妈在教育过程中违背了儿童身心发展的(　　)

A. 互补性　　B. 差异性　　C. 稳定性　　D. 顺序性

93. 综合课程可分为不同的类型,包括(　　)

A. 学科本位综合课程　　B. 社会本位综合课程

C. 知识本位综合课程　　D. 儿童本位综合课程

94. 奥苏贝尔提出有意义学习必须具备的条件有(　　)

A. 学习材料本身必须具有逻辑意义

B. 学习者必须具有有意义学习的心向

C. 学习者认知结构中必须具有同化新知识的适当的知识

D. 学习者必须积极主动地使新知识获得实际意义

95. 关于情绪和情感的描述,下列说法正确的有(　　)

A. 情感与生理需要是否满足相联系,是人和动物共有的

B. 情绪依赖于情感,具有稳定性、深刻性

C. 情绪是情感的外在表现,情感是情绪的本质内容

D. 情绪具有外显性、冲动性,而情感具有内隐性

96. 下列关于场依存型和场独立型认知风格的描述正确的是(　　)

A. 场依存型较多地受所看到的环境信息的影响

B. 场独立型较多地受来自身体内部线索的影响

C. 场依存型认知风格者偏好的学习方式是合作学习

D. 场独立型认知风格者偏好的学习方式是自主学习

97. 一般而言,德育目标确立的主要依据有(　　)

A. 时代发展需要

B. 青少年思想品德形成、发展的规律及心理特征

C. 国家的教育方针和教育目的

D. 民族文化及道德传统

98. 教师成长与发展的途径包括(　　)

A. 观摩和分析优秀教师的教学工作　　B. 开展微格教学

C. 反思教学经验　　D. 进行专门训练

99. 影响师生关系的因素有(　　)

A. 教师的智慧和人格　　B. 学生对教师的认识

C. 学校的人际关系环境　　D. 课堂的组织环境

100. 联合国教科文组织在1996年发布的《教育——财富蕴藏其中》报告中提出的学习与教育的几个“支柱”包括(　　)

A. 学会认知　　B. 学会做事

C. 学会共同生活　　D. 学会生存

101. 某高中地理老师正在给学生讲解“对流雨”“锋面雨”和“地形雨”,有同学举手提问:“老师,窗外正下着的雨属于这三种中的哪一种呢?”老师对这突如其来的发问似乎并未做好准备,草草搪塞过去。过后也并未对学生提出的问题给予回应。该老师的课堂教学违背的教学原则主要有(　　)

A. 整体性原则　　B. 理论联系实际原则

C. 直观性与抽象性相结合原则　　D. 因材施教原则

102. 下列关于品德的描述,错误的是(　　)

A. 品德是一种个体心理现象　　B. 品德具有道德评价意义

C. 品德就是道德　　D. 品德就是个性

103. 学校咨询活动应遵循(　　)的咨询原则。

A. 积极关注和信任来访学生　　B. 充分支持和鼓励来访学生

C. 注重来访学生的主动参与　　D. 严格为来访学生保密

104. 正确对待非正式群体,应做到(　　)

A. 对于积极型的非正式群体,要支持和保护

B. 对于破坏型的非正式群体,要教育

C. 对于中间型的非正式群体,要引导

D. 对于消极型的非正式群体,要争取

105. 下列属于影响知识理解的客观因素的有(　　)

A. 学生学习材料的内容与形式　　B. 教师言语的提示与指导

C. 学生原有的知识经验背景　　D. 学生主动理解的意识与方法

106. 沟通对于学校管理来说除了具有情感交流功能外,还有(　　)功能。

A. 组织　　B. 信息传递　　C. 控制　　D. 激励

107. 榜样示范法中的“榜样”包括(　　)

A. 经典的理论　　B. 伟人的典范

C. 教育者的示范　　D. 学生中的好榜样

108. 以语言传递为主的教学方法有(　　)

A. 讲授法　　B. 谈话法　　C. 讨论法　　D. 读书指导法

109. 依据调查的对象,教育调查分为(　　)和个案调查。

A. 全面调查　　B. 重点调查　　C. 问卷调查　　D. 抽样调查

110. 教师钻研教材包括钻研(　　)

A. 学科课程标准　　B. 教科书

C. 有关参考书　　D. 教学计划

111. 班主任工作总结一般包括(　　)

A. 专题总结　　B. 全面总结　　C. 课内总结　　D. 教学工作总结

112. 在教学中贯彻因材施教原则时,对教师的基本要求是(　　)

A. 充分了解学生并尊重学生的差异　　B. 按时进行家访

C. 按照课程标准的要求进行教学　　D. 面向每一个学生

113. 下列属于教师和学校不作为侵权的表现有(　　)

A. 学校活动组织失职

B. 教师对学生身体状况关照不力

C. 教师对生病或受伤的学生救护不力

D. 教师未及时向学生监护人履行告知义务

114. 国家举办各种学校,普及初等义务教育,发展(　　),并且发展学前教育。

A. 社会教育　　B. 中等教育　　C. 职业教育　　D. 高等教育

115. 以下哪些处罚种类属于教育行政处罚(　　)

A. 警告、罚款　　B. 责令停止招生

C. 撤销教师资格　　D. 吊销办学许可证

三、判断题(判断下列各题的正误,正确的打"√",错误的打"×"。本大题共 10 小题,每小题 0.6 分,共 6 分)

116. 问题解决过程是一个发现问题、分析问题、最后导向问题目标与结果的过程。分析问题是问题解决的开端。(　　)

117. 外部动机是由外部诱因所引起的动机,动机的满足不在活动之内,而在活动之外。(　　)

118. 网络成瘾又称网络依赖,是指不健康的、病态的、强迫性的过度使用互联网的行为。(　　)

119. 学生在学习过程中,当遇到困难或不熟悉的材料时,能放慢阅读速度或重读困难段落,这主要属于元认知策略中的计划策略。(　　)

120. 校园中的非正式学生群体,对学校有害无利。(　　)

121. 习近平总书记在全国教育大会上的讲话指出,教育的首要问题是培养什么人的问题。(　　)

122. 针对教育功利化现象,杜威提出"教育无目的论",他旗帜鲜明地指出"教育活动不应该有什么目的"。(　　)

123. 教师对优等生的偏爱是自然的、无可非议的。(　　)

124. 美国心理学家格塞尔著名的同卵双生子实验夸大了遗传的作用。(　　)

125. 满足学生发展的需要既是班级活动的出发点,又是班级活动的最终归宿。(　　)

四、案例分析题(下列各题备选答案中至少有一项是符合题意的,请找出恰当的选项,并将其标号填在相应的括号内。多选、错选或少选均不得分。本大题共 5 小题,每小题 2 分,共 10 分)

案例一　一位小学教师在自己的教学日志中写道:那天中午我刚到校,就得知陈云杰和宋国伟打起来了,我快步走进教室,他俩马上停止了打斗,我按例把他俩带到办公室,准备解决二人的纠纷,但突然想到上周我才给他俩解决了一次矛盾,怎么又产生矛盾了?看来必须让他们学会如何与同学友好相处,正巧今天有班会,我何不让全班同学来解决这次纠纷呢?班会上我提出主题:同学之间如何友好相处。让每位同学结合陈云杰和宋国伟的打架事件充分发表自己的意见和看法,没想到学生们踊跃发言,主要有以下内容:细数打架的危害、批评二位的做法、提出解决问题的办法以及作为旁观者应有的态度。学生们你一言我一语,使陈云杰和宋国伟深刻地认识到了自己的错误。

126. 下列不属于小学生心理特点的是(　　)

A. 道德概念从直观具体的、比较肤浅的认识逐步过渡到比较抽象的、本质的认识

B. 思维从具体形象性向抽象逻辑性的过渡中,存在着不平衡性

C. 具有强烈的独立意识,对一切都不愿服从,不愿听取父母、教师及其他成人的意见

D. 情绪、情感逐步从冲动性、易变性向平衡性、稳定性方向发展

127. 对于学生之间发生的矛盾,教师恰当的处理态度是(　　)

A. 让有矛盾的学生各自面壁思过

B. 直接对发生矛盾的两人进行批评教育

C. 严厉训斥学生小题大做

D. 尊重学生,耐心倾听,以说服教育的方式为主

128. 下列关于案例中教师做法的评析,正确的是(　　)

A. 创造各种机会,让学生之间恢复团结

B. 教育学生认识到集体的力量与智慧

C. 启发学生学习如何有效地解决矛盾

D. 鼓励学生主动进行批评与自我批评

案例二　王老师正在操场上给同学们上体育课,学生 A 和学生 B 突然吵了起来,然后扭打在一起。接着 A 的朋友 C 和 B 的朋友 D、E 也加入其中,其他的同学有的劝架,有的躲在一边窃窃私语。面对这样的混乱场面,王老师大吼了一声,同学们都停了下来,接着王老师责令 A、B、C、D、E 站到一边,并终止这五名学生的体育活动,A 和 C 提出抗议,王老师说:"让你们站一边就站一边,不听我的话就是不行!"一直到下课,A、B、C、D、E 都没能参加体育活动。下课了,所有学生一起回到教室开始上其他课。而王老师也匆匆开始了下一个班的体育课。这个事情已经过去两周了,王老师好像也忘了这件事。同学们说王老师就是这样,他从来不会听同学们说什么,王老师说怎么办就必须怎么办。

129. 案例中的师生关系(教师的领导方式)属于(　　)

A. 自由型　　B. 民主型　　C. 放任型　　D. 专制型

130. 案例中王老师的做法没有体现(　　)

A. 学生是发展的主体　　B. 学生是完整的人

C. 学生是独特的人　　D. 学生是教育活动的对象

山东省教师招聘考试教学基础知识押题试卷(十四)

(满分 100 分 时间 120 分钟)

本套试卷共 85 小题,包括单项选择题(60 小题)、多项选择题(15 小题)、判断题(10 小题)。

一、单项选择题(在下列每小题四个选项中只有一个是符合题意的,将其选出并把它的标号写在括号内。错选、多选或未选均不得分。本大题共 60 小题,每小题 1 分,共 60 分)

1. 某班每月都评选学习之星、进步之星,并颁发荣誉奖状,从而激发学生健康品德和优良行为的培养。教师运用的德育方法是(　　)

A. 陶冶教育法　　B. 实际锻炼法　　C. 品德评价法　　D. 自我教育法

2. 在全面发展的教育中起导向和动力作用的是(　　)

A. 德育　　B. 智育　　C. 体育　　D. 美育

3. 意志的(　　)是指在意志行动中能否坚持决定,百折不挠地克服困难和障碍,完成既定目的方面的意志品质。

A. 自制性　　B. 坚持性　　C. 果断性　　D. 自觉性

4. 缺乏对别人的同情和关心,同时又缺乏羞耻心和罪恶感。这种心理问题是(　　)

A. 依赖型人格障碍　　B. 反社会型人格障碍

C. 人格障碍　　D. 焦虑症

5. 作为一名班主任,应善于观察学生,通过分析学生的言行举止,了解他们的想法和目的。这说明班主任应具有很高的(　　)

A. 人际智力　　B. 自知智力　　C. 言语智力　　D. 内省智力

6. 以下对需要的表述中错误的一项是(　　)

A. 需要是对有机体内部不平衡状态的反映,表现为有机体对内外环境条件的需求

B. 需要不一定具有对象

C. 人的需要是不断发展的,人的需要永远不会停留在一个水平上

D. 需要是推动有机体活动的动力和源泉

7. 下列能体现教师追求真理、探索真理、捍卫真理的科学精神的优秀品质的是(　　)

A. 团结协作　　B. 爱岗敬业　　C. 为人师表　　D. 严谨治学

8. 以下关于学生在教育过程中地位的描述,正确的是(　　)

A. 学生是可以随意涂抹的白纸,在师生关系中处于从属地位

B. 学生是教育过程的中心,在师生关系中,教师处于辅助地位

C. 全部的教育教学只要符合学生的兴趣爱好即可

D. 学生既是认识的客体,同时又是认识的主体

9. 因教育结构失调而造成的毕业生学非所用或大材小用体现了教育的(　　)

A. 隐性功能　　B. 正向功能　　C. 显性功能　　D. 负向功能

10. 下列不属于以学生为中心的教学策略的是(　　)

A. 发现学习　　B. 情境教学　　C. 合作学习　　D. 指导教学

11. 教师在制作课件时,一般不会将字设置得过大或过小,这是运用了感知规律中的(　　)

A. 强度律　　B. 活动律　　C. 组合律　　D. 对比律

12. 天气炎热,刚运动完回到家中的小明想打开空调凉爽一下,但又怕感冒。小明在这个过程中产生的冲突是(　　)

A. 趋避冲突　　B. 多重趋避冲突

C. 双避冲突　　D. 双趋冲突

13. 2008 年我国重新修订的中小学教师职业道德文件的名称是(　　)

A.《中小学教师职业道德要求(试行草案)》

B.《中小学教师守则》

C.《中小学教师职业道德规范》

D.《小学教师职业道德规范(试行)》

14. 在一个班集体形成之前,班主任通过制定一日常规(包含考勤、纪律、卫生、作业完成、劳动态度等方面)来稳定班级秩序。根据各方面的特点,制定相应的评分细则,视学生的表现给予相应的得分,而且发动学生参与管理,每项打分都由学生负责。班主任运用的班级管理模式为(　　)

A. 常规管理、平行管理　　B. 平行管理、民主管理

C. 常规管理、民主管理　　D. 目标管理、平行管理

15. 下列不属于学生的非正式组织的类型的是(　　)

A. 积极型　　B. 娱乐型　　C. 消极型　　D. 主动型

16. 班会的特征主要有集体性、针对性和(　　)

A. 自主性　　B. 开放性　　C. 时效性　　D. 教育性

17. 小伟看见妈妈将玩偶熊随手扔在沙发上,十分紧张地说道:"你把小熊摔疼了。"根据皮亚杰的认知发展阶段理论,小伟此时最可能处于(　　)

A. 感知运动阶段　　B. 前运算阶段

C. 具体运算阶段　　D. 形式运算阶段

18. "复习中突遇问题,百思不得其解。搁置一段时间后,突然产生灵感,问题迎刃而解。"这一心理现象称为(　　)

A. 高原现象　　B. 思维定势　　C. 酝酿效应　　D. 功能固着

19. 布卢姆把认知领域的教学目标由低到高共分为六级，以下排列正确的是(　　)

A. 知识、领会、分析、应用、综合、评价　　B. 知识、领会、应用、分析、评价、综合

C. 知识、领会、综合、应用、分析、评价　　D. 知识、领会、应用、分析、综合、评价

20. 文纳特卡制是由(　　)提出来的。

A. 特朗普　　B. 克伯屈　　C. 夸美纽斯　　D. 华虚朋

21. 最早应用"启发式"教学的中外教育家分别是(　　)

A. 孔子、苏格拉底　　B. 孔子、亚里士多德

C. 孟子、柏拉图　　D. 朱熹、苏格拉底

22. 语文课上，每当讲到一些文人墨客、科学家的故事时，杜老师总会拓展这些人物是如何热爱祖国、积极探索、献身事业的。这表明杜老师做到了(　　)

A. 爱国守法　　B. 爱岗敬业　　C. 终身学习　　D. 教书育人

23. 根据美国心理学家马斯洛的需要层次理论，(　　)属于成长性需要，在基本需要得到满足后出现，它是人的存在的最高、最完美、最和谐的状态，这时的人具有一种欣喜若狂、如醉如痴、销魂的感觉。

A. 自我实现的需要　　B. 安全的需要

C. 归属和爱的需要　　D. 尊重的需要

24. 课堂问题行为的类型有两大类，一类是品行方面的问题行为，另一类是人格方面的问题行为。下列选项中，属于人格方面的问题行为是(　　)

A. 破坏性行为　　B. 不服从行为　　C. 攻击性行为　　D. 孤僻退缩行为

25. 下述解释属于建构主义学习理论的是(　　)

A. 主张学生的学习不是从不知到知的过程，而是在学习者原有知识经验的基础上不断"生长"出新的知识的过程

B. 认为人的本性是善良的，恶是环境影响下的派生现象，因而人是可以通过教育提高的，理想社会是可能的

C. 认为心理学不应该研究意识，只应该研究行为，把行为与意识完全对立起来

D. 学习并非形成刺激—反应的联结，而是通过主动积极的组织作用形成与情境一致的新的完形

26. 教师在履行教育义务的活动中，最主要、最基本的道德责任是在正面要(　　)

A. 依法执教　　B. 教书育人　　C. 爱岗敬业　　D. 团结协作

27. 教师良心是教师在教育劳动过程中发自"肺腑"的一种内在精神力量，也是一定社会的道德原则和规范体现在教师内心深处的认识、情感、意志、信念、理想和行为的有机统一。这体现了教师良心的(　　)特征。

A. 公正性　　B. 综合性　　C. 内隐性　　D. 稳定性

28. 一般来说，申请认定教师资格者的普通话水平应达到《普通话水平测试等级标准》的(　　)

A. 一级甲等　　B. 一级乙等以上

C. 二级甲等以上　　D. 二级乙等以上

29. 根据我国《教师法》的规定，教师的待遇建立正常晋级增薪制度，具体办法由(　　)规定。

A. 各学校　　B. 国务院

C. 当地财政部门　　D. 当地教育行政部门

30. 由于制定机关的性质和法律地位不同，它们所制定的教育法具有不同的效力。按照效力的大小顺序排列，正确的是(　　)

A. 宪法中有关教育的条款、教育基本法律、教育单行法律、教育行政法规

B. 宪法中有关教育的条款、教育单行法律、教育行政法规、教育基本法律

C. 宪法中有关教育的条款、教育行政法规、教育基本法律、教育单行法律

D. 宪法中有关教育的条款、教育行政法规、教育单行法律、教育基本法律

31. 切割玻璃的声音会使人产生冷的感觉，这是(　　)

A. 感觉　　B. 直觉　　C. 联觉　　D. 想象

32. 教育心理学的发展历程大致经历了四个时期，每个时期都有一些心理学家提出的主张，下列说法不正确的是(　　)

A. 裴斯泰洛齐第一次提出"教育教学的心理学化"思想

B. 最早正式以"教育心理学"命名的著作是乌申斯基所写的《教育心理学》一书

C. 我国第一本教育心理学著作是房东岳所翻译的日本小原又一的《教育实用心理学》

D. 罗杰斯提出了"以学生为中心"的教育主张

33. 娇娇因为小时候在草丛里被虫子咬伤过，所以对虫子很害怕。娇娇对虫子的害怕属于(　　)

A. 形象记忆　　B. 语词记忆　　C. 情绪记忆　　D. 动作记忆

34. 小明制订了一周的详细学习计划，规定了学习时应该做什么不做什么、先做什么后做什么、用什么方式做、做到什么程度等诸多方面的问题。这主要体现的是学习策略的(　　)特征。

A. 被动性　　B. 过程性　　C. 时效性　　D. 抽象性

35. 下列不属于反射活动的是(　　)

A. 草履虫的趋利避害反应　　B. 人的手被火烫便立即移开

C. 黑猩猩解决问题获取食物的行为　　D. 学生听到铃声进教室上课

36. 学生对自己人际关系的意识，属于下列哪方面的自我意识(　　)

A. 生理自我　　B. 心理自我　　C. 社会自我　　D. 理想自我

37. 世界上广泛流传的智力量表是(　　)，该量表最初由法国人比纳和西蒙于1905年编制。

A. S-B量表　　B. 斯坦福量表

C. 韦克斯勒量表　　D. 比纳量表

38. "对花落泪，对月伤情"属于哪一种情绪状态(　　)

A. 心境　　B. 激情　　C. 热情　　D. 应激

39. 根据奥苏贝尔对有意义学习的分类,如果儿童听到"鸟"或看到文字"鸟",就知道它代表实际的鸟,即使此时并未见到真实的鸟,儿童也能以语言或文字的形式在大脑中形成关于鸟的形象,这属于(　　)

A. 概念学习　B. 类属学习　C. 上位学习　D. 符号学习

40. 概念的形成要经历三个阶段,第一步是了解事物的属性。要了解事物的属性就需要对具体事物的各种特征进行(　　)

A. 类化　B. 抽象化　C. 辨别　D. 抽象符号具体化

41. 吃不着葡萄说葡萄酸,得不到的东西是不好的。这种心理防御方式称为(　　)

A. 否认　B. 文饰　C. 投射　D. 幻想

42. 某初中教师李某上课前发现部分学生未完成家庭作业,就要求这部分学生完成后再进教室听课。李某的做法(　　)

A. 合法,教师有管理学生的权利　B. 合法,教师有教育学生的职责

C. 不合法,侵犯了学生的受教育权　D. 不合法,侵犯了学生的人身权

43. 教师对学校或者其他教育机构侵犯其合法权益的,或者对学校或者其他教育机构作出的处理不服的,可以向教育行政部门提出申诉,教育行政部门应当在接到申诉的次日起(　　)内作出处理。

A. 15 日　B. 20 日　C. 30 日　D. 60 日

44. 关于教育的起源问题一直众说纷纭,其中,我国古代的朱熹所持的观点是(　　)

A. 神话起源说　B. 生物起源说　C. 心理起源说　D. 劳动起源说

45. 德育过程是培养学生知、情、意、行的过程。贯彻该德育规律的要求不包括(　　)

A. 注重全面性　B. 注重多开端性

C. 注重均衡性　D. 注重针对性

46. 贯穿教育研究整个过程的是(　　)

A. 文献检索　B. 收集资料　C. 分析资料　D. 选定课题

47. 在讲完"校园的绿地面积"后,王老师要求学生回家测量自家房间的面积。这种教育方法是(　　)

A. 实践探究法　B. 实验教学法　C. 实习作业法　D. 实物演示法

48. 班集体形成的标志是(　　)

A. 有明确的共同目标　B. 有一定的组织结构

C. 有共同生活的准则　D. 有良好的班风

49. 周老师改进自己的课堂教学模式,注重调动学生的积极性,加强学生的互动性,鼓励学生讲解、展示,学生学得开心、认真,同时老师也收获了良好的教学效果。这种教学取得成功的内因在于(　　)

A. 教师的主导作用　B. 学校的管理作用

C. 教材的媒体作用　D. 学生的主体作用

50. 最美教师张丽莉在失控的汽车冲向学生时,一把推开好几个学生,自己却被车轮碾轧,造成双腿高位截肢。这最能体现《中小学教师职业道德规范》中的(　　)

A. 爱岗敬业　B. 关爱学生　C. 教书育人　D. 为人师表

51. 某小学为了创建学校特色,组织本校教师开设了一门动漫课程。该课程属于(　　)

A. 国家课程　B. 地方课程　C. 校本课程　D. 隐性课程

52. 教育既是传递和深化文化的手段,又是文化构成体。这体现了(　　)

A. 教育的文化功能　B. 教育的双重文化属性

C. 教育的本质属性　D. 教育的社会属性

53. 孙老师给小华写了这样的评语:"填空题错了一道,其他题全对,能够非常好地运用循环小数的简便记法等知识。等级评定为优秀。"关于孙老师的做法,下列选项中不正确的是(　　)

A. 孙老师以分数作为评价标准　B. 孙老师关注学生的知识掌握

C. 孙老师关注学生的学业水平　D. 孙老师关注学生的学习效果

54. "见贤思齐焉,见不贤而内自省也"说明(　　)是教师职业道德修养的重要方法。

A. 向先进人物学习　B. 开展批评与自我批评

C. 坚持知行统一　D. 努力做到"慎独"

55. 班级管理的实质是(　　)

A. 培养学生　B. 管理学生

C. 开发学生潜能　D. 激励学生

56. 教师职业道德修养的最终目的和归宿是(　　)

A. 提高师德认识　B. 锻炼师德意志

C. 坚定师德信念　D. 培养师德行为习惯

57. 应试教育和素质教育的本质区别是(　　)

A. 能否面向全体学生　B. 能否促进学生个性发展

C. 能否培养学生的创新精神和实践能力　D. 能否提高学生的成绩

58. "授人以鱼,仅供一饭之需;授人以渔,则终身受用无穷。"这说明教学中应重视(　　)

A. 知识的传授　B. 发展学生的能力

C. 培养学生积极的心理品质　D. 培养学生良好的思想品德

59. 我国历史上著名的大思想家王阳明 5 岁时还不能开口说话,却能默背祖父的众多藏书。这说明(　　)

A. 人的发展具有阶段性　B. 人的发展具有不均衡性

C. 人的发展具有顺序性　D. 人的发展具有整体性

60. 美国课程专家(　　)于 1918 年出版的《课程》一书,标志着课程作为专门研究领域的诞生。

A. 博比特　B. 斯金纳　C. 泰勒　D. 布鲁纳

二、多项选择题(在下列每题列出的四个选项中至少有两项是符合题意的,将其选出并把它的标号写在括号内。多选、错选或少选均不得分。本大题共15小题,每小题2分,共30分)

61. 学习的联结理论强调复杂行为是建立在条件联系上的复合反应,学习就是在刺激与反应之间建立联结的过程。下列关于联结学习理论及其作者对应正确的是( )

A. 桑代克:尝试—错误说 B. 斯金纳:经典性条件作用论

C. 巴甫洛夫:操作性条件作用论 D. 加涅:信息加工学习理论

62. 下列学习动机中,属于外部动机的有( )

A. 读书是一种乐趣 B. 万般皆下品,唯有读书高

C. 书中自有颜如玉,书中自有黄金屋 D. 为中华之崛起而读书

63. 在教师的人格特征中,对教学效果有显著影响的是( )

A. 教师的热心和同情心 B. 教师的口头表达能力

C. 思维的逻辑化 D. 教师富于激励和想象的倾向性

64. "把学生看成是具有独立意义的人"的基本含义是( )

A. 每个学生都是独立于教师的头脑之外,不以教师的意志为转移的客观存在

B. 学生是学习的主体

C. 每个学生都有自身的独特性

D. 学生是责权主体

65. "爱国守法"的教师职业道德规范规定的具体职业行为要求是( )

A. 全面贯彻国家教育方针 B. 自觉遵守教育法律法规

C. 依法履行教师职责权利 D. 保护学生的生命安全

66. 下列说法中,符合布鲁纳认知—结构学习观的有( )

A. 学习的实质是主动形成认知结构

B. 学习应广泛使用发现法

C. 学习过程包括获得、转化、评价三个过程

D. 学习者不是主动地获取知识而是被动地接受知识

67. 下列关于能力的描述正确的有( )

A. 能力高者,创造力也高 B. 能力属于个性心理特征

C. 能力是掌握知识、技能的前提 D. 流体智力随着年龄的增长不断提高

68. 心理健康教育是面向大部分心理正常的学生。它的目的包括( )

A. 预防心理障碍 B. 排除心理障碍

C. 促进学生心理机能的发展和完善 D. 促进学生人格的发展与完善

69. 校本课程开发是教育民主化的必然趋势。在校本课程开发中,应当秉持的基本理念主要有( )

A. "学生为本"的课程理念 B. "决策分享"的民主理念

C. "全员参与"的合作精神 D. "成绩为上"的评价理念

70. 张老师将《圆的认识》一课的部分教学目标设定为:通过观察圆的形状,能独立画圆;在讨论中掌握圆的特征。该教学目标属于三维目标中的( )

A. 技能与方法目标 B. 过程与方法目标

C. 知识与技能目标 D. 情感态度与价值观目标

71. 下列表述中,与"盈科而后进"所体现的教学原则一致的是( )

A. 不陵节而施 B. 杂施而不孙,则坏乱而不修

C. 不愤不启,不悱不发 D. 孔子施教,各因其材

72. 操行评定的一般步骤包括( )

A. 学生自评 B. 小组评议 C. 班主任评价 D. 信息反馈

73. 以下说法正确的有( )

A. 陈鹤琴的"活教育" B. 梁漱溟的"创造新文化,救活旧农村"

C. 蔡元培的"大职业教育主义" D. 晏阳初被誉为"国际平民教育之父"

74. 幻想的形式包括( )

A. 科学幻想 B. 理想 C. 空想 D. 梦想

75. 教育法律责任的归责要件是( )

A. 有违反法律责任的损害行为 B. 有损害事实的存在

C. 行为人主观有过错 D. 过错行为与损害后果之间具有因果关系

三、判断题(判断下列各题的正误,正确的打"√",错误的打"×"。本大题共10小题,每小题1分,共10分)

76. 长时记忆的容量是有限的,一般能储存10个左右的信息项目。 ( )

77. "人生天地间,各自有禀赋,为一大事来,做一大事去。"正体现了加德纳的多元智力理论观点:每个人都有优势功能。 ( )

78. 裂脑研究说明,大脑两半球具有不同的功能。语言功能主要定位在左半球,该半球主要负责言语、阅读、书写、数学运算和推理等。而知觉物体的空间关系、情绪情感、欣赏音乐和艺术等则定位于右半球。 ( )

79. 正强化是指呈现愉快刺激或消除厌恶刺激来增加个体的反应频率。 ( )

80. 接受学习不一定是机械学习,发现学习不一定是有意义的学习。 ( )

81. 劳动技术教育即组织学生参加生产劳动。 ( )

82. 学校精神文化可分为三种基本成分:认知成分、价值成分、理想成分。 ( )

83. 教师公正,教育必然公正,所以二者是一回事。 ( )

84. 教科书规定了学科的教学目标与任务,知识的范围、深度和结构,教学进度以及有关教学方法的基本要求。 ( )

85. 在教育过程中,师生之间能建立并保持经常性的民主、平等、和谐的师生关系,教育效果就好。反之,教育效果就差。 ( )

山东省教师招聘考试教学基础知识押题试卷(十五)

(满分100分　时间120分钟)

本套试卷共54小题,包括单项选择题(20小题)、双项选择题(10小题)、多项选择题(10小题)、判断题(10小题)、简答题(2小题)、案例分析题(2小题)。

一、单项选择题(在下列每小题四个选项中只有一个是符合题意的,将其选出并把它的标号写在括号内。错选、多选或未选均不得分。本大题共20小题,每小题1分,共20分)

1. 有些教师认为,课程内容改革的主体是教育专家,与中小学教师无关。这种认识忽视了(　　)

A. 教师是学生学习的促进者　　B. 教师是课程的建设者和开发者

C. 教师是教育教学的研究者　　D. 教师是社区型的开放的教师

2. 学生年龄特征中所指出的两个方面是(　　)

A. 认识和情感的特征　　B. 生理和心理的特征

C. 气质和性格的特征　　D. 情感和意志的特征

3. (　　)的领导方式认为,学生对集体的喜爱、期望、归属感、团结性与作业水平及学习成绩有关,班主任应信赖集体,将班级作为教育的对象,而不是一对一地去对待每个学生。

A. "集体中心"　　B. "教学中心"　　C. "教师中心"　　D. "学生中心"

4. 为深入贯彻落实习近平总书记关于教育的重要论述和全国教育大会精神,全面提升教师思想政治素质和职业道德水平,2019年11月15日教育部等七部门印发了(　　)

A.《新时代公民道德建设实施纲要》

B.《中共中央国务院关于全面深化新时代教师队伍建设改革的意见》

C.《关于加强和改进新时代师德师风建设的意见》

D.《新时代中小学教师职业行为十项准则》

5. 下列有关智育的说法,不正确的是(　　)

A. 文化课是实现智育的唯一途径

B. 智育的任务是向学生传授知识、发展技能、培养学生具有主动性和创造精神

C. 智育是全面发展教育的组成部分之一

D. 智育是全面发展教育的基础

6. 现在越来越多的学校在教学上都强调让教师引导学生使用某些方法或策略来解答问题,或者给学生某个问题,让他们通过网络、图书馆等自己寻找答案。这种学习方式属于(　　)

A. 接受学习　　B. 发现学习　　C. 深度学习　　D. 观察学习

7. 有些演员能够自拉自唱,或者边说话边打快板,这指的是(　　)

A. 注意的广度　　B. 注意的稳定性　　C. 注意的分配　　D. 注意的转移

8. 我们刚进入到闹市中时会感到声音嘈杂刺耳,甚至听不清旁边人说话的声音,而过了一会儿后就不觉得那么吵了。这种现象是(　　)

A. 感觉对比　　B. 感觉适应　　C. 感觉补偿　　D. 感觉后效

9. 学习迁移产生的客观必要条件是(　　)

A. 学生的智力水平　　B. 学习的理解和巩固程度

C. 学习对象之间的共同要素　　D. 学习的方法

10. 一名小学生,上课不敢主动举手回答问题,一旦当他主动举手回答问题时,教师就给予表扬、鼓励,渐渐地他养成了勇于举手回答问题的行为方式。在这个过程中,教师采用了(　　)

A. 示范法　　B. 行为塑造法　　C. 惩罚法　　D. 强化法

11. 陈老师在讲"二氧化碳的性质"时,讲台上放着两瓶没有标签的无色气体,其中一瓶是二氧化碳,另一瓶是空气,怎么区分它们呢?陈老师边说边将燃烧的木条分别伸入两个集气瓶中,告诉学生使木条熄灭的是二氧化碳,使木条继续燃烧的是空气。这种教学方法是(　　)

A. 实验法　　B. 讲授法　　C. 演示法　　D. 谈话法

12. 家访可以防止"5+2=0"的现象出现,这体现了德育的(　　)

A. 集体教育与个别教育相结合原则　　B. 疏导原则

C. 长善救失原则　　D. 教育影响的一致性和连贯性原则

13. 墨子认为教育学生要做到"深其深,浅其浅,益其益,尊其尊"。这句话体现的教学原则是(　　)

A. 系统性原则　　B. 巩固性原则　　C. 量力性原则　　D. 启发性原则

14. 古埃及设置最多的学校是(　　)

A. 古儒学校　　B. 文士学校　　C. 祭司学校　　D. 武士学校

15. 下列说法中,最接近内发论思想的是(　　)

A. 仁义礼智,非由外铄我也,我固有之也,弗思耳矣

B. 生而同声,长而异俗,教使之然也

C. 一个人的身心发展是内外因素在个体实践活动中相互作用的结果

D. 最初的心灵像一块白板,一切观念和记号都来自于后天的经验

16. 李老师用同一套试卷对程度相当的两个班级进行测试,学生的成绩分布基本一致。这说明此试卷有较好的(　　)

A. 难度　　B. 效度　　C. 信度　　D. 区分度

17. 下列属于传统记忆术的是(　　)

A. 位置记忆法　　B. 谐音联想法　　C. 关键词法　　D. 语义联想法

18. 根据国内外的研究与实践,人的心理健康水平大致可划分为三个等级。下列不属于这三个等级的是(　　)

A. 一般常态心理　　B. 人格障碍心理

C. 轻度失调心理　　D. 严重病态心理

19. 布鲁纳的认知结构学习理论认为,学习的三大过程不包括(　　)

A. 领会　　B. 评价　　C. 转化　　D. 获得

20. 李老师发现班上的学生小麦经常在上课时偷偷看着抽屉,于是在课间操的时候,翻看了小麦的抽

屉,从里面找到了几封信,并查看了信件的内容。李老师的行为侵犯了小麦的(　　)

A. 受教育权　　B. 名誉权　　C. 隐私权　　D. 人身自由权

二、双项选择题(下列每题列出的选项中只有两项是符合题意的,将其选出并把其标号写在括号内。本大题共10小题,每小题1分,共10分)

21. 从存在形态上看,教育目的可以分为(　　)

A. 应然的教育目的　　B. 实然的教育目的

C. 社会的教育目的　　D. 学校的教育目的

22. 拓展型课程适合用于下列哪些情况(　　)

A. "读、写、算"的基础课程教学

B. 注重加强学生文学、艺术鉴赏方面教育与拓展学生文化素质的课程

C. 提供目标、结论,引导学生自己探索研究的课程

D. 培养学生知识与社会实践相结合能力的环境保护课程

23. 下列哪些属于新课程"三维目标"中的"情感态度与价值观"目标(　　)

A. "通过对本课的学习,掌握有效的学习方法"

B. "通过对本课的学习,理解不同学习策略的基本含义"

C. "通过对本课的学习,端正学习态度,养成良好的学习习惯"

D. "通过对本课的学习,激起探究自然科学的兴趣,产生强烈的求知欲望"

24. 在进行《长江三峡》的教学时,考虑到大部分同学没有去过三峡,且对三峡了解不多的现实情况,王老师采用视频短片的方式导入新课,然后引导学生提出问题,让学生带着问题通读全文。王老师的这一教学片段体现的教学原则有(　　)

A. 直观性原则　　B. 启发性原则　　C. 巩固性原则　　D. 量力性原则

25. 记忆较长材料时,中间部分记忆效果最差,这主要受到(　　)的干扰。

A. 前摄抑制　　B. 倒摄抑制　　C. 单一抑制　　D. 中间抑制

26. 下列属于奥苏贝尔"有意义接受学习"思想的说法有(　　)

A. 新旧知识之间的同化使接受学习有意义

B. 学习材料的逻辑意义能确保产生有意义学习

C. 强调有意义言语学习中不断分化和综合贯通的方法

D. 接受学习从本质上来说是一种机械学习

27. 教学策略的特征有(　　)

A. 整体综合性　　B. 强制性　　C. 灵活性　　D. 统一性

28. 根据思维过程中意识的清晰度和逻辑性可以将思维分为(　　)

A. 聚合思维　　B. 分析思维　　C. 直觉思维　　D. 常规思维

29. 根据皮亚杰的认知发展阶段理论,小学三年级学生的思维特征表现为(　　)

A. 自我中心性　　B. 客体永久性　　C. 序列化　　D. 可逆性

30. 下列属于引起和保持有意注意的条件的是(　　)

A. 增加刺激物的新异性　　B. 增加刺激物的对比度

C. 用坚强的意志克服内外干扰　　D. 加深对任务的理解,不断组织自己的活动

三、多项选择题(在下列每题列出的选项中至少有两项是符合题意的,将其选出并把它的标号写在括号内。多选、错选或少选均不得分。本大题共10小题,每小题2分,共20分)

31. 在课堂上,张老师将事先插在红墨水瓶中的枝条剪下来,分到学生手里,让学生一边剥枝条一边观察,枝条有没有变红,什么地方变红了,为什么。学生边观察边回答,枝条的皮和中间的髓没有变红,木质部和部分叶子变红了。在这个例子中,张老师采取的教学方法有(　　)

A. 参观法　　B. 演示法　　C. 谈话法　　D. 练习法

32. 学校文化由(　　)构成。

A. 观念文化　　B. 规范文化　　C. 物质文化　　D. 精神文化

33. 关于学困生的记忆特点,下列说法正确的有(　　)

A. 情绪记忆比较突出,且常有亢进表现　　B. 长时记忆中语义编码困难

C. 偏向于运动动作记忆　　D. 逻辑型记忆发展较显著,非逻辑型记忆较差

34. 先行组织者可以分为(　　)

A. 陈述性组织者　　B. 程序性组织者　　C. 比较性组织者　　D. 分析性组织者

35. 瑞士心理学家皮亚杰将从婴儿到青春期的认知发展分为(　　)

A. 感知运动阶段　　B. 前运算阶段　　C. 具体运算阶段　　D. 形式运算阶段

36. 下列教学行为中,有利于学生问题解决能力培养的有(　　)

A. 进行重复性机械练习　　B. 引导学生制作思维导图

C. 养成对问题归类的习惯　　D. 对学生进行逻辑思维训练

37. 于老师经常体罚学生,动不动就罚学生去操场跑10圈,经校领导多次教育后仍不改正,虽尚未对学生的身体造成严重伤害,但引起了很多学生及家长的不满,并且对学校声誉也造成了不良影响。根据《中华人民共和国教师法》的规定,于老师所任职的学校有权(　　)

A. 追究于老师的刑事责任　　B. 对于老师作出行政处分

C. 解聘于老师　　D. 对于老师处以高额罚款

38. 教育科学研究的基本组成要素是(　　)

A. 客观事实　　B. 科学理论　　C. 科学假设　　D. 方法技术

39. 教师个人为实现专业化应做的主观努力主要有(　　)

A. 善于学习　　B. 勤于反思　　C. 恒于研究　　D. 勇于实践

40. 下列选项中属于贯彻德育中导向性原则的要求的是(　　)

A. 统一社会各方面的教育影响

B. 坚持正确的政治方向

C. 德育目标必须符合新时期的方针政策和总任务的要求

D. 把德育的理想性和现实性结合起来

四、判断题(判断下列各题的正误,正确的打"√",错误的打"×"。本大题共10小题,每小题1分,共10分)

41. 教育者严格要求学生,就很难尊重信任学生。　　(　　)

42. 学校的建筑属于显性课程。 ( )

43. 先前学习对后继学习的影响称为逆向迁移,后继学习对先前学习的影响称为顺向迁移。 ( )

44. 场独立型学习风格优于场依存型学习风格。 ( )

45. 学生是具有主体性的人,即学生的一切由学生做主。 ( )

46. 新课程改革要求实行国家、地方、学校三级课程管理。因此,学校要依据自身实际情况制定相应的课程标准。 ( )

47. 新一轮的课程改革就是对传统教学的彻底改变。 ( )

48. 在教学中,掌握知识和发展智力孰重孰轻?"实质教育论"重智轻知,而"形式教育论"重知轻智。 ( )

49. "人心不同,各如其面"体现了个体的独特性。 ( )

50. 教育行政复议机关的复议结果具有最终的法律效力。 ( )

五、简答题(本大题共2小题,每小题6分,共12分)

51. 简述班级授课制的优点。

52. 简述良好的记忆品质表现在哪些方面。

六、案例分析题(本大题共2小题,第53题16分,第54题12分,共28分)

53. 【案例一】小林,男,14岁,是邓老师所带的初二(4)班的学生。小林学习成绩优异,对数理化特别感兴趣,理科成绩较突出,但性格倔强、个性刚硬、自尊心特别强,逆反心理十分严重,经常和父母、老师发生冲突、顶撞,有很强的抵触情绪。在家里,一旦父母不能满足他的要求,他就使性子,以赖在床上不去上课来抵抗父母,弄得父母无计可施,有时还得到学校搬来班主任邓老师才能勉强解决问题。在学校,他的这种反抗行为也很尖锐,每当老师批评他时,他总是眼睛直对着老师,一脸不服气的样子,甚至还和老师顶嘴。数学老师因他上课讲话点他名字,从此他专和数学老师作对,上课故意睡觉,不交作业。慢慢地,小林的数学成绩出现明显滑坡,成绩亮起了"红灯"。

【案例二】最近,黄老师收到了不少家长的求助。

我有个儿子,今年14岁。孩子在小学和初一时都表现较好,但是从初二下学期开始,他的成绩开始下滑,后来逐渐发展到经常不完成作业,特别是现在跟班主任关系闹得很僵,不服从老师管理。应该说,作为家长,我的教育存在很大问题。我最开始的教育方法简单、粗暴,老师最初跟我联系时,没引起我的重视。现在,我认识到了问题的严重性,一方面,我改变了态度,经常跟他讲道理;另一方面,我除了工作,其余时间都陪着他学习,帮助他解决学习中的问题。但是我发现他老是跟我唱反调,我说东,他说西,经常不按照老师或者我的要求完成作业,我该怎么办?

——家长刘先生

最近,孩子回家后的大部分时间都花在做作业上,和我们的交流少了很多。孩子喜欢打篮球,周末经常和同学约好出去运动,与我们相处的时间更少了,交流主要在饭桌上。我们不了解他现在在想些什么,我们提出的意见也基本没用。他经常和我们说的就是"你们不懂""别管我"。之前,孩子期中考试成绩有进步,我们本想借机跟孩子好好沟通一下,没想到孩子的反应却让我们不知所措——"这有什么好高兴的,就这么回事。"

——家长胡先生

问题:

(1)请结合案例,分析初中生的心理发展特点。(5分)

(2)假如你是案例一中的邓老师,面对小林这类学生,你会怎么做?(5分)

(3)请以黄老师的名义,给案例二中的家长写一份书面回复。(6分)

54. 班主任王老师就一位学生的化妆问题,找她谈了一次话。

老师:"为您服务"节目看了吗?有趣吗?

学生:有趣。

老师:那个要大家评论四张妇女化妆像好坏的节目,你觉得怎么样?你能讲出她们的优缺点吗?

学生:这还不晓得!第一个脸长却梳高发型;第二个年纪好大还化浓妆;第三个脸大画细眉,脸就更大了,丑死了……

老师:为什么丑死了?

学生:那些妆不符合她们的身份和特征。

老师:哦……要是她们都是中学生,应该怎么化妆?

学生:我不晓得,老师讲讲。

老师:依我看,中学生应该朴素自然、整洁大方、健康活泼。化妆切记莫乱学别人浓妆艳抹。

学生:为什么呢?

老师:因为中学生接触的主要是同学和老师,浓妆艳抹会在同学之间、师生之间造成隔阂;青少年应有自然朴素的美,过分的化妆会掩盖住你脸上的青春活力和红润的肤色,让人觉得矫揉造作,不伦不类。

学生:嗯,有道理。

老师:还有,中学生应该有蓬勃向上的气质,浓妆艳抹会让人以为你是几十岁的妇女,把少女天真活泼的自然美都糟蹋了。

学生:想不到化妆还有这么多学问!

老师:是啊,穿也是一样,要注意自己的身份、体型、肤色等特征。

学生:哎,老师,我那天化妆化得……嘻嘻。

试运用德育原则和德育方法的相关理论对这次谈话加以评析。

山东省教师招聘考试教学基础知识押题试卷(十六)

(满分100分　时间30分钟)

本套试卷共60小题,包括填空题(10小题)、单项选择题(20小题)、判断题(30小题)。

一、填空题(在下列每小题的空格中填上正确答案。错填、不填均不得分。本大题共10小题,每小题2分,共20分)

1. 学校体育的基本组织形式是________。
2. 教育合力是指以学校教育为主体,以________为基础,以________为依托的共同育人的力量。
3. ________是研究教育现象和教育问题,揭示教育规律的一门科学。
4. ________提出教育的作用在于"化性起伪"。
5. 备课包括个人备课和________。
6. 学习是由于练习或反复经验所引起的________或________的比较持久的变化。
7. 美国心理学家桑代克于________年出版了《教育心理学》一书,这是西方第一本以教育心理学命名的专著。
8. 新课程强调参与与互动、自评与他评相结合,实现评价主体的________。
9. 根据皮亚杰的认知发展理论,处于________阶段的儿童能够运用假设—演绎推理的方式解决问题。
10. 我国于1993年颁布的《中华人民共和国教师法》,首次以________形式规定国家实行教师资格制度。

二、单项选择题(在下列每题四个选项中只有一个是符合题意的,将其选出并把它的标号写在括号内。错选、多选或未选均不得分。本大题共20小题,每小题1分,共20分)

1. "教育的产生完全来自于动物本能,是种族发展的本能需要"体现教育起源说的哪种观点(　　)
A. 劳动起源说　B. 神话起源说　C. 生物起源说　D. 交往起源说
2. 下面对教育的理解,正确的是(　　)
A. 教育就是指学校教育
B. 教育就是指个体学习和发展的过程
C. 教育对社会和个体发展的影响总是好的
D. 教育是在一定社会背景下发生的促进个体社会化和社会个性化的实践活动
3. 基础型课程注重培养学生作为一个公民所必需的以"三基"为中心的基础教养,"三基"指的是(　　)
A. 读、写、画　B. 读、画、算
C. 画、写、算　D. 读、写、算

4. 思维包括两个基本特征,一是间接性,二是(　　)
A. 对比性　B. 概括性　C. 稳定性　D. 目的性
5. 鲁班上山时,手不小心被一种丝茅草割破,疼痛之余,他惊讶柔弱的小草竟如此锋利,他怀着浓厚的兴趣研究、琢磨小草的构造,最终发明了锯。这一事例中锯子的原型是(　　)
A. 丝茅草　B. 鲁班　C. 兴趣　D. 锋利
6. 青年教师小李刚入职就加入王老师主持的名师工作室,积极参与各项教研活动,很快适应了岗位工作。这表明小李老师在专业发展上注重(　　)
A. 自我反思　B. 同伴互助　C. 自我研修　D. 脱产进修
7. 根据给出的条件,下列选项搭配正确的是(　　)
①我国只颁布却未实行的第一个近代学制
②以美国学制为蓝本,又称"六三三学制"
③第一次规定了男女同校,我国教育史上第一个具有资本主义性质的学制
④我国正式实行的第一个近代学制
A. ①癸卯学制②壬子癸丑学制③壬戌学制④壬寅学制
B. ①壬寅学制②壬戌学制③壬子癸丑学制④癸卯学制
C. ①壬寅学制②壬子癸丑学制③壬戌学制④癸卯学制
D. ①壬戌学制②壬寅学制③壬子癸丑学制④癸卯学制
8. 高级神经活动类型中"强—平衡—不灵活"类型与(　　)气质类型相对应。
A. 多血质　B. 胆汁质　C. 黏液质　D. 抑郁质
9. 通过观察并记录学生在课堂上的行为表现,了解学生的注意稳定性、情绪状态和意志特征,这是应用了心理学研究方法中的(　　)
A. 测验法　B. 观察法　C. 实验法　D. 调查法
10. 中学生林某喜欢做些小发明,近期发明了一种可调节型手机支架,张老师觉得很有创意且实用,很好地解决了网络授课中画面抖动问题,于是在学生不知情的情况下以个人名义将此项小发明申请了实用新型专利。林某知晓后向当地教育行政部门提起申诉,主张张老师侵犯了自己的发明权。这一法律关系中,以下说法正确的是(　　)
A. 张老师是主体,林某是客体　B. 林某是主体,张老师是客体
C. 张老师和林某是客体,支架发明是主体　D. 张老师和林某是主体,支架发明是客体
11. 一位中学教师,头天晚上与家人发生不愉快的事情,但第二天上课仍然兢兢业业,在课堂上谈笑风生,这反映了意志的(　　)
A. 自觉性　B. 自制性　C. 果断性　D. 坚韧性
12. 人们常说:"三岁看大,七岁看老。"这句话反映出了人格的(　　)
A. 社会性　B. 稳定性　C. 整体性　D. 独特性

13. 亮亮害怕上学，一进校门就惶恐不安，千方百计地逃学旷课，其心理问题属于(　　)

A. 学校恐惧症　　B. 过度焦虑反应

C. 学习困难综合征　　D. 厌学症

14. 下列选项中，不属于教师职业心理特征的是(　　)

A. 教师的认知特征　　B. 教师的示范特征

C. 教师的人格特征　　D. 教师的行为特征

15. 关于智力的性别差异，以下表述错误的是(　　)

A. 男女智力总体水平大致相等　　B. 男女智力结构不存在差异

C. 男性智力分布离散程度比女性大　　D. 男性空间知觉能力明显优于女性

16. 电影《唐人街探案2》中，詹姆斯医生医术精湛，但是品行不良，接连杀害数人，威胁到公众的安全。类比在教学中，我们要注重教育过程的基本规律是(　　)

A. 间接经验与直接经验相统一　　B. 掌握知识与发展能力相统一

C. 教师主导与学生主体有机结合　　D. 传授知识与思想品德教育相统一

17. “孩子是由一百种组成的，孩子有一百种语言，一百只手，一百个念头，一百种思考方式、游戏方式及说话方式。”这句话反映了教师劳动的(　　)

A. 复杂性　　B. 示范性　　C. 持续性　　D. 长期性

18. 教学理念是人们对教学活动的看法和持有的基本态度和观念。下列不属于新课程背景下的教学理念的是(　　)

A. 课程内容不是固定的，而是不断生成与深化的

B. 教学目标既注重知识性又强调过程性

C. 师生之间是平等对话的关系

D. 教学内容以学科本身的系统性为中心

19. 小学教师薛某参与奶制品销售商对学生销售牛奶的商业活动，并收取回扣。薛某的这种做法违背了教师职业道德规范中的(　　)

A. 爱岗敬业　　B. 关爱学生　　C. 教书育人　　D. 为人师表

20. 在教学生演唱《我们是工农子弟兵》这一京剧唱段时，刘老师就如何才能更好地表现这个唱段的韵味，让学生各抒己见，充分表达自己的看法。刘老师采用的教学方法是(　　)

A. 讨论法　　B. 练习法　　C. 参观法　　D. 实习作业法

三、判断题(判断下列各题的正误，正确的打“√”，错误的打“×”。本大题共30小题，每小题2分，共60分)

1. 上课听讲、师傅带徒弟、母鸡带小鸡都是教育现象。(　　)

2. 校本课程是通过课程展示学校的办学宗旨和特色，提升学校的办学水平。(　　)

3.《关于加强和改进新时代师德师风建设的意见》中提出，把师德师风作为评价教师队伍素质的第一标准。(　　)

4. 就学制的形态而言，我国的学制属于单轨制。(　　)

5. 道德教育的认知模式注重个体认知发展与社会客体的相互作用。(　　)

6. 全面发展与个性发展两者互相排斥。(　　)

7. 教师职业道德修养是社会对教师职业道德的要求。(　　)

8. 按照安德森对智慧技能的分类，智慧技能的学习阶段可分为认知阶段、联结阶段和自动化阶段。(　　)

9. 人们在公园里看见一株月季花并能准确地辨别出来，其心理活动是知觉。(　　)

10. 讲授法是整个教学方法体系中使用最多、最广的方法。(　　)

11. 中小学教师教学研究的课题应来自学术前沿中的问题。(　　)

12. 实用主义教育学的基本观点之一是教育目的是要对师生进行“启蒙”。(　　)

13. 素质教育是让学生什么都学，而且什么都学好。(　　)

14. 运用启发性原则的首要问题是调动学生学习的主动性。(　　)

15. 教师个体专业化的过程就是取得教师资格证书的过程。(　　)

16. 学生对相似的、易混淆的英文单词分别做出正确的反应，属于概念学习。(　　)

17. 干扰说认为，遗忘是知识的组织和认知结构简化的过程。(　　)

18. 在教育中，对学生行为进行表扬运用的是正强化，批评则运用的是负强化。(　　)

19. 教师自编测验在学校教学评价中应用最多，也是教师最愿意用的测验。(　　)

20. 学校组织师生参加社会公益活动，必须以不影响正常教育教学活动为前提。(　　)

21. 学习了金属的热胀冷缩原理后，很容易掌握各种金属的一般特征，这是一种具体的迁移。(　　)

22. 最早的有关学习迁移的理论是桑代克的相同要素说。(　　)

23. 小赵在学校时尽量表现得贪玩、不在乎考试，但私下里却偷偷努力。这是因为他趋向成功动机高、避免失败动机低。(　　)

24. 根据时代需要，学校教育工作必须要坚持以德育为主。(　　)

25. 儿童中心课程主张依据儿童的兴趣和动机，通过儿童的自主活动和探究获得经验，这意味着完全取消了教师的指导作用。(　　)

26. “十年树木，百年树人”体现了教育社会属性中的永恒性。(　　)

27. 选修课程体现了现代课程对个体需要和学习兴趣的尊重，其主导价值在于发展学生的共性。(　　)

28. 教育的民主化是对教育的单一性和统一性的否定。(　　)

29. 课堂教学是老师给学生传授知识和技能的全过程，是教学的唯一形式。(　　)

30. 学校在一定条件下，可以聘用曾经因故意犯罪被依法剥夺政治权利的人担任学校工作人员。(　　)

山东省教师招聘考试教学基础知识押题试卷(十七)

(满分100分　时间90分钟)

本套试卷共36小题,包括填空题(15小题)、选择题(5小题)、判断题(10小题)、简答题(4小题)、论述题(2小题)。

一、填空题(在下列每小题的空格中填上正确答案。错填、不填均不得分。本大题共15小题,每小题2分,共30分)

1.“课”是教学活动的基本单元,一般分为________和综合课。

2.________的德育是一种萌芽状态的德育。

3.提出了“以学生为中心”的主张,认为教师只是一个“方便学习的人”的心理学家是________。

4.感受性与感觉阈限之间成________关系。

5.行为主义心理学的代表人物是美国心理学家________。

6.特别强调学生的学习需要在“做中学”的心理学家是________。

7.一般来说,构成课的基本组成部分包括组织教学、________、讲授新教材、巩固新教材和布置课外作业。

8.________是学生主观能动性的最高表现。

9.美育的最高层次的任务在于培养学生________的能力。

10.学习动机的两个基本成分是________和________。

11.________是一种要求理解事物、掌握知识,系统地阐述并解决问题的需要。

12.________认为教育的根本就是要对人的本性进行适当的控制,“人是唯一需要教育的动物”。

13.教师的________形象是学生亲近或疏远教师的首要因素。

14.按照法律规范的法律后果,教育法律规范分为制裁性规范和________。

15.参加教师资格考试有作弊行为的,其考试成绩作废,________年内不得再次参加教师资格考试。

二、选择题(本大题共5小题,其中,第1~4小题为单项选择题,第5小题为多项选择题,每小题2分,共10分)

1.根据一定的要求和标准,利用表扬与奖励,批评与惩罚,操行评定等方式对学生的思想行为做出价值判断的德育方法为(　　)

A.实际锻炼法　　B.品德评价法

C.说理疏导法　　D.情感陶冶法

2.学习“昆虫的种类”这节课时老师要求学生能准确识别昆虫,这种要求属于教育目的层次中的(　　)

A.教育目的　　B.培养目标

C.课程目标　　D.教学目标

3.某教师评上高级职称后,仍坚持更新教育理念,优化知识结构,不断提高自己的专业水平。这表明该教师具有(　　)

A.爱护学生的情怀　　B.互助合作的精神

C.终身学习的意识　　D.尊重人格的品质

4.(　　)认为学科基本结构包括基本原理、基本概念、基本态度及其方法。

A.加涅　　B.杜威

C.马卡连柯　　D.布鲁纳

5.《中国学生发展核心素养》以培养“全面发展的人”为核心,包括的六大素养是(　　)

A.人文底蕴、科学精神　　B.学会学习、健康生活

C.责任担当、实践创新　　D.国际视野、爱国情怀

三、判断题(判断下列各题的正误,正确的打“√”,错误的打“×”。本大题共10小题,每小题1分,共10分)

1.行动研究的基本过程大致分为循序渐进的四个环节,即计划、考察、反思、行动。(　　)

2.教师职业道德区别于其他职业道德的显著标志是关爱学生。(　　)

3.可利用性、可辨别性和稳定性这三个变量能影响迁移。(　　)

4.注意的分配就是注意的范围,是指同一时间内能清楚地把握对象的数量。(　　)

5.教育的文化功能,最根本的就是实现文化的创新。(　　)

6.课外辅导的对象是少数学习基础差的学生。(　　)

7.高创造性者必有高于一般水平的智力。(　　)

8.教育法律责任只有民事法律责任和刑事法律责任两种。(　　)

9.教育方针、教育政策能完全并正确地反映教育规律。(　　)

10.外铄论强调环境对个体的影响,一般不重视教育的价值。(　　)

四、简答题(本大题共 4 小题,每小题 5 分,共 20 分)

1. 简述教学过程的基本规律。

2. 简述我国确立教育目的的理论依据。

3. 简述班杜拉的自我效能感理论。

4. 如何提高解决问题的能力?

五、论述题(本大题共 2 小题,每小题 15 分,共 30 分)

1. 试述如何培养学生的创造性想象。

2. 试述学校教育在人身心发展中起主导作用的原因。

山东省教师招聘考试教学基础知识押题试卷(十八)

(满分 100 分　时间 120 分钟)

本套试卷共 48 小题,包括单项选择题(20 小题)、多项选择题(5 小题)、判断题(15 小题)、简答题(4 小题)、论述题(3 小题)、案例分析题(1 小题)。

一、单项选择题(在下列每题四个选项中只有一个是符合题意的,将其选出并把它的标号写在括号内。错选、多选或未选均不得分。本大题共 20 小题,每小题 1 分,共 20 分)

1. 阅读鲁迅先生的《孔乙己》时,脑海中浮现出一个站着喝酒、穿着长衫的人物形象。这种想象属于(　　)

A. 再造想象　B. 创造想象　C. 幻想　D. 无意想象

2. 新信息与头脑中的旧信息联系起来从而增加新信息的意义,如补充细节、举出例子或使之与其他观念形成联想等。这种促进知识保持的方法是(　　)

A. 精加工　B. 过度学习　C. 及时复习　D. 组块化编码

3. 在公交车上,小华主动为一位老人让座,并感到很自豪。当时小华体验到的情感是(　　)

A. 道德感　B. 美感　C. 理智感　D. 新异感

4. 下列体现了环境对人的发展有重要影响的是(　　)

A. 出淤泥而不染　B. 种瓜得瓜,种豆得豆
C. 一方水土养一方人　D. 世上无难事,只怕有心人

5. 离下课还有 10 分钟,这时候一些学生的注意力开始涣散,老师说:"如果大家认真听课,我就免去今天的额外作业。"学生开始认真听课了。老师采取的措施是(　　)

A. 负强化　B. 正强化　C. 消退　D. 惩罚

6. 意志行动的首要特征是(　　)

A. 自觉的行动目的　B. 以随意运动为基础
C. 克服内部和外部困难　D. 受意识能动调节支配

7. 教育活动的三个要素之间构成了教育中的矛盾,这些矛盾中(　　)是教育矛盾中最具有决定性的,因为这是教育活动的逻辑起点。

A. 教师与学生的矛盾　B. 教师与教学方法的矛盾
C. 学法与内容的矛盾　D. 受教育者与教育内容的矛盾

8. 随着经济的发展,家长对孩子的教育越来越重视,"高价学位房"的报道屡见不鲜。在表示愿意购买"高价学位房"的受访者眼中,"高价学位房"意味着优质教育。对于家长花费巨资购买学位房的原因,下列分析不正确的是(　　)

A. 学校的教育能促进人的身心发展
B. 学校教育能为人的终身发展打下基础
C. 学校教育能解决人发展过程中的所有问题
D. 学校教育能全方位系统地统筹人的发展需求

9. 教师职业道德修养的内容包括六个方面,其中核心问题是(　　)

A. 确立坚定的职业道德信念　B. 掌握正确的职业道德知识
C. 养成良好的职业道德行为习惯　D. 树立远大的职业道德理想

10. 认知内驱力、自我提高内驱力和附属内驱力在动机结构中所占的比重并非一成不变。附属内驱力在(　　)最为突出。

A. 儿童早期　B. 少年期　C. 青年期　D. 成年期

11. (　　)是指在教育心理学的研究过程中,所采用的研究手段与方法应能促进被试心理的良性发展。

A. 教育性原则　B. 客观性原则
C. 发展性原则　D. 理论联系实际原则

12. 在家长会上,小刚父母碰到小红父母时说:"你家小红教育得真好,她每次考试都名列前茅。"小刚父母所说的教育属于(　　)

A. 一种过程的教育　B. 一种方法的教育
C. 一种社会制度的教育　D. 一种社会公德的教育

13. 对有些家长而言,学校起了照管儿童的功能,这体现了教育的(　　)

A. 正向功能　B. 负向功能　C. 显性功能　D. 隐性功能

14. 以"最近发展区"为基础建立起来的一种新教学模式是(　　)

A. 直接教学　B. 合作教学　C. 支架式教学　D. 启发式教学

15. 关于考试焦虑症的处理,以下哪种说法是不正确的(　　)

A. 考试焦虑症必要时可以用心理治疗配合抗焦虑的药物来处理
B. 学业压力和考试焦虑会形成恶性循环,令考试焦虑症越来越严重
C. 考试焦虑症的形成原因主要是学生内部的压力,所以只要处理好学生的心态和观念就可以了
D. 系统脱敏法是治疗考试焦虑症的方法之一

16. 人为避免不愉快的情绪或内心冲突而遗忘某些事件或人物的现象,被弗洛伊德称为(　　)

A. 认知性遗忘　B. 干扰性遗忘
C. 动机性遗忘　D. 消退性遗忘

17. "多一把尺子,就多一个好学生。"这反映的评价观是(　　)

A. 评价是促进学生发展的保证　B. 评价应该多关注过程
C. 学生是评价的主体　D. 评价标准应该多元化

18. 迁移与教学是相辅相成的辩证关系,下列因素中不属于影响迁移的主要因素是(　　)

A. 学习材料的相似性　B. 原有的认知结构
C. 学习的心向　D. 完成动作的速度较慢

19. 荀子说:"干、越、夷、貉之子,生而同声,长而异俗,教使之然也。"这一观点表明人的发展主要取决于(　　)

A. 物质条件　B. 教育影响　C. 自然环境　D. 遗传素质

20. 已经从教五年的吴老师最近表现迟缓、感觉疲惫,成就动机低,对教师这个职业缺乏认同感和归属感,厌倦教书,无故体罚学生。吴老师存在的职业心理状态主要是(　　)

A. 角色失调　　B. 职业倦怠　　C. 人格发展障碍　　D. 人际交往障碍

二、多项选择题(在下列每题四个选项中至少有两个是符合题意的,将其选出并把它的标号写在括号内。错选、多选或未选均不得分。本大题共 5 小题,每小题 2 分,共 10 分)

1. 环境对人的发展的影响要通过(　　)才能实现。

A. 个体的主观努力　　B. 教育　　C. 遗传　　D. 社会实践活动

2. 教师上好一节课的基本要求包括(　　)

A. 教学内容准确　　B. 充分发挥学生的主体性

C. 教学目标明确　　D. 板书有序

3. 以下属于基础教育课程改革核心理念的具体体现的是(　　)

A. 关注每一位学生　　B. 关注学生的情绪生活和情感体验

C. 关注学生的道德生活和人格养成　　D. 关注学生的知识和技能

4. 下列属于狭义的教育表现形式的是(　　)

A. 小红是金华小学二年级的小学生

B. 小陈经常去隔壁邻居家学书法

C. 小黄以优异的成绩考入北大,成为一名大一新生

D. 小李用电脑学到了许多营销知识,成为公司的营销精英

5. 知觉的基本特征是(　　)

A. 整体性　　B. 选择性　　C. 理解性　　D. 恒常性

三、判断题(判断下列各题的正误,正确的打"√",错误的打"×"。本大题共 15 小题,每小题 1 分,共 15 分)

1. 素质教育就是多开展课外活动、多上文体课。(　　)

2. 我国学校德育的范畴包括心理健康教育。(　　)

3. 培养具有创新精神和实践能力的新一代人才,是素质教育的时代特征。(　　)

4. 教育目的具有社会性和时代性。(　　)

5. "活到老,学到老"是现代教育未来性特点的要求。(　　)

6. "温故而知新,可以为师矣"说明教学应遵循巩固性原则。(　　)

7. 在我国基础教育课程结构中,地方课程和国家课程在地位上具有从属性。(　　)

8. 少年期是多事之秋,被心理学家称为"危险期"。因此,这一阶段的少年一定要严加看管。(　　)

9. 小张因通宵达旦玩游戏,导致第二天工作无精打采,这属于正诱导。(　　)

10. 儿童对自己做错事感到内疚的情感是理智感的体现。(　　)

11. 地理老师给学生布置的思考题作业是"了解全球水资源短缺的情况",从问题结构的完整性来划分,该类问题属于结构良好问题。(　　)

12. 一般而言,要使记忆效果最佳,学习的熟练程度应达到20%。(　　)

13. 人眼能够看到微弱光亮的能力是人的视觉感受性,感受性是人感知外界刺激的能力。(　　)

14. 态度改变的先决条件是认知失调。(　　)

15. 个别教师不允许班上学习差的学生参加考试、随意占用学生的上课时间、指派学生参加一些与教育教学无关的商业庆典活动等。这些行为主要侵害的是学生的隐私权。(　　)

四、简答题(本大题共 4 小题,每小题 5 分,共 20 分)

1. 简述教师职业道德修养的方法。

2. 如何维护学生的心理健康?

3. 简述原有认知结构对迁移的影响。

4. 简述班主任工作的主要内容。

五、论述题(本大题共 3 小题,共 20 分)

1. "教学有法,教无定法,贵在得法。"这句话中的三个"法"分别是什么意思?结合教育理论知识和教育实践谈谈你对这句话的认识。(6 分)

2. 试述科尔伯格的道德发展阶段论。(6 分)

3. 在教学过程中,如何正确对待和教育班级中的非正式群体?(8 分)

六、案例分析题(本大题共 15 分)

心算技能一般可利用运算规律,对算式进行变形,使算式表达符合已有的心智操作基础,从而准确快速的计算。例如,某教师在教 1.8×27 时,教学过程是:

呈现 $1.8\times27=(2-0.2)\times27=2\times27-0.2\times27$

或者 $1.8\times27=1.8\times(30-3)=1.8\times30-1.8\times3$

出一些类似的题目引导学生进行纸笔操作练习,从而产生言语表征,形成熟练的心算技能。

问题:

根据心智技能形成理论,说明教师如何引导学生形成心算技能。

真题试卷

2021 年山东省济南市历下区教师招聘考试公共基础知识和教育基础知识真题试卷(一)

第一部分　公共基础知识

一、单项选择题

1. D 【解析】本题考查多边主义。多边主义是指国家之间进行合作,来解决国际问题、处理国际冲突,在广义的行动原则基础上协调国家之间的关系。协调与合作,是多边主义的基本特征。维护多边主义要求我们厉行法治,维护以联合国为中心的国际体系,树立联合国的国际权威,发挥联合国在国际事务中的关键性作用,D 项正确。“本国优先毁约退群”“搞意识形态对抗”“搞集团政治和小圈子”都跟协调与合作相悖,不属于多边主义,排除。

2. B 【解析】本题考查三星堆遗址。三星堆遗址群位于四川省广汉市西北,是迄今为止在西南地区发现的范围最大、延续时间最长、文化内涵最丰富的古城、古国、古蜀文化遗址,昭示了长江流域与黄河流域一样,同属中华文明的母体,被誉为“长江文明之源”。

3. A 【解析】本题考查时事政治。2021 年 4 月,中共中央办公厅印发《关于庆祝中国共产党成立 100 周年组织开展“永远跟党走”群众性主题宣传教育活动的通知》,对庆祝中国共产党成立 100 周年群众性主题宣传教育活动作出部署。

4. B 【解析】本题考查干支纪年。天干地支,简称“干支”。在中国古代的历法中,甲、乙、丙、丁、戊、己、庚、辛、壬、癸被称为“十天干”,子、丑、寅、卯、辰、巳、午、未、申、酉、戌、亥叫作“十二地支”。十天干和十二地支依次相配,组成六十个基本单位的干支纪法。干支纪年每六十年一个循环。A 项中的“癸丑”、D 项中的“辛亥”都属于直接使用了干支纪年。C 项中的“淳熙丙申”指的是宋孝宗淳熙三年,兼用了年号和干支纪年法。B 项中的“四月辛巳”指农历四月十三日,使用了干支纪日法,而非干支纪年。故选 B。

5. A 【解析】本题考查意识对物质的能动作用。题干中强调“文博文创热”成为消费新增长点,说明文化作为一种精神力量,能够在人们认识世界、改造世界的过程中转化为物质力量,对社会发展产生深刻的影响,A 项正确。B 项属于唯心主义的观点,排除。CD 两项说法正确但不符合题意。故选 A。

6. C 【解析】本题考查因果联系与规律。“前事不忘,后事之师”是说人们应当牢记以前的经验教训,作为今后行事的借鉴,强调要根据因果联系总结经验教训,C 项正确。题干强调的是联系,而不是规律,排除 ABD 项。故选 C。

7. D 【解析】本题考查外国科技著作。《大爆炸探秘》由约翰・格里宾编著;《自然的终结》的作者是比尔・麦克基本;《物理世界奇遇记》的作者是乔治・伽莫夫和罗素・斯坦纳德。《时间简史——从大爆炸到黑洞》是英国物理学家斯蒂芬・威廉・霍金创作的科普著作,论述了人类对宇宙认识和探索的历史,将现代物理学的两大理论——量子理论和广义相对论结合起来,提出了关于时间、空间、大爆炸和黑洞的具有创新性的认识,为探索完整的统一理论迈出了坚实的一步。故选 D。

8. B 【解析】本题考查遗传。性别决定是指细胞内遗传物质对性别的决定作用。受精卵的染色体组成是性别决定的物质基础,决定人类性别的自然因素是遗传因素。故选 B。

9. C 【解析】本题考查道路交通管理条例。根据我国《道路交通安全法实施条例》第七十二条的规定,驾驶自行车、三轮车必须年满 12 周岁。故选 C。

10. B 【解析】本题考查臭氧。臭氧(O_3)又称为超氧,是氧气(O_2)的同素异形体。臭氧是氧气吸收了太阳的波长小于 185nm 的紫外线后形成的。在常温下,它是一种有特殊臭味的淡蓝色气体。故选 B。

11. D 【解析】本题考查我国特有的珍稀动物。扬子鳄是中国特有的一种鳄鱼,是世界上最小的鳄鱼品种之一。它既是古老的,又是现存数量非常稀少、世界上濒临灭绝的爬行动物。因其生活在长江流域,故称“扬子鳄”。在扬子鳄身上,至今还可以找到早先恐龙类爬行动物的许多特征。所以,人们称扬子鳄为“活化石”。故选 D。

12. B 【解析】本题考查夜间纪时法。旧时将从黄昏到拂晓的一夜间分为五更。每一更等于现在的两小时。一更即 19 至 21 点,二更即 21 至 23 点,三更即 23 至次日凌晨 1 点,四更即 1 至 3 点,五更即 3 至 5 点。故选 B。

13. C 【解析】本题考查急救常识。扭伤的现场紧急处理办法为立即冷敷患处。让受伤的人正面坐下或仰卧着,同时用背包等物品将足部垫高,以利于静脉血回流。同时,尽快用冰袋或冷毛巾在受伤部位冷敷,以使毛细血管收缩,减少出血及渗出,从而减轻肿胀和疼痛。故选 C。

14. B 【解析】本题考查疫苗。大多数宫颈癌是由 HPV 感染所致,注射 HPV 疫苗主要是为了预防宫颈癌。故选 B。

15. C 【解析】本题考查微量元素。缺铁性贫血是由于体内储存铁被用尽,导致血红蛋白合成减少而引起的贫血。饮食上,缺铁性贫血的人群,应当适量多摄取富铁食物,如动物肝脏及血制品、瘦肉等。故选 C。

16. A 【解析】本题考查刑罚的适用。我国《刑法》第四十九条规定:“犯罪的时候不满十八周岁的人和审判的时候怀孕的妇女,不适用死刑。审判的时候已满七十五周岁的人,不适用死刑,但以特别残忍手段致人死亡的除外。”A 项正确,CD 两项错误。剥夺政治权利是指剥夺以下权利:(1)剥夺选举权和被选举权;(2)剥夺言论、出版、集会、结社、游行、示威自由的权利;(3)剥夺担任国家机关职务的权利;(4)剥夺担任国有公司、企业、事业单位和人民团体领导职务的权利。B 项错误。故选 A。

17. C 【解析】本题考查毛泽东思想。为了审查和纠正党在大革命后期的严重错误,决定新的路线和政策,中共中央于 1927 年 8 月 7 日在湖北汉口召开紧急会议,这次会议被称为“八七会议”。在此次会议上,毛泽东第一次提出“须知政权是由枪杆子中取得的”的重要论断。C 项正确。1938 年,中共六届六中全会上,毛泽东明确提出“使马克思主义中国化”,A 项排除。毛泽东在 1941 年 5 月召开的延安干部会议上指出“在全党推行调查研究的计划,是转变党的作风的基础一环”,B 项排除。1939 年,毛泽东在《〈共产党人〉发刊词》中指出:统一战线,武装斗争,党的建设,是中国共产党在中国革命中战胜敌人的三个法宝,三个主要的法宝。D 项排除。故选 C。

18. D 【解析】本题考查民法典。我国《民法典》被称为“社会生活的百科全书”,是新中国第一部以法典命名的法律,在法律体系中居于基础性地位,也是市场经济的基本法。《民法典》共 7 编、1260 条,各编依次为总则、物权、合同、人格权、婚姻家庭、继承、侵权责任以及附则。2020 年 5 月 28 日,十三届全国人大三次会议表决通过了《民法典》,自 2021 年 1 月 1 日起施行。D 项表述错误,符合题意,故选 D。

19. C 【解析】本题考查我国地理常识。我国牧区和农耕区的分界线大体接近 400 毫米等降水量线,与季风区与非季风区的分界线大致相吻合,它大致经过大兴安岭、张家口、兰州、拉萨、喜马拉雅山脉东部。此分界线以东为农区,种植水稻、小麦、玉米、大豆、高粱等作物;此分界线以西为牧区,放养牛、羊、马等牲畜。故选 C。

20. B 【解析】本题考查宪法的发展。《中华人民共和国宪法》是中华人民共和国的根本大法。中华人民共和国成立后,曾于 1954 年 9 月 20 日、1975 年 1 月 17 日、1978 年 3 月 5 日和 1982 年 12 月 4 日通过四个宪法。我国的现行宪法是 1982 年宪法,该宪法于 1988 年、1993 年、1999 年、2004 年、2018 年进行了五次修正。由于该宪法于 1982 年 12 月 4 日正式实施,所以我国的国家宪法日定为每年的 12 月 4 日。

二、多项选择题

21. ABD 【解析】本题考查必然与自由。必然与自由是揭示自然和社会的客观规律与人们自觉活动之间相互关系的一对哲学范畴。必然指不依赖于人的意识而存在的自然和社会所固有的客观规律。自由指在必然性的基础上人所进行的积极的自觉活动,即对客观规律的认识和对客观世界的改造。必然与自由互相联系、互相制约,并在一定条件下互相转化。必然是自由的基础,自由不能脱离必然而存在。自由不排斥必然,而是包含必然。掌握客观规律,按客观规律办事并达到一定目的时,必然就转化为自由。对必然认识得越深刻,就越自由。ABD 三项说法正确。人的自由不能摆脱必然的约束,C 说法错误,排除。

22. CD 【解析】本题考查碳水化合物。食物中含有糖类、脂类、蛋白质、水、无机盐和维生素六类营养物质。糖类,又称碳水化合物,由碳、氢和氧三种元素组成。碳水化合物的主要食物来源有:糖类、谷物、水果、干果类、干豆类、根茎蔬菜类等。故选 CD。

23. AB 【解析】本题考查文化常识。晦朔望是指月亮从亏到盈再到亏期间的三种状态和对应的日期。望是指阴历每月十五,既望是指小月农历十六日、大月农历十七日,朔是指农历每个月的初一,而晦则是指农历每个月的最后一天。故选 AB。

24. ACD 【解析】本题考查楷书四大家。赵孟頫,字子昂,号松雪道人,南宋晚期至元朝初期书法家、画家、诗人,B 项错误。欧阳询、颜真卿、柳公权,都是唐朝书法家,故选 ACD。

25. ACD 【解析】本题考查政府组成人员。中华人民共和国国务院,即中央人民政府,是最高国家权力机关的执行机关,是最高国家行政机关。根据我国《宪法》规定,国务院由下列人员组成:总理,副总理若干人,国务委员若干人,各部部长,各委员会主任,审计长,秘书长。因此,AD 两项正确。中国人民银行是国务院组成部门,央行行长是政府组成人员,C 项正确。中华人民共和国主席,是中华人民共和国的国家代表,是我国国家机构的重要组成部分,是一个相对独立的国家机关,不属于政府组成人员,B 项错误。故选 ACD。

26. BC 【解析】本题考查全国人民代表大会。全国人民代表大会是最高国家权力机关和立法机关,国务院是最高国家行政机关,A 项错误。全国人民代表大会每届任期五年,可连选连任,B 项正确。全国人民代表大会会议每年举行一次,由全国人民代表大会常务委员会召集,C 项正确。1954 年 9 月 15 日,我国第一届全国人民代表大会第一次会议在北京召开,D 项错误。故选 BC。

27. ACD 【解析】本题考查商品交换。"抱布贸丝"的意思是拿着布来换丝,属于物物交换。这里的布和丝具备了使用价值和价值的基本雏形,属于商品,在交换过程中更看重其使用价值,故在互换之时往往存在着价值不对等的现象。ACD 三项说法正确。商品流通是以货币为媒介的连续不断的商品交换,在此处没有货币这种媒介,所以不属于商品流通,B 项错误。故选 ACD。

28. CD 【解析】本题考查我国古代年龄称谓。襁褓意思为包裹婴儿的被子和带子,用来代指一周岁以下的婴儿,A 项错误。始龀指七八岁的儿童,B 项错误。不惑为四十岁的代称,C 项正确。耄耋是指八九十岁的老人,D 项正确。故答案为 CD。

29. BD 【解析】本题考查平津战役。平津战役是解放战争"三大战役"之一。在辽沈战役胜利结束、淮海战役鏖战正酣之际,人民解放军又发起了战略决战的第三大战役——平津战役。参加这个战役的军队有东北野战军、华北野战军(两个兵团),连同地方武装,共约 100 万人。故选 BD。

30. ABC 【解析】本题考查防治雾霾的措施。秸秆在不充分燃烧时会产生烟尘和一氧化碳等,所以禁止焚烧秸秆能减少雾霾天气的发生,A 项正确。森林具有吸收二氧化碳、释放氧气、除尘、防止风沙、调节气候等作用,所以增加绿化面积能减少雾霾天气的发生,B 项正确。汽车尾气中含有燃料不充分燃烧产生的烟尘等,会产生直径小于或等于 2.5 微米的颗粒物,能引起大气中 PM2.5 含量的增加,所以提高尾气排放标准能减少雾霾天气的发生,C 项正确。扩大城市面积并不能改善空气质量和减少雾霾天气的发生,D 项错误。故选 ABC。

第二部分 教育基础知识

三、单项选择题

31. C 【解析】本题考查裴斯泰洛齐的教育思想。在西方教育史上,裴斯泰洛齐是第一个明确提出"教育心理学化"口号的教育家。所谓"教育心理学化"就是把教育提高到科学的水平,将教育科学建立在人的心理活动规律的基础上。

32. C 【解析】本题考查态度与品德的形成过程。态度与品德学习的一般过程包括依从、认同和内化。A 项排除。认同是在思想、情感、态度和行为上主动接受规范,从而试图与之保持一致,其实质是对榜样的模仿,其出发点就是试图与榜样一致,包括偶像认同或价值认同。题干表述符合认同的定义,故选 C 项。B 项依从,即表面上接受规范,按照规范的要求来行动,但对规范的必要性或根据缺乏认识,甚至有抵触情绪。D 项内化,即在思想观点上与社会规范及其价值一致,将自己所认同的思想和自己原有的观点、信念融为一体,构成一个完整的价值体系。

33. C 【解析】本题考查《深化新时代教育评价改革总体方案》。《深化新时代教育评价改革总体方案》中指出:改革教师评价,推进践行教书育人使命。坚持把师德师风作为第一标准。坚决克服重科研轻教学、重教书轻育人等现象,把师德表现作为教师资格定期注册、业绩考核、职称评聘、评优奖励首要要求,强化教师思想政治素质考察,推动师德师风建设常态化、长效化。健全教师荣誉制度,发挥典型示范引领作用。全面落实新时代幼儿园、中小学、高校教师职业行为准则,建立师德失范行为通报警示制度。对出现严重师德师风问题的教师,探索实施教育全行业禁入制度。故选择C项。

34. B 【解析】本题考查卢梭的教育思想。卢梭认为,我们受的教育,来源不外三种:或"受之于自然",或"受之于人",或"受之于事物"。三者之中有的完全不能由我们决定(自然的教育),有的在有些方面能够由我们决定(事物的教育),有的虽说能够真正由我们控制,但还不能完全肯定(人的教育)。卢梭认为,只有三种教育配合一致、趋向同一目的时,学生才能受到"良好的教育"。也就是说,教育必须顺应自然。由此可知,卢梭所界定的教育内涵包括自然的教育、事物的教育、人为的教育,不包括公民的教育。

35. B 【解析】本题考查学生发展的一般规律。学生发展的一般规律包括:顺序性和阶段性、稳定性和可变性、不均衡性、个别差异性、整体性。

(1)顺序性和阶段性。顺序性指学生个体的身心发展具有一定的顺序,即由低级到高级、由量变到质变的过程。阶段性表现为青少年身心发展的年龄特征,即在发展的不同年龄阶段中身心发展的一般的典型的特征。个体身心发展的顺序性和阶段性的特点,要求教育工作必须适应学生身心发展的各个阶段的顺序,循序渐进,做到由浅入深、由易到难、由具体到抽象、由低级到高级,不能一刀切。同时,由于身心发展各阶段是相互联系的,具有连续性,前一阶段是后一阶段的准备,这就要求考虑各阶段教育的衔接。

(2)稳定性和可变性。稳定性是指处于一定社会环境和教育中的某个年龄阶段的青少年儿童,其身心发展的顺序、过程、速度都大体相同。然而,在不同的环境和教育条件中,同一年龄儿童的身心发展水平是有差异的,身心发展具有可变性特征。身心发展的稳定性要求在一定时期内,教育内容、方法等要保持相对稳定性;同时,要根据时代特征、地域特点、文化特点,不断革新教学内容、方法,以适应社会和人的发展。

(3)不均衡性,指学生的身心发展是不均衡的,表现在不同的年龄阶段身心发展甚至同一方面的发展是不均衡的。要求教师要把握学生发展的关键期,不失时机地采取教育措施,使其获得最佳发展。

(4)个别差异性,指由于人的发展的主客观条件不一样,其发展的过程与结果也有差异。要求教师深入了解每个个体的身心发展状况和水平,有的放矢,因材施教。

(5)整体性,指学生是一个整体的人,以其整个身心投入教学生活,并以整个身心来感知、体验、享受和创造这种教学生活。教学要着眼于学生的整体性,促进学生的一般发展,注意做到认知因素与非认知因素、意识与潜意识、科学与艺术的统一。

36. B 【解析】本题考查赞科夫(赞可夫)的教育思想。苏联教育家赞科夫通过近二十年的小学教学改革实验,出版了《教学与发展》一书。他把学生的一般发展作为教学的出发点,提出了发展性教学理论的五条教学原则,即高难度、高速度、理论知识起主导作用、理解学习过程、使所有学生包括"差生"都得到一般发展的原则。

37. C 【解析】本题考查上好课的基本要求。教学内容准确即要保证教学内容的科学性和思想性,体现科学性与思想性的统一。

38. B 【解析】本题考查作业布置。《关于加强义务教育学校作业管理的通知》中指出:严控书面作业总量。学校要确保小学一二年级不布置书面家庭作业,可在校内安排适当巩固练习;小学其他年级每天书面作业完成时间平均不超过60分钟;初中每天书面作业完成时间平均不超过90分钟。周末、寒暑假、法定节假日也要控制书面作业时间总量。根据题意,选择B项。

39. C 【解析】本题考查我国中小学主要的德育原则。马卡连柯的话同时强调了"严格要求"与"尊重信任",体现的是尊重信任学生与严格要求学生相结合的原则。该原则是指在德育过程中,教育者既要尊重信任学生,又要对学生提出严格的要求,把严和爱有机地结合起来,使教育者的合理要求转化为学生的自觉行动。

40. D 【解析】本题考查维果斯基的最近发展区理论。为促进教学发展，维果斯基认为教师可采用教学支架，进行支架式教学，即在学生试图解决超出当前知识水平的问题时给予支持和指导，帮助其顺利通过最近发展区，使之最终能够独立完成任务。根据题意，选择 D 项。A 项示范—模仿教学是菲茨和波斯纳的三阶段模型理论的教学方法，B 项是布鲁纳的认知—发现学习理论的教学方法，C 项是洛扎诺夫的暗示教学法理论的教学方法，不符合题意，排除。

41. B 【解析】本题考查我国中小学常见的教学原则。启发性原则是指在教学活动中，教师要调动学生的主动性和积极性，引导他们通过独立思考、积极探索，生动活泼地学习，自觉地掌握科学知识，提高分析问题和解决问题的能力。它是教师主导作用与学生主体作用相统一的规律在教学中的反映。

42. C 【解析】本题考查德育的途径。我国学校的德育途径是广泛多样的，由于各科教学的经常性、广泛性使得各科教学成为学校德育的基本途径。（具体可参考王家云、张启树主编的《现代教育学基础》）

43. B 【解析】本题考查教育促进社会发展的条件。教育具有促进社会发展的功能，但这些功能的发挥是需要条件的。总体来说，这些条件是保持教育与社会之间的协调一致。具体来说，主要表现在以下方面：(1)遵循教育发展的社会规律。教育发展是有规律的，只有遵循这些规律，才能保证教育自身和教育与社会的协调发展。(2)正确地把握教育与社会之间的张力。既要看到社会对教育的影响，又要看到教育自身的独立性；既要看到教育与社会之间的密切关系，又要看到教育与社会的区别。(3)正确地处理教育功能间的关系。正确处理教育的本体功能与社会功能、教育的保守功能与超越功能之间的关系。因此，答案选 B 项。

44. B 【解析】本题考查教学过程的中心环节。有说法认为，教学过程的阶段包括：(1)激发学习动机；(2)领会知识；(3)巩固知识；(4)运用知识；(5)检查知识。其中，领会知识是教学过程的中心环节。领会知识包括使学生感知和理解教材。

45. B 【解析】本题考查玛西亚自我同一性理论的四种状态。玛西娅根据探索和承诺的程度高低划分出四种同一性状态，以此描述四种同一性结果。具有高探索和高承诺特征的个体，称为同一性获得者或同一性达成者，这类个体已经经历了各种探索，仔细考虑过各种选择，做出了确定的选择，并对特定的目标、信仰和价值观做出了坚定、积极的承诺；具有高探索和低承诺特征的个体，称为同一性延缓者，这类个体正处于探索的过程中，收集信息、尝试各种活动，希望发现引导他们生活的目标和价值，积极地探索各种选择，但还没有对特定的目标、价值观和意识形态等做出有意识的投入；具有低探索和高承诺特征的个体，称为同一性早闭者或过早自认者，这类个体没有体验过明确的探索，但却对一定的目标和价值作出了承诺，这种投入往往是基于父母或权威人物等重要他人的期望或建议，他们不加思考地接受了别人预先为他们准备好的同一性；具有低探索和低承诺特征的个体，称为同一性弥散者或同一性扩散者或同一性混淆者或同一性迷乱者，这类个体没有仔细思考或探索过各种同一性问题，从来不去探索各种选择，也不去尝试做出努力，缺乏对自己的了解，没有方向感，没有确定自己的目标和价值观，也未对特定目标价值或社会角色做出清晰的承诺。因此，本题选 B 项。

46. D 【解析】本题考查实用主义教育学的观点。实用主义教育学是 19 世纪末 20 世纪初兴起于美国的一种教育思潮，对 20 世纪整个世界的教育理论研究和教育实践发展产生了极大的影响。其基本主张有：(1)教育即生活，教育的过程与生活的过程是合一的；(2)教育即学生个体经验持续不断的增长；(3)学校是一个雏形的社会；(4)课程组织应以学生的经验为中心；(5)师生关系以儿童为中心；(6)教学过程注重学生的独立发现和体验，尊重学生发展的个体差异。D 项是传统教育学派的观点。

47. B 【解析】本题考查活动课程与学科课程的区别。活动课程与学科课程在总体上都服从于整体的课程目标，二者都是学校课程结构中不可缺少的要素。但是，在具体的目的、编排方式、教学方式和评价上，活动课程又与学科课程有着明显的区别。

第一，从目的来看，学科课程主要向学生传递人类长期创造和积累起来的种族经验的精华；而活动课程则主要让学生获得包括直接经验和直接感知的新信息在内的个体教育性经验。

第二,从编排方式来看,学科课程重视学科知识逻辑的系统性;而活动课程则强调各种有教育意义的学生活动的系统性。

第三,从教学方式来看,学科课程主要是以教师为主导去认识人类的种族经验;而活动课程则主要是以学生自主的实践交往为主导去获取直接经验。

第四,在评价方面,学科课程强调终结性评价,侧重考查学生学习的结果;而活动课程则重视过程性评价,侧重考查学生学习的过程。

48. C 【解析】本题考查凯洛夫的教育思想。凯洛夫是苏联著名的现代教育理论家,长期从事教育科学研究工作,其教育思想主要体现在他主编的《教育学》中。他重视让学生掌握系统的科学文化知识,肯定课堂教学是学校工作的基本组织形式,强调教师在教育和教学中的主导作用。C 项正确。

49. B 【解析】本题考查与教育相关的时事政治。2019 年 9 月 17 日,国家主席习近平签署主席令,根据十三届全国人大常委会第十三次会议通过的全国人大常委会关于授予国家勋章和国家荣誉称号的决定,授予于漪、卫兴华、高铭暄“人民教育家”国家荣誉称号。

50. D 【解析】本题考查赫尔巴特的教育思想。赫尔巴特认为教育的目的可分为两种:“可能的目的”,即与儿童未来所从事的职业有关的目的。“必要的目的”,具体而言就是指养成内心自由、完善、仁慈、正义和公平等五种道德观念。教育的最高目的和根本目的就是要养成这五种道德观念。

51. D 【解析】本题考查教育的社会制约性。社会政治经济制度决定教育的领导权,在人类社会中,谁掌握了生产资料的所有权,谁就掌握了国家政权,谁就能控制精神产品的生产,谁就能控制学校教育的领导权。社会政治经济制度决定受教育权,在阶级社会中,统治阶级总是要采取种种直接或间接的手段,决定和影响受教育权在社会中的分配,决定谁有享受学校教育的权利,谁没有享受学校教育的权利,谁有受什么样学校教育的权利等问题。因此,答案选 D 项。

52. B 【解析】本题考查旧中国的学制。壬寅学制是中国近代教育史上最早由国家正式颁布的学制系统,虽然正式公布,但并未实行。这个学制具体规定了各级各类学堂的性质、培养目标、入学条件、入学年限、课程设置和相互关系,注重国民教育和实业教育,重男轻女的传统思想依旧存在,保留着科举制度的痕迹。

53. C 【解析】本题考查社会本位论的代表人物。社会本位论的代表人物有荀子、柏拉图、赫尔巴特、涂尔干、纳托普、凯兴斯泰纳、孔德、巴格莱等。个人本位论的代表人物有孟子、卢梭、裴斯泰洛齐、福禄贝尔、马利坦、赫钦斯、奈勒、马斯洛、萨特等。

54. A 【解析】本题考查加涅的学习水平的分类。根据学习情境由简单到复杂、学习水平由低级到高级的顺序,加涅把学习分为八类:信号学习、刺激—反应学习、连锁学习、言语联结学习、辨别学习、概念学习、规则或原理学习、解决问题学习(高级规则的学习)。其中,信号学习指学习对某种信号做出某种反应,其过程为:刺激—强化—反应。题干中,小孩子看见穿白大褂就想起打针,从而表现出恐惧,其中白大褂是信号,恐惧是反应。对白大褂这一信号做出反应属于信号学习,故选 A 项。刺激—反应学习是指学会对某一情境中的刺激做出某种反应,以获得某种结果;问题解决学习指在不同情况下,使用所学原理或规则去解决问题;言语联结学习(言语联想学习)指形成一系列的言语单位的联结,即言语连锁化。B、C、D 三项不符合题意,故不选。

55. A 【解析】本题考查消退。消退是行为主义学习理论的主要规律之一,它是指条件刺激形成以后,如果得不到强化,条件反应会逐渐减弱,直至消失的现象。其作用是降低某种反应在将来发生的概率,以达到消除某种行为的目的。A 项孩子哭闹不予理睬属于无强化,最终是为了降低孩子哭闹这一行为的发生频率,选择 A 项。B 项属于呈现性惩罚,C 项属于正强化,D 项属于普雷马克原理。

56. B 【解析】本题考查感觉适应。明适应是指照明开始或由暗处转入亮处时视觉感受性下降的过程。例如,在明亮的白天,刚从电影院走出,开始感觉强光刺眼,眼睛发眩,难以将眼睛睁开,但很快就能看清眼前的一切。符合题意,故选 B 项。A 项是指照明停止或由亮处转入暗处时感受性提高的过程,C 项是指在刺激作用停止后暂时保留的感觉现象,D 项是指当刺激不是连续作用而是断续作用的时候随着断续增加感受为连续的景象,不符合题意,排除。

57. B 【解析】本题考查埃里克森的心理社会发展阶段理论。小学生属于 6 ~ 11 岁,这一阶段面临的主要任务是培养勤奋感,故选 B 项。A 项主动感是 4 ~ 5 岁阶段所面临的发展任务,C 项自主感是 2 ~ 3 岁阶段所面临的发展任务,D 项信任感是 0 ~ 1.5 岁阶段所面临的发展任务。

58. D 【解析】本题考查自我效能感的影响因素。自我效能感的影响因素有:(1)个人自身行为的成败经验。这一效能信息源对自我效能感的影响最大。一般来说,成功经验会提高效能期望,反复的失败会降低效能感。(2)替代经验。个体的许多效能期望是来源于对他人的观察,如果看到一个与自己一样或不如自己的人成功,自己的效能感就会提高。(3)言语暗示。他人的言语暗示能提高自己的效能感,但缺乏经验基础的言语暗示效果是不牢固的。(4)情绪唤醒。高水平的情绪唤醒使成绩降低而影响自我效能,只有当人们不为厌恶刺激所困扰时,更可能期望成功。A 项和 C 项属于通过增加学生的直接经验提高其自我效能感;B 项属于增加替代经验从而提高自我效能感;D 项学生处于高水平的情绪唤醒,会降低学生的自我效能感。本题为选非题,故选 D 项。

59. B 【解析】本题考查加涅的学习结果分类。按学习结果,心理学家加涅将学习分为五种类型:智慧技能、认知策略、言语信息、动作技能和态度。其中,认知策略学习是用以支配个人的心智加工过程的内部组织能力,调控自己的注意、学习、记忆和思维等内部心理过程的技能的学习。张利在记忆单词时调控自己的记忆过程,最终学会这一单词,属于认知策略,故选 B 项。学习结果分类不包括联想策略,排除 A 项。言语信息指有关事物的名称、时间、地点、定义以及特征等方面的事实性信息,智慧策略指运用符号或概念与环境交互作用的能力,不符合题意,排除 C、D 两项。

60. A 【解析】本题考查学习迁移的分类。负向迁移是指一种学习对另一种学习产生阻碍作用。题干中雷雷对整数加减法的学习阻碍了对小数加减法的学习,符合负向迁移的定义,选择 A 项。平行迁移是指先行学习内容与后继学习内容在难度、复杂程度和概括层次上属于同一水平的学习活动之间产生的影响。顺向迁移是指先前学习对后继学习产生的影响。逆向迁移是指后继学习对先前学习产生的影响,排除 B、C、D 三项。

61. D 【解析】本题考查经典性条件作用理论的主要规律。高级条件作用是指中性刺激一旦成为条件刺激,可以作为无条件刺激,与另一个中性刺激反复结合,可形成新的条件作用。考试失败引起学生条件性的紧张或焦虑等情绪反应,就经历了一个高级条件作用的形成过程。考试失败一开始也许只是一个中性事件,但逐渐与家长或老师的批评联系起来,而批评本身是引起学生焦虑的条件刺激,久而久之,考试失败引起焦虑。再进一步,与测验情境有关的线索也可能成为条件刺激。根据题意,选择 D 项。

62. D 【解析】本题考查法贝的职业倦怠类型。美国心理学家法贝将职业倦怠分为三种表现形式:(1)精疲力竭型。这类教师在高压力下的表现是放弃努力,以减少对工作的投入来求得心理平衡。这类教师的职业倦怠一旦出现,要想恢复就很困难,因为这些症状会得到自我强化。(2)狂热型。这类教师有着极强的成功信念,能狂热地投入工作,但理想与现实之间的巨大反差,使他们的这种热情通常坚持不了太长时间,整个信念系统突然塌陷,最终屈服于精力耗竭。(3)低挑战型。对于这类教师而言,工作本身缺乏刺激,他们觉得以自己的能力来做当前的工作是大材小用,因而厌倦工作。他们在工作一段时间后,就开始对工作敷衍塞责,并考虑更换其他工作。根据题意,选择 D 项。

63. C 【解析】本题考查塞尔曼的儿童友谊发展五阶段理论。塞尔曼将儿童友谊的发展分为五个阶段:第一阶段(3 ~ 7 岁),这一时期的友谊关系还很不稳定。朋友只是一个玩伴,友谊就是一起玩,在这个时期,儿童还没有形成友谊的概念。第二阶段(4 ~ 9 岁),单向帮助阶段。这个时期的儿童要求朋友能够服从自己的愿望和要求。如果顺从自己就是朋友,否则就不是朋友。第三阶段(6 ~ 12 岁),双向帮助但不能共患难的合作阶段。儿童对友谊的相互性有了一定的了解,但仍具有鲜明的功利色彩。第四阶段(9 ~ 15 岁),

亲密的共享阶段。儿童发展了友谊的概念，认为朋友之间可以相互分享，友谊是随时间推移而逐渐形成和发展起来的。儿童的友谊关系开始具有一定的稳定性，但这一时期的友谊有强烈的排他性和独占性。第五阶段(12 岁开始)，是友谊发展的最高阶段。择友严密，建立的友谊能保持很长时间。题干中，大海和小刚一起学习、玩耍，并且拒绝其他人加入，体现了排他性，故选 C 项。

64. A 【解析】本题主要考查驱力理论。驱力理论的代表人物是伍德沃斯、赫尔等。该理论认为驱力是指个体由生理需要引起的一种紧张状态，它能激发或驱动个体行为以满足需要，消除紧张，从而恢复机体的平衡状态。根据题意，选择 A 项。

65. A 【解析】本题考查教育理论流派。第一次世界大战后，美国进步主义的教育理论成为美国教育发展的主要指导思想，促进美国教育向实用化、多元化和注重个人需要方向发展，这也是 20 世纪前期美国教育的特点。

66. A 【解析】本题考查常见的社会知觉偏差。社会刻板效应是指对一群人的特征或动机加以概括，把概括得出的群体特征归属于团体中的每一个人。题干中，谈到某一个群体，人们会与固定的印象相联系，是典型的刻板印象。

67. D 【解析】本题主要考查加涅的学习水平分类。根据学习情境由简单到复杂、学习水平由低级到高级的顺序，加涅把学习分为八类。1971 年，加涅对学习水平分类做了修正，分类为：(1)连锁学习；(2)辨别学习；(3)具体概念学习；(4)定义概念学习；(5)规则学习；(6)解决问题的学习。其中最基础的为连锁学习，故选 D 项。

68. D 【解析】本题考查学习策略。资源管理策略中学业求助策略指当学生在学习上遇到困难时，向他人请求帮助的行为。符合题意，故选 D 项。认知策略是学习者信息加工的方法和技术；元认知策略是个人关于自己认知过程的知识和调节这些过程的能力；调节策略属于元认知策略的一种，指学习过程中根据对认知活动监视的结果，找出认知偏差，及时调整策略或修正目标。

69. C 【解析】本题考查卡特尔的智力形态论。卡特尔将人的智力分为流体智力和晶体智力两种不同的形态。流体智力是一种受先天遗传因素影响较大的智力。信息加工能力、逻辑推理能力和记忆能力属于先天遗传的智力，故选 C 项。D 项晶体智力指以学得的经验为基础的认知能力，受后天经验的影响较大。A 项分析智力由斯腾伯格提出，指主体有意识地规定心理活动方向以发现一个问题的有效解决方法的能力；B 项创造智力由适应新环境所需要的能力所组成，比如创造、发现、想象、发明等能力。

70. B 【解析】本题考查教学方法的分类。读书指导法是以语言传递为主的教学方法，A 项错误。参观法是以直观感知为主的教学方法，B 项正确。练习法是以实际训练为主的教学方法，C 项错误。发现法是以引导探究为主的方法，D 项错误。

71. D 【解析】本题考查社会心理效应。罗森塔尔效应又叫教师期望效应或皮格马利翁效应，即教师的期望或明或暗地传送给学生，会使学生按照教师所期望的方向来塑造自己的行为。李老师对李兰的鼓励，使李兰成绩提升，这体现了罗森塔尔效应，故选 D 项。A 项顺序效应指在实验中自变量的呈现顺序对因变量产生的影响，不符合题意，排除。B 项安慰剂效应指病人虽然获得无效的治疗，但却“预料”或“相信”治疗有效，而让病患症状得到舒缓的现象，不符合题意，排除。C 项霍桑效应指由于研究对象意识到自己正在被研究而带来的方法上的人为效应，不符合题意，排除。

72. B 【解析】本题考查卡文顿的自我价值理论。高驱高避型又称为“过度努力者”。具有这种动机形式的人为了成功同时又要掩饰自己的努力，他们中就出现了一种“隐讳努力”的现象。他们在同学中尽量表现得贪玩、不在乎考试，但私下里却偷偷努力，拼命学习。这样，成功时，他们的成绩更有价值，更能说明他们的能力过人；即使失败，也可以为自己的失利找到很好的理由，不会被认为无能。题干所述的学生符合高驱高避型学生的特点。

73. C 【解析】本题考查气质类型。黏液质的人的特点有，情绪平稳、表情平淡，思维灵活性略差，但考虑问题细致而周到，安静稳重，踏踏实实，沉默寡言，喜欢深思，自制力强，耐受力高，内刚外柔，交往适度、交情深厚；但这种人行动主动性较差，缺乏活力，行动迟缓。因此，题干所述的人的气质类型最有可能是黏液质。

74. B 【解析】本题考查班杜拉自我效能感理论。替代体验是指个体的许多效能期望来源于对他人的观察。本题中个体看见别人完成某项任务,自己产生“我也能”的信念,是个体观察到了他人的行为后自我效能感得到提高的表现,故选B项。

75. D 【解析】本题考查我国现行的学校教育制度的阶段。学校教育制度是我国教育制度的主要部分,包括学前教育、初等教育、中等教育、高等教育等四个阶段。

76. C 【解析】本题考查教师劳动的特点。教师劳动的创造性主要表现在三个方面:(1)因材施教;(2)教学方法上的不断更新;(3)教师需要“教育机智”。

77. D 【解析】本题考查隐性课程的表现形式。隐性课程的主要表现形式有:(1)观念性隐性课程。包括隐藏于显性课程之中的意识形态,学校的校风、学风,有关领导与教师的教育理念、价值观、知识观、教学风格、教学指导思想等。(2)物质性隐性课程。包括学校建筑、教室的设置、校园环境等。(3)制度性隐性课程。包括学校管理体制、学校组织机构、班级管理方式、班级运行方式。(4)心理性隐性课程。主要包括学校人际关系状况,师生特有的心态、行为方式等。因此,本题选D项。

78. D 【解析】本题考查教育功能。从性质上看,教育功能可以分为保守功能和超越功能。所谓教育的保守功能,是指教育具有自身的结构,具有内在的稳定性和自身的逻辑性,不随社会的变化而变化,形成了教育自我保存的功能性和承继性,表现出教育重复、封闭、保守的一面。教育功能的保守性是由教育不变的本质和相对稳定的结构所决定的。“教育的基本功能之一就是重复,即重复地把上一代从祖先那里继承下来的知识传递给下一代。”正是教育功能的保守性,确保了教育本质、教育自身的规律和对人类文明的继承。

79. C 【解析】本题考查《中国教育现代化2035》的内容。《中国教育现代化2035》提出了八个方面的教育主要发展目标:(1)建成服务全民终身学习的现代教育体系;(2)普及有质量的学前教育;(3)实现优质均衡的义务教育;(4)全面普及高中阶段教育;(5)职业教育服务能力显著提升;(6)高等教育竞争力明显提升;(7)残疾儿童少年享有适合的教育;(8)形成全社会共同参与的教育治理新格局。不包括C项普及高质量的高中阶段教育,故选C项。

80. D 【解析】本题考查《中小学教育惩戒规则(试行)》的内容解读。《规则》首次对教育惩戒的概念进行了定义,规定教育惩戒是“学校、教师基于教育目的,对违规违纪学生进行管理、训导或者以规定方式予以矫治,促使学生引以为戒、认识和改正错误的教育行为”,明确教育惩戒不是惩罚,而是教育的一种方式,强调了教育惩戒的育人属性,是学校、教师行使教育权、管理权、评价权的具体方式。根据题意,选择D项。

四、多项选择题

81. ACD 【解析】本题考查《中华人民共和国教育法》的内容。根据《中华人民共和国教育法》第四十四条规定,受教育者应当履行下列义务:(1)遵守法律、法规;(2)遵守学生行为规范,尊敬师长,养成良好的思想品德和行为习惯;(3)努力学习,完成规定的学习任务;(4)遵守所在学校或者其他教育机构的管理制度。根据题意,选择A、C、D三项。B项是受教育享有的权利,故不选。

82. ACD 【解析】本题考查马斯洛需要层次理论。马斯洛将人的需要划分为七种,其中生理需要、安全需要、归属与爱需要、尊重需要属于缺失性需要,求知需要、审美需要、自我实现需要属于成长需要。A、C、D三项是为了满足尊重需要,属于缺失性需要。B项保持体型是为了满足审美需要,属于成长需要。本题为选非题,故选A、C、D三项。

83. CD 【解析】本题考查信息社会教育呈现的特征。信息社会的教育呈现出以下特征:(1)学校将发生一系列变革;(2)教育的功能将进一步得到全面理解;(3)教育的国际化与教育的本土化趋势都非常明显;(4)教育的终身化、全民化和全纳教育的理念成为指导教育改革的基本理念。A、B项为工业社会教育的特征。故本题答案为C、D项。

84. ABCD 【解析】本题考查学校产生的条件。学校产生的条件有:(1)生产力的发展以及社会生产水平的提高,为学校的产生提供了物质基础;(2)脑力劳动和体力劳动相分离,为学校的产生提供了专门从事教育活动的知识分子；(3)文字的创造与知识的积累，为学校教育活动的开展提供了有效的教育手段与充分的教育内容；(4)国家机器的产生，需要专门的机构来培养官吏和知识分子来为统治阶级服务。

85. BCD 【解析】本题考查教师教育研究的特点。关于专门研究者的教育研究与教师的教育研究的对比，可参考下表：

主体	教师的教育研究	专门研究者的教育研究
区别	改进教育的研究	描述和解释教育的研究
	置身教育之中的研究	置身教育之外的研究
	为了教育的研究	关于教育的研究

86. ABD 【解析】本题考查学生评价的类型。根据学生评价在教学活动中的不同作用可以分为诊断性评价、形成性评价和终结性评价，这是由美国教育心理学家布卢姆提出的影响较大并被广泛使用的分类法。

87. BC 【解析】本题考查"六艺"的内容。"六艺"指礼、乐、射、御、书、数。礼节和射击包含在"礼"和"射"中，B、C 项正确。"七艺"包括"三科(三艺)"(文法、修辞、辩证法)和"四学"(算术、几何、天文、音乐)，A、D 项属于"七艺"的内容。

88. ABCD 【解析】本题考查选择与运用教学方法的基本依据。选择与运用教学方法的基本依据有：(1)教学目的和任务的要求；(2)课程性质和特点；(3)每节课的重点、难点；(4)学生年龄特征；(5)教学时间、设备、条件；(6)教师业务水平、实际经验及个性特点。此外，教学方法的选择与运用还受教学手段、教学环境等因素的制约。

89. ABD 【解析】本题考查隐性课程的表现形式。隐性课程的主要表现形式有：观念性隐性课程、物质性隐性课程、制度性隐性课程、心理性隐性课程。A 项属于制度性隐性课程，B 项属于心理性隐性课程，D 项属于观念性隐性课程。C 项是显性课程。故 A、B、D 项正确。

90. ABD 【解析】本题考查校本课程开发的优点。校本课程开发，有利于"教育目标的实现""教育决策民主化""课程实施的改进""教育公平的达成""学校特色的形成""学生个性发展"和"教师专业发展"等。削弱学术性是校本课程开发的局限之一，C 项说法错误。

91. BCD 【解析】本题考查不合理信念的特征。不合理信念的三个基本特征为：(1)绝对化要求。指人们以自己的意愿为出发点，对某一事物怀有认为其必定会发生或不会发生的信念，它通常与"必须""应该"这类字眼连在一起，如："我必须获得成功""别人必须很好地对待我"等。(2)过分概括化。这是一种以偏概全、以一概十的不合理思维方式的表现。过分概括化的一个方面是人们对自身的不合理的评价。如面对失败的结果时，往往会认为自己"一无是处""一钱不值"，是"废物"等。过分概括化的另一个方面是对他人的不合理评价，即别人稍有差错就认为他很坏、一无是处等，这会导致一味地责备他人，以致产生敌意和愤怒等情绪。(3)糟糕至极。这是一种认为如果一件不好的事发生了，将是非常可怕、非常糟糕，甚至是一场灾难的想法。A 项属于合理信念，排除；B 项属于糟糕至极，C、D 两项属于过分概括化，故选 B、C、D 三项。

92. ABCD 【解析】本题考查文化教育学的基本观点。文化教育学的基本观点主要有：人是一种文化的存在，人类历史是一种文化的历史；教育过程是一种历史文化过程；教育研究必须采用精神科学或文化科学的方法；教育的目的就是要促使社会历史的客观文化向个体的主观文化转变，并将个体的主观世界引向博大的客观文化世界，培养完整的人格；培养完整人格的主要途径就是"陶冶"与"唤醒"；建构对话的师生关系。

93. CD 【解析】本题考查德韦克的成就目标理论。成就目标理论将成就目标分为两类，掌握目标和成绩目标。追寻掌握目标的个体认为智力是可以培养、可以发展的，因而力求掌握新的知识和提高自己能力；追寻成绩目标的个体则认为智力或能力是天生的、固定不变的，因而力求搜集与能力有关的证据以获得对自己能力的有利评价，避免消极评价。安德曼和迈尔总结了两种类型的成就目标的特点如下：

	掌握目标	成绩目标
成功是	提高、进步、掌握、创新	高成绩，比他人更好的表现，在标准化测量中取得相当的成就，不惜一切代价地取胜

续表

	掌握目标	成绩目标
有价值是	努力,挑战困难的任务	避免失败
满足感的产生是基于	进步、掌握	成为最好的,低努力的成功
喜欢的工作环境	有助于个人潜能的成长、学习	能建立不同成绩等级
努力的理由是	活动内在的、个人的意义	证明个人的价值

因此,答案选 C、D 两项。

94. AC 【解析】本题考查艾宾浩斯遗忘曲线。艾宾浩斯遗忘曲线规律:遗忘是在学习之后立即开始。遗忘是有规律的,即遗忘的进程是不均衡的,其趋势是先快后慢、先多后少、呈负加速,且到一定的程度后几乎不再遗忘。故选 A、C 两项。

95. ABC 【解析】本题考查青少年网络成瘾的原因。青少年网络成瘾的原因:(1)从网络本身来看,网络具有匿名性、便利性和非现实性的特点,这使网络对青少年有巨大的吸引力。A 项符合。(2)青少年网络成瘾者常具有某些特殊的“易感性”,这构成了网络成瘾的内因。网络成瘾者往往自我控制力差,没有时间感,只顾当前而不考虑长远,青少年网络成瘾者具有过分依赖而羞怯、压抑而孤僻的人格特征。B 项符合。(3)家庭问题、学业评价体系不当、人际关系失调、不良的引导也是导致青少年网络成瘾的重要原因。人际交往能力欠佳、沉重的学业压力和家长的过分保护,使得很多青少年欠缺良好的同伴关系,因此他们内心的苦恼常常无人分担。C 项符合。D 项是正常的课程设置,故排除。

96. AB 【解析】本题考查华生的心理学理论。华生提出教育万能论的观点,其著名的论断是“给我一打健康的婴儿,不管他们的状况如何,我可以任意把他们培养成从领袖到小偷等各种类型的人”,A 项正确。华生是行为主义的代表人物,认为行为就是刺激和反应的简单联结,学习的决定条件是外部刺激,并且外部刺激是可以控制的,B 项正确。育婴箱是由斯金纳提出的,程序教学由普莱西提出,斯金纳发展,因此 C、D 两项错误。

97. BC 【解析】本题考查韦纳的归因理论。美国心理学家韦纳把人经历过事情的成败归结为六种原因,即能力、努力程度、工作难度、运气、身心状况、外界环境。又把上述六项因素按各自的性质,分别归入三个维度:内部归因和外部归因、稳定性归因和非稳定性归因、可控制归因和不可控制归因。小爽认为成绩不好的原因是自己没有认真复习,认真复习属于韦纳成败归因理论中的努力程度,努力程度属于不稳定的、可控的因素,故选 B、C 两项。

98. AB 【解析】本题考查皮亚杰道德认知发展理论。皮亚杰把儿童品德的发展划分为四个阶段:(1)自我中心阶段(2~5 岁);(2)权威阶段(他律道德阶段或道德实在论阶段)(6~8 岁);(3)可逆性阶段(自律或合作道德阶段)(9~10 岁);(4)公正阶段(11~12 岁)。其中自律阶段的儿童已不把准则看成是不可改变的,而把它看作是同伴间共同约定的。该阶段的特征是:(1)儿童一般都形成了这样的概念,如果所有的人都同意的话,规则是可以改变的。C、D 两项错误。(2)儿童已经意识到一种同伴间的社会关系,应相互尊重。准则对他们来说已具有一种保证他们相互行动、互惠的可逆特征。同伴间的可逆关系的出现,标志着品德由他律开始进入自律阶段。(3)开始以动机作为道德判断的依据,认为公平的行为都是好的。关于惩罚,认为只有回报的惩罚才是合理的。B 项正确。(4)能把自己置于别人的地位,判断不再绝对化,看到可能存在的几种观点。A 项正确。

99. BC 【解析】本题考查桑代克的联结—试误学习理论。桑代克认为,学习要遵循三条重要的原则:准备律、练习律、效果律。(1)准备律是指联结的加强或削弱取决于学习者的心理准备和心理调节状态。这里的“准备”不是指学习前的知识准备和成熟方面的准备,而是学习者在学习开始时学习的动机。(2)练习律是指刺激与反应之间的联结会由于重复或练习而加强;反之,不重复或不练习,联结的力量就会减弱。(3)效果律是指刺激和反应之间的联结可因导致满意的结果而加强,也可因导致烦恼的结果而减弱。题干中的突袭式考试没有给予学生心理准备和心理调节状态,违背了准备律,C 项当选。学生成绩下降违背了效果律,B 项当选。

100. ACD 【解析】本题考查弗洛伊德的人格结构。

弗洛伊德将人格结构分成三个层次:本我、自我和超我。本我是生物本能我,自我是心理社会我,超我是道德理想我。当三者处于协调状态时,人格表现出一种健康状况;当三者互不相让,产生敌对关系时,就会产生心理疾病。

五、判断题

101. B 【解析】本题考查终身教育。终身教育是适应科学知识的加速增长和人的持续发展要求而逐渐形成的一种教育思想和教育制度,包括各个年龄阶段的各种方式的教育。把终身教育等同于成人教育或职业教育是片面的。

102. A 【解析】本题考查《深化新时代教育评价改革总体方案》的内容。《深化新时代教育评价改革总体方案》提出要改进中小学校评价。义务教育学校重点评价促进学生全面发展、保障学生平等权益、引领教师专业发展、提升教育教学水平、营造和谐育人环境、建设现代学校制度以及学业负担、社会满意度等情况。国家制定义务教育学校办学质量评价标准,完善义务教育质量监测制度,加强监测结果运用,促进义务教育优质均衡发展。普通高中主要评价学生全面发展的培养情况。国家制定普通高中办学质量评价标准,突出实施学生综合素质评价、开展学生发展指导、优化教学资源配置、有序推进选课走班、规范招生办学行为等内容。故题干表述正确。

103. B 【解析】本题考查现代学制的类型。现代学制主要有三种类型:一是双轨学制,二是单轨学制,三是分支型学制。西欧为双轨制,美国为单轨制,苏联为分支型学制。

104. A 【解析】本题考查马克思主义关于人的全面发展学说。在马克思主义关于人的全面发展的思想中,人的全面发展既表现为人的劳动能力、人的体力和智力的全面发展,又表现为人的个性才能和志趣的全面发展,而且是这些方面广泛、充分、自由地发展。

105. B 【解析】本题考查理想师生关系的基本特征。理想的师生关系是师生主体间关系的优化,从其发生发展的过程及其结果来看,具有三个基本特征:第一,尊师爱生,相互配合;第二,民主平等,和谐亲密;第三,共享共创,教学相长。

106. A 【解析】本题考查运动后效。运动后效指在注视向一个方向运动的物体之后,如果将注视点转向静止的物体,那么会看到静止的物体似乎向相反的方向运动。瀑布是朝一个方向运动的物体,田野是静止的物体,在注视运动的瀑布一段时间后,看到田野向上飞升,属于运动后效。故本题正确。

107. A 【解析】本题考查记忆的基本过程。记忆过程包括识记、保持、再现,从信息加工的角度看,是对信息进行编码、存储、提取的过程,没有记忆,外界的信息不可能为我们保持和利用,故本题正确。

108. B 【解析】本题考查青少年情绪的特点。初中生情绪的发展表现出明确的两面性,主要表现在以下三个方面:(1)强烈狂暴性与温和细腻性共存;(2)可变性与固执性共存;(3)内向性与表现性共存。其中,强烈狂暴性是指青少年的情绪表现有时是强烈而狂暴的,有人曾用“疾风暴雨”来形容这时期个体情绪强烈的特点。同样一个刺激,在他们那里所引起的情绪反应强度相对大得多,甚至达到震撼人心的程度。但青少年的情绪表现也不是一味强烈,有时也表现出温和、细腻的特点。故本题错误。

109. B 【解析】本题考查加德纳的多元智力理论。加德纳在前期认为,人的智力结构中存在着七种相对独立的智力。(1)言语智力,包括说话、阅读、书写的能力。(2)逻辑—数理(学)智力,指数字运算与逻辑思考的能力以及科学分析的能力。(3)视觉—空间智力,包括认识环境、辨别方向的能力。(4)音乐智力,包括对声音的辨识与韵律表达的能力。(5)运动智力,包括支配肢体以完成精密作业的能力。(6)人际智力(也即社交智力),包括与人交往并和睦相处的能力。(7)自知智力,也称内省智力,指的是认识自己并选择自己生活方向的能力。题干中的病人失去了辨别方向的能力,这属于视觉—空间智力,故本题错误。

110. B 【解析】本题考查科尔伯格品德发展阶段理论。科尔伯格认为道德判断的发展是与特定的年龄发展阶段相联系的,而且道德发展阶段是交叉的,即在某一年龄阶段通常会并存几个道德推理的发展阶段。当个体开始越来越能够考虑其他人的观点甚于自己的观点时,他的道德推理就从前习俗水平(对个人幸福的自我中心的关注)发展到习俗水平(对其他人,包括朋友、父母、自己个人社交圈中的其他人观点的考虑)，直到最后达到后习俗水平(协调多种观点以及根据所有人的观点来决定什么是对的)。故本题错误。

2021年山东省济宁市教师招聘考试统考公共基础知识和教育基础知识真题试卷(二)

一、单项选择题

1. B 【解析】本题考查《中华人民共和国教育法》。2021年修订的《中华人民共和国教育法》第六条规定，教育应当坚持立德树人，对受教育者加强社会主义核心价值观教育，增强受教育者的社会责任感、创新精神和实践能力。

2. D 【解析】本题考查《中华人民共和国义务教育法》。《中华人民共和国义务教育法》第三十八条规定，教科书根据国家教育方针和课程标准编写，内容力求精简，精选必备的基础知识、基本技能，经济实用，保证质量。

3. C 【解析】本题考查《中华人民共和国教师法》。《中华人民共和国教师法》第二十五条规定，教师的平均工资水平应当不低于或者高于国家公务员的平均工资水平，并逐步提高。建立正常晋级增薪制度，具体办法由国务院规定。故A项符合。第二十八条规定，县、乡两级人民政府应当为农村中小学教师解决住房提供方便。故C项不符合。第二十九条规定，教师的医疗同当地国家公务员享受同等的待遇；定期对教师进行身体健康检查，并因地制宜安排教师进行休养。故B项符合。第三十七条规定，教师有下列情形之一的，由所在学校、其他教育机构或者教育行政部门给予行政处分或者解聘：(1)故意不完成教育教学任务给教育教学工作造成损失的；(2)体罚学生，经教育不改的；(3)品行不良、侮辱学生，影响恶劣的。教师有前款第(2)项、第(3)项所列情形之一，情节严重，构成犯罪的，依法追究刑事责任。故D项符合。答案选C项。

4. D 【解析】本题考查《中华人民共和国未成年人保护法》。2020年修订的《中华人民共和国未成年人保护法》第三十七条规定，学校、幼儿园应当根据需要，制定应对自然灾害、事故灾难、公共卫生事件等突发事件和意外伤害的预案，配备相应设施并定期进行必要的演练。

5. C 【解析】本题考查《中华人民共和国国民经济和社会发展第十四个五年规划和2035年远景目标纲要》。《中华人民共和国国民经济和社会发展第十四个五年规划和2035年远景目标纲要》中提出，推进高等教育分类管理和高等学校综合改革，构建更加多元的高等教育体系，高等教育毛入学率提高到60%。

6. A 【解析】本题考查《深化新时代教育评价改革总体方案》。《深化新时代教育评价改革总体方案》中提出，改革教师评价，推进践行教书育人使命，坚持把师德师风作为第一标准。突出教育教学实绩。强化一线学生工作。改进高校教师科研评价。推进人才称号回归学术性、荣誉性。

7. C 【解析】本题考查基础教育课程改革的提出。2001年我国启动了解放以后规模最大、深度最深的一次课程改革，叫作“第八次基础教育改革”，它的标志是2001年颁布的《基础教育课程改革纲要(试行)》。

8. D 【解析】本题考查新课改的教学观。我国新课程带来的教学观的变革有：(1)教学从以“教育者为中心”转向“学习者为中心”；(2)教学从“教会学生知识”转向“教会学生学习”；(3)教学从“重结论轻过程”转向“重结论的同时更重过程”；(4)教学从“关注学科”转向“关注人”。

9. B 【解析】本题考查新课程改革的具体目标。新课程改革的具体目标之一是实现课程功能的转变(课程改革的核心目标)。从单纯注重传授知识转变为引导学生学会学习、学会合作、学会生存、学会做人，打破传统的基于精英主义思想和升学取向的过于狭窄的课程定位，关注学生“全人”的发展。

10. C 【解析】本题考查新课改下师生关系的变化。新课程改革要求建立一种“对话·互动”式的新型师生关系。在教学中有效地运用“对话·互动”，必须做到以下几点：(1)教师要转变角色和行为，与学生建立新型的民主、平等的师生关系；(2)要创设一定的“情境”和引出一定的“话题”；(3)教师要学会一些引导“对话·互动”的策略和技巧。

11. B 【解析】本题考查教师违法(侵权)行为。人身自由是公民的一项基本权利，包括身体行动自由和表达的自由。侵害学生人身自由的表现形式有:非法拘禁和限制学生、非法搜查学生、非法限制学生表达自由的权利等。教师将学生关在办公室反省,禁止学生参加课外活动属于侵犯学生人身自由权的行为。

12. B 【解析】本题考查现代教学理论的三大流派。布鲁纳、赞科夫、瓦·根舍因等人提出的教学理论,充实了教育学的内容,提高了教育学的科学文化水平,被视为现代教学理论的三大流派。

13. C 【解析】本题考查加涅的信息加工学习理论。加涅提出了他的学习过程的八个阶段:(1)动机阶段;(2)了解(领会)阶段;(3)获得阶段;(4)保持阶段;(5)回忆阶段;(6)概括阶段;(7)操作阶段;(8)反馈阶段。

14. B 【解析】本题考查教师的成长阶段。福勒和布朗根据教师的需要和不同时期所关注的焦点问题,把教师的成长划分为关注生存、关注情境和关注学生三个阶段。其中关注生存阶段的教师非常关注自己的生存适应性,最担心的问题是"学生喜欢我吗""同事们如何看我""领导是否觉得我干得不错"等。因而,可能会把大量的时间花在如何与学生搞好个人关系上,想方设法控制学生,而不是更多地考虑如何让学生获得学习上的进步。

15. B 【解析】本题考查陈鹤琴的"活教育"思想体系。"活教育"的目标是做人、做中国人、做现代中国人。故C项正确。"活教育"课程是以大自然、大社会为出发点,让学生直接去学习。故A项正确。"活教育"的方法是做中教、做中学、做中求进步等。故D项正确。杜威提出了"儿童中心""活动中心""经验中心"的"新三中心论"。故B项说法错误。

16. C 【解析】本题考查家庭教育相关知识。家庭教育是学校教育的基础和补充,有不可替代的教育作用。因此教师应该尊重家长,帮助家长树立威信,与家长一起做好教育工作。

17. C 【解析】本题考查家访相关知识。传统的教师主动上门家访仍是家访的主要形式,故A项说法错误。家访主要由班主任老师进行,学校领导和科任教师密切配合,故B项说法错误。家访是学校与家庭密切联系的重要途径,故C项说法正确。家访的对象是全体学生,包括学习成绩好的学生和成绩差的学生,故D项说法错误。

18. D 【解析】本题考查朱熹的教育思想。董仲舒曾提出"善一""常一"和"专一"的学习要求,A项不选。严慈相济原则是颜之推的家庭教育原则之一,B项不选。在儿童教育方面,王守仁提出要"随人分限所及",量力施教,C项不选。关于道德教育,朱熹认为其教育方法主要为立志、居敬、存养、省察、力行,D项可选。

19. D 【解析】本题考查课堂提问的类型。理解水平的提问可用来检查学生对事物本质和内部联系的把握程度,帮助学生组织所学的知识,弄清它们的含义。在理解水平的提问中,教师经常使用的关键词是:用你自己的话叙述、比较、对照、解释等。题干中的老师让学生解释"洛阳亲友如相问,一片冰心在玉壶"的意思,即属于理解水平的提问。

20. D 【解析】本题考查中国特色社会主义理论体系。习近平总书记在党的十八届三中全会上正式提出,全面深化改革的总目标是完善和发展中国特色社会主义制度,推进国家治理体系和治理能力现代化。这两句话是一个统一整体,前一句规定了根本方向,后一句规定了在根本方向指引下完善和发展中国特色社会主义制度的鲜明指向。故本题选D项。

21. B 【解析】本题考查生态文明建设。习近平总书记在主持中共中央政治局第二十九次集体学习时强调,生态环境保护和经济发展是辩证统一、相辅相成的,建设生态文明、推动绿色低碳循环发展,不仅可以满足人民日益增长的优美生态环境需要,而且可以推动实现更高质量、更有效率、更加公平、更可持续、更为安全的发展,走出一条生产发展、生活富裕、生态良好的文明发展道路。"十四五"时期,我国生态文明建设进入了以降碳为重点战略方向、推动减污降碳协同增效、促进经济社会发展全面绿色转型、实现生态环境质量改善由量变到质变的关键时期。要完整、准确、全面贯彻新发展理念,保持战略定力,站在人与自然和谐共生的高度来谋划经济社会发展,坚持节约资源和保护环境的基本国策,坚持节约优先、保护优先、自然恢复为主的方针,形成节约资源和保护环境的空间格局、产业结构、生产方式、生活方式,统筹污染治理、生态保护、应对气候变化,促进生态环境持续改善,努力建设人与自然和谐共生的现代化。

22. B 【解析】本题考查文学常识。这句话出自《孟子·离娄下》，表达了儒家所倡导的理想的君臣关系。

23. A 【解析】本题考查矛盾观。国家在不同的历史时期，根据不同的出生人口状况，采取不同的人口政策。这体现了矛盾的特殊性原理及其方法论——具体问题具体分析，A 项正确。题干中没有体现矛盾的两面性，B 项排除。社会存在决定社会意识，社会意识对社会存在具有能动的反作用。先进的社会意识对社会发展起积极的促进作用，落后的社会意识对社会发展起消极的阻碍作用，C 项说法片面，排除。D 项与题意不符，排除。故本题选 A。

24. D 【解析】本题考查哲学常识。“治大国如烹小鲜”用烹饪比喻治国。“烹小鲜”不能随意翻动，作料要恰到好处，火候要掌握得当，要尊重烹饪的规律。治大国也是这样，不能朝令夕改乱折腾，不能操之过急求政绩，也不能懈怠马虎不负责任；治大国要了解国情，体察民意，尊重规律，科学施政。A 项体现出实践决定认识的哲学道理；B 项体现出矛盾双方相互依存的哲学道理；C 项体现出矛盾的特殊性原理。ABC 项均不符合题意，排除。D 项的意思是说，用强力统治天下，就一定会失败；用强力把持天下，就一定会失去天下。因此，要尊重客观规律，科学施政。D 项与题干体现的哲学道理相同。故本题选 D。

25. B 【解析】本题考查时政热点。我国第七次全国人口普查主要数据结果显示，全国人口共 141178 万人，与 2010 年(第六次全国人口普查数据)的 133972 万人相比，增加 7206 万人，增长 5.38%，年平均增长率为 0.53%，比 2000 年到 2010 年的年平均增长率 0.57% 下降 0.04 个百分点。数据表明，我国人口 10 年来继续保持低速增长态势。故本题选 B。

26. A 【解析】本题考查经济常识。“看不见的手”出自亚当·斯密的《国富论》，指的是市场机制对经济发展的作用，故本题选 A。

27. D 【解析】本题考查经济常识和细节理解能力。题干第一句中，凯恩斯的观点从两个角度分析了节俭的影响，体现出了消费对社会经济发展的推动作用。题干第二句中，描述了当今中国的一些城市青年推崇的新节食主义等消费观和人生观，主张理性消费。这两种观点综合来看，体现了要重视消费对生产的影响，积极引导消费，D 项正确。凯恩斯的观点的重点在转折之后，强调了节俭对社会经济发展的消极影响，并非提倡个人节俭，A 项错误；生产决定消费，消费对生产具有反作用，B 项错误；题干中没有涉及对节俭的完全否定态度，C 项过于绝对，排除。故本题选 D。

28. D 【解析】本题考查逻辑判断能力。D 项是对材料最后一句的语义偷换，“等到鼠类减少到一定程度”并非老鼠越少越好，D 项错误。ABC 项正确。故本题选 D。

29. C 【解析】本题考查中国古代医学成就。东汉张仲景著有《伤寒杂病论》，他被后人尊称为“医圣”。皇甫谧编撰有《针灸甲乙经》。王叔和著有《脉经》，总结了汉以前有关脉学之成就，系我国现存最早的脉学专书。唐代名医孙思邈撰写的《千金方》(又称《千金要方》)被誉为“中国最早的临床医学百科全书”，他被后世尊称为“药王”。故本题选 C。

30. B 【解析】本题考查文学常识。“实事求是”一词最早提出于《汉书·河间献王刘德传》。班固在《汉书》中专门为刘德立传，并在传首评价刘德“修学好古，实事求是”。

31. C 【解析】本题考查经济常识。纳斯达克是美国的一个电子证券交易机构。它是由美国全国证券交易商协会为了规范混乱的场外交易和为小企业提供融资平台于 1971 年创建的，总部设在美国纽约百老汇。故本题选 C。

32. C 【解析】本题考查温室效应。二氧化碳是导致温室效应的主要气体，此外还有甲烷、臭氧、氟氯烷等。故本题选 C。

33. B 【解析】本题考查中国书法。甲骨文是我国最早的成熟汉字，出土于殷墟，标志着中国汉字在商代后期已趋于成熟；秦朝丞相李斯对大篆加以去繁就简，改为小篆；到了汉代，隶书发展到了成熟阶段，汉字的易读性和书写速度都大大提高；楷书是为书写简便在隶书的基础上演变出来的；行书是介于楷书与草书之间的一种书体，是在楷书的基础上发展起来的。故本题选 B。

34. A 【解析】本题考查科举制度。明清时期科举考试分为四级，即院试、乡试、会试、殿试。院试在县府举行，考中者称“生员”；乡试每三年在各省省城举行一次，生员才有资格参加，考中者称“举人”，举人中的第一名称为“解元”；会试于乡试后第二年在京城礼部举行,举人才有资格参加,考中者称“贡士”,贡士中的第一名称为“会元”;殿试在会试当年举行,由皇帝主持,贡士才有资格参加,录取分三甲,一甲三名,二甲、三甲各若干名,统称“进士”,一甲中的第一名称为“状元”。故本题选 A。

35. B 【解析】本题考查古代学校的名称。朱熹解释“泮宫”时曾说:“诸侯之学,乡村之宫,谓之泮宫。”“泮宫”在古代指国家高等学校,即官学。故本题选 B。

36. A 【解析】本题考查地方文化。山东省济宁市鱼台县流传有“五里三贤”的佳话。“三贤”是指闵子骞、樊子迟、宓子贱,皆为孔门弟子七十二贤中人。因他们三人的居所相距不过五里,故称“五里三贤”。其中,闵子骞德行卓著,孝行最为突出。相传他早年丧母,后母虐待他,冬天以芦花为其做“棉衣”。偶被父亲鞭打后发现,即欲休妻。闵子骞劝阻说:“母在一子寒,母去三子单。”从而感动了后母和家人。这就是著名的“鞭打芦花”的故事。故本题选 A。

37. A 【解析】本题考查地方历史人物。该故事的主人翁是南北朝时期的大将檀道济。檀道济的祖籍是高平金乡(今山东省济宁市金乡县)。

38. B 【解析】本题考查人文素养。韩非是战国末期著名思想家、法家代表人物,他主张“事在四方,要在中央;圣人执要,四方来效”,即国家的大权要集中在君主一人手里,也就是“权威管理”。孔子是中华文化思想的集大成者,儒家学说的创始人,他提出“不愤不启,不悱不发,举一隅不以三隅反,则不复也。”,即与当今素质教育原则相对应的“启发式”教学方法,也就是“启发式管理”。故本题选 B。

39. D 【解析】本题考查地方文化。玉堂酱园是济宁儒商文化的代表,始建于清朝康熙五十三年(1714 年),是姑苏人戴玉堂在济宁开的一家酱菜铺子。1807 年,戴姓船户因商市萧条,声明将“姑苏戴玉堂”转售。济宁“德聚药材货栈”经理冷长连联合济宁官宦世家、江苏巡抚孙玉庭(任职于南京)各付白银五百两,由冷长连经手将“姑苏戴玉堂”买下。经营方式由贩进而销逐步改为自产自销,店名改为“姑苏玉堂”,又名玉堂酱园。故本题选 D。

40. C 【解析】本题考查地方历史人物。文成公主,祖籍山东省济宁市任城,唐朝宗室女。唐太宗贞观十四年(640 年),太宗李世民封李氏为文成公主;贞观十五年(641 年)文成公主远嫁吐蕃,成为吐蕃赞普松赞干布的王后。唐蕃自此结为姻亲之好。

二、多项选择题

41. BCD 【解析】本题考查《中华人民共和国教育法》。2021 年修订的《中华人民共和国教育法》第七条规定,教育应当继承和弘扬中华优秀传统文化、革命文化、社会主义先进文化,吸收人类文明发展的一切优秀成果。

42. BC 【解析】本题考查《中华人民共和国义务教育法》。《中华人民共和国义务教育法》第二条规定,国家实行九年义务教育制度。实施义务教育,不收学费、杂费。A 项不符合。第二十二条规定,县级以上人民政府及其教育行政部门应当促进学校均衡发展,缩小学校之间办学条件的差距,不得将学校分为重点学校和非重点学校。学校不得分设重点班和非重点班。B 项符合。第二十六条规定,学校实行校长负责制。校长应当符合国家规定的任职条件。校长由县级人民政府教育行政部门依法聘任。C 项符合。第二十七条规定,对违反学校管理制度的学生,学校应当予以批评教育,不得开除。D 项不符合。答案选 B、C 两项。

43. ABD 【解析】本题考查《中华人民共和国未成年人保护法》。《中华人民共和国未成年人保护法》第五十九条规定,任何人不得在学校、幼儿园和其他未成年人集中活动的公共场所吸烟、饮酒。A 项当选。第六十一条规定,招用已满十六周岁未成年人的单位和个人应当执行国家在工种、劳动时间、劳动强度和保护措施等方面的规定,不得安排其从事过重、有毒、有害等危害未成年人身心健康的劳动或者危险作业。在饭店打工不属于过重、有毒、有害的劳动或者危险作业。C 项没有违反相关规定。第六十三条规定,除下列情形外,任何组织或者个人不得开拆、查阅未成年人的信件、日记、电子邮件或者其他网络通讯内容:(1)无民事行为能力未成年人的父母或者其他监护人代未成年人开拆、查阅;(2)因国家安全或者追查刑事犯罪依法进行检查;(3)紧急情况下为了保护未成年人本人的人身安全。D 项中的情形不符合上述三条,故违反了相关规定。D 项当选。第一百零八条规定,被撤销监护人资格的父母或者其他监护人应当依法继续负担抚养费用。B 项当选。答案选 A、B、D 三项。

44. AD 【解析】本题考查《关于加强和改进新时代师德师风建设的意见》。《关于加强和改进新时代师德师风建设的意见》中指出,加强师德师风建设的基本原则有:(1)坚持正确方向;(2)坚持尊重规律;(3)坚持聚焦重点;(4)坚持继承创新。

45. ABCD 【解析】本题考查《深化新时代教育评价改革总体方案》。《深化新时代教育评价改革总体方案》中指出,改革学生评价,促进德智体美劳全面发展,具体要树立科学成才观念、完善德育评价、强化体育评价、改进美育评价、加强劳动教育评价、严格学业标准、深化考试招生制度改革。

46. BD 【解析】本题考查新课程改革的理论基础。影响基础教育改革的理论、理念非常庞杂,有些理论主要影响着基础教育的宏观改革,如人力资本理论、终身教育思潮、全民教育思潮等,而有些理论却对基础教育改革的微观领域影响较大,如人本主义教育理论、建构主义教育理论、多元智力理论等。故本题选 B、D 两项。

47. ABCD 【解析】本题考查综合实践活动的内容。综合实践活动的内容主要包括:信息技术教育、研究性学习、社区服务与社会实践、劳动与技术教育。

48. BCD 【解析】本题考查奥苏贝尔的有意义接受学习理论。奥苏贝尔强调,必须消除对接受学习的误解。接受学习未必都是机械学习,它可以而且也应该是有意义的学习。同样,发现学习未必都是有意义的学习,它也可能是机械学习。发现学习并不一定比接受学习更高级、复杂和效率高。

49. ABD 【解析】本题考查教育家的思想与著作。苏格拉底的"产婆术"分为三步:讽刺、定义、助产术。故 A 项正确。昆体良是古罗马教学法大师,他的代表作《雄辩术原理》是西方最早的教育著作,也被誉为古代西方的第一部教学法论著。故 B 项正确。柏拉图是"寓学习于游戏"的最早提倡者,他要求不强迫孩子们学习,主张采用做游戏的方法,在游戏中更好地了解每个孩子的天性。故 D 项正确。首次提出"教育遵循自然"观点的教育家是亚里士多德,故 C 项错误。

50. ABC 【解析】本题考查注意规律在教学中的应用。A 项老师突然中断讲课,是利用刺激物的活动和变化引起学生的无意注意。B 项老师用彩色粉笔突出重点,是利用刺激物之间显著的对比关系引起学生的无意注意。间接兴趣,特别是稳定的间接兴趣,是引起和保持有意注意的重要条件。学生的间接兴趣越稳定,就越能对活动的对象产生有意注意。C 项正确。如果只让学生凭借无意注意来学习,则不利于他们克服学习过程中的困难。D 项错误。故本题选 A、B、C 三项。

51. BD 【解析】本题考查记忆规律。系列位置效应就是指接近开头和末尾的记忆材料的记忆效果好于中间部分的记忆效果的趋势。A 项正确。早晨学习效果一般较好,因为这个阶段学习不受前摄抑制干扰。B 项错误。根据艾宾浩斯遗忘曲线,记忆的最初阶段遗忘的速度快,随后逐渐变慢。艾宾浩斯认为保持和遗忘是时间的函数。C 项正确。过度学习达到 50%,即学习的熟练程度达到 150% 时,学习的效果最好。D 项错误。故本题选择 B、D 两项。

52. AB 【解析】本题考查孔子的教育思想。孔子主张因材施教的教学原则,"中人以上,可以语上也;中人以下,不可以语上也",即指出施教应根据学生程度水平。故 A 项可选。孔子提倡启发诱导的教学原则,主张"不愤不启,不悱不发。举一隅不以三隅反,则不复也。"故 B 项可选。"尽信《书》,则不如无《书》"出自《孟子·尽心下》,意为:完全相信《尚书》,就不如没有《尚书》。故 C 项不选。"业精于勤荒于嬉,行成于思毁于随"出自韩愈的《进学解》,概括了学业与品德进步与否的主要原因,告诫人们要勤奋学习和善于思考。故 D 项不选。

53. ABD 【解析】本题考查皮亚杰道德认知发展论。皮亚杰提出,儿童的道德发展要经历前道德阶段—他律道德阶段—自律道德阶段。(具体参看杨韶刚著的《道德教育心理学》)

54. ACD 【解析】本题考查奥苏贝尔的认知结构迁移理论。奥苏贝尔认为,迁移的发生取决于学习者原有认知结构的可利用性、辨别性和稳定性的程度。

55. ABCD 【解析】本题考查《中共中央关于制定国民经济和社会发展第十四个五年规划和二〇三五年远景目标的建议》。党的十九届五中全会审议通过了《中共中央关于制定国民经济和社会发展第十四个五年规划和二〇三五年远景目标的建议》(以下简称《建议》),《建议》中指出,坚持创新在我国现代化建设全局中的核心地位,把科技自立自强作为国家发展的战略支撑,面向世界科技前沿、面向经济主战场、面向国家重大需求、面向人民生命健康,深入实施科教兴国战略、人才强国战略、创新驱动发展战略,完善国家创新体系,加快建设科技强国。

三、简答题(参考答案)

56. (1)改革党委和政府教育工作评价,推进科学履行职责。

(2)改革学校评价,推进落实立德树人根本任务。

(3)改革教师评价,推进践行教书育人使命。

(4)改革学生评价,促进德智体美劳全面发展。

(5)改革用人评价,共同营造教育发展良好环境。

57. (1)心理上及时疏导,帮助学生调整心态。

(2)关心学生的生活、学习。

(3)关注学生人格的完整及自我成长。

(4)与其父母沟通,形成合力。

58. (1)突出课堂育德,在教育教学中提升师德素养。

(2)突出典型树德,持续开展优秀教师选树宣传。

(3)突出规则立德,强化教师的法治和纪律教育。

四、作文题(写作思路)

59. 材料所述强调的是科教兴国在社会发展中的重大作用,从教师角度出发,就是要树立素质教育理念,培养学生的创新能力和实践能力,发挥教育在社会中的重要作用。考生可从“教育兴国”等角度出发进行写作。

首先,点明主题。考生可从名人名言或社会发展实例出发,引出文章的主题——“教育兴国”。

其次,论证主题。考生可从具体事例中进一步论述“教育”对自己、他人以及社会的影响,并提出对于实施“教育兴国”,自己力所能及的事情。

最后,升华主题。考生要把握“教育兴国”的本质,从教育进步、国家发展出发,进行全文的升华,使文章更具深度。

2021 年山东省青岛市教师招聘考试教育基础知识真题试卷(三)

一、单项选择题

1. B 【解析】本题考查全国教育大会的相关内容。习近平总书记在全国教育大会上的讲话中指出:我们要坚持我国教育现代化的社会主义方向,坚持教育公益性原则,把教育公平作为国家基本教育政策,大力推进教育体制改革创新。

2. A 【解析】本题考查教育家的著作及地位。夸美纽斯于 1632 年出版的《大教学论》是教育学开始形成一门独立学科的标志,该书被认为是近代第一本教育学著作。故 A 项正确。赫尔巴特的《普通教育学》的出版,标志着规范教育学的建立,同时,这本书也被认为是第一本现代教育学著作。B 项不选。杜威的理论是现代教育理论的代表,其代表作《民主主义与教育》及反映在其作品中的实用主义教育思想,对 20 世纪的教育和教学有深远影响。C 项不选。苏霍姆林斯基的教育思想属于当代教育思想理论,其代表作主要有《给教师的一百条建议》《把整个心灵献给孩子》等。《苏霍姆林斯基教育名言》的作者是我国特级教师张万祥。D 项不选。

3. D 【解析】本题考查布卢姆的教育思想。美国教育心理学家布卢姆将教学目标分为认知、情感和动作技能三个领域,每一领域的目标又从低级到高级分成若干层次。而掌握学习是由布卢姆提出来的一种适应学习者个别差异的教学方法。故本题选 D。

4. D 【解析】本题考查生产力对教育的制约作用。教育目的的确定受社会生产力的制约,A 项正确;生产力的发展水平制约着教育的内容、方法与手段,B 项正确;生产力的发展水平制约着教育发展的规模和速度,C 项正确;社会政治经济制度决定受教育权,D 项错误。

5. C 【解析】本题考查现代学制类型。现代学制最早出现在欧洲,主要有三种类型:一是双轨学制,二是单轨学制,三是分支型学制。

6. D 【解析】本题考查教学过程理论。公元前 6 世纪,孔子把学习过程概括为“学—思—行”(也有说法认为是“学—思—习—行”)的统一过程。A 项正确。19 世纪德国教育家赫尔巴特提出教学过程由“明了、联合(联想)、系统、方法”四阶段构成(后发展为五个阶段),这一理论标志着教学过程理论的形成。B 项正确。19 世纪末,美国实用主义教育家杜威认为,教学过程是学生直接经验的不断改造和增加的过程,是“从做中学”的过程,并提出了困难、问题、假设、验证和结论的五步教学法。C 项正确。20 世纪 40 年代，苏联教育家凯洛夫认为，教学过程是一种认识过程。D 项错误，故本题选 D。

7. C 【解析】本题考查素质教育的内涵。素质教育是以提高国民素质为根本宗旨的教育，A 项正确。素质教育是面向全体学生的教育，是促进学生全面发展、个性发展的教育，B 项正确，C 项错误。素质教育是以培养创新精神和实践能力为重点的教育，D 项正确。

8. A 【解析】本题考查教材的编排方式。在教材的编写上，我国中小学教科书的组织结构一般采用螺旋式上升与直线式编写两种基本方式。直线式教科书结构，即把一门学科的课程内容或其中一个课题的内容按照知识本身的逻辑结构来展开呈现在教科书中，使各种知识在内容上均不重复的编排形式。螺旋式教科书结构，即把同一课题内容按深度、广度的不同层次安排在教科书的不同阶段重复出现，使得每一次重复都将原有的知识、方法、经验进一步加深拓宽，逐级深化。题干描述的教材编排形式是直线式。

9. A 【解析】本题考查综合实践活动的内容。研究性学习是指学生基于自身兴趣，在教师指导下，从自然、社会和学生自身生活中选择和确定研究专题，主动地获取知识、应用知识、解决问题的学习活动。A 选项将研究专题局限于自然科学，是不正确的。社区服务与社会实践是指学生在教师指导下，走出教室，进入社会，参与社区生活和社会实践活动，开展各种力所能及的社区服务性、公益性、体验性、学习性的活动，以获取直接经验、发展实践能力、增强社会责任感为主旨的学习领域。B 选项正确。劳动与技术教育是以引导学生获得积极的劳动体验，形成良好的技术素养，获得多方面发展的具有操作性学习特征的教育活动。C 选项正确。信息技术教育的目的在于帮助学生发展适应信息时代需要的信息素养。D 选项正确。

10. C 【解析】本题考查我国现阶段的教学任务。我国现阶段的教学任务：第一，传授系统的科学文化基础知识和基本技能，这是教学的首要任务。第二，发展学生的智力、体力和创造能力。第三，培养社会主义品德和审美情趣，奠定学生的科学世界观基础。第四，关注学生的个性发展。故本题选 C。（具体参看任平、孙文云主编的《现代教育学概论（第 3 版）》）

11. D 【解析】本题考查迁移的分类。重组性迁移指重新组合原有认知系统中某些构成要素或成分，调整各成分间的关系或建立新的联系，从而应用于新情境。在重组过程中，基本经验成分不变，但各成分间的结合关系发生了变化，即进行了调整或重新组合。题干中各动作成分的重新组合，重新排列体现了重组性迁移。

12. B 【解析】本题考查精加工策略。精加工策略是指把新信息与头脑中的旧信息联系起来从而增加新信息意义的深层加工策略。精加工策略包括记忆术、做笔记、生成性学习等。使用谐音进行记忆属于精加工策略中的记忆术。

13. B 【解析】本题考查教学工作的基本环节。教师教学工作包括五个基本环节（即基本程序）：备课、上课、作业的布置与反馈、课外辅导和学业成绩的检查与评定。

14. B 【解析】本题考查维果斯基的最近发展区理论。维果斯基认为，儿童有两种发展水平：一是儿童的现有水平，即由一定的已经完成的发展系统所形成的儿童心理机能的发展水平；二是可能达到的发展水平。这两种水平之间的差异，就是最近发展区。维果斯基提出“教学应走在发展的前面”，即教学应着眼于学生的最近发展区，把潜在的发展水平变成现实的发展，并创造新的最近发展区。

15. B 【解析】本题考查情绪的分类。依据情绪发生的强度、持续性和紧张度的不同，可以把情绪状态划分为激情、心境、应激三种。激情是一种爆发式的、猛烈而持续时间短暂的情绪状态。激情有积极和消极之分。积极的激情与理智、坚强意志相联系，能激励人们克服艰险，攻克难关。如运动员参加国际比赛后的狂欢，可以鼓舞一个人继续前进。消极的激情则对个体的活动产生抑制作用，使人的自制力显著下降。如在绝望中一蹶不振，甚至丧失生活的勇气，或者引起冲动性行为，做出一些不该做的事，事过境迁又感到后悔不已等。尤其是血气方刚的青少年，情绪、情感反应强烈，富于变化，容易从一个极端走向另一个极端。题干所述体现了激情的积极作用。

16. B 【解析】本题考查科尔伯格的品德发展阶段理论。科尔伯格将道德判断分为前习俗水平、习俗水平和后习俗水平，每一水平包含两个阶段，六个阶段依照由低到高的层次发展。其中处在后习俗水平中的社会契约的道德定向阶段的儿童仍以法制观念为导向,有强烈的责任心和义务感,但不再把社会规则和法律看成是死板的、一成不变的条文,而认识到了它们的人为性和灵活性,他们尊重法制但不拘泥于法律条文,认为法律是人制定的,不合时宜的条文可以修改。个体认为法律和规范作为一种大家商定的社会契约,虽然可以帮助人们维持公平和正义,但也可以根据多数人的要求而改变。题干所述说明小明处于社会契约的道德定向阶段。

17. A 【解析】本题考查课程目标的分类。借鉴布卢姆的教育目标分类思想,结合我国的教育教学实际,基础教育课程标准中,将课程目标分为三个领域:知识与技能、过程与方法、情感态度与价值观。其中,知识与技能目标中"知识"分为三个水平:(1)了解水平,与加涅的言语信息、辨别技能相对应,包括再认或回忆知识;识别、辨认事实或证据;举出例子;描述对象的基本特征等。使用的行为动词如说出、辨认、回忆、举例、复述、描述等。(2)理解水平,与加涅的概念和规则相对应,包括把握内在逻辑联系;与已有知识建立联系;进行解释、推断、区分、扩展;提供证据;收集、整理信息等。使用的行为动词如解释、说明、比较、概述、判断、预测、推断、检索、收集、整理等。(3)应用水平,与加涅的问题解决相对应,指在新的情境中使用抽象的概念、原理、规则;进行总结、推广;建立不同情境下的合理联系等。行为动词如应用、质疑、设计、解决、撰写、拟定、检验、计划、总结、推广、证明、评价等。因此,"说出人体需要的主要营养物质"是知识目标,属于了解水平。"技能"分为三个水平:(1)模仿水平;(2)独立操作水平;(3)迁移水平。情感态度与价值观分为三个水平:(1)经历(感受)水平;(2)反应(认同)水平;(3)领悟(内化)水平。(具体参见李跃文主编的《儿童教育心理学》)

18. C 【解析】本题考查课程类型。活动课程亦称经验课程,是指围绕着学生的需要和兴趣、以活动为组织方式的课程形态,即以学生的主体性活动经验为中心组织的课程。它打破了学科逻辑组织的界限。学科课程是指以文化知识(科学、道德、艺术)为基础,按照一定的价值标准,从不同的知识领域或学术领域选择一定的内容,根据知识的逻辑体系,将所选出的知识组织为学科的课程类型。综合课程是指采用各种有机整合的形式,使学校教学系统中分化的各种要素及各成分之间形成有机联系的课程形态。就学习者受教育的环境来看,社会课程是指学习者在校外即在社会上受教育的课程。

19. C 【解析】本题考查课堂导入的类型。直观导入是指在讲授新知识前,教师有目的地让学生观察挂图、实物模型、图表、幻灯、投影、视频等,以激发学生的学习兴趣,提出有关问题,使学生在观察分析中自然过渡到新知识的学习。题干中的老师利用图片导入,激发学生兴趣,是运用了直观导入的方法。因此本题选 C。

复习导入又称温故式导入法,指教师以学生已有的知识、经验作为基础,从新旧知识的联系中入手,引导学生发现问题,以积极的情绪投入学习的方式。

设疑导入指教师根据学生的学习动机、兴趣形成的规律,设疑置悬,使学生产生急于探究的急切心情,从而激发学习的诱因,启发学生积极思维的导入新课方式。

情境导入就是利用语言、设备、环境、活动、音乐、绘画等各种手段,制造一种符合教学需要的情境,以激发学生兴趣,诱发思维,使学生处于积极学习状态的技法。

20. A 【解析】本题考查教师的理答方式。教师常用的理答方式主要有以下几种:

(1)提示。提示是指当学生回答不出问题,回答错误或回答不完整时,教师通过层层启发,逐级诱导,帮助学生慢慢接近正确答案,并最终由学生自己得出正确答案的一种理答方式。

(2)探究。探究是指在教师提问之后,学生虽然提供了正确答案,但他们提供的答案往往不够深入,或者不够详细,或者不够清楚,或者不够规范,这时教师要求学生提供补充信息,进一步解释或澄清自己的观点,使得自己的回答更深入、更详细、更清晰、更规范的一种理答方式。

(3)转引。转引是教师就一个问题分别向两个或两个以上学生提问的理答方式。

(4)延伸。延伸是指教师在随后的教学中用到学生前面提供的正确结论,或者教师对学生提供的正确答案做进一步的发挥,使其更具概括性、代表性、普遍性的一种理答方式。

(5)回问。回问是指当某位学生不能回答时，教师先把问题转引给其他学生，待其他学生正确回答后，再将原问题提问给刚才那位不会回答的学生，或者再问那位不会回答的学生一道类似的题目，直到他(她)也能正确回答的理答方式。

题干中，学生对于教师的提问的回答并无错误，但还不够深入、详细，教师可采用探究(探问)的理答方式，要求学生提供补充信息，启发学生进一步思考。

21. C 【解析】本题考查最早实施义务教育的国家。德国是世界上最早实施义务教育的国家。

22. C 【解析】本题考查个体身心发展的规律。个体身心发展的阶段性规律，决定了教育工作必须根据不同年龄阶段的特点分阶段进行。如果不顾学生的年龄特征和接受能力，在教育工作中搞“一刀切”“一锅煮”，把对儿童和青少年的教育“成人化”，就违反了个体身心发展的阶段性规律。故C项正确。互补性是指机体某一方面的机能受损甚至缺失后，可通过其他方面的超常发展得到部分补偿。个体身心发展的个别差异性，是指个体之间的身心发展以及个体身心发展的不同方面之间，存在着发展程度和速度的不同。

23. D 【解析】本题考查课程实施的取向。课程实施的三种取向分别是：忠实取向、相互适应取向和创生取向。忠实取向强调设计好的课程不能改变；相互调适取向强调计划实施中与实际相互调整、适应；创生取向强调师生共同创生新的教育经验。题干中，教师突破教材文本，创生出更适合学生的课程，是创生取向的课程实施。故本题选D。

24. B 【解析】本题考查学习迁移。学习迁移也称训练迁移，是指一种学习对另一种学习的影响，或习得的经验对完成其他活动的影响。迁移是学习的一种普遍现象，广泛存在于各种知识、技能、行为规范与态度的学习中，平时所说的“举一反三”“触类旁通”等即是典型的迁移形式。

25. D 【解析】本题考查思维的品质。思维的灵活性是指能灵活地思考问题。它表现为能从不同角度、运用不同方法思考问题；在条件发生变化时，能随机应变，及时改变原有计划、方案，寻找新的解决问题的途径。神机妙算的意思是惊人的机智，巧妙的计谋；诡计多端的意思是欺诈的计谋层出不穷。这体现了思维的灵活性。

26. A 【解析】本题考查中国古代的教育内容。奴隶社会，学校教育的主要内容是所谓的礼、乐、射、御、书、数等六艺，主要任务是“明人伦”，为维护和巩固奴隶主阶级的统治服务。

27. A 【解析】本题考查古代社会的教育。斯巴达教育以军事体育训练和政治道德灌输为主，教育内容单一，教育方法也比较严厉，其教育目的是培养忠于统治阶级的强悍的军人。

28. A 【解析】本题考查平行教育原则。集体教育和个别教育相结合原则(平行教育原则)是苏联教育家马卡连柯成功教育经验的总结。马卡连柯指出：教师要影响个别学生，首先要去影响这个学生所在的集体，然后通过集体和教师一道去影响这个学生，便会产生良好的教育效果。

29. C 【解析】本题考查教学组织形式。道尔顿制是由美国教育家柏克赫斯特创建的一种新的教学组织形式。运用这种方法时，教师不再上课向学生系统讲授教材，而只为学生分别指定自学参考书、布置作业，由学生自学和独立作业，有疑难时才请教师辅导，学生完成一定阶段的学习任务后，向教师汇报学习情况和接受考查。因此，本题选C。

30. A 【解析】本题考查教育研究方法。时间取样法是以一定的时间间隔为取样标准来观察记录预先确定的行为是否出现以及出现次数的一种观察方法。它重在记录某种行为是否出现、发生的次数、频率及持续时间等，适用于经常发生的、外显的和易于观测的行为，较易操作，方便易行。研究低年级学生的攻击行为，最理想的方法是时间取样法。

日记描述法又称儿童传记法，是对同一个或同一组儿童进行长期跟踪观察，以日记形式描述性地记录观察对象行为表现的方法。该方法适用于长期跟踪研究，要求观察者持之以恒，需要花费大量的时间和精力。

事件取样法是以特定行为或事件的发生为观察样本，专门观察和记录预先确定的行为表现或事件的完整过程的方法。事件取样法着重行为事件的特点、性质，并以此作为观察者注意的中心。频率取样法不属于观察研究的记录方法，是数字信号处理的一种方式，与题干无关。

二、多项选择题

31. BCD 【解析】本题考查实验法的类型。实验法的类型包括:(1)根据实验进行的场所,可分为实验室实验和自然实验;(2)根据实验的目的,可以分为确认性实验、探索性实验和验证性实验;(3)根据同一实验中自变量因素的多少,可分为单因素实验和多因素实验。故 B、C、D 三项正确。(具体参看任平、孙文云主编的《现代教育学概论(第 3 版)》)

32. ABD 【解析】本题考查教学过程的基本规律。教学过程的基本规律(基本特点)有:间接经验与直接经验相结合(间接性规律);教师主导作用与学生主体作用相统一(双边性规律);掌握知识和发展智力相统一(发展性规律);传授知识与思想品德教育相统一(教育性规律)。

33. ABD 【解析】本题考查认知派的学习理论。认知派学习理论认为,有机体获得经验的过程是通过积极主动的内部信息加工活动形成新的认知结构的过程。认知派学习理论包括苛勒的完形—顿悟学习理论、托尔曼的符号学习理论、布鲁纳的认知—发现学习理论(认知—结构学习论)、奥苏贝尔的有意义接受学习理论和加涅的信息加工学习理论等。故 A、B、D 三项正确。C 项班杜拉提出的是社会学习理论,属于行为主义学习理论。有意义接受学习理论是由奥苏贝尔提出的。

34. ACD 【解析】本题考查《学记》中的教学原则。“道而弗牵,强而弗抑,开而弗达”,反对死记硬背,主张启发式教学,主张开导学生,但不要牵着学生走;对学生提出较高的要求,但不能使学生灰心,体现了启发性原则。A 项正确。“当其可之谓时”即及时施教原则,要把握教学的最佳时机,适时进行。B 项错误。“学然后知不足,教然后知困。知不足,然后能自反也;知困,然后能自强也”即教师本身要主动学习,同时在教学的过程中碰到困难也会促进学习。教与学两者之间是相互依存、相互促进的辩证关系,体现了教学相长原则。C 项正确。“时教必有正业,退息必有居学”意为正课学习与课外练习兼顾,课内与课外相结合,相互补充,体现了课内外相结合原则。D 项正确。本题答案为 ACD。

35. ABD 【解析】本题考查态度与品德形成的过程。态度与品德的形成是一个从外到内的转化过程,是社会规范的接受和内化,大致经历社会规范的依从、社会规范的认同和内化三个阶段。故本题选择 A、B、D 三项。

36. ABD 【解析】本题考查教育惩戒。教育惩戒,是指学校、教师基于教育目的,对违规违纪学生进行管理、训导或者以规定方式予以矫治,促使学生引以为戒、认识和改正错误的教育行为。教师在课堂教学、日常管理中,对违规违纪情节较为轻微的学生,可以当场实施以下教育惩戒:(1)点名批评;(2)责令赔礼道歉、做口头或者书面检讨;(3)适当增加额外的教学或者班级公益服务任务;(4)一节课堂教学时间内的教室内站立;(5)课后教导;(6)学校校规校纪或者班规、班级公约规定的其他适当措施。教室外罚站侵犯了学生的受教育权,不属于教育惩戒。此外,应当注意超过正常限度的反复抄写在教育惩戒中是被禁止的。

37. ABCD 【解析】本题考查教育的政治功能。教育的政治功能包括:(1)维系社会政治稳定;(2)提高社会政治文明水平;(3)促进社会政治变革;(4)培养社会政治人才。

38. ABC 【解析】本题考查教育目的的作用(功能)。关于教育目的的作用(功能)的说法有很多,有说法认为,教育目的有定向功能、调控功能、评价功能,也有说法认为,教育目的的作用(功能)包括导向功能、激励功能和评价功能。

39. AC 【解析】本题考查观察研究法的类型。观察研究法是指人们有目的、有计划地通过感官和辅助仪器,对处于自然状态下的客观事物进行系统考察,从而获取经验事实的一种科学研究方法。根据观察的情境条件,可分为自然观察法和实验观察法。根据观察时是否借助仪器设备,可分为直接观察法和间接观察法。直接观察是凭借人的感官,在现场直接对观察对象进行感知和描述,因此直观具体。间接观察是利用一定的仪器或其他技术手段作为中介对观察对象进行考察,这类观察突破了直接观察受人的主观能力的局限,扩展了观察的深度和广度。研究人员进入学校,随堂听课,属于自然情境中的观察、直接观察。

40. BCD 【解析】本题考查班主任的领导方式。班主任的领导方式主要有:权威型、民主型、放任型。

2021 年山东省德州市平原县教师招聘考试教育基础知识真题试卷(四)

一、单项选择题

1. B 【解析】本题考查教师劳动的特点。教师劳动具有长期性,长期性指人才培养的周期比较长,教育的影响具有迟效性。教师的劳动成果是人才,而人才培养的周期比较长。把一个人培养成为能够独立生活、能够服务社会、能够为人类做出贡献的合格人才,不是一朝一夕之功。“十年树木,百年树人”就是对这个道理的最佳阐释。

2. C 【解析】本题考查教育学与教育科学的关系。教育学是庞大教育科学体系中的基础学科。教育科学是有关教育问题的各种科学理论的学科群,它包含教育社会学、教育经济学、教学论、课程论、教育技术学等。

3. A 【解析】本题考查影响个体身心发展的主要因素。社会环境为个体的发展提供了多种可能,使遗传提供的发展可能变成现实。社会环境是人的发展的外部条件,为个体的发展提供了多种可能,离开这种外部条件,再好的遗传素质也难以发挥作用。“近朱者赤,近墨者黑”体现了环境对个体身心发展的影响。

4. D 【解析】本题考查马克思主义关于人的全面发展学说的内容。马克思主义关于人的全面发展学说的内容之一是:教育与生产劳动相结合是“造就全面发展的人的唯一方法”。

5. C 【解析】本题考查教育的最特殊形式。自我教育是指人们自我组织的自学活动及自省、自修行为。对于自我教育来讲,教育者和受教者同为自己,合二为一,这是一种极其特殊的教育形态。故本题选 C。

6. C 【解析】本题考查杜威的教育思想。杜威的理论是现代教育理论的代表,他所主张的教育思想被称作实用主义教育思想。

7. D 【解析】本题考查《中华人民共和国义务教育法》。根据《中华人民共和国义务教育法》第七条规定,义务教育实行国务院领导,省、自治区、直辖市人民政府统筹规划实施,县级人民政府为主管理的体制。

8. D 【解析】本题考查自我调控系统的成分。自我调控系统包括自我认知、自我体验、自我控制三个子系统。

9. A 【解析】本题考查赫尔巴特的地位及著作。赫尔巴特是近代德国著名的心理学家和教育学家,在世界教育史上被认为是“现代教育学之父”或“科学教育学的奠基人”。1806 年,他的《普通教育学》的出版标志着规范教育学的建立,同时,这本书也被认为是第一本现代教育学著作。

10. D 【解析】本题考查兴趣的分类。从兴趣的广度来看,兴趣可以分为中心兴趣和广阔兴趣两种。中心兴趣是对某一方面的事物或活动有极浓厚而稳定的兴趣。广阔兴趣是对多方面的事物或活动表现出兴趣。因此答案选 D 项。直接兴趣是由认识事物本身的需要引起的。间接兴趣是由认识事物的目的和结果所引起的。

二、填空题

11. 十四大
12. 情绪情感过程
13. 人文教育与科学教育携手并进
14. 课程结构的更新
15. 青少年期
16. 社会教育
17. 立德树人
18. 儿童利益最佳原则
19. 全面发展学说
20. 降低岗位等级

三、简答题(参考答案)

1. 学校教育产生的条件是什么?

(1)生产力的发展以及社会生产水平的提高,为学校的产生提供了物质基础;

(2)脑力劳动和体力劳动相分离,为学校的产生提供了专门从事教育活动的知识分子;

(3)文字的创造与知识的积累,为学校教育活动的开展提供了有效的教育手段与充分的教育内容;

(4)国家机器的产生,需要专门的机构来培养官吏和知识分子来为统治阶级服务。

2. 什么是教育方针?我国的教育方针是什么?

(1)教育方针是最高国家权力机关根据政治、经济要求,明令颁布实行的一定历史阶段教育工作的总的指导方针或总方向。教育方针是教育政策的总概括,是全国各级各类教育的目的和必须遵循的准则,是指导整个教育事业发展的战略原则和行动纲领。

(2)2021 年 4 月 29 日最新修正的《中华人民共和

国教育法》指出:“教育必须为社会主义现代化建设服务、为人民服务,必须与生产劳动和社会实践相结合,培养德智体美劳全面发展的社会主义建设者和接班人。”这是我国当前的教育方针。

2020年山东省济南市市中区教师招聘考试教育教学类专业基础知识真题试卷(五)

一、选择题

1. C 【解析】本题考查培养全面发展的人的根本途径。教育与生产劳动相结合是培养全面发展的人的根本途径,也是唯一途径。

2. A 【解析】本题考查启发诱导的教学思想。“不愤不启,不悱不发”与产婆术均体现了启发诱导的教学思想。

3. B 【解析】本题考查亚里士多德的教育思想。亚里士多德在教育史上首次提出了“教育遵循自然”的观点,主张按照儿童心理发展的规律对儿童进行分阶段教育,提倡对儿童进行和谐的教育。

4. D 【解析】本题考查外铄论的相关内容。题干所述内容是华生的观点,属于外铄论(环境决定论)的观点。

5. A 【解析】本题考查素质教育的相关内容。素质教育的三要义:(1)面向全体。面向全体是素质教育本质属性之一(即全员性)的体现,是素质教育和“应试教育”的本质区别,是国家教育方针的一贯要求。(2)全面提高。全面提高是素质教育本质属性之二(即整体性)的体现,是素质教育的终极目标。(3)主动发展。主动发展是素质教育本质属性之三(即主体性)的体现,是素质教育的灵魂。

6. C 【解析】本题考查教师违法(侵权)行为的主要类型及其表现特征。学校和教师必须尊重学生的人格尊严,严禁对学生实施体罚、变相体罚或其他侮辱人格尊严的行为。题干所述教师的行为侵犯了学生的人格尊严权。

7. B 【解析】本题考查教学过程的基本规律。题干中的李老师在传授给学生知识的同时,也对学生进行思想品德教育,体现了教学过程中传授知识与思想品德教育相统一的规律。

8. A 【解析】本题考查德育原则。“平行教育原则”即集体教育和个别教育相结合原则。

9. A 【解析】本题考查小学生知觉发展的特点。刚入学儿童在对字形的感知中,注意形状而不注意方位,因此他们常把“b”与“d”、“p”与“q”相混淆。这是小学生方位知觉不精确的表现,也是感知能力缺乏的表现。

10. C 【解析】本题考查教师资格认定相关知识。根据《教师资格条例》第十九条规定,有下列情形之一的,由县级以上人民政府教育行政部门撤销其教师资格:(1)弄虚作假、骗取教师资格的;(2)品行不良、侮辱学生,影响恶劣的。被撤销教师资格的,自撤销之日起5年内不得重新申请认定教师资格,其教师资格证书由县级以上人民政府教育行政部门收缴。

11. C 【解析】本题考查内部动机的含义。内部学习动机是指诱因来自学习者本身的内在因素,即学生因对活动本身发生兴趣而产生的动机。认知内驱力是指要求了解和理解的需要,要求掌握知识的需要,以及系统地阐述问题并解决问题的需要。这种动机指向学习任务本身(为了获得知识),满足这种动机的奖励(知识的实际获得)是由学习本身提供的,属于内部动机。

12. B 【解析】本题考查元认知策略的含义。学习的元认知策略是指个体为实现最佳的认知效果而对自己的认知活动所进行的调节和控制。小明运用的学习策略属于元认知策略。

13. D 【解析】本题考查教师成长阶段。福勒和布朗根据教师的需要和不同时期所关注的焦点问题,把教师的成长划分为关注生存、关注情境和关注学生三个阶段。能否自觉关注学生是衡量一个教师是否成熟的重要标志之一。

14. C 【解析】本题考查学习主体分类。根据学习主体的不同,学习可以分为动物学习、人类学习和机器学习。

15. B 【解析】本题考查教育法律责任。根据《中华人民共和国教育法》第七十二条规定,结伙斗殴、寻衅滋事,扰乱学校及其他教育机构教育教学秩序或者破坏校舍、场地及其他财产的,由公安机关给予治安管理处罚;构成犯罪的,依法追究刑事责任。侵占学校及其他教育机构的校舍、场地及其他财产的,依法承担民事责任。

16. BCD 【解析】本题考查学生主观能动性的表现。学生的主观能动性主要表现在三个方面:(1)自觉性,也称主动性;(2)独立性,也称自主性;(3)创造性。

17. ABD 【解析】本题考查课程设计的基础。课程设计的基础有:(1)客观基础,最关键的可称为客观基础的因素有三个,即社会发展的要求(社会基础)、学生成长的需要(学生基础)和知识增长的影响(知识基础);(2)思想基础,主要包括哲学基础、社会学基础和心理学基础。

18. CD 【解析】本题考查以实际训练为主的教学方法。以实际训练为主的教学方法有练习法、实验法、实习作业法、实践活动法。参观法属于以直观感知为主的教学方法,讨论法属于以语言传递为主的教学方法。

19. ABC 【解析】本题考查个性心理特征系统的成分。个性心理特征系统包括能力、气质、性格。自我调控属于自我意识系统。

20. ABCD 【解析】本题考查教学与发展的关系。在教学与发展的关系上,有三个问题:(1)最近发展区思想,教学应重视最近发展区;(2)教学应走在发展的前面,促进学生的发展;(3)关于学习的最佳期限问题。教学不仅要关注学生的现实发展,也要关注学生的未来发展。

二、判断题

1. × 【解析】本题考查课程类型。隐性课程亦称潜在课程、自发课程,是学校情境中以间接的、内隐的方式呈现的课程。学校的校风、学风、师生关系、教师的教育理念等都是隐性课程的具体表现形式。

2. × 【解析】本题考查布置作业的要求。布置作业的要求之一是作业的分量要适当,要做到时间和难易适度,大多数学生经过一定努力能够独立完成,避免负担过重。

3. √ 【解析】本题考查班级的相关内容。班级是学校行政体系中最基层的正式组织,是开展教学活动的基本单位。

4. × 【解析】本题考查班主任在班级管理中的角色。班主任不仅是班集体的管理者和组织者,同时也是学校教育教学工作全面贯彻落实教育方针、教育行为的执行者和监督者。此外,班主任还在班级管理中扮演着教育者角色。法人是具有民事权利能力和民事行为能力,依法独立享有民事权利和承担民事义务的组织。班主任不是法人。

5. × 【解析】本题考查皮亚杰的认知发展阶段理论。守恒即儿童认识到客体在外形上发生了变化,但其特有的属性不变。这是具体运算阶段儿童具有的特点。题干表述错误。

6. √ 【解析】本题考查少年期特点。少年期是个体从童年期向青年期过渡的时期,具有半成熟、半幼稚的特点。这一时期也被称为“心理断乳期”或“危险期”。对这一阶段的少年如果管教过严,会使他们出现逆反心理。因此,要尊重、支持和引导少年独立的要求,丰富少年的内心世界,帮助其形成正确的自我意识和自我理想。

7. × 【解析】本题考查奥苏贝尔的有意义接受学习理论。接受学习是奥苏贝尔倡导的一种学习形式。所谓接受学习是在教师指导下,学习者接受事物意义的过程。奥苏贝尔认为,接受学习绝非被动学习,学习者仍然是主动的,在学习一种新知识时,学生在教师提供的先行组织的引导下,尝试运用其既有的先备知识,从不同的角度去吸收新知识,最后纳入他的认知结构中,成为他自己的知识。因此最有效的学习是有意义的接受学习。题干表述错误。

8. √ 【解析】本题考查心理定势对问题解决的影响。定势(即心向)是指重复先前的操作所引起的一种心理准备状态。在定势的影响下,人们会以某种习惯的方式对刺激情境做出反应。定势对解决问题既有积极作用,也有消极作用。题干表述正确。

9. × 【解析】本题考查过度学习。学习材料的学习程度在一定程度上影响遗忘,学习程度太小或太大,都不利于对知识的记忆。实验证明:过度学习达到50%,即学习的熟练程度达到150%时,学习的效果最好;超过150%时,效果并不递增,很可能引起厌倦、疲劳而成为无效劳动。题干表述错误。

10. √ 【解析】本题考查创造性思维的特征。创造性思维既是发散思维和聚合思维的统一,也是形象思维和抽象思维的统一,但更多地表现在发散思维上。创造性思维以发散思维为核心。

11. × 【解析】本题考查学习方式的相关内容。学生的学习方式一般有接受和发现两种。在接受学习中,学习内容是以定论的形式直接呈现出来的,学生是知识的接受者。在发现学习中,学习内容是以问题形式间接呈现出来的,学生是知识的发现者。两种学习方式都有其存在的价值,彼此也是相辅相成的关系。但是传统学习方式过分突出和强调接受与掌握，冷落和忽视发现与探究，从而在实践中导致了对学生认识过程的极端处理，使学生学习书本知识变成仅仅是直接接受书本知识（死记硬背书本知识即为典型），学生学习成了纯粹被动地接受、记忆的过程。转变学习方式就是要改变这种状态，强调发现学习、探究学习、研究性学习，因此成为教学改革的一个重要特征。我们批判的是教师没有正确引导学生运用传统学习方式，而不是学习方式本身。

12. × 【解析】本题考查教育机会平等的相关内容。教育机会平等是要肯定每一个人都能受到适当的教育，而且这种教育的进度和方法是适合个人的特点的。

13. √ 【解析】本题考查教育现代化的相关内容。实现教育现代化是各国教育的共同追求。确立和形成现代化的教育观念是保证教育现代化实现的一个重要前提；教师素质的现代化是教育现代化的核心。教育现代化的最高目的是实现人的现代化。

14. √ 【解析】本题考查专家与新手在解决问题方面的差异。在解决常规问题时，专家比新手快得多；但在解决困难的新问题时，专家用于表征问题的时间比新手要长一些。原因在于他们有更多可供利用的知识，他们需要思考与当前问题最有关的是什么知识。

15. √ 【解析】本题考查禁止开除学生的情形。根据《中华人民共和国义务教育法》第二十七条规定，对违反学校管理制度的学生，学校应当予以批评教育，不得开除。题干表述正确。

三、简答题（答案要点）

1. 2020年3月，中共中央国务院出台了《关于全面加强新时代大中小学劳动教育的意见》。请结合教育实践，谈一下新时代中小学开展劳动教育的目标。

本题考查新时代中小学开展劳动教育的目标。《关于全面加强新时代大中小学劳动教育的意见》提出要明确劳动教育总体目标。通过劳动教育，使学生能够理解和形成马克思主义劳动观，牢固树立劳动最光荣、劳动最崇高、劳动最伟大、劳动最美丽的观念；体会劳动创造美好生活，体认劳动不分贵贱，热爱劳动，尊重普通劳动者，培养勤俭、奋斗、创新、奉献的劳动精神；具备满足生存发展需要的基本劳动能力，形成良好劳动习惯。

2. 苏联伟大教育家苏霍姆林斯基说过："让学校的每一面墙壁都开口说话"，由此可以看出班级文化建设的重要性。请结合你的理解，谈一下如何建设良好的班级文化。

本题考查良好班级文化的创建。创建班级文化要做到：(1)营造文化性物质环境；(2)营造社会化环境；(3)营造良好的人际环境；(4)营造正确的舆论和班风；(5)营造健康的心理环境。

3. 一位历史教研员带领全区教师去听一位具有30年教龄的教师讲课，大家都被这位教师精彩的讲解吸引了，以至于很多老师都忘记了做听课笔记。当课下听课老师问他为这节课准备了多长时间时，他说我准备了一辈子，但这节课的准备我只用了15分钟。请结合案例谈一下你对备课的理解。

本题考查备课的内容与意义。(1)从教育的意义上而言，案例中"我准备了一辈子"这句话体现了备课的重要性。备好课是上好课的前提。对教师而言，备好课可以加强教学的计划性和针对性，有利于教师充分发挥主导作用。备好了课，教师便对教材、学生以及教学方法有了透彻了解，这样在教学过程中才能更好且有效地将教学内容系统、有条理地呈现给学生，也能很好地处理课堂中的突发事件。教师应树立终身备课的思想，把备课看成一个长期积累、不断发展的过程。在这个过程中，反思应成为教师备课的一个至关重要的环节和内容，基于自我反思的备课过程显得尤为重要。从教育意义上而言，案例中老师的话语体现了他对备自我的重视。这是值得我们学习的地方。(2)教师要想教好一节课，首先要做好三方面的工作：钻研教材、了解学生、设计教法，也即备教材、备学生、备教法，此外还包括备教学行为、备自我、备检测等；还要写好三种计划，即学年（或学期）教学计划、课题（或单元）计划、课时计划（教案）。(3)教师还应成为教育教学的研究者，以研究者的姿态置于教学情境之中，以研究者的眼光审视和分析教学理论和教学实践中的问题，对自身的行为进行反思，对出现的问题进行探究，对积累的经验进行总结，最终形成规律性的认识。

4. 随着课程改革的不断深化，广大一线教师逐步有了这样的理解：课改前，教科书就是学生的世界；课改后，世界才是学生的教科书。请针对这句话谈一下你的课程观。

本题考查新课程改革倡导的课程观。课改前，教科书是学生的世界,学生学习的是书本上的知识,是教师传授给学生的有限的间接知识。课改后,世界才是学生的教科书。教科书中的知识只不过是沧海一粟,教材、教室、学校及教师本人等都可以作为学生的教科书。课程实施更多地应该是如何更好地"用教材"而不是简单地"教教材"。因此,新课程背景下的教师应当树立开放、生成、持续发展的课程观。(1)开放的课程观。在课程形态上拓展:课程不只是文本课程,也是经验课程,是一个"生态系统",它超越"书本世界",将"生活世界"纳入课程的范畴。在课程功能上拓展:不要将课程预先设计的教材或书本视为固定的、先验的"跑道",而要将其视为达成学生转变的"通道"。(2)生成的课程观。新课程不仅是预设的内容,而且还有师生在教学互动中即时生成的内容,教师和学生都是课程的开发者,课程的部分内容是二者共创共生的结果。(3)持续发展的课程观。传统的课程以文本形式存在,内容是相对固定的,而新课程除教师和学生在教学情境中通过活动开发的新内容外,还随着社会的发展,文化科学的进步,不断吸纳新知识与成果,因而,新课程是一种持续发展的课程。

5. 近年来全国各地中小学都发生了多起学生自杀自残事件,全社会都对这些生命的逝去感到惋惜,请分析为预防这类极端行为的发生,学校应当采取哪些干预措施。

本题考查针对学生自杀学校应当采取的预防措施。对于中小学生的自杀自残事件,学校可以采取的干预措施有:(1)关注学生的亚健康心理状态,加强对学生的心理健康教育,比如:开设心理健康教育课,优化学生的心理素质;开展多种形式的心理咨询服务;向学生发放自杀预防手册。(2)转变教育观念,切实减轻学生的学习压力,如建立科学的评价制度。(3)进行生命与死亡教育,如开展丰富多彩的活动,重视学生的主体参与。(4)及时发现学生自杀的苗头,进行早期危机介入。

四、论述题(答案要点)

1. (1)本题考查线上教学的优势。①线上教学打破了传统教育的时空限制,教师和学生足不出户就能进行教和学;②线上教学丰富的交互性和协作性,加强了师生之间的交流和协作,提高了教师对学生的关注度;③线上教学学生能够反复在线学习,有利于巩固所学知识,节约教学资源;④线上教学提高了家长的参与度,有利于家长和教师之间互相配合,形成教育合力,共同促进学生的发展;等等。

(2)本题考查提高线上学习有效性的措施。①纸质教材与电子教材使用相结合;②教师备课与学生预习相结合;③教材内容的教学与拓展性生活相结合;④创新教法与指导学法相结合;⑤学生线上收看与教师线下指导相结合;⑥文科课程与理科课程安排相结合;⑦教学的统整性与差异性相结合;⑧教师指导与家长配合相结合;⑨学生学习与反馈评价相结合。

2. 本题考查教育部等九部门联合印发的《中小学生减负措施》的内容。根据教育部等九部门联合印发的《中小学生减负措施》的规定,在学校中落实减负,要规范学校办学行为:(1)坚持正确办学方向。全面贯彻党的教育方针,落实立德树人根本任务,以凝聚人心、完善人格、开发人力、培育人才、造福人民为工作目标,坚持德智体美劳全面培养,发展素质教育,促进学生健康成长。(2)严格依照课标教学。严格执行国家课程方案和课程标准,开足开齐规定课程,努力提高教学质量,促进学生全面发展。不得随意提高教学难度和加快教学进度,杜绝"非零起点"教学。(3)均衡编班配置师资。义务教育阶段学校严禁以任何名义设立重点班、快慢班、实验班,规范实施学生随机均衡编班,合理均衡配备师资。(4)严控书面作业总量。小学一二年级不布置书面家庭作业,三至六年级家庭作业不超过60分钟,初中家庭作业不超过90分钟,高中也要合理安排作业时间。(5)科学合理布置作业。作业难度水平不得超过课标要求,教师不得布置重复性和惩罚性作业,不得给家长布置作业或让家长代为评改作业。(6)坚决控制考试次数。小学一二年级每学期学校可组织1次统一考试,其他年级每学期不超过2次统一考试。不得在小学组织选拔性或与升学挂钩的统一考试。(7)采取等级评价方式。严格依据课程标准和教学基本要求确定考试内容,命题要符合素质教育导向,不出偏怪考题。考试成绩实行等级评价,严禁以任何形式、方式公布学生考试成绩及排名。(8)限制竞赛评优活动。不得组织学生参加社会上未经教育行政部门审批的评优、推优及竞赛活动。(9)合理使用电子产品。规范学生使用电子产品，养成信息化环境下良好的学习和用眼卫生习惯，全面提升信息素养。严禁学生将手机带入课堂。(10)建立弹性离校制度。提供丰富多彩的课后服务内容，合理确定学生离校时间。安排学生参与各种兴趣小组或音体美劳活动。对学有困难的学生加强帮扶，对学有余力的学生给予指导。严禁将课后服务变为集体教学或集体补课。(11)培养良好学习习惯。引导学生端正学习态度，课前主动预习，上课专心听讲，积极发言、不懂就问，课后主动复习巩固，学习时精力集中、提高效率，不做“刷题机器”。鼓励同学间互帮互助、共同成长。(12)指导学生实践锻炼。组织学生参加文体活动，培养运动兴趣，确保每天锻炼1小时，条件允许的情况下尽量安排在户外。教育学生坐立行读写姿势正确，认真做好广播操和眼保健操。加强劳动生活技能教育，指导学生参与社会实践，乐于科学探索，热心志愿公益服务。考生可以结合自己所报学科及有关规定进行具体阐述，言之有理即可。

2020年山东省济南市历城区教师招聘考试公共基础知识和教育基础知识真题试卷(精编)(六)

第一部分　公共基础知识

一、单项选择题

1. A 【解析】本题考查时政知识。2019年12月，我国第一艘国产航空母舰山东舰在海南三亚某军港交付海军。中共中央总书记、国家主席、中央军委主席习近平出席交接入列仪式。

2. D 【解析】本题考查时政知识。党的十八大以来，党中央立足世情、国情、粮情，确立了“以我为主、立足国内、确保产能、适度进口、科技支撑”的粮食安全战略，提出了“谷物基本自给、口粮绝对安全”的新粮食安全观，采取了一系列富有成效的政策举措，取得了举世瞩目的辉煌成就。

3. C 【解析】本题考查时政知识。“不驰于空想，不骛于虚声”是李大钊的一句名言，指不能不切实际地空想而不付诸行动，更不能去追求一些虚幻的东西。国家主席习近平在2018年新年贺词中引用了这句话。

4. C 【解析】本题考查党的建设的相关知识。政治建设是党的根本性建设，“两个维护”是党的政治建设的首要任务。

5. A 【解析】本题考查时政知识。北京2022年冬奥会吉祥物“冰墩墩”以熊猫为原型进行设计创作，将熊猫形象与富有超能量的冰晶外壳相结合，体现了冬季冰雪运动和现代科技特点。

6. D 【解析】本题考查山东省省情。尼山是孔子诞生地，位于山东省曲阜市东南与泗水县、邹城市交界处，大部分属于曲阜市尼山镇。它的原名是尼丘山，后人避孔子讳称其为尼山。

7. A 【解析】本题考查中国古代文学知识。陶渊明的诗分为饮酒诗、咏怀诗和田园诗三大类，其中田园诗是其主要成就。

8. B 【解析】领域发展不平衡主要是指经济建设、政治建设、文化建设、社会建设、生态文明建设五大领域发展不平衡。经济发展一马当先、奇迹频现，政治、社会、文化建设虽稳步推进，但与经济发展还存在较大差距。故选B。

9. B 【解析】本题考查民生领域的政策方针。国家医保局会同财政部印发的《关于做好2019年城乡居民基本医疗保障工作的通知》要求稳步提升待遇保障水平，大病保险政策范围内报销比例由50%提高至60%。

10. A 【解析】本题考查公文的文种及其适用范围。通报适用于表彰先进、批评错误、传达重要精神和告知重要情况，故选A。

11. C 【解析】本题考查体育运动常识。竞技游泳是指有特定技术要求，按游泳竞赛规则规定进行竞赛的游泳运动。它的项目包括蝶泳、仰泳、蛙泳、自由泳四种泳式和由这四种泳式组成的个人混合泳以及接力比赛。本题为选非题，故选C。

12. B 【解析】本题考查中国古代文学知识。题干中的诗为苏轼的《赵昌寒菊》，可以根据“金蕊”“百草摧”“始起花”推断出诗中描写的是菊花。

13. C 【解析】本题考查中国古代历史常识。六部的职能分别为：吏部负责全国文职官员的任免、考核、升降、调动，验封封爵、世职、恩荫，为官员办理丁忧守制手续，为新科举子、进士分配官职，为退休官员办理退休手续等；户部则掌管全国户籍管理、土地测量、流民管理以及赋税、钱粮等财政事宜；礼部掌管礼仪、祭祀等事，并负责管理全国学校事务及科举考试，另外还要负责和藩属、外国往来之事；兵部掌管全国武官任免以及招兵、武器、后勤、发布军令等事宜；刑部负责全国司法机构的运转以及法令的颁布，并经常直接审理大案要案；工部则负责各项工程、工匠、屯田、水利、交通等事。故本题选 C。

14. B 【解析】本题考查中国古代历史常识。秦始皇统一六国后，命李斯等人进行文字的整理、统一工作，制定出字形固定、笔画省略、书写方便的“小篆”作为标准文字，推行全国。从中国书法发展的角度看，小篆的制定是中国第一次有系统地将文字的书体标准化。

15. A 【解析】本题考查中国近代重大历史事件。1927 年 8 月 1 日，周恩来、贺龙等领导的南昌起义，打响了武装反抗国民党反动派的第一枪，揭开了中国共产党独立领导武装斗争和创建革命军队的序幕。

16. D 【解析】本题考查中国近代重大历史事件。长征是人类历史上的伟大奇迹，中央红军的行程约二万五千里，红一方面军于 1935 年 10 月到达陕北，与陕北红军胜利会师。1936 年 10 月，红二、四方面军到达甘肃会宁地区，同红一方面军会师。红军三大主力会师，标志着万里长征的胜利结束。

17. A 【解析】本题考查中国古代文学知识。“感时花溅泪，恨别鸟惊心”出自杜甫的《春望》，A 项对应错误，当选。

18. A 【解析】本题考查中国文化常识。古时儿童不束发，头发下垂，故以垂髫指儿童；八九岁到十三四岁的少年称为“总角”；男子十五岁称为“束发”；少女十三四岁称为“豆蔻”。故选 A。

19. B 【解析】本题考查时政知识。2019 年 10 月，经报国务院批准，中国船舶工业集团有限公司与中国船舶重工集团有限公司实施联合重组。

20. C 【解析】本题考查中国古代历史常识。墨家是中国先秦时期主要哲学派别之一，主要思想是“兼爱”“非攻”“尚贤”“尚同”“节葬”“节用”。“民为贵，社稷次之，君为轻”是孟子的思想；“道法自然”是老子的思想；“缘法而治”是商鞅提出的。故选 C。

二、多项选择题

21. AB 【解析】本题考查十九届四中全会。坚持和完善中国特色社会主义制度、推进国家治理体系和治理能力现代化的总体目标是，到我们党成立 100 年时，在各方面制度更加成熟更加定型上取得明显成效；到 2035 年，各方面制度更加完善，基本实现国家治理体系和治理能力现代化；到新中国成立 100 年时，全面实现国家治理体系和治理能力现代化，使中国特色社会主义制度更加巩固、优越性充分展现。

22. ABC 【解析】本题考查我国社会主义初级阶段的基本经济制度。党的十九届四中全会提出，要坚持和完善社会主义基本经济制度，推动经济高质量发展。社会主义基本经济制度包括：公有制为主体、多种所有制经济共同发展，按劳分配为主体、多种分配方式并存，社会主义市场经济体制。

23. ABD 【解析】本题考查时政知识。2019 年 11 月 14 日，在金砖国家领导人巴西利亚会晤公开会议上，习近平主席开宗明义，对困扰世界经济发展和全球治理的焦点问题做出准确诊断，提出中国方案。方案是：维护多边主义，为全球治理带来新气象；促进互利共赢，为全球发展创造新机遇；培育互信土壤，为世界和平注入正能量。

24. BCD 【解析】本题考查国际组织的相关知识。世界自然保护联盟是世界上规模最大、历史最悠久的全球性非营利环保机构，也是自然环境保护与可持续发展领域唯一作为联合国大会永久观察员的国际组织，同时也是世界自然遗产的唯一评估机构。联盟 1948 年在法国枫丹白露成立，总部位于瑞士格朗。联盟所保护的环境包括陆地环境与海洋环境。联盟集中精力为森林、湿地、海岸及海洋资源的保护与管理制定出各种策略及方案。联盟在促进生物多样性概念的完善方面所起的先锋作用已使其在推动生物多样性公约在各国乃至全球的实施中成为重要角色。A 项说法错误，排除，故选 BCD。

25. ABD 【解析】本题考查十九届四中全会。党的十九届四中全会提出，坚持和完善共建共治共享的社会治理制度，保持社会稳定、维护国家安全。社会治理是国家治理的重要方面。必须加强和创新社会治理，完善党委领导、政府负责、民主协商、社会协同、公众参与、法治保障、科技支撑的社会治理体系，建设人人有责、人人尽责、人人享有的社会治理共同体，确保人民安居乐业、社会安定有序，建设更高水平的平安中国。

26. ABC 【解析】本题考查宪法知识。我国《宪法》第五十六条规定，中华人民共和国公民有依照法律纳税的义务，A 错误。第五十五条规定，依照法律服兵役和参加民兵组织是中华人民共和国公民的光荣义务，B 错误。第四十三条规定，中华人民共和国劳动者有休息的权利。王某尚未就业，不属于法律意义上的“劳动者”，C 错误。第三十四条规定，中华人民共和国年满十八周岁的公民，不分民族、种族、性别、职业、家庭出身、宗教信仰、教育程度、财产状况、居住期限，都有选举权和被选举权；但是依照法律被剥夺政治权利的人除外，D 正确。本题为选非题，故选 ABC。

27. AC 【解析】本题考查民事诉讼法知识。我国《民事诉讼法》第十八条规定，中级人民法院管辖下列第一审民事案件：(一)重大涉外案件；(二)在本辖区有重大影响的案件；(三)最高人民法院确定由中级人民法院管辖的案件。故选 AC。

28. ABCD 【解析】本题考查中国文化常识。截至 2019 年 7 月 10 日，中国已有 55 项世界遗产列入《世界遗产名录》。其中，世界文化景观 5 项，分别是：庐山、五台山、杭州西湖文化景观、红河哈尼梯田文化景观、左江花山岩画文化景观。

29. BD 【解析】本题考查重要会议的内容。中央经济会议提出了 2020 年经济工作重点任务，要求着力推动高质量发展，要坚持巩固、增强、提升、畅通的方针，以创新驱动和改革开放为两个轮子，全面提高经济整体竞争力，加快现代化经济体系建设。

30. AB 【解析】本题考查文化交流。“各美其美，美人之美”表明要尊重他国文化，即尊重文化的多样性，AB 两项说法正确。“美美与共，携手并进”说明要加强不同文化之间的交流，推动文化成果的共享。CD 两项说法错误，排除。故选 AB。

第二部分　教育基础知识

三、单项选择题

31. B 【解析】本题考查全国教育大会相关内容。在全国教育大会上，习近平指出，培养什么人，是教育的首要问题。我国是中国共产党领导的社会主义国家，这就决定了我们的教育必须把培养社会主义建设者和接班人作为根本任务，培养一代又一代拥护中国共产党领导和我国社会主义制度、立志为中国特色社会主义奋斗终身的有用人才。这是教育工作的根本任务，也是教育现代化的方向目标。

32. D 【解析】本题考查赫尔巴特。在西方教学史上，赫尔巴特第一次提出了“教育性教学”的概念。

33. C 【解析】本题考查翻转课堂。所谓翻转课堂，就是在信息化环境中，课程教师提供以教学视频为主要形式的学习资源，学生在上课前完成对教学视频等学习资源的观看和学习，师生在课堂上一起完成作业答疑、协作探究和互动交流等活动的一种新型的教学模式。题干描述的新型教学组织形式是翻转课堂。

34. B 【解析】本题考查教学规律。“记问之学，不足以为人师”可译为：仅仅靠背诵和记忆前人的东西而没有自己的见解和想法，这样的人是不足以给别人当老师的。“记问之学”说的是掌握知识，“不足以为人师”说明仅仅掌握知识是不够的，还要发展能力，这句话主要体现的是掌握知识与发展能力相统一的规律。

35. D 【解析】本题考查德育原则的相关知识。马卡连柯的话体现了严格要求与尊重信任相结合的原则。尊重信任与严格要求是辩证统一的，是制约德育效果的两个相辅相成的必要条件，尊重和信任是严格要求的前提，正如苏联教育家马卡连柯所说：“要尽量多地要求一个人，也要尽可能地尊重一个人。”

36. C 【解析】本题考查陶行知的教育主张。陶行知提出生活即教育、社会即学校、教学做合一。故本题答案选 C。

37. A 【解析】本题考查现阶段我国确立教育目的的理论依据。我国确立教育目的的理论依据是马克思主义关于人的全面发展学说。

38. D 【解析】本题考查社会政治经济制度对教育发展的影响和制约。社会政治经济制度对教育发展的影响和制约包括：社会政治经济制度决定教育的领导权，社会政治经济制度决定受教育权，社会政治经济制度决定教育目的，社会政治经济制度决定着教育内容的取舍，社会政治经济制度决定着教育体制，社会政治经济制度制约教育的改革与发展,教育相对独立于社会政治经济制度。

39. D 【解析】本题考查教学方法的相关知识。以直观感知为主的教学方法具有形象性、具体性、直接性和真实性的特点,主要有演示法和参观法两种。

40. C 【解析】本题考查课堂管理的功能。课堂管理具有维持功能、促进功能、发展功能。其中,发展功能是指课堂管理本身可以教给学生一些行为准则,促进学生从他律走向自律,帮助学生获得自我管理能力,使学生逐步走向成熟。题干所述说明课堂管理具有发展功能。

41. B 【解析】本题考查发展能力。题干所述体现了教学不仅应重视知识的传授,更应重视学生能力的发展。

42. D 【解析】本题考查教育的生态功能。1992 年联合国环境与发展大会通过的《21 世纪议程》指出:“教育对促进可持续发展和提高人们解决环境与发展问题的能力,具有重要的作用。”教育的生态功能就是教育对保护自然环境、促进可持续发展和建设生态文明所起的积极作用。

43. A 【解析】本题考查教学原则。因材施教原则是指教师在教学中,要从课程计划、学科课程标准的统一要求出发,面向全体学生,同时又要根据学生的个别差异,有的放矢地进行有差别的教学,使每个学生都能扬长避短,获得最佳的发展。“知其心,然后能救其失也”译为:(教育者)知道了他们的不同心理,然后才能补救其不足。这句话强调教育者要根据学生不同心理特点因材施教。

44. A 【解析】本题考查癸卯学制。中国正式实施的第一个现代学制是癸卯学制。癸卯学制规定学堂的办学宗旨为:“以忠孝为本,以中国经史之学为基。俾学生心术壹归于纯正,而后以西学瀹其知识,练其艺能,务期他日成才,各适实用。”还规定了各级各类学堂的性质、任务、入学条件、修业年限及相互衔接和关系。

45. B 【解析】本题考查教学原则的相关知识。理论联系实际原则是指教师在教学中,应使学生从理论与实际的结合中来理解和掌握知识,并引导他们运用新获得的知识去解决各种实际问题,培养他们分析问题和解决问题的能力。这一原则是直接经验与间接经验相统一的教学规律在教学中的体现。

46. C 【解析】本题考查个体身心发展的阶段性规律的要求。个体身心发展的阶段性规律要求教育工作必须从学生的实际出发,针对不同年龄阶段的学生,提出不同的具体任务,采取不同的教育内容和方法,既不能把小学生当中学生看待,也不能把初中生和高中生混为一谈。同时应注意前后相邻阶段的衔接,做好幼儿园与小学的衔接、小学与初中的衔接工作。

47. B 【解析】本题考查教育政策与法规的制定应体现的特征。教育作为一种培养人的社会实践活动,关系到政治意识形态的传播、社会规范的传递、科学文化的传承与创新、劳动力的再生产等,且是一种对于个体和社会发展都具有重大意义的公共事务。公共性是这种公共事务的首要特征。

48. B 【解析】本题考查德育方法。情感陶冶法是指教育者自觉创设良好的教育情境,潜移默化地使受教育者在道德和思想情操等方面受到感染、熏陶的方法。主要包括人格感化、环境陶冶和艺术陶冶等。题干所描述的是情感陶冶法中的环境陶冶。

49. B 【解析】本题考查赞科夫的观点。赞科夫提出了发展性教学理论的五条教学原则,即高难度、高速度、理论知识起主导作用、理解学习过程、使所有学生包括“差生”都得到一般发展的原则。其中,在高难度进行教学的原则中,他说:“儿童的智力也像肌肉一样,如果不给以适当负担,加以锻炼,它就会萎缩、退化。”他以心理学家维果茨基的“最近发展区”理论为依据,强调教学要充分利用儿童智力上的潜在发展水平,适当超前进行。提出实行高难度的教学,目的在于以一定难度的内容,充分调动和发挥学生的精神力量,促其更快发展。

50. B 【解析】本题考查斯宾塞的相关知识。斯宾塞提出了“什么知识最有价值”这一经典课程论命题。

51. C 【解析】本题考查建构主义的发展观。顺应是指当有机体不能利用原有图式接受和解释新刺激时,其认知结构发生改变来适应刺激的影响。个体调节内部结构以适应特定刺激的过程是顺应过程。

易错提示:考生易混淆同化和顺应的概念,在做这类题目时,可根据关键词进行区分。同化:补充、完善认知结构(量变)。顺应:改变认知结构(质变)。

52. C 【解析】本题考查埃里克森提出的人格发展阶段理论。中学阶段的学生从年龄范围来看处在埃里克森提出的人格发展阶段的自我同一性对角色混乱阶段(12~18岁),该阶段的发展任务是培养自我同一性。

53. B 【解析】本题考查认知风格的分类。场依存型的学生对客观事物的判断常以外部线索为依据,其态度和自我认知易受周围环境或背景(尤其是权威人士)的影响,往往不易独立地对事物做出判断,而是人云亦云,从他人处获得标准;行为常以社会为定向,社会敏感性强,爱好社交活动。题干的描述符合场依存型学生认知风格。

方法技巧:关于场依存型和场独立型认知方式的区别,场依存型:依靠外部参照,易受外部干扰;场独立型:倾向独立思考,不受外部干扰。

54. B 【解析】本题考查奥苏贝尔对学习的分类。奥苏贝尔从两个维度对学习做了区分:从学生学习的方式上,将学习分为接受学习与发现学习;从学习内容与学习者认知结构的关系上,又将学习分为有意义学习和机械学习。根据奥苏贝尔的学习分类,科学研究属于有意义的发现学习。

55. D 【解析】本题考查强化的类型。固定比率强化指每间隔一定次数给予强化,如每隔5次强化1次;变化比率强化指两次强化之间的反应次数是变化的。对人和动物的实验结果表明,变化比率模式引发高而恒定的反应率,被强化的行为也不易消退,因为虽然被试知道强化取决于反应次数,但却不知道具体需要反应多少次。固定时间强化指间隔一定时间给予强化,如每隔5分钟强化1次;而变化时间强化指强化的时间间隔是变化的。根据题中得到强化前反应数量是变化的、不可预期的描述,这表明该强化程序是变化比率强化。

56. A 【解析】本题考查普雷马克原理的内容。普雷马克原理,又称为"祖母法则",它最早是由普雷马克提出的,指利用高频活动作为低频活动的有效强化物。简单地说,每个人都有一个强化等级,在强化等级中,处于较高一级的强化物比处于较低一级的强化物更容易引发操作行为,所以,处于较高一级的活动可以强化较低一级的活动。例如,教师在课堂中经常使用的"只要写完作业,就可以出去玩""学完这个难点,我们就休息一下"等。题干描述的做法符合普雷马克原理。

57. D 【解析】本题考查托尔曼的位置学习实验。为了考察有机体学习结果的实质,托尔曼进行了一系列位置学习的实验,其中一个典型的实验是白鼠学习方位的迷宫图实验。根据实验结果托尔曼认为,白鼠学会的不是简单的、机械的反应动作,而是学习达到目的的符号及其所代表的意义,建立一个完整的"符号—格式塔"模式,即"认知地图"。学习的实质是形成认知地图,该结论的实验论据是位置学习实验。

58. A 【解析】本题考查班杜拉的观察学习理论。班杜拉认为,人类的大部分行为是通过观察习得的。所谓观察学习,是学习者通过观察榜样的行为,获得示范行为的象征性表象,并做出相应行为的过程。"其身正,不令而行;其身不正,虽令不从"强调的是榜样的作用,这可以用班杜拉提出的观察学习理论解释。

59. C 【解析】本题考查建构主义倡导的学习方式。目前建构主义理论在实际教育中已得到了日益广泛的应用,形成了一些可促进学生心理发展的具体教学技术。其中相对比较成熟的主要包括探究式学习、支架式教学和随机通达教学等。建构主义学习理论主张知识建构而非知识传输的学习目标,强调知识和学习的情境本质和社会本质,进而倡导自主、探究、合作学习和情境学习的学习方式,认为教学是学习环境的创设。综上来看,建构主义学习理论倡导的学习方式不包括个别化学习。

60. D 【解析】本题考查学习动机的分类。内部学习动机是指由个体内在学习需要引起的学习动机。如学生的求知欲、学习兴趣等内部动机因素,会促使学生积极主动地学习。由于内部学习动机是由学生对学习活动本身发生兴趣而引发的,因而学习活动本身就能使其得到满足,无需外力的作用,不必施加外部的奖赏。"让学习本身成为调动学生学习积极性的因素"这句话强调被激发的动机是内部动机。

61. A 【解析】本题考查成就目标定向的分类。学生追求的成就目标主要可分为学习目标和成绩目标。追求学习目标的学生的特征表现为以下几个方面：认知方面，关心如何提高自己的能力，关心学习的过程，对成败进行努力和策略归因；情感方面，面对失败，焦虑程度适中；行为方面，敢于面对挑战性任务，对困难坚持性高。根据题干描述，该学生的成就目标定向类型属于学习目标。

62. B 【解析】本题考查阿特金森的成就动机理论。高成就动机者事业心强，有进取心，敢冒一定的风险，比较实际，大多是进取的现实主义者。在任务选择上，高成就动机者更倾向于选择对自己而言难度适中的任务，而不是非常简单或非常困难的。因为他们希望通过自己的努力达成目标，享受奋斗的感觉。

63. A 【解析】本题考查迁移的类型。题中描述的是先前学习对以后的学习产生促进作用。负向迁移强调阻碍作用，逆向迁移强调后一种学习对先前学习的影响，C、D 两项排除。横向迁移是指先行学习内容与后继学习内容在难度、复杂程度和概括层次上属于同一水平的学习活动之间产生的影响。纵向迁移是指先行学习内容与后续学习内容是不同水平的学习活动之间产生的影响。因为乘除法是比加减法更高级的学习活动，所以题中描述的这种迁移是纵向迁移。

64. B 【解析】本题考查共同要素说迁移理论。共同要素说认为，两种情境中的刺激相似，反应也相似时，迁移才会发生。两种情境中相同要素越多，迁移的量也就越大。

方法技巧：理解学习迁移理论可从以下方面着手：形式训练说强调心理官能的训练；相同要素说强调相同的要素；经验类化说强调对经验、原理的概括；关系转换说强调对关系的理解和顿悟。

65. D 【解析】本题考查学习策略的分类。组织策略是指将经过精加工提炼出来的知识点加以构造，形成更高水平的知识结构的信息加工策略。组织策略主要有两种：一种是归类策略，用于概念、语词、规则等知识的归类整理；另一种是纲要策略，主要用于对学习材料结构的把握。此外，还有利用表格等组织策略。学生利用思维导图对知识进行归纳整理，采用了组织策略。

66. A 【解析】本题考查程序性知识与陈述性知识的区别。陈述性知识与程序性知识的区别：(1)从基本结构看，陈述性知识是符号所代表的概念、命题与原理表征的意义，掌握陈述性知识的关键是理解符号所表征的意义；程序性知识是对陈述性知识的应用，其基本结构是动作或产生式，形成程序性知识的关键是对操作方法的熟练掌握，D 项说法错误；(2)从意识控制程度来看，陈述性知识的意识控制程度较高，激活速度较慢，往往是有意识的搜寻过程；程序性知识的意识控制程度较低，激活速度较快，C 项说法错误；(3)从学习速度看，陈述性知识的学习速度较快，能在短时期内突飞猛进或积累，但遗忘也较快；程序性知识学习速度较慢，需要大量的练习才会达到熟能生巧的程度；程序性知识一般属于过度学习，因而保持比陈述性知识牢固，A 项说法正确；(4)从测量角度看，陈述性知识通过口头或书面“陈述”或“告诉”的方式测量；程序性知识只能通过观察行为，是否能做、会做什么的方式测量，B 项说法错误。据此可推断，正确答案为 A 选项。

67. D 【解析】本题考查启发式策略的特点。启发式策略不需要像算法策略那样费时费力，往往是一种比较快捷的方法，但却并不能保证一定可以成功地解决问题。

68. C 【解析】本题考查操作技能的各形成阶段特点。操作整合阶段的动作具有以下特点：(1)动作品质方面，动作可以表现出一定的灵活性、稳定性和精确性，但当外界条件发生变化时，动作的这些特点都有所降低；(2)动作结构方面，各个动作成分趋于分化、精确，整体动作趋于协调、连贯，各动作成分间的相互干扰减少，多余动作也有所减少；(3)动作控制方面，视觉控制不起主导作用，逐步让位于动觉控制，肌肉运动的感觉变得较清晰、准确，并成为动作执行的主要调节器；(4)动作效能方面，疲劳感、紧张感降低，心理能量不必要的消耗减少，但没有完全消除。据题干描述，该学生体操技能的形成处于的阶段是操作整合阶段。

69. D 【解析】本题考查科尔伯格的道德发展理论。社会契约定向阶段，处于这一阶段的个体认为法律和规范是大家商定的，是一种社会契约。他们看重法律的效力，认为法律可以帮助人维持公正，但同时认为契约和法律的规定并不是绝对的，可以应大多数人的要求而改变。他们在强调契约和法律的规定享受权利的同时也认识到个人应尽义务和责任的重要性。

70. C 【解析】本题考查行为矫正的方法。行为塑造是指通过不断强化逐渐趋近目标的反应,来形成某种较复杂的行为。有时候我们所期望的行为在某学生身上很少出现或很少完整地出现,此时,我们可以依次强化那些渐趋目标的行为,直到合意行为的出现。老师依次强化张亮渐趋目标的行为,直到他能完成期待的作业量也就是合意行为的出现。老师的这种行为矫正的方法是行为塑造法。

四、多项选择题

71. ABCD 【解析】本题考查谈话法的运用要求。教师运用谈话法需做到:谈话方式要因人而异,准备好问题和谈话计划,善于把握提问时机和分寸,注意启发诱导学生,谈话结束后做好归纳小结。

72. AD 【解析】本题考查教育的经济功能。现代教育对经济发展的促进功能主要表现在以下三个方面:(1)教育使潜在的劳动力转变为现实的劳动力,促进经济的发展;(2)教育生产科学技术,促进经济的发展;(3)教育能够产生经济效益,是经济发展新的增长点。故A、D两项正确。B、C两项体现的是教育的政治功能。

73. ABD 【解析】本题考查隐性课程的表现形式。隐性课程的主要表现形式有:(1)观念性隐性课程。包括隐藏于显性课程之中的意识形态,学校的校风、学风,有关领导与教师的教育理念、价值观、知识观、教学风格、教学指导思想等。(2)物质性隐性课程。包括学校建筑、教室的设置、校园环境等。(3)制度性隐性课程。包括学校管理体制、学校组织机构、班级管理方式、班级运行方式。(4)心理性隐性课程。主要包括学校人际关系状况,师生特有的心态、行为方式等。C项属于显性课程。

74. ABC 【解析】本题考查文化对教育发展的影响和制约。文化对教育发展的影响和制约表现为:文化对教育具有价值定向作用,文化发展促进学校课程的发展,文化影响教育目的的确立,文化影响教育内容的选择,文化影响着教育教学方法的使用。

75. ABD 【解析】本题考查班主任对非正式群体的管理。班主任对非正式群体的管理应做到:(1)正确认识非正式群体的性质,加以区别对待。(2)调动非正式群体的积极性,加强班级正式群体和非正式群体的交流;(3)争取非正式群体中核心人物;(4)制造正确的舆论和导向;(5)在正式群体内创造和培养团结友爱的气氛,防止不正常的非正式群体的产生。

76. ACD 【解析】本题考查教育目的的定向功能。教育目的的定向功能具体体现为:(1)对教育社会性质的定向作用;(2)对人的培养的定向作用;(3)对课程选择及其建设的定向作用;(4)对教师教学的定向作用。

77. ABD 【解析】本题考查校本课程开发的优点。校本课程开发,有利于“教育目标的实现”“教育决策民主化”“课程实施的改进”“教育公平的达成”“学校特色的形成”“学生个性发展”和“教师专业发展”等。削弱学术性是校本课程开发的局限之一,C项说法错误。

78. BCD 【解析】本题考查构建服务全民终身学习的教育体系。构建服务全民终身学习的教育体系,要着力推动城乡义务教育一体化发展。这就要求提高农村义务教育水平,聚焦教育发展的突出问题,对缩小城乡教育差距、促进教育公平具有重要意义。同时,要健全学前教育、特殊教育和普及高中阶段教育保障机制,完善职业教育、高等教育、继续教育统筹协调发展机制,对各阶段的教育进行统筹规划,不断推动各级各类教育高质量发展。构建服务全民终身学习的教育体系,要着力形成全社会共同参与的教育治理新格局。办好教育事业,家庭、学校、政府、社会都有责任。要打破传统的学校教育单一格局,建立“学校—社会—家庭”教育治理新格局,尤其是要构建覆盖城乡的家庭教育指导服务体系,注重家庭教育的基础性作用。

79. ABCD 【解析】本题考查班级组织的社会化功能。班级组织的社会化功能主要表现在:(1)传递社会价值观,指导生活目标;(2)传授科学文化知识,形成社会生活的基本技能;(3)教导社会生活规范,训练社会行为方式;(4)提供角色学习条件,培养社会角色。

80. AC 【解析】本题考查学科课程的特征。在具体目的、编排方式、教学方式和评价上,活动课程与学科课程有着明显的区别。第一,从目的来看,学科课程主要向学生传递人类长期创造和积累起来的种族经验的精华;而活动课程则主要让学生获得包括直接经验和直接感知的新信息在内的个体教育性经验。第二,从编排方式上看,学科课程重视学科知识逻辑的系统性,而活动课程则强调各种有教育意义的学生活动的系统性。第三,从教学方式来看,学科课程主要是以教师为主导去认识人类种族经验;而活动课程则主要是以学生自主的实践交往为主获取直接经验。第四,在评价方面,学科课程强调终结性评价,侧重考查学生学习的结果,而活动课程则重视过程性评价,侧重考查学生学习的过程。

81. ABD 【解析】本题考查桑代克的《教育心理学》包括的内容。1903 年,美国心理学家桑代克出版了《教育心理学》,这是西方第一部以"教育心理学"命名的专著。1913 ~ 1914 年,此书又发展成三大卷《教育心理大纲》。桑代克将教育心理学分为三部分:第一部分讲人类的本性;第二部分讲学习心理;第三部分讲个别差异及其原因。

82. ABCD 【解析】本题考查维果斯基提出的心理机能由低级向高级发展的表现。心理发展是个体的心理自出生到成年,在环境与教育的影响下,在低级心理机能的基础上,逐渐向高级机能转化的过程。具体有以下四个方面的表现:(1)随意机能的不断发展;(2)抽象—概括机能的提高;(3)各种心理机能之间的关系不断变化、重组形成间接的以符号为中介的心理结构;(4)心理活动的个性化。

83. ABC 【解析】本题考查学习的含义。学习的内涵可以从以下几个方面去理解:(1)学习实质上是一种适应活动;(2)学习是人和动物共有的普遍现象;(3)学习是由反复经验或练习引起的;(4)学习是有机体后天习得经验的过程;(5)学习的过程可以是有意的,也可以是无意的;(6)学习引起的是相对持久的行为或行为潜能的变化。

84. ABCD 【解析】本题考查促进意义学习的条件。人本主义心理学家提出了促进意义学习的基本条件:(1)强调以学生为中心,突出学习者在教学过程中的中心地位;(2)让学生觉察到学习的内容与自我的关系;(3)让学生身处一个和谐、融洽、被人关爱和理解的氛围,并且将这种气氛由教师逐步扩大到学生之间;(4)强调要注重从做中学。

五、判断题

85. B 【解析】本题考查不同成就类型的学生对学业求助的倾向性。高成就的学生比低成就的学生更愿意寻求教师的帮助。可能的原因是,高成就的学生认为课堂充满了欢乐和谐,他们感受到较少的压力和焦虑,拥有更多的安全感和归属。

86. A 【解析】本题考查个体成败经验对自我效能感的影响。个人自身行为的成败经验对自我效能感的影响最大。成败经验对自我效能感的影响主要通过归因方式实现。

87. B 【解析】本题考查品德与道德的关系。在科学研究中,品德与道德是两个既有密切联系又有所区别的概念。道德是一种社会现象,基于社会意识形态。它是协调个人与个人、个人与集体以及社会之间关系的一类行为规范的总和。它是人们辨别是非、善恶、美丑的标准并指导和调节行为的准则。品德亦称道德品质,它是个人依据一定的道德规范采取行动时,经常表现出来的一些稳定的特征或倾向。

88. A 【解析】本题考查维果斯基的最近发展区理论。苏联心理学家维果斯基认为,儿童有两种发展水平:一是儿童的现有水平,即由一定的已经完成的发展系统所形成的儿童心理机能的发展水平;二是可能达到的发展水平。这两种水平之间的差异,就是最近发展区。维果斯基认为教学要想对儿童的发展发挥主导和促进作用,就必须走在儿童发展的前面。

2020 年山东省青岛市教师招聘考试公共基础知识和教育基础知识真题试卷(七)

第一部分　公共基础知识

一、单项选择题

1. C 【解析】本题考查时事政治。2020 年 7 月 1 日出版的第 13 期《求是》杂志发表中共中央总书记、国家主席、中央军委主席习近平的重要文章《在"不忘初心、牢记使命"主题教育总结大会上的讲话》。

2. C 【解析】本题考查时事政治。2020 年 6 月 30 日,十三届全国人大常委会第二十次会议表决通过了《中华人民共和国香港特别行政区维护国家安全法》。

3. A 【解析】本题考查法律常识。《中华人民共和国民法典》被称为“社会生活的百科全书”,是新中国第一部以法典命名的法律。

4. D 【解析】本题考查国际经济组织。世界银行依靠高收入国家提供资金支持,基于这笔基金,向发展中国家提供低息贷款、无息信贷和赠款。

5. B 【解析】本题考查山东省省情。清初设置山东省,“山东”才成为该省的专名。

6. C 【解析】本题考查社会热点。港珠澳大桥于2018年10月24日正式通车。

7. D 【解析】本题考查我国的科技成就。2019年12月17日,经中央军委批准,中国第一艘国产航母命名为“中国人民解放军海军山东舰”,舷号为“17”。

8. C 【解析】本题考查时事政治。2020年6月1日,我国卫生健康领域第一部基础性、综合性法律《中华人民共和国基本医疗卫生与健康促进法》正式实施。

9. C 【解析】本题考查政治协商会议的职能。中国人民政治协商会议的主要职能是政治协商、民主监督、参政议政。政治协商是对国家和地方的大政方针以及政治、经济、文化和社会生活中的重要问题在决策之前进行协商和就决策执行过程中的重要问题进行协商。民主监督是对国家宪法、法律和法规的实施,重大方针政策的贯彻执行、国家机关及其工作人员的工作,通过建议和批评进行监督。参政议政是对政治、经济、文化和社会生活中的重要问题以及人民群众普遍关心的问题,开展调查研究,反映社情民意,进行协商讨论。通过调研报告、提案、建议案或其他形式,向中国共产党和国家机关提出意见和建议。根据题干材料,全国政协在上述行动中行使的职能是参政议政。

10. A 【解析】本题考查生活常识。可回收物是指适宜回收、可循环利用的生活废弃物,主要包括纸张、塑料、玻璃、金属和布料五大类;有害垃圾是指对人体健康或者自然环境造成直接或者潜在危害的生活废弃物,主要包括废电池、灯管、过期药品、过期化妆品、油漆及其容器等;厨余垃圾即湿垃圾,主要包括食材废料、剩菜剩饭、过期食品、瓜皮果核、花卉绿植、中药药渣等易腐的生活废弃物;干垃圾即其它垃圾,是指除可回收物、有害垃圾、湿垃圾以外的其它生活废弃物。故本题选A。

11. D 【解析】本题考查教育领域热点话题。《国务院关于加强教师队伍建设的意见》提出,实行五年一周期不少于360学时的教师全员培训制度,推行教师培训学分制度。

12. C 【解析】本题考查外国科技成就。普朗克是著名物理学家,主要成就是创立量子力学;相对论是由爱因斯坦提出的,依其研究对象的不同可分为狭义相对论和广义相对论。C项对应错误,当选。

13. D 【解析】本题考查地理常识。春分和秋分当天,太阳直射赤道,全球各地昼夜等长。春分过后,太阳直射点开始由赤道进入北半球,北半球开始昼长夜短。秋分过后,太阳直射点开始由赤道进入南半球,北半球开始昼短夜长。

14. B 【解析】本题考查党的重大会议。遵义会议是中国共产党第一次独立自主地运用马克思列宁主义基本原理解决自己的路线、方针、政策的会议,在极端危险的时刻,挽救了党和红军。这次会议开始确立实际以毛泽东为代表的马克思主义的正确路线在中共中央的领导地位,是中国共产党历史上一个生死攸关的转折点,标志着中国共产党从幼稚走向成熟。

15. A 【解析】本题考查公文写作。专用书信是为某种特殊需要而使用的信件,每一种专用书信都有它的专门用途。常用的专用书信有证明信、慰问信、感谢信、申请书、倡议书等。在专用书信的写法中,标题一般直接写出文种的名称,正文一般不写问候语,也可不用结束语。本题为选非题,故选A。

16. B 【解析】本题考查社会热点。全国节能宣传周活动是在1990年国务院第六次节能办公会议上确定的。从1991年开始,全国节能宣传周活动每年举办。2020年是开展全国“节能宣传周”30周年,主题是“绿水青山,节能增效”。

17. C 【解析】本题考查刑法知识。根据我国《刑法》第十八条规定:“精神病人在不能辨认或者不能控制自己行为的时候造成危害结果,经法定程序鉴定确认的,不负刑事责任,但是应当责令他的家属或者监护人严加看管和医疗;在必要的时候,由政府强制医疗。间歇性的精神病人在精神正常的时候犯罪,应当负刑事责任。尚未完全丧失辨认或者控制自己行为能力的精神病人犯罪的,应当负刑事责任,但是可以从轻或者减轻处罚。”AD 项错误。本法第十九条规定：“又聋又哑的人或者盲人犯罪，可以从轻、减轻或者免除处罚。”C 项正确。B 项在我国《刑法》中没有明确规定。故本题选 C。

18. A 【解析】本题考查经济常识。人力资本是指体现在劳动者身上的、以劳动者的数量和质量表示的非物质资本，表现为劳动者在一定时间内所具有的一定的健康体魄、操作技能和劳动熟练程度，一般被理解为通过人力资本投资形成的、寓寄在劳动者身上并能够为其使用者带来持久性收入来源的劳动能力。A 项说法错误，当选。

19. C 【解析】本题考查我国科技成就。2020 年 6 月 23 日，北斗三号最后一颗全球组网卫星在西昌卫星发射中心点火升空，发射成功。至此，北斗三号全球卫星导航系统星座部署比原计划提前半年全面完成。

20. A 【解析】本题考查我国对外开放。粤港澳大湾区包括香港特别行政区、澳门特别行政区和广东省广州市、深圳市、珠海市、佛山市、惠州市、东莞市、中山市、江门市、肇庆市，是我国开放程度最高、经济活力最强的区域之一。粤港澳大湾区地处我国沿海开放前沿，以泛珠三角区域为广阔发展腹地，在“一带一路”建设中具有重要地位。打造粤港澳大湾区，有利于推进“一带一路”建设，通过区域双向开放，构筑丝绸之路经济带和 21 世纪海上丝绸之路对接融汇的重要支撑区。

21. A 【解析】本题考查公民的基本权利。人格权是民事主体享有的生命权、身体权、健康权、姓名权、名称权、肖像权、名誉权、荣誉权、隐私权等权利。债权不属于人格权。

22. C 【解析】本题考查民法知识。我国《民法典》第一千一百九十九条规定：“无民事行为能力人在幼儿园、学校或者其他教育机构学习、生活期间受到人身损害的，幼儿园、学校或者其他教育机构应当承担侵权责任；但是，能够证明尽到教育、管理职责的，不承担侵权责任。”第一千二百条规定：“限制民事行为能力人在学校或者其他教育机构学习、生活期间受到人身损害，学校或者其他教育机构未尽到教育、管理职责的，应当承担侵权责任。”第一千二百零一条规定：“无民事行为能力人或者限制民事行为能力人在幼儿园、学校或者其他教育机构学习、生活期间，受到幼儿园、学校或者其他教育机构以外的第三人人身损害的，由第三人承担侵权责任；幼儿园、学校或者其他教育机构未尽到管理职责的，承担相应的补充责任。幼儿园、学校或者其他教育机构承担补充责任后，可以向第三人追偿。”可见，对无民事行为能力人的情况采用过错推定原则，对限制民事行为能力人的情况采用过错原则。AB 项错误。过错责任原则又称过失责任原则，它是以行为人主观上的过错为承担民事责任的基本条件的认定责任的准则。按过错责任原则，行为人仅在有过错的情况下，才承担民事责任。没有过错，就不承担民事责任，C 项正确。不能在法律没有明确规定适用无过错责任原则的情况下，擅自适用该原则，D 项错误。

23. A 【解析】本题考查奥林匹克的相关知识。1896 年，首届现代奥林匹克运动会在希腊雅典举行，A 项正确。奥林匹克的口号是“更快、更高、更强”，B 项错误。皮埃尔・德・顾拜旦是法国人，C 项错误。奥林匹克五环是奥林匹克标志，它是五大洲的象征，代表着五大洲的团结和全世界的运动员在奥林匹克运动会上相见，D 项错误。

24. D 【解析】本题考查经济常识。互补品是指必须和另一种产品搭配使用才能满足消费者需要的产品。替代品是指可以代替某一种产品满足消费者同一种需要的产品。D 项，花生油和玉米油互为替代品。

25. D 【解析】本题考查科举制度的相关知识。院试是清代由各省学政主持的考试。院试录取后称生员，即秀才，A 项错误。乡试是由南、北直隶和各布政使司举行的地方考试。乡试考中的称举人，第一名称解元，B 项错误。会试是由礼部主持的全国考试，又称礼闱。考中的称贡士，第一名称会元，C 项错误。殿试在会试后当年举行，应试者为贡士。贡士在殿试中均不落榜，只是由皇帝重新安排名次。殿试由皇帝亲自主持。录取分三甲：一甲三名，赐进士及第，第一名称状元，第二名称榜眼，第三名称探花，合称“三鼎甲”。二甲赐进士出身，三甲赐同进士出身。一、二、三甲统称进士，D 项正确。

二、多项选择题

26. ABD 【解析】本题考查经济常识。通货膨胀的衡量主要通过物价指数来进行，物价指数是表明某些商品的价格从一个时期到下一个时期变动程度的指数。衡量通货膨胀率的价格指数一般有三种:消费者物价指数、生产者价格指数和国民生产总值价格折算指数。

27. ABC 【解析】本题考查民法知识。A 项,可适用《民法典》婚姻家庭编进行调整;B 项,可适用《民法典》侵权责任编进行调整;C 项,可适用《民法典》合同编进行调整;D 项,应使用行政法相关法律进行调整,而非《民法典》,排除。

28. ABC 【解析】本题考查化学常识。碳酸钙和盐酸反应生成氯化钙、二氧化碳和水,A 项正确。高温煅烧石灰石可生成生石灰和二氧化碳,B 项正确。甲烷在空气中完全燃烧生成二氧化碳和水,C 项正确。氢氧化钙加碳酸钾反应生成碳酸钙和氢氧化钾,D 项错误。

29. BCD 【解析】本题考查生物常识。海马不是哺乳动物,而是卵生动物,A 项错误。

30. AD 【解析】本题考查公文文种及其适用范围。根据《党政机关公文处理工作条例》规定,报告适用于向上级机关汇报工作、反映情况,回复上级机关的询问。

31. ABCD 【解析】本题考查中国特色社会主义理论体系。习近平总书记提出:坚持不忘初心、继续前进,就要坚持中国特色社会主义道路自信、理论自信、制度自信、文化自信,坚持党的基本路线不动摇,不断把中国特色社会主义伟大事业推向前进。

32. ACD 【解析】本题考查民法知识。小明是限制民事行为能力人,本案适用过错原则,受害人小明需要进行过错证明,而非学校。C 项属于过错推定原则,适用于无民事行为能力人,排除 CD。无民事行为能力人或者限制民事行为能力人在幼儿园、学校或者其他教育机构学习、生活期间,受到幼儿园、学校或者其他教育机构以外的第三人人身损害的,由第三人承担侵权责任;幼儿园、学校或者其他教育机构未尽到管理职责的,承担相应的补充责任。幼儿园、学校或者其他教育机构承担补充责任后,可以向第三人追偿。由此可见,学校对第三人在教育机构造成人身损害的侵权责任适用过错责任原则并承担补充责任。只有 B 项说法正确。

33. AB 【解析】本题考查历史唯物主义。封建社会女性地位低,说明社会存在决定社会意识,A 项正确。随着社会的发展,两性平等越来越受到重视,说明社会意识随着社会存在的变化而变化,B 项正确。CD 项说法错误。

34. AC 【解析】本题考查哲学基本派别的历史形态。罗素提出"逻辑原子论",认为这个世界是由逻辑事实构成的,这是近代形而上学唯物主义的观点。黑格尔把绝对精神看做世界的本原,这是客观唯心主义的观点。墨子以"耳目之实"的直接感觉经验作为认识的唯一来源,他认为,判断事物的有与无,不能凭个人的臆想,而是要以大家所看到的和所听到的为依据,这是古代朴素唯物主义的观点。王守仁主张心外无物,心外无理,宇宙便是吾心,吾心便是宇宙,这是主观唯心主义的观点。故本题选 AC。

35. BC 【解析】本题考查中国古代文化常识。两三岁的幼儿称为"孩提",垂髫指三四岁至七八岁的儿童,A 项错误。耳顺是六十岁,D 项错误。

第二部分　教育基础知识

三、单项选择题

36. A 【解析】本题考查教育人物。孔子提倡"有教无类"作为办学方针,"有教无类"这个方针指导着孔子的教育实践活动,是孔子教育思想的组成部分。"有教无类"的本来意思是:不分贵贱贫富和种族,人人都可以入学受教育。墨子一生不外宣传和讲学,即"上说下教"。

37. D 【解析】本题考查稷下学宫。稷下学宫是战国时代齐国一所著名学府,它是一所集讲学、著述、育才活动为一体并兼有咨议作用的高等学府。

38. A 【解析】本题考查朱熹的"朱子读书法"。朱熹强调读书穷理,他的弟子汇集他的训导归纳为"朱子读书法"六条:循序渐进;熟读精思;虚心涵泳;切己体察;着紧用力;居敬持志。

39. D 【解析】本题考查课程相关知识。在我国,"课程"一词始见于唐宋期间。唐朝孔颖达在《五经正义》里为《诗经 · 小雅 · 巧言》中"奕奕寝庙,君子作之"一句注疏:"维护课程,必君子监之,乃得依法制也。"这是"课程"一词在汉语文献中的最早显露。在西方,"课程"一词最早出现在英国教育家斯宾塞的《什么知识最有价值》一文中。

40. A 【解析】本题考查教育著作。洛克认为,教育目的就是培养绅士,而这种培养只能通过家庭教育,由此提出了“绅士教育论”。在其著作《教育漫话》一书中,他详细论述了绅士教育的内容(即体育、德育和智育)及方法。洛克的教育思想对18世纪英国的家庭教师教育和学园教育产生了重要影响。

41. B 【解析】本题考查晕轮效应的含义。晕轮效应是指当我们认为某人具有某种特征时,就会对他的其他特征做相似判断。学生因对明星的某种品质或特征印象深刻,之后也据此推断他的其他方面的品质或特征,进而掩盖该明星其他方面的品质或特征,这是一种典型的晕轮效应。

42. D 【解析】本题考查负强化的含义。负强化也称消极强化,是通过消除或中止厌恶、不愉快刺激来增强反应频率。题干中李老师中止了对王红上课时的提醒,而王红的成绩也逐步提高,这是负强化的体现。

43. B 【解析】本题考查常见心理问题的表现。焦虑是由紧张、不安、焦急、忧虑、恐惧交织而成的一种情绪状态。焦虑症是以与客观威胁不相适应的焦虑反应为特征的神经症。题干中小刘的表现说明其产生了考试焦虑症。

44. C 【解析】本题考查功能固着的含义。人们把某种功能赋予某物体的倾向称为功能固着。题干中强调人们对事物用途持固定的看法,这是功能固着的表现。

45. B 【解析】本题考查顺应的含义。同化是指在有机体面对一个新的刺激情境时,把刺激整合到已有的图式或认知结构中。顺应是指当有机体不能利用原有图式接受和解释新刺激时,其认知结构发生改变来适应刺激的影响。因此,同化引起图式的量变,顺应引起图式的质变。题干中强调将原有算术图式发展为代数图式,这是产生了新的图式,发生的是认知结构的质变。因此,该过程为顺应。

46. B 【解析】儿童思维概括水平的发展大体经历三级水平:直观形象水平的概括、形象—抽象水平的概括和初步的本质抽象水平的概括。其中直观形象水平的概括又称形象水平的概括,在这一概括水平上,儿童所能概括的事物特征或属性,常常是事物直观的、形象的、外部的特征或属性,更多注意的是事物的外部属性及实际意义。如把“有头无尾”理解为“只有头,没有尾巴”,把“一针见血”理解为“扎一针就看见血”。

47. A 【解析】本题考查横向迁移的含义。横向迁移是指先行学习内容与后继学习内容在难度、复杂程度和概括层次上属于同一水平的学习活动之间产生的影响。题干中平面镜、凸透镜、凹透镜等知识的学习,在难度、复杂程度和概括层次上属于同一水平,故产生了横向迁移。而负迁移强调一种学习对另一种学习产生阻碍作用;逆向迁移强调后一种学习对先前学习产生影响;特殊迁移强调将一种学习中习得的经验要素重新组合并移用到另一种学习之中。这三种迁移均与题干描述不符。

48. D 【解析】本题考查马斯洛的需要层次理论。求知需要又称认知与理解的需要,是指个人对自身和周围世界的探索、理解及解决疑难问题的需要。题干中的学生喜欢小动物,为了更加了解它们,经常阅读课外书籍,还饲养小动物并做观察记录,这些都是满足自己求知需要的体现。

49. C 【解析】本题考查动机冲突类型的含义。双趋冲突是指从自己同时都很喜爱的两个事物中仅择其一的心理状态。题干中小丁既想跟爸爸妈妈外出旅游,又想参加学校组织的夏令营,这两种活动都是其想要参加的,但只能选择其一。因此,小丁产生的心理冲突是双趋冲突。多重趋避冲突强调对含有吸引与排斥两种力量的多种活动予以选择时产生的矛盾心理;双避冲突指从希望回避的两种事物中必取其一的心理状态;趋避冲突是指对同一活动兼具好恶的矛盾心理。因此,答案选C项。

易错提示:考生易混淆不同种类的动机冲突,可借助关键词进行识记:双趋冲突,表示两种趋近,既想……又想。双避冲突,表示两种逃避,既不想……又不想。趋避冲突,对于一种矛盾,既想……又怕。多重趋避冲突,表示对含有吸引与排斥的多种活动进行选择的矛盾。

50. A 【解析】本题考查附属内驱力的含义。附属内驱力指个体为了获得长者们(如家长、教师)的赞许或认可而表现出把工作、学习做好的一种需要。A项中的学生为了让老师喜欢自己而更加积极地学习,符合附属内驱力的含义。B项中的学生是因考了好成绩而得到父母的夸奖,因此更加积极学习,这与附属内驱力的内涵不相符,只能说明该学生的学习动机是一种外部动机,故不选。C项中的学生取得好成绩的驱力是让同学们对其刮目相看,这是一种自我提高内驱力(即个体因自己的胜任或工作能力而赢得相应地位的需要),故不选。D 项中的学生学习的驱力是对科技知识的喜爱,是个体掌握知识的需要,这是一种认知内驱力,故不选。

51. B 【解析】本题考查桑代克“联结说”的观点。桑代克认为,学习的过程就是形成刺激与反应之间联结的过程,而联结是通过尝试错误的过程建立的。故答案选 B 项。

52. D 【解析】本题考查现代认知学习观。A 项属于行为主义的观点。认知派学习观包括早期的认知学习观和现代认知观。格式塔的学习观属于早期的认知学习观,B、C 项都是格式塔学习观的观点,属于早期的认知学习观。现代认知学习观认为,学习是通过认知获得意义和意向形成认知的过程,学习是认知结构的组织和重新组织,D 项属于现代认知学习观。

53. D 【解析】本题考查习得性无助的含义。习得性无助感指由于连续的失败体验而导致个体产生的对行为结果感到无力控制、无能为力的心理状态。当个体因多次失败而产生习得性无助感后,会感到绝望,觉得无能为力并放弃对周围环境和事情结果的控制,其动机水平和自我控制感降低。小明在连续的语文成绩不理想中逐渐丧失了学习的自信心,感觉无能为力。这在心理学中被称为习得性无助。

54. B 【解析】本题考查感觉适应的含义。感觉适应是指由于刺激对感受器的持续作用而使感受性发生变化的现象。感觉适应可以引起感受性的提高,也可以引起感受性的降低。同学们刚跳进水里感觉很冷,过一会儿就不觉得冷了,这种现象是感觉适应中的肤觉适应。

55. B 【解析】本题考查问题的表征。对问题的表征有两种:(1)内隐表征指在分析和理解问题的条件、要求、障碍的基础上,在头脑中形成整个问题的结构。(2)外显表征指通过外部行为,如作图、批注等辅助内隐表征的策略。教师让学生用“——”“~~”“△”“?”等符号来辅助内隐表征,这属于外显表征。

56. A 【解析】本题考查中国学生发展核心素养的内容。中国学生发展核心素养,以科学性、时代性和民族性为基本原则,以培养“全面发展的人”为核心,分为文化基础、自主发展、社会参与三个方面。综合表现为人文底蕴、科学精神、学会学习、健康生活、责任担当、实践创新六大素养,具体细化为人文积淀、国家认同、批判质疑等 18 个基本要点。其中,自主发展包括学会学习和健康生活。健康生活主要是学生在认识自我、发展身心、规划人生等方面的综合表现。具体包括珍爱生命、健全人格、自我管理等基本要点。题干所述属于培养学生核心素养中的健康生活。

57. D 【解析】本题考查语言的特点。语言具有创造性、结构性、意义性、任意指代性、社会性与个体性这几个特征。(1)语言的创造性体现在两个方面:一是人们可以用有限的声音和词汇产生无限的语言信息,这些语言信息可能是个体之前从未听过或从未看过的;二是同样的观点或思想可以用多种不同的语言来表达。(2)语言的指代性指的是语言的各种成分都指代一定的事物或抽象的概念。(3)语言的意义性指的是语言中的每个词、每句话都是有一定意义的,这些意义使得人们能够相互理解、相互交流。(4)因为语言是运用约定俗成的符号进行交际的活动,因此语言具有社会性。另外,语言交流发生在人与人之间,个体说话的内容及方式很容易受他人的影响,这些都表明语言具有社会性。题干所述学生的语言交流受到了教师的影响,这表明语言具有社会性。

58. A 【解析】本题考查不同性质材料的短时记忆容量。不同性质材料的短时记忆容量也不同。具体来说,不同类别材料的记忆容量从大到小依次为:数字、颜色、字母、几何图形、随机图形、无意义材料。

59. C 【解析】本题考查教育的生物起源说相关知识。教育的生物起源说主张教育的产生完全来自于动物的本能,是种族发展的本能需要,故选 C 项。A 项属于教育的交往起源说的观点;B 项属于教育的心理起源说的观点;D 项属于教育的劳动起源说的观点。

60. B 【解析】本题考查对教育名言的理解。康德曾强调教育的必要性和重要意义。他认为,人出生时除了与生俱来的天赋本能外,是既无经验,也无能力,完全处于未“开化”的状态。人与其他动物的区别之一,在于人必需有成年人的抚养和教育。“人只有靠教育才能成人。人完全是教育的结果。”故选 B 项。“人只有通过教育才能成为人”说明教育应是成人的必要条件而非充分条件,故 A 项不正确。受教育既是人的权利也是人的义务,康德的这句话更倾向于受教育应是人的基本义务,故 D 项不正确。C 项说法与题干没有直接关系。

61. B 【解析】本题考查教育公平相关知识。教育公平主要包括起点公平、过程公平和结果公平。起点公平包括教育权利平等和教育机会平等两个方面。权利平等是指人人享有的基本权利应该完全平等以及人人享有的非基本权利比例是相同的。教育机会平等,主要是指每个人无论性别、出身、民族、身体状况、智力水平、政治地位、经济基础、居住地等情况,都有接受教育的机会。A、D 项不符合题意。过程公平是指在接受教育的过程中享受平等的待遇,不仅包括建筑、场地、教学设施等硬件资源,还包括学校管理、教师队伍等软件资源,同时还包括教师在课堂教学过程中平等对待每一位学生,根据每位学生的身体智力水平、家庭背景、特长爱好、教养程度进行教育。题干表述为促进义务教育学校的均衡发展,要提供同样质量的师资、课程、评价,这体现的是教育的过程公平。B 项符合题意。结果公平即教育质量的公平,是指学生在毕业时所获得的知识与技能、过程与方法、情感态度价值观在同一水平,实现实质上的平等。C 项不符合题意。

62. A 【解析】本题考查教育功能的类型。从教育作用的对象看,通常把教育功能分为个体功能和社会功能;从教育功能的层次来看,教育功能可以分为本体功能(基本功能)和派生功能(工具功能);从功能的表面属性和外部特征来看,教育功能可以分为显性功能和隐性功能;从性质上看,教育功能可以分为保守功能和超越功能。具体内容参考全国十二所重点师范大学联合编写的《教育学基础》第 3 版。

63. C 【解析】本题考查社会本位论相关知识。社会本位论强调教育的目的是为社会培养合格的成员和公民,使受教育者社会化。故选 C 项。个人本位论强调教育的目的是培养健全发展的人,发展人的本性,挖掘人的潜能,增进受教育者的个人价值。形式教育论和实质教育论作为教学过程的两种误区,前者强调训练学生的思维形式,后者强调向学生传授对实际生活有用的知识。

64. A 【解析】本题考查学制相关知识。分支型学制的代表国家是苏联,其学制特点是前段(小学、初中阶段)是单轨,后段分叉,上通(高等学校)下达(初等学校),左(中等专业学校)右(中等职业技术学校)畅通。我国高中阶段实行普通高中与职业高中的分流,采用的教育制度是典型的分支型学制。

65. D 【解析】本题考查教育人物。在我国近代教育家中,陶行知提出了生活教育理论,认为“生活即教育”。故选 D 项。A 项“活教育”为陈鹤琴的教育思想;B 项“全人生指导”为杨贤江的教育思想;C 项“教育独立”为蔡元培的教育思想。

66. D 【解析】本题考查德育方法。实际锻炼法是有目的地组织学生参加各种实际活动,使其在活动中锻炼思想,增长才干,培养优良的思想和行为习惯的德育方法。锻炼的方式主要有学习活动、社会活动、生产劳动和课外文体科技活动。题干中的学生以小组为单位到社区开展社会调查,并参加公益活动即属于实际锻炼法。

67. A 【解析】本题考查道德两难的含义。道德两难是指同时涉及两种道德规范且两者不可兼得的情境或者问题。李强对于爸爸的做法存在矛盾心理,遵守“不能私自挪用公款”的规则,就必须违背“救人性命”的规则;遵循“救人性命”的规则,就得违背“不能私自挪用公款”的规则。任何行为决断都会违背其中的一条规范,所以称之为“道德两难问题”。

68. C 【解析】本题考查《中小学教师职业道德规范》相关知识。2008 年修订的《中小学教师职业道德规范》中关于“教书育人”方面所规定的具体职业行为要求有:(1)遵循教育规律,实施素质教育;(2)循循善诱,诲人不倦,因材施教;(3)培养学生良好品行,激发学生创新精神,促进学生全面发展;(4)不以分数作为评价学生的唯一标准。题干中的教师在教学中只关注学生的学习成绩,忽略了学生良好品行的培养,没有实施素质教育,不关注学生的全面发展。故该教师的说法违背了“教书育人”的师德规范。

69. A 【解析】本题考查教育人物。杜威主张“从做中学”,并在此基础上提出了五步探究教学法,即创设疑难情境、确定疑难所在、提出解决问题的种种假设、推断哪个假设能解决这个困难、验证这个假设。故 B、C、D 三项的做法符合杜威的教育思想。赫尔巴特提出教学过程包括明了、联合(联想)、系统、方法四个阶段。其中,“联合(联想)”即建立新旧观念的联系,使学生在新旧观念的联系中继续深入学习新教材。故A项符合赫尔巴特的教育思想。

70. B 【解析】本题考查教育性教学原理相关知识。教育性教学是赫尔巴特最早提出的概念。所谓教育性教学,是指以培养德行为最终目的,并对德行形成能产生有效促进作用的教学。

71. D 【解析】本题考查建构主义学习理论的应用。建构主义学习理论强调情境教学、合作学习等。

72. A 【解析】本题考查教学组织形式。个别教学是教师针对不同学生的情况进行个别辅导的教学组织形式,它是现代教学的辅助形式。B、C、D三项属于教学方法,不属于教学组织形式。

73. A 【解析】本题考查教学设计的原则。程序性原则指教学设计是一项系统工程,诸子系统的排列组合具有程序性特点,即诸子系统有序地成等级结构排列,且前一子系统制约、影响着后一子系统,而后一子系统依存并制约着前一子系统。根据教学设计的程序性特点,教学设计中应体现出其程序的规定性及联系性,确保教学设计的科学性。

74. B 【解析】本题考查程序性知识的含义。皮连生教授明确地把程序性知识分为两类:一类是应用规则对外办事,相当于加涅所说的智力技能;另一类是应用规则对内调控,相当于加涅所说的认知策略。告诉学生某人的心率,并要求其回答此人的一个心动周期(心动周期的计算有固定的公式),这属于应用规则对外办事,因此题干所述知识类型属于程序性知识。

75. C 【解析】本题考查杜威的经验主义教学论相关知识。在杜威的教学论中,一方面,“经验”具有儿童理解的性质;另一方面,“经验”具有社会理解的性质。在儿童理解方面,经验由主动的因素和被动的因素构成,“在主动的方面,经验就是尝试;在被动的方面,经验就是承受结果”。两者结合在一起对个体的生长才有意义,才构成经验。关于这一点,杜威举了一个儿童学习的例子:一个孩子仅仅把手伸进火焰,这还不是经验;当这个行动和他遭受的疼痛联系起来的时候,才是经验,从此以后,他知道手伸进火焰意味着灼伤。故选C项。

76. B 【解析】本题考查教学方法相关知识。一位接受了亚里士多德或裴斯泰洛齐唯实论哲学前提的教师,在认识论上必然认为认识来源于人们对物体的感觉,通过对感觉材料的抽象才能形成与现实物体相应的概念,因此,这位教师在教学活动中肯定会强调直观性原则,并利用各种方式充分刺激学生感官的活动。

77. C 【解析】本题考查直观教学的方式。模像直观指观察与教材相关的模型与图像(如图片、图表、幻灯片、电影、录像、电视等),形成感知表象。通过视频向学生展示浮力现象,体现的就是模像直观。

78. A 【解析】本题考查行为主义教学理论、认知教学理论与情感教学理论的代表人物。

79. C 【解析】本题考查建构主义的教学模式。抛锚式教学要求建立在有感染力的真实事件或真实问题的基础上,所以有时也被称为“实例式教学”或“基于问题的教学”或“情境性教学”。抛锚式教学的理论基础是建构主义。抛锚式教学的主要目的是使学生在一个完整、真实的问题情境中产生学习的需要,并通过学习共同体中成员间的互动、交流,即合作学习,凭借自己的主动学习、生成学习,亲身体验完成从认识目标到提出和达到目标的全过程。

80. C 【解析】本题考查《学记》相关知识。题干引文出自《学记》,原文“是故学然后知不足,教然后知困。知不足,然后能自反也;知困,然后能自强也。故曰:教学相长也。”意为:所以学习以后知道自己的不足之处,教导人以后才知道困惑不通。知道自己不足之处,这样以后能够反省自己;知道自己困惑的地方,这样以后才能自我勉励。所以说教与学是互相促进的。其体现了教授和学习相互促进的教学理念。

81. A 【解析】本题考查教学评价的基本类型。诊断性评价是在学期开始或一个单元教学开始时,为了了解学生的学习准备状况及影响学习的因素而进行的评价。它的主要形式有:(1)查阅被评价者在此之前的有关成绩记录;(2)摸底测验;(3)必要的学习要素调查表。故选A项。形成性评价又叫过程性评价,是指在教学过程中为改进和完善教学活动而进行的对学生学习过程及结果的评价。总结性评价是在一个大的学习阶段、一个学期或一门课程结束时对学生学习结果的评价。

82. B 【解析】本题考查教学评价的基本类型。相对性评价又称为常模参照性评价,是运用常模参照性测验对学生的学习成绩进行的评价,它主要依据学生个人的学习成绩在该班学生成绩序列或常模中所处的位置来评价和决定他的成绩的优劣,而不考虑是否达到教学目标的要求。绝对性评价主要依据教学目标和教材编制试题来测量学生的学业成绩,判断学生是否达到了教学目标的要求,而不以评定学生之间的差异为目的。进行评价时,每个人的成绩分数只与统一的、固定的客观标准进行比较。故题干中"小丽数学考了89分,在全班同学中处于中间水平"的评价属于相对性评价。

83. A 【解析】本题考查隐性课程相关知识。隐性课程的主要表现形式有:(1)观念性隐性课程。包括隐藏于显性课程之中的意识形态,学校的校风、学风,有关领导与教师的教育理念、价值观、知识观、教学风格、教学指导思想等。(2)物质性隐性课程。包括学校建筑、教室的设置、校园环境等。(3)制度性隐性课程。包括学校管理体制、学校组织机构、班级管理方式、班级运行方式。(4)心理性隐性课程。主要包括学校人际关系状况,师生特有的心态、行为方式等。故A项属于观念性隐性课程。

84. A 【解析】本题考查课程类型相关知识。广域课程是指合并数门相邻学科的内容形成的综合课程。例如,有的国家把地理、历史综合形成"社会研究"课程;把物理、化学、生物、生态、生理、实用技术综合成"综合自然科学"。故小学的《品德与社会》属于广域课程。

85. B 【解析】本题考查国家课程和校本课程相关知识。国家课程的主导价值在于通过课程体现国家的教育意志,它侧重于学生发展的基本要求与共同素质,强调课程内容的一致性、共同性和发展性,在实施上具有强制性。校本课程是学校在确保国家课程和地方课程有效实施的前提下,针对学生的兴趣和需要,结合学校的传统和优势以及办学理念,充分利用学校和社区的课程资源,自主开发或选用的课程。故B项不正确。

86. C 【解析】本题考查课程理论流派相关知识。杜威是经验主义课程论的代表人物,他提出课程必须与儿童的生活相沟通,应该以儿童为出发点、为中心、为目的,理想的课程应该促进儿童的生长和发展,这也是衡量课程价值的标准。课程的内容不能超出儿童经验和生活的范围,而且课程要考虑到儿童的需要和兴趣,否则不能引起儿童学习的动机,也就不能有自发的活动。为此,杜威曾在芝加哥实验学校实施了诸如烹饪、缝纫和木工等课程,这些活动是儿童已经在生活中熟悉和喜欢的。

87. C 【解析】本题考查课程组织相关知识。课程组织包括垂直组织和水平组织,课程组织的基本标准包括垂直组织的标准和水平组织的标准。课程的垂直组织有两个基本标准:(1)"连续性",将选出的各种课程要素在不同学习阶段予以重复。例如,在英语课程中,将第一单元中所学习的单词或习惯用语在后面的单元中予以重复。(2)"顺序性",将选出的课程要素根据学科的逻辑体系和学习者的身心发展阶段,由浅至深、由简至繁地组织起来。课程的水平组织的基本标准是"整合性",针对所选出的各种课程要素,在尊重差异的前提下,找出彼此之间的内在联系,然后整合为一个有机整体。

88. A 【解析】本题考查我国基础教育课程改革相关知识。"育人为本"是以人为本思想在教育领域的集中体现,是教育为人民服务的根本要求,也是教育改革的核心价值。2001年6月8日,教育部颁布了《基础教育课程改革纲要(试行)》,标志着我国基础教育新课程改革的正式实施。《基础教育课程改革纲要(试行)》中涉及课程目标、课程结构、教学过程、教材开发与管理、课程评价、课程管理、教师的培养和培训以及课程改革的组织与实施9个方面的内容。经过多年的教育实践,我国课程改革取得显著成效,构建了有中国特色、反映时代精神、体现素质教育理念的基础教育课程体系,各学科课程标准得到中小学教师的广泛认同。故A项说法不正确。

89. D 【解析】本题考查课程标准在教学设计中的作用。

90. D 【解析】本题考查教材相关知识。2001年颁布的《基础教育课程改革纲要(试行)》提出,实行国家基本要求指导下的教材多样化政策,鼓励有关机构、出版部门等依据国家课程标准组织编写中小学教材。建立教材编写的核准制度,教材编写者应根据教育部《关于中小学教材编写审定管理暂行办法》,向教育部申报,经资格核准通过后,方可编写。完善教材审查制度,除经教育部授权省级教材审查委员会外,按照国家课程标准编写的教材及跨省使用的地方课程的教材须经全国中小学教材审查委员会审查;地方教材须经省级教材审查委员会审查。故D项说法不正确。

91. C 【解析】本题考查说课相关知识。说课的核心在于说理,在于说清"为什么这样教"。

92. B 【解析】本题考查教师劳动的特点。教师劳动的创造性主要表现在以下三个方面:(1)因材施教;(2)教学方法上的不断更新;(3)教师需要"教育机智"。"教师对不同学生采取不同的教育教学方法"体现的是"教学有法,教无定法",是对教师劳动创造性的最好注脚。"能因势利导地处理学生突发事件"则是说教师具备"教育机智"。故本题选择B项。

93. B 【解析】本题考查教师成长的阶段。处于关注生存阶段的教师非常关注自己的生存适应性,最担心的问题是"学生喜欢我吗""同事们如何看我""领导是否觉得我干得不错"等。

94. D 【解析】本题考查教师期望效应。教师期望效应也叫罗森塔尔效应或皮格马利翁效应,即教师的期望或明或暗地传送给学生,会使学生按照教师所期望的方向来塑造自己的行为。学生在教师的高期待下,进步比其他同学快,体现的就是皮格马利翁效应。

95. A 【解析】本题考查学生失范行为的解释模式。美国犯罪学家萨塞兰德提出差异交往说的基本假设:所有的人都要经历社会化过程,但他们如何社会化取决于他们与谁交往。一个孩子通过与越轨群体的交往学到了对越轨行为的理解、态度和技能,他与越轨群体的交往越密切,这个孩子学到的犯罪手段就会越高,犯罪的动机就越高,犯罪的可能性也就越大。这种理论也就是中国的老话:"近朱者赤,近墨者黑。"

96. C 【解析】本题考查高原现象。高原现象是指学生在学习过程中出现一段时间的学习成绩和学习效率停滞不前,甚至学过的知识感觉模糊的现象。

97. D 【解析】本题考查教师的角色。题干中的老师针对小叶情绪低落等心理问题,运用交谈等方法鼓励小叶,帮助小叶解决心理问题。张老师扮演了心理辅导者的角色。

98. B 【解析】本题考查心理辅导的原则。尊重与理解是学校心理辅导过程中对待学生的正确态度和建立良好师生关系的基本要求。尊重就是尊重学生的人格与尊严,尊重每个学生存在的权利,承认他是不同于其他人的独立的个体,承认他与教师、与其他人在人格上具有平等的地位。理解就是辅导人员能设身处地地体会学生的情绪和情感体验,正确地理解学生的思想,使学生能够在精神上得到理解和支持,从而产生一种"遇到自己人"的感觉。题干中班主任的做法符合尊重与理解学生的原则。

99. C 【解析】本题考查课外活动的内容。科技活动是以让学生学习和了解科技知识为目的的课外活动。例如:举办科技讲座,参观游览,成立无线电小组、航模小组、园艺小组等,开展小发明、小创造、小制作、小实验、小论文等"五小活动"。

100. B 【解析】本题考查学校生活与家庭生活的最大差别。学校生活是学生生活的主要部分,是一种规范的生活。学校生活与家庭生活的最大差别就是强制性。

101. C 【解析】本题考查儿童最基本的权利。儿童最基本的权利是生存权、受教育权、受尊重权、安全权。

102. A 【解析】本题考查校本研究相关知识。同伴互助的实质是教师作为专业人员之间的交往、互动与合作,其基本形式有三种:对话、协作、帮助。教师相互听课、研讨问题,体现的是校本研究倡导的同伴互助。

103. B 【解析】本题考查信度与效度。信度是指一个测验量表的可靠程度(或可信程度),它以反复测验时能否提供相同的结果来说明。效度是指一个测验工具希望测到某种行为特征的有效性与准确程度。题干描述中问卷调查的结果每次都趋于一致,这说明其信度高。问卷调查结果和实际情况有较大差距,说明问卷的效度低。

易错提示:信度、效度是心理测量学的专业术语,考生易混淆二者。简单来说,信度指测验是否可信,多次测量结果是否一致;效度指测验是否有效,能否测出想要的内容(个体行为特征)。

104. C 【解析】本题考查因变量的含义。被观测的反应变量称为因变量。自变量是指研究者选择和控制的变量,它决定着行为或心理的变化。在"单元教学设计针对学生学习改进的实验研究”中，教师选择和控制的是单元教学设计；教师关注和测量的是学生学习改进的情况，因此C项的表述符合题意。

105. C 【解析】本题考查教育研究方法。行动研究是一种由实际工作者在现实情境中自主进行的反思性探索，并以解决工作情境中特定的实际问题为主要目的，强调研究与活动的一体化，使实际工作者从工作过程中学习、思考、尝试和解决问题。

四、多项选择题

106. AC 【解析】本题考查发散思维的特点。发散思维具有流畅性、灵活性（变通性）和独创性（独特性）等特点。流畅性是指在限定时间内产生观念数量的多少。在短时间内产生的观念越多，流畅性越大。小刚一口气说出了许多用途，表明其发散性思维具有流畅性。独特性是指产生不寻常的反应和不落常规的能力，以及重新定义或按新的方式对所见所闻加以组织的能力。小刚说出的个别用途让大家意想不到，表明其发散性思维具有独特性。

107. ABD 【解析】本题考查教育人物。在赫尔巴特的《普通教育学》一书中，他全面、系统地阐述了自己的教育理论：由儿童的管理、教学和道德教育所构成的教育过程，兴趣的多方面性，教学形式阶段，教育性教学原则，由单纯提示的教学、分析教学和综合教学所构成的教学进程，等等。

108. ABCD 【解析】本题考查学校激发和维持学生外部动机的措施。为了激发和维持学生的外来动机需要有效地利用各类强化，在学校中特别要注意的是以下几方面：(1)使学生建立明确适当的学习目标；(2)及时反馈学生的学习结果；(3)对学习结果进行适当的评价；(4)适当开展竞赛；(5)选用有效的强化物；(6)多用正强化，慎用负强化。

109. ABD 【解析】本题考查经典性条件反射。经典性条件反射的基本原理：经典性条件反射是指将中性刺激（不诱发反应）与一个能诱发反应的刺激相匹配，致使中性刺激最终能诱发反应的过程。D项属于典型的经典性条件反射。我们平时所熟知的望梅止渴、画饼充饥、谈虎色变等都属于经典性条件反射。A、B项属于经典性条件反射。操作性条件反射是指有机体在某种刺激情境中自发地做出某种行为，强化则提高了该行为在这种情境中发生的概率，即形成了该反应与情境的联系。C项属于经典的操作性条件反射。

易错提示：考生容易混淆经典性条件反射和操作性条件反射。经典性条件反射：先有刺激，再有反应；操作性条件反射：先有反应，再有刺激。

110. AB 【解析】本题考查“成就动机水平”和“归因倾向”之间的关系。人们在研究中发现，成就动机水平高的人在失败时往往把原因归于努力不够，即使失败也不灰心，相信努力与结果之间具有依随性，不产生无力感，表现出积极的行为。成就动机水平低的人在失败时往往把原因归于能力不足，容易灰心丧气，认为努力也不能带来相应的结果，容易产生无力感。

111. BC 【解析】本题考查学生加入同辈群体的主要原因。同辈群体是指因年龄、地域、观念、兴趣、活动类型、发展水平等相近或相同而较自发地形成的群体。学生同辈群体生活的主要特征是有相同的心理需要、明显的情感色彩、灵敏的信息传递渠道及其自然形成的权威人物。因此，同辈群体对于学生往往具有巨大的吸引力，其影响甚至会超过家庭与学校。导致学生形成、加入同辈群体的主因是学生对平等的追求和期望，因为同辈群体对其成员具有“保护功能”与“发展功能”。

112. ABCD 【解析】本题考查有效制止学生课堂不良行为的措施。教师有效制止学生课堂不良行为的方法特征包括：(1)要求学生停止与任务无关的行为（最有效的制止）；(2)给学生提供足够的信息，使之明确理解课堂的要求（例如，“住手”就不如“爱德华，不要在窗子上乱画。”）；(3)建议一个可供选择的目标行为而不是简单地要求停止与任务无关的行为（例如，老师继续说：“爱德华，请回到你的座位上。”）；(4)忽视与任务无关的行为而对与任务有关的行为进行表扬（例如，老师又对爱德华说：“你能像昨天一样把这些单词整洁地抄在作业本上吗？你的作业本这么漂亮。”）；(5)对理想的行为或相关的课堂规则做出描述（例如，“嗨，爱德华，如果有人在窗户上乱画，管理员会伤心的，因为他又不得不去擦洗它。”）；(6)及时制止（在不良行为扩展或加剧之前）；(7)准确制止目标(直接指向主要的错误行为者)。

113. CD 【解析】本题考查劳动技术教育相关知识。我国劳动技术教育的具体任务之一是对学生进行职业试探和职业定向教育。其中职业定向包括职业认知、职业试探和职业准备等三个阶段。故A项错误。公益性劳动和服务性劳动都是劳动技术教育的重要形式,二者是并列的关系,不是包含关系,故B项错误。

114. ABD 【解析】本题考查教育著作。在西方教育思想史上,柏拉图的《理想国》和卢梭的《爱弥儿》、杜威的《民主主义与教育》被称为三个里程碑。

115. AD 【解析】本题考查青少年叛逆期的特征。青少年的叛逆行为呈现出一些共同的特点:(1)在年龄特点上,14岁左右是青少年叛逆行为的高峰年龄,A项说法正确;(2)在性别特点上,具有反叛性格的学生,男生多于女生,B项说法错误;(3)在教育特点上,学习成绩差的学生要比学习成绩好的孩子更加反叛,C项说法过于绝对;(4)在诱因特点上,家长和孩子、老师和孩子之间常有激烈对抗,D项说法正确;(5)在行为特点上,反叛的青少年大多不计较行为后果,做出某些十分极端的事情,如长期在网吧,甚至可能流浪乞讨、赌博、进行违法犯罪活动等。

116. ACD 【解析】本题考查《中国学生发展核心素养》的框架。"中国学生发展核心素养"的总体框架表述为:中国学生发展核心素养,以科学性、时代性和民族性为基本原则,以培养"全面发展的人"为核心,分为文化基础、自主发展、社会参与三个方面。综合表现为人文底蕴、科学精神、学会学习、健康生活、责任担当、实践创新六大素养,具体细化为人文积淀、国家认同、批判质疑等18个基本要点。

117. ABCD 【解析】本题考查《中学教师专业标准(试行)》的主要内容。《中学教师专业标准(试行)》提出,"专业理念与师德"维度包括:(1)职业理解与认识;(2)对学生的态度与行为;(3)教育教学的态度与行为;(4)个人修养与行为。

118. ABC 【解析】本题考查《中小学班主任工作规定》中有关班主任的规定。根据《中小学班主任工作规定》第四条规定,中小学每个班级应当配备一名班主任。A项说法正确。根据《中小学班主任工作规定》第二条规定,班主任是中小学的重要岗位,从事班主任工作是中小学教师的重要职责。教师担任班主任期间应将班主任工作作为主业。B项说法正确。根据《中小学班主任工作规定》第十六条规定,班主任在日常教育教学管理中,有采取适当方式对学生进行批评教育的权利。C项说法正确。根据《中小学班主任工作规定》第五条规定,班主任由学校从班级任课教师中选聘。聘期由学校确定,担任一个班级的班主任时间一般应连续1学年以上。D项说法错误。

119. ABD 【解析】本题考查课程内容的三种取向。自课程作为一个独立的研究领域以来,对课程内容的解释大多都围绕着三种不同的取向而展开:(1)课程内容即教材;(2)课程内容即学习活动;(3)课程内容即学习经验。

120. ACD 【解析】本题考查师生关系的类型。师生关系的类型包括:(1)以年轻一代成长为目标的社会关系;(2)以直接促进学生发展为目标的教育关系;(3)以维持和发展教育关系为目标的心理关系。

121. ABCD 【解析】本题考查中华优秀传统文化教育相关知识。《完善中华优秀传统文化教育指导纲要》指出:加强中华优秀传统文化校园教育活动。利用学校博物馆、校史馆、图书馆、档案馆等,结合校史、院史、学科史和人物史的挖掘、整理和研究,发挥其独特的文化育人作用。深入开展创建中华优秀传统文化艺术传承学校活动,邀请传统文化名家、非物质文化遗产传承人等进校园、进课堂。依托少先队、共青团、学生党支部、学生会、学生社团等,开展主题教育、理论研讨、社会实践、志愿服务、文艺体育等形式多样、丰富多彩的活动。A项属于传统文化主题教育,C项属于节日主题教育。故A、B、C、D都属于中华优秀传统文化教育。

122. ABC 【解析】本题考查杜威的经验观。"经验"是西方哲学史中的一个重要概念,杜威理论中"经验"的意义与前人有异,杜威对其做了若干改造。首先,克服了经验与理性的对立;其次,拓展了经验的外延;再次,强调经验过程中人的主动性。

123. BCD 【解析】本题考查学生认识的主体性的相关知识。现代教学充分体现着学生认识的主体性,关于学生认识的主体性的具体理解,需要把握以下几点:(1)在教学系统中,学生面临着认识人类文明经验的历史任务。关于学生认识的主体性的理解,首先要有一种人类文化传承意义上的总体观照,要赋予所有学生以认识文明经验的主体地位。(2)具体教学活动的有序进行需要以学生主体性的充分发挥为基础。(3)在具体的教学活动中,学生认识的主体性并不是自然存在的,它是有意识的专门努力的结果。一方面,学生认识的主体性的具体表现和师生业务关系的组合模式有内在的关联,这是因为,教师对于教学活动赋有组织领导的职责。另一方面,学生自身的积极性和学习能力,也影响着学生是否真正成为认识的主体。(4)关于学生认识的主体性,还有必要梳理学生是责权主体的观念。

124. ACD 【解析】本题考查多媒体技术和网络技术对传统教学的影响。在信息时代,多媒体技术和网络技术的出现,开拓了人类新的社会生活领域,对传统教学的"工业化"模式产生了极大的冲击。从维持走向创新——学习方式的转变;从封闭走向开放——教学时空的扩展。网络技术既扩展了教学的物理时空,同时也拓展了师生的心理时空。以建构主义学习理论为指导的多媒体技术和网络技术的应用,消解了传统意义上的"知识"概念。在信息时代,在教学活动中,学生的主体性并不是自发形成的,他们完全有可能被非主体的数字化符合所控制、操纵,造成技术理性对人性的压抑和束缚。在信息时代,现代教学应使学生形成正确的价值观、道德观,培养学生的道德判断能力、选择能力以及道德自主性、自律性,而不是仅仅让学生记住几条道德规范、接受几次思想教育。

125. ABCD 【解析】本题考查改变厌学状态的措施。教师应当引导其他学生一起对该学生进行帮助、与家长进行沟通得到家长的支持,让该学生感受到大家对他的关怀,从而帮助其重新获得学习和生活的自信,激发他对学习的上进心,促进其继续努力。A、B 项可以改变学生的厌学状态。教师应指导学生进行成败归因。一方面,要引导学生找出成功或失败的真正原因;另一方面,教师也应根据每个学生过去一贯的成绩的优劣差异,从有利于今后学习的角度进行归因。一般而言,归因于主观努力的方面是有利的。C 项可改变学生的厌学状态。表扬与奖励比批评与指责能更有效地激发学生的学习动机,因为前者能使学生获得成就感,增强自信心。D 项可以改变学生的厌学状态。

五、不定项材料分析题

126. AD 【解析】本题考查教育理念相关知识。题干中的王老师"组织学生围绕'如何计算三角形的面积'展开合作学习",体现了王老师坚持以问题解决为中心的教育理念。让学生动手实践、交流发言则体现了王老师坚持以学生的学为中心的教育理念。

127. AB 【解析】本题考查教学方法。讨论法是全班或小组成员在教师的指导下,围绕某一中心问题发表自己的看法和见解,从而进行相互学习的一种方法。题干中"学生小组内部讨论图形拼接与解决核心问题之间的关联"是运用讨论法的体现。以引导探究为主的方法,是指教师组织和引导学生通过独立的探究和研究活动而获得知识的方法。题干中的教师抛出问题,让学生合作探究解决问题,以学生的独立探究为主,老师处于辅助地位。所以题干内容也体现了探究教学法。

128. ABCD 【解析】本题考查小组学习与个别学习的关系。小组学习的优势是可以发挥集体学习与个别学习的长处,照顾不同学生的学习兴趣,促进学生间的相互帮助等。通过小组学习,让学生学会自主合作学习,提高单位时间内学习效率,逐步缩小学生学习差异,大面积提高学业成就。A、B、D 项符合题意。小组合作学习更能突出学生的主体地位,培养主动参与的意识,激发学生的创造潜能,有助于开发学生的智力潜能。C 项符合题意。

129. ABCD 【解析】本题考查教学设计的特点。在案例中,本节课要学习"三角形的面积",这体现出教学设计目标明确。王老师首先引导学生复习上节课的内容,再组织学生围绕"如何计算三角形的面积"展开合作学习,有可行流畅的操作步骤、小组讨论、教师的启发性提问、总结升华。这体现出教学设计思路清晰、结构完整。在案例中,王老师和学生活动的中心都是三角形的面积,这体现出教学设计的重点突出。

130. ABD 【解析】本题综合考查对王老师教学情况的评价。王老师引导学生总结概括出本节课中所用的数学思想是“转化思想”，进而显示注重教学思想方法的渗透。A 项正确。在整个教学过程中，王老师抛出问题，让学生合作探究解决问题，以学生的独立探究为主，体现了充分发挥了学生的主体性。B 项正确。整堂课，学生沉浸在“做数学”的乐趣中，不断挑战自己的思维和理解，学生们觉得这些知识是通过自己的努力发现的，有助于学生数学学科核心素养的养成。D 项正确。案例中并没有体现教师对小组合作中的指导，C 项不选。

2019 年山东省属事业单位教师招聘考试公共基础知识和教学基础知识真题试卷(八)

第一部分　公共基础知识

一、单项选择题

1. B 【解析】习近平总书记在 2018 年全国宣传思想工作会议发表重要讲话时强调，做好新形势下宣传思想工作，必须自觉承担起举旗帜、聚民心、育新人、兴文化、展形象的使命任务。

2. C 【解析】培养什么人，是教育的首要问题。我国是中国共产党领导的社会主义国家，这就决定了我们的教育必须把培养社会主义建设者和接班人作为根本任务，培养一代又一代拥护中国共产党领导和我国社会主义制度、立志为中国特色社会主义奋斗终身的有用人才。

3. D 【解析】2018 年 11 月，首届中国国际进口博览会在国家会展中心(上海)举行。中国国际进口博览会是世界上第一个以进口为主题的大型国家级展会。

4. A 【解析】2018 年全国科普日活动是由中国科协、中央宣传部、教育部、科技部、工业和信息化部、中科院联合主办的全国科普活动，于 2018 年 9 月 15 日 ~21 日在全国各地同时举办。2018 年全国科普日活动的主题为:创新引领时代，智慧点亮生活。

5. D 【解析】山东省政府出台《关于加快七大高耗能行业高质量发展的实施方案》，将重点推动钢铁、地炼、电解铝、焦化、轮胎、化肥、氯碱等七大高耗能行业高质量发展。故选 D。

6. D 【解析】2019 年山东省政府工作报告指出，做好今年经济社会发展工作，必须牢牢把握高质量发展这个根本要求。

7. A 【解析】中国医师节是卫生与健康工作者的节日。2017 年 11 月 3 日，国务院通过了卫计委(现卫健委)关于“设立中国医师节”的申请，同意自 2018 年起将每年的 8 月 19 日设为“中国医师节”。

8. C 【解析】首届“一带一路”国际合作高峰论坛举办于 2017 年 5 月。

9. C 【解析】“人心之动，物使之然也”说明物质是心理活动的原因，即物质决定意识，因此该观点属于朴素唯物主义范畴。故选 C。

10. C 【解析】经济基础和上层建筑是辩证统一的关系。经济基础决定上层建筑，上层建筑对经济基础具有反作用。上层建筑反作用的性质，取决于它所服务的经济基础的性质，归根到底取决于它是否有利于生产力的发展。因此，上层建筑适应经济基础的需要不一定就能推动社会的进步和发展。C 项说法错误，当选。

11. C 【解析】对于我国的发展而言，不同发展阶段矛盾具有不同的表现，就意味着不同时代面临不同的问题，有不同的使命。“新时代”“新方位”“新使命”之所以“新”就是因为当前与过去两个不同的历史阶段相比具有不同的矛盾表现。故选 C。

12. D 【解析】A 选项表述无误，但是题干并未出现服务群众的含义，与题干主旨不符，排除。B 选项，文学创作并不是对人民生活实践的直观反映，而是加入了作者的主观创造，“艺术来源于生活，高于生活”，故而 B 选项观点错误，排除。C 选项观点错误，直接经验与间接经验都有可靠与不可靠的，不能直接比较。作者深入群众生活实践，获得素材和灵感，在此基础上有了创作的思路，进行文学创作，体现了实践活动是认识的来源，D 选项符合题意。故选 D。

13. A 【解析】题干中表述的是因为农民劳动活动的重要历史作用设立了中国农民丰收节，A 项与题干表述相符。B 项表述错误，排除。C 项属于精神决定物质的唯心主义的错误观点，排除。题干表述不涉及实践与认识的关系，排除 D 项。故选 A。

14. C 【解析】诗句说的是失去的时间不能从头再来，体现的是时间不可逆，揭示了时间的一维性。

15. D 【解析】《民法总则》规定，因自愿实施紧急救助行为造成受助人损害的，救助人不需要承担民事责任。故本题答案为D。

16. C 【解析】未成年人可以分为三类:不满十四周岁、十四至十六周岁、十六至十八周岁。不满十四周岁,无承担刑事责任能力,所以未成年人实施校园欺凌不一定必须承担刑事责任,A 错误;B 错误,我国法律并未将校园欺凌规定为加重处罚情节;D 错误,十四至十六周岁的未成年人只针对特定的 8 种行为承担刑事责任,故意伤害造成轻伤不在需要承担刑事责任的这 8 种行为中。C 正确,已满十六周岁,即使是未成年人也需要承担完全的刑事责任。故选 C。

17. B 【解析】我国《宪法》第十四条明确规定,国家合理安排积累和消费,兼顾国家、集体和个人的利益,在发展生产的基础上,逐步改善人民的物质生活和文化生活。

18. C 【解析】出口商品总收益 = 每件商品的利润额 × 出口量,虽然提高关税会导致出口量相对减少,但是每件商品的利润额并不确定,所以总收益是减少还是增加也是不确定的。

19. C 【解析】A 选项错误,再贴现率是央行对商业银行的货币政策。B 选项错误,增加金融机构贷款管理费用只会增加中小微企业的融资成本。D 选项错误,免征增值税单户授信额度的上限是指可以免征增值税的最大额,所以为了解决融资贵的问题应该是提高上限,而不是降低。C 选项,定向降准的意思是针对中小微企业的贷款可以降低相应的存款准备金率,从而使针对中小微企业的贷款量更大,解决融资难的问题,故选 C。

20. A 【解析】不夜侯是茶的雅号;仙芽是对茶的美称;雀舌是对茶的喻称。

21. B 【解析】张仲景是东汉末年著名医学家,不是唐朝人。

22. C 【解析】A 项出自李清照的《夏日绝句》;B 项出自辛弃疾的《贺新郎》;C 项出自苏轼的《蝶恋花·春景》;D 项出自辛弃疾的《青玉案·元夕》。故选 C。

23. B 【解析】掩耳盗铃、胸有成竹与科举考试无关,名落孙山意味着榜上无名、科考失利,金榜题名与蟾宫折桂都有科考顺利之意。

24. B 【解析】"冬九九"又称"数九",是我国冬季一种民间节气,反映了中国冬季气温变化的大概情况。"冬九九"一般从冬至那天开始,到惊蛰结束,每九天算成一段,一直到九九八十一天结束。

25. C 【解析】茂腔,山东省高密市、胶州市地方传统戏剧,国家级非物质文化遗产之一。莫言是高密人,对高密茂腔有着特殊的感情,其很多作品都提到了茂腔,在小说《檀香刑》中更是大量使用了高密、胶州地区的地方戏曲。

二、多项选择题

26. ABC 【解析】习近平在北京大学师生座谈会上提出,有三项基础性工作要抓好:第一,坚持办学正确政治方向。第二,建设高素质教师队伍。第三,形成高水平人才培养体系。

27. ABCD 【解析】习近平总书记指出,学习马克思,就要学习和实践马克思主义关于人类社会发展规律的思想、坚守人民立场的思想、生产力和生产关系的思想、人民民主的思想、文化建设的思想、社会建设的思想、人与自然关系的思想、世界历史的思想、马克思主义政党建设的思想。

28. CD 【解析】100 名受奖人员系山东籍或在山东工作的有:打造寿光蔬菜品牌推动农业产业化的典型代表——王伯祥;保卫改革开放和平环境的战斗英雄——韦昌进;党员领导干部的楷模——孔繁森;践行"工匠精神"的优秀代表——许振超;注重企业管理创新的优秀企业家——张瑞敏;农村基层党建"莱西经验"的实践创新者——周明金;弘扬社会主义核心价值观的优秀表演艺术家——李雪健;企业"军转民"实践的创新者——倪润峰等。

29. BD 【解析】为了解决大学生人际交往和互助问题,每年的 5 月 25 日被确定为全国大学生心理健康日,"5.25"是"我爱我"的谐音;"世界精神卫生日"是由世界精神病学协会在 1992 年发起的,时间是每年的 10 月 10 日。

30. ABC 【解析】两岸"三通"是指台湾海峡两岸之间双向的直接通邮、通商与通航。

31. ACD 【解析】《医疗保障扶贫三年行动实施方案(2018~2020 年)》提出,充分发挥基本医保、大病保险、医疗救助各项制度作用,切实提高农村贫困人口医疗保障受益水平,为实现 2020 年我国现行标准下农村贫困人口脱贫提供坚强保障。

32. ABCD 【解析】我们党作出实行改革开放的历史性决策,是基于对党和国家前途命运的深刻把握,是基于对社会主义革命和建设实践的深刻总结,是基于对时代潮流的深刻洞察,是基于对人民群众期盼和需要的深刻体悟。

33. ABD 【解析】规律是事物运动过程中内在的、固有的、稳定的、必然的联系,兔子撞到树桩是一种偶然联系,并不是规律,而该宋人主观认为这是一种规律,把偶然联系当做必然联系,犯了主观主义错误,违背了规律的客观性,A、D 正确。B 选项,真理是标志主观同客观相符合的哲学范畴,是正确的认识,而个人的主观经验的正确性是不确定的,该宋人错误地将主观经验当做了真理。C 选项无误,排除。故选 ABD。

34. AB 【解析】归纳推理是由个性到共性的认识方法,演绎推理是由共性到个性的认识方法,买果人尝了个别的果子之后可以发现所有果子的共性,因此 A、B 正确。C 选项,间接经验同样是获得认识的重要途径,获得真知未必需要亲身经历,排除。D 选项,感性认识是对事物表面的、直接的、具体的、个别特性的反映;理性认识是对事物本质的、全体的、间接的、概括的反映,理性形式产生于理性认识,理性认识是认识的高级阶段,并不是丰富的感性认识的积累,排除。故本题答案选 AB。

35. AB 【解析】新中国第一位获得"人民艺术家"称号的作家是老舍;巴金的长篇小说《激流三部曲》包括《家》《春》《秋》。

第二部分　教学基础知识

三、单项选择题

36. C 【解析】中国共产党第十八次全国代表大会报告指出,要"把立德树人作为教育的根本任务"。

37. B 【解析】《学记》是世界上第一部论述教育、教学问题的著作。

38. C 【解析】教育的永恒性是指教育是人类所特有的社会现象,只要人类社会存在,就存在着教育。

39. B 【解析】以德国的席勒、英国的斯宾塞等为代表的"剩余精力说"认为,游戏是由于机体中剩余精力需要发泄而产生的。他们指出,游戏是学前儿童本能剩余精力加以释放的最好表现形式。题干所述为剩余精力说的观点。

40. C 【解析】循序渐进原则是指教师要严格按照科学知识的内在逻辑和学生的认知发展规律进行教学,使学生掌握系统的科学文化知识,能力得到充分的发展。《学记》提出的"学不躐等""不陵节而施"是这一原则的体现。

41. B 【解析】直观性原则是指在教学活动中,教师应尽量利用学生的多种感官和已有的经验,通过各种形式的感知,使学生获得生动的表象,从而比较全面、深刻地掌握知识。直观手段种类繁多,一般分为三大类:实物直观、模像直观和言语直观。语文教师通过播放"荷塘月色"的视频引导学生体会月夜的美,使用的是模像直观。故题干体现的教学原则是直观性原则。

42. A 【解析】福勒和布朗根据教师的需要和不同时期所关注的焦点问题,把教师的成长划分为关注生存、关注情境和关注学生三个阶段。处于关注生存阶段的一般是新教师,他们非常关注自己的生存适应性,最担心的问题是"学生喜欢我吗""同事们如何看我""领导是否觉得我干得不错"等。因而,可能会把大量的时间花在如何与学生搞好个人关系上,想方设法控制学生,而不是更多地考虑如何让学生获得学习上的进步。王老师处于专业成长的关注生存阶段。

43. C 【解析】形成创造美的能力是美育的最高层次的任务。

44. C 【解析】卢梭认为教育的任务应该使儿童"归于自然",这是其自然主义教育的核心。他的著作《爱弥儿》宣扬了他的自然主义教育思想。

45. B 【解析】题干引文的意思是:上天将要把重任降临到某人身上的时候,一定要先使他的意志遭受磨炼,使他的筋骨经受劳累,使他的身体肠胃忍受饥饿,使他的全身困苦疲乏,使他的行为总是遭受困扰麻烦。这样,便可使他的内心受到震动,使他的性格更加坚韧,从而增加他所未具备的能力。显然,这强调的是实践锻炼的重要性,体现了实际锻炼法。

46. C 【解析】尝试教学法是给学生创造一定的条件,让学生主动思索、独立思考、发现问题、分析问题和解决问题,以培养学生的探索精神和自学能力为主要目标的教学方法。题干所述的教学方法为尝试教学法。

47. B 【解析】1632 年,捷克教育家夸美纽斯出版的《大教学论》最早从理论上对班级授课制做了阐述,为班级授课制奠定了理论基础。

48. C 【解析】教学过程最优化理论是由巴班斯基提出来的。

49. C 【解析】组织和培养班集体是班主任工作的中心环节。

50. D 【解析】学校课程即校本课程,是学校在确保国家课程和地方课程有效实施的前提下,针对学生的兴趣和需要,结合学校的传统和优势以及办学理念，充分利用学校和社区的课程资源，自主开发或选用的课程。题干所述为校本课程。

51. A 【解析】教学反思被认为是“教师专业发展和自我成长的核心因素”。

52. A 【解析】孔丘主张以“礼”为道德规范，以“仁”为最高道德准则。孔子还总结了一些进行道德修养的原则和方法，主要包括立志、克己、力行、中庸、内省、改过。

53. C 【解析】陶行知提出了生活教育理论。他的一生为改革和发展中国的教育事业鞠躬尽瘁，做出了不可磨灭的贡献。毛泽东称颂他为“伟大的人民教育家”，宋庆龄赞誉他为“万世师表”。

54. A 【解析】德育是引导学生领悟社会主义思想观点和道德规范，组织和指导学生的道德实践，培养学生的社会主义品德的教育。它集中体现了我国教育的价值取向和社会政治性质，在学生的全面发展中起着定向和动力的作用。所以，德育在全面发展教育的重要组成部分中，处于引领的地位。具体内容参考王道俊、郭文安主编的《教育学》。

55. D 【解析】精神文化建设是校园文化建设的核心内容。

56. C 【解析】因材施教原则要求教师要根据学生的个别差异，有的放矢地进行有差别的教学。

57. A 【解析】孔子是启发诱导教学的首创者。他提出“不愤不启，不悱不发。举一隅不以三隅反，则不复也”的经典论述。故答案选 A 项。

58. B 【解析】柏拉图是“寓学习于游戏”的最早提倡者，他要求不强迫孩子们学习，主张采用做游戏的方法，在游戏中更好地了解每个孩子的天性。

59. A 【解析】法国教育家保罗·朗格朗最早系统论述了终身教育。

60. B 【解析】角色扮演法对于发展个体关爱他人、体谅他人的社会情感以及发展人际交往能力有着重要意义。

61. A 【解析】孟禄在批判教育的生物起源说的基础上提出了教育的心理起源说，他认为教育起源于日常生活中儿童对成人的无意识模仿。

62. D 【解析】赫尔巴特认为系统的知识体系是可以分解进行传授的，因为较大的构成部分是由较小的构成部分组成的，正如较小的是由最小的组成一样，所以教学可以一部分、一部分地进行。在每一个最小的构成部分中都可以区分出几个阶段，即明了、联合、系统、方法。他还认为教学过程是建立在学生心理活动基础之上的，为了保持心灵的一贯性，在教学的每一个最小的组合中，都要注意学生的专心活动与审思活动。因此，他提出了与教学过程的阶段相对应的学生心理活动的四阶段：注意、期望、要求、行动。所以 D 项说法正确。具体内容参考王道俊、郭文安主编的《教育学》。

63. B 【解析】课本结构是指“各科教材之间的横向组合方式和各种教材内部各要素、各成分之间的组合方式”。

64. B 【解析】朱熹这句话的意思是：读书而不善于思考提出问题的，要让他能够通过思考提出自己的问题和看法，读书有疑问的要解决他的疑问，这样才能有所进步。朱熹的言论符合启发性原则的要求。

65. D 【解析】师生之间的现实关系是丰富多样的，可以从不同的层面进行划分，主要表现为社会关系、教育关系、心理关系和伦理关系。其中伦理关系是师生关系体系中最高层次的关系形式，对其他关系形式具有约束和规范作用。

66. A 【解析】苏霍姆林斯基说过，教师劳动创造性的最重要特征之一是他的工作对象——儿童经常在变化，永远是新的，今天同昨天就不一样。

67. D 【解析】形式教育论认为，教学的主要任务在于训练学生的思维形式，知识的传授则是无关紧要的。

68. A 【解析】《中共中央关于教育体制改革的决定》规定，学校逐步实行校长负责制，有条件的学校要设立由校长主持的、人数不多的、有威信的校务委员会，作为审议机构。

69. D 【解析】就其性质而言，义务教育具有强制性（义务性）、普及性（普遍性、统一性）、免费性（公益性）、公共性（国民性）和基础性。义务教育的强制性是义务教育的最本质特征。

70. D 【解析】注意的分配是指人在进行两种或多种活动时能把注意指向不同对象的现象。题干所述是注意分配的典型事例。

方法技巧：做此类试题时，考生应注意以下关键点：当出现“一边……一边……”“同时”等词时，多体现注意的分配现象；当出现先干什么之后又主动干什么等例子时，多体现注意的转移现象。

71. D 【解析】由于刺激对感受器的持续作用而使感受性发生变化的现象叫感觉适应。D 项属于感觉适应中的嗅觉适应。

72. C 【解析】陈述性知识也叫描述性知识，是个人能用言语进行直接陈述的知识，主要用于区别和辨别事物。陈述性知识是回答事物“是什么”“为什么”“怎么样”等问题的言语信息方面的知识。

73. D 【解析】在马斯洛的需要层次理论中，生理需要、安全需要、尊重需要和归属与爱的需要属于缺失性需要，自我实现的需要属于成长性需要。

74. C 【解析】长时记忆中的信息以意义编码为主。意义编码有两种形式：表象编码和语义编码。其中，语义编码是长时记忆最主要的编码方式。

方法技巧：关于瞬时记忆、短时记忆和长时记忆所对应的主要编码方式，考生可根据以下口诀帮助记忆：瞬时看图像（图像编码），短时听声音（听觉编码），长时知语义（语义编码）。

75. C 【解析】人们把某种功能赋予某物体的倾向称为功能固着，如书本是用来看的，盒子是用来装东西的，笔是用来写字的等等。在功能固着的影响下，人们不易摆脱事物用途的固有观念，从而直接影响问题解决的灵活性。

76. A 【解析】问题解决策略中的算法式是将所有可能的针对问题解决的方法都一一列举出来并进行尝试，直到最终从根本上解决问题。题干所述是算法策略的典型事例。

77. A 【解析】人本主义学习理论的代表人罗杰斯认为，促进学生学习的关键不在于教师的教学技巧，而在于特定的心理氛围。他主张教师应当把学生的感情和问题所在放在教学过程的中心地位。

78. D 【解析】心理理论是指个体对他人心理状态及他人行为与其心理状态的关系的推理或认知。题干所述是心理理论的概念。

79. A 【解析】代币是一种象征性强化物，筹码、小红星、盖章的卡片、特制的塑料币等都可作为代币。当学生做出我们所期待的良好行为后，就发给他们数量相当的代币作为强化物。学生用代币可以兑换有实际价值的奖励物或活动。题干所述是代币法在教学过程中的运用。

80. B 【解析】晕轮效应（光环效应）是指当我们认为某人具有某种特征时，就会对他的其他特征做相似判断。题干所述是晕轮效应的典型事例。

81. A 【解析】抑郁症是以持久的心境低落为特征的神经症。主要表现有：(1)情绪消极、悲观、颓废、淡漠、失去满足感和对生活的乐趣；(2)消极的认知倾向，低自尊、无能感，对未来没有期望；(3)动机缺乏、被动、缺乏热情；(4)肢体疲劳、失眠、食欲不振。小华的主要心理问题是抑郁。

82. C 【解析】冲动型的学生在解决认知任务时，总是急于给出问题的答案，而不习惯对解决问题的各种可能性进行全面思考，有时问题还未弄清楚就开始解答。这种类型的学生解决问题的速度虽然很快，但错误率高，在运用低层次事实性信息的问题解决中占优势。小娟的认知风格是典型的冲动型。

方法技巧：关于冲动型和沉思型认知方式的区别，冲动型：速度快，错误率高；沉思型：速度慢，错误率低。

83. B 【解析】皮亚杰把儿童品德的发展划分为四个阶段：自我中心阶段、权威阶段、可逆性阶段和公正阶段。权威阶段的儿童服从外部规则，把人们规定的准则看作是固定的、不可变更的，而且只根据行为后果来判断对错。

84. B 【解析】典型化是指根据一类事物共同的、典型的特征创造新形象的过程。题干所述是典型化的典型事例。

85. A 【解析】从众是个体在群体的压力下，放弃自己的意见而采取与大多数人一致的行为的社会现象。从众在日常生活中可以表现为对特定的或临时的情境中的优势观念和行为方式的采纳，如跟随潮流、人云亦云等；也可以表现为对长期性的占优势地位的观念和行为方式的接受，如顺应风俗习惯等。入乡随俗反映的是从众。

86. C 【解析】中学生处于自我同一性对角色混乱阶段，本阶段的发展任务是培养自我同一性。

87. B 【解析】青少年情绪变化的两极性主要表现为复杂与简单共存、强与弱共存、波动与稳定共存、微妙的隐蔽性。中学生的情绪波动性表现为情绪的大起大落，往往从一个极端走上另一个极端，顺利时晴空万里，受挫时愁云满天，今天对某人佩服得五体投地，明天又觉得不屑一顾。题干所述体现了中学生情绪变化两极性中的波动性。

88. B 【解析】人们持有的不合理信念总结起来有三个特征：绝对化要求、过分概括化和糟糕至极。概括化要求，这是一种以偏概全的不合理的思维方式，它包括对自己和对他人的不合理评价。例如：一次考试成绩不理想便认为自己不行，从而导致自卑、指责、情绪消沉；别人一次约会迟到，就认为这人不守时，不值得信任，导致责备他人甚至愤怒等情绪。

89. C 【解析】正迁移也叫“助长性迁移”，是指一种学习对另一种学习的促进作用。垂直迁移也称纵向迁移，是指先行学习内容与后续学习内容是不同水平的学习活动之间产生的影响。题干所述学习迁移属于纵向正迁移。

90. D 【解析】学业求助策略指当学生在学习上遇到困难时，向他人请求帮助的行为。学业求助策略属于资源管理策略。

91. C 【解析】具体运算阶段的儿童能够完成守恒实验，思维发展到形式运算阶段后可以解决钟摆实验。所以，答案选 C 项。

92. C 【解析】组织策略是指将经过精加工提炼出来的知识点加以构造，形成更高水平的知识结构的信息加工策略。流程图是一种组织策略。

93. B 【解析】激情是一种爆发式的、猛烈而时间短暂的情绪状态。例如，狂喜、暴怒、恐惧、绝望、剧烈的悲痛等，都是激情的表现。它往往带有特定的指向性和较明显的外部行为表现，如暴跳如雷、浑身战栗、手舞足蹈等。题干所述是激情的典型表现。

94. A 【解析】班杜拉和他的同事用“波波玩偶实验”成功地演示了儿童是如何学会攻击性的方式的。

95. B 【解析】菲茨和波斯纳将动作技能学习的过程分为认知、联系形成和自动化三个阶段。在联系形成阶段，练习者把组成动作技能的动作整体逐一进行分解，并试图发现它们是如何构成的，最后尝试性地完成所学新技能中的各个动作。经过练习，逐步掌握了一系列的局部动作，并逐渐从个别动作转向动作的组织与协调。但此阶段各动作之间依然结合得不够紧密，因此在动作转换和交替之际，经常会出现短暂的停顿现象。题干所述学生的动作技能形成处于联系形成阶段。

96. B 【解析】意志的果断性是一种善于辨明是非、抓住时机、迅速而合理地采取决定并执行决定的意志品质。“当机立断”体现了意志的果断性。

97. A 【解析】晶体智力是以学得的经验为基础的认知能力。它受后天经验的影响较大，主要表现为运用已有知识和技能去吸收新知识和解决新问题的能力。显然，晶体智力与教育、文化有关，但在个体差异上与年龄的变化没有密切关系。从某种意义上说，晶体智力是指获得语言、数学等知识的能力，它取决于后天的学习，与社会文化有密切的关系。题干所述是晶体智力的含义。

98. C 【解析】规则或原理学习是指学习两个或两个以上概念之间的关系。题干所述是规则学习的含义。

99. D 【解析】行为主义学习理论的核心观点认为，学习过程是有机体在一定条件下形成刺激与反应的联系从而获得新经验的过程。行为主义认为，学习的实质是形成刺激—反应的联结。

100. A 【解析】下位学习又称类属学习，是一种把新的观念归属于认知结构中原有观念的某一部分，并使之相互联系的过程。原有观念在包容和概括水平上高于新学习的知识。题干所述是下位学习的典型事例。

101. B 【解析】行为主义是由美国心理学家华生于 1913 年创立的。华生认为心理学不应该研究意识，而应该研究可观察可测量的行为，并以刺激与反应之间的关系为心理学研究的主要内容。

102. A 【解析】感受性的高低是用感觉阈限的大小来度量的。感受性与感觉阈限在数值上成反比关系，感受性高，则感觉阈限低；感受性低，则感觉阈限高。所以，A 项说法正确。

103. D 【解析】自我效能感是指人对自己能否成功从事某一成就行为的主观判断。题干所述符合自我效能感的含义。

104. D 【解析】趋避冲突（接近—回避型）是指对同一目的兼具好恶的矛盾心理。例如，有些同学想当班干部为同学服务，但又怕耽误时间影响学习。题干所述是趋避冲突的典型事例。

105. C 【解析】效果律是指刺激和反应之间的联结可因导致满意的结果而加强，也可因导致烦恼的结果而减弱。题干所述体现的是效果律。

四、多项选择题

106. ABCD 【解析】班主任了解学生的方法主要有观察法、谈话法、调查法、书面材料分析法。

107. AB 【解析】外铄论的主要代表人物包括荀子、洛克、华生等。

108. BC 【解析】讲授法可分讲读、讲述、讲解和讲演四种。

109. ABCD 【解析】A、B、C、D 四项均属于孔子的教育思想。

110. ABD 【解析】根据教学评价的作用，教学评价可以分为诊断性评价、形成性评价和总结性评价。

111. BC 【解析】文化对课程的影响主要体现在两个方面:(1)内容的丰富;(2)课程结构的更新。

112. ABD 【解析】现代学制主要有三种类型:一是双轨学制,二是单轨学制,三是分支型学制。

113. ACD 【解析】教师的教育科学知识(条件性知识)主要包括三个方面:(1)学生身心发展的知识;(2)教与学的知识;(3)学生成绩评价的知识。

114. ABCD 【解析】遗忘的进程不仅受时间因素的影响,还受到许多其他因素的影响,主要有以下几方面:(1)识记材料的性质与数量;(2)学习的程度;(3)识记材料的系列位置;(4)识记者的态度;等等。具体内容参考彭聃龄主编的《普通心理学》。

115. BD 【解析】蜘蛛织网属于本能,吃了酸的食物流唾液属于无条件反射。所以,A、C项都不属于学习现象。

方法技巧:考生在判断一项活动是否是学习时可从两个方面出发:一是根据学习的定义直接选出正确选项;二是利用学习的"五非原则",即非本能、非成熟、非疲劳、非药物、非病,排除错误选项。

116. CD 【解析】负强化也称消极强化,是通过消除或中止厌恶、不愉快刺激来增强反应频率。惩罚是指当有机体做出某种反应以后,呈现一个厌恶刺激,以消除或抑制此反应的过程。C项说法正确。惩罚使不良行为的发生概率降低,负强化使良好行为的发生概率增高。所以,D项说法正确。

易错提示:考生易混淆负强化和惩罚的内涵。在做题时,考生应注意:负强化的本质是通过厌恶刺激的排除来增加反应概率,而惩罚则是通过厌恶刺激的呈现来降低反应概率。

117. ABCD 【解析】不同学习者的练习曲线具有共同点,表现在:(1)开始进步快;(2)中间有一个明显的、暂时的停顿期,即高原期,也就是说,练习过程中存在高原现象;(3)后期进步较慢;(4)总趋势是进步的,但有时出现暂时的退步。所以,A、B项说法正确。研究表明,心理练习是提高技能效果的一种有效的方法,若能将心理练习与身体练习相结合,其练习效果最好。所以,C项说法正确。及时提供反馈信息是提高练习效果的一种基本的教学策略。D项说法正确。

118. AB 【解析】班杜拉认为,影响儿童道德学习的因素很多,但是,其中起决定作用的是行为主体的观察或对榜样的模仿。

119. BCD 【解析】应用头脑风暴法应遵循四条基本原则:(1)让参与者畅所欲言,对提出的所有方案禁止批评,延迟评价;(2)鼓励标新立异、与众不同的观点,提倡自由奔放的思考,充分发表自己的看法;(3)以获得方案的数量而非质量为目的,即鼓励多种想法,多多益善;(4)鼓励提出改进意见或补充意见,提倡对他人的设想进行组合和重建以求改善。教师需要引导学生思考的方向,如果教师不善于引导讨论,可能会使讨论漫无边际。

120. ABC 【解析】玛勒斯等人认为职业倦怠主要表现为三个方面:情绪耗竭、人格解体和个人成就感低。

121. ABD 【解析】建构主义认为,知识不可能以实体的形式存在于具体个体之外,尽管我们通过语言符号赋予了知识一定的外在形式,但学习者仍然会基于自己的经验背景进行理解并建构属于自己的知识。C项说法错误。

122. ABCD 【解析】增强学生的自我效能感的方法:(1)创造条件,使学生尽可能多地体会到学习成功的经验;(2)为学生提供成功的榜样,使其获得替代性经验;(3)言语说服,学生对某种学习行为的自我效能感常常会因为教师或同学的建议、劝说、引导而变化,通过言语说服改变学生对自己能力的消极评价,提高自我效能感;(4)引导学生进行积极的成败归因也有助于提高自我效能感。唤起学生积极的情绪体验,学生可以形成高昂的热情和积极参与的情感,从而提高自我效能感。

123. AB 【解析】持有能力实体观的学生倾向于建立成绩目标,从而避免被人看不起;持有能力增长观的学生更多设置掌握模式,从而提升自我能力。具有学习目标的人容易形成掌握模式,具有成绩目标的人容易形成无助模式。

124. BCD 【解析】高智力是高创造性的必要条件,但不是充分条件。其关系表现为:(1)低智力不可能具有高创造性,B项说法正确;(2)高智力可能有高创造性,也可能有低创造性,A项说法错误;(3)低创造性者的智力水平可能高,也可能低,C 项说法正确;(4)高创造性者必须有高于一般水平的智力,D 项说法正确。

125. ABCD 【解析】人格发展受到童年经验的影响。但是早期经验不能单独对人格起作用,它与其他因素共同决定人格的形成和发展。A 项说法正确。自我调控系统是人格中的内控系统和自控系统,是人格发展的内部决定因素。所以,B 项说法正确。社会文化因素决定了人格的共同性特征,它使同一社会的人在人格上具有一定程度的相似性。C 项说法正确。人们一般都承认人格是在遗传与环境交互作用下逐渐形成与发展的。遗传决定了人格发展的可能性,环境决定了人格发展的现实性。D 项说法正确。

五、案例分析题

126. ABCD 【解析】学习动机的作用包括:(1)激活作用;(2)指向作用;(3)维持和调节作用(强化作用)。

127. BD 【解析】外部学习动机是指诱因来自于学习者外部的某种因素,即在学习活动以外由外部的诱因激发出来的学习动机。题干所述学生的学习动机属于外部学习动机。间接的远景性学习动机是与学习的社会意义和个人的前途相连的,题干学生是为了以后找个好工作而好好学物理,是与个人的前途相连的,所以属于间接的远景性学习动机。

128. ABCD 【解析】学习动机的激发措施有:(1)创设问题情境,实施启发式教学;(2)根据作业难度,恰当控制动机水平;(3)充分利用反馈信息,妥善进行奖惩;(4)采取新颖、多样化的教学方法;(5)合理设置课堂环境,妥善处理竞争与合作;(6)正确指导结果归因,促使学生继续努力;等等。

129. D 【解析】韦纳把对事情成败的归因分别归入三个维度:内部归因和外部归因、稳定性归因和非稳定性归因、可控制归因和不可控制归因。学习任务和运气属于外部的、不可控的因素,如果引导学生将失败归因于任务太难或运气太差,会使学生轻视接下来的学习过程中,认为结果不会因为自己的努力或其他内部因素而有所改变。能力属于内部的、稳定的、可控的因素,一个总是失败并把失败归于能力低的学生会形成一种习得性无助的自我感觉。努力属于内部的、不稳定的、可控的因素,将失败归因为自己的努力不够,会激励学生在接下来的学习中更加努力,以取得好的成绩。

130. ABC 【解析】美国心理学家韦纳把人经历过事情的成败归结为六种原因,即能力、努力程度、工作难度、运气、身心状况、外界环境。又把上述六项因素按各自的性质,分别归入三个维度:内部归因和外部归因、稳定性归因和非稳定性归因、可控制归因和不可控制归因。

2019 年山东省枣庄市滕州市教师招聘考试公共基础知识和教学基础知识真题试卷(九)

第一部分 公共基础知识

一、单项选择题

1. C 【解析】2019 年 5 月 15 日,亚洲文明对话大会在中国北京开幕。来自亚洲全部 47 个国家和世界其他国家及国际组织的 1352 位会议代表共同出席大会。会议聚焦"亚洲文明交流互鉴与命运共同体"主题,共商亚洲文明发展之道,共话亚洲合作共赢大计,达成广泛共识并发表《亚洲文明对话大会 2019 北京共识》。

2. B 【解析】1999 年 10 月 1 日,在中华人民共和国建国 50 周年之际,中国人民银行陆续发行第五套人民币。第五套人民币共有 1 角、5 角、1 元、5 元、10 元、20 元、50 元、100 元 8 种面额,各面额货币正面均采用毛泽东主席建国初期的头像,底衬采用了中国著名花卉图案,背面主景图案选用有代表性的寓有民族特色的图案。其中,1 元背面为杭州西湖;5 元背面为泰山;10 元背面为夔门(长江三峡的西大门);20 元背面为桂林山水;50 元背面为布达拉宫;100 元背面为人民大会堂。故答案选 B。

3. C 【解析】《活着》是余华的作品,《人生》的作者是路遥,《白鹿原》是陈忠实的代表作。

4. A 【解析】《再别康桥》是现代诗人徐志摩脍炙人口的诗篇,是新月派诗歌的代表作品。全诗以离别康桥时感情起伏为线索,抒发了对康桥依依惜别的深情。康桥,即英国著名的剑桥大学所在地,诗人曾游学于此。

5. D 【解析】题干中的诗句出自《沁园春·长沙》，是毛泽东于1925年晚秋，离开故乡韶山，去广州主持农民运动讲习所的途中，途经长沙，重游橘子洲时所作。

6. B 【解析】B项“依照法律规定决定省、自治区、直辖市的范围内部分地区进入紧急状态”属于国务院行使的职权之一。

7. D 【解析】第五代移动通信技术简称5G，是最新一代蜂窝移动通信技术。

8. B 【解析】要让水果数量最多，则应使苹果的数量最多。当桃子为1个时，剩余37元只买苹果不能花完。当桃子为2个时，苹果为11个，正好花完41元钱。

9. A 【解析】罗马是有着辉煌历史的欧洲文明古城，由于它建在7座山丘之上并有悠久的历史，故被称为“七丘城”和“永恒之城”。

10. A 【解析】含税价＝不含税价×(1＋税率)，将含税价273元和税率5%代入，即273元＝不含税价×(1＋0.05)，算出不含税价＝273元÷1.05＝260元。故税金＝含税价－不含税价＝273元－260元＝13元。

11. A 【解析】18世纪英国经济学家亚当·斯密，在其代表作《国富论》中提出了“看不见的手”的命题。最初的意思是，个人在经济生活中只考虑自己利益，受“看不见的手”驱使，即通过分工和市场的作用，可以达到国家富裕的目的。后来，“看不见的手”便成为表示资本主义完全竞争模式的形象用语。

12. B 【解析】2020年夏季奥林匹克运动会将在日本东京举行。

13. D 【解析】碳酸氢钠俗称小苏打。

14. B 【解析】衣橱中的樟脑丸时间长了体积会缩小，这是因为部分樟脑丸由固体直接变成气体，这种变化属于升华。

15. D 【解析】屈原是中国历史上第一位伟大的爱国诗人，中国浪漫主义文学的奠基人，“楚辞”的创立者和代表作家。

16. C 【解析】设工程量为12和8的最小公倍数，即24，则甲队每天工作量为2，乙队每天工作量为3。两队合作2天的工作量为10，剩余工作量为14，甲队还需7天才能完成。

17. C 【解析】五星红旗是中华人民共和国国旗，是中华人民共和国的象征和标志。1949年9月27日，全国政协第一届全体会议代表通过了以五星红旗为国旗的议案。1949年10月1日，第一面中华人民共和国国旗由毛泽东在天安门广场首次升起。

18. B 【解析】1934年10月，中共中央、中央军委机关和直属部队及红一、三、五、八、九军团8.6万人陆续来到于都集结，拉开突围转移的帷幕。1934年10月16日傍晚，中央红军部队分别从于都的8个渡口过桥，标志着长征的开始。

19. C 【解析】黄河发源于青海省，自西向东分别流经青海、四川、甘肃、宁夏、内蒙古、陕西、山西、河南及山东9个省(自治区)，最后在山东省东营市流入渤海。

20. B 【解析】朦胧诗《回答》的作者是北岛。

二、多项选择题

21. BCD 【解析】世界四大湾区指的是纽约湾区、东京湾区、旧金山湾区和粤港澳大湾区。

22. ABC 【解析】2019年3月21日至26日，国家主席习近平对意大利、摩纳哥、法国进行国事访问。

23. ABD 【解析】京杭大运河南起杭州，北到北京，连通了海河、黄河、淮河、长江和钱塘江五大水系。

24. ABC 【解析】D项卧薪尝胆的主人公是越王勾践。

25. BC 【解析】酒精在人体内的分解代谢主要靠两种酶：一种是乙醇脱氢酶，另一种是乙醛脱氢酶。

26. BCD 【解析】第五次反“围剿”是指从1933年9月25日开始的，中国工农红军第一方面军在江西南部、福建西部反对国民党军第五次“围剿”的战役，发生于国共十年对峙时期。

27. ABCD 【解析】2019年1月30日，中国证监会发布的《关于在上海证券交易所设立科创板并试点注册制的实施意见》中明确指出，为做好科创板试点注册制工作，将在五个方面完善资本市场基础制度：一是构建科创板股票市场化发行承销机制，二是进一步强化信息披露监管，三是基于科创板上市公司特点和投资者适当性要求，建立更加市场化的交易机制，四是建立更加高效的并购重组机制，五是严格实施退市制度。

28. BD 【解析】祭祖不是端午节的习俗，B项错误。饮雄黄酒是端午节的习俗，D项错误。

29. AD 【解析】唯物史观认为社会历史从根本上说是生产发展的历史，是人民群众创造的历史，人民群众是社会变革的决定力量，A项正确。B项的说法是一种英雄史观，错误。唯物史观认为人民群众是历史的创造者和主体,人民群众是一个历史范畴,因此,人人创造历史的说法是错误的,C 项错误。任何历史人物,特别是杰出人物的出现,都体现了必然性与偶然性的统一。杰出人物是适应时代的需要而产生的。每一个时代一定会出现自己的杰出人物,这是必然的;但杰出人物在什么时间、什么地方,以什么方式出现,由谁来担当杰出人物,则具有一定的偶然性。D 项正确。

30. BD 【解析】《富春山居图》是黄公望所绘,几经易手,并因"焚画殉葬"而身首两段,前半卷剩山图现收藏于浙江省博物馆,后半卷无用师卷现收藏于台北故宫博物院。

第二部分 教学基础知识

三、单项选择题

31. B 【解析】心理学家根据智力发展水平把儿童分成三个等级,即超常儿童、常态儿童、低常儿童。一般认为,IQ 超过 130 为智力超常;IQ 低于 70 为智力落后;IQ 超过 140 的人属于天才。小冬测得智商分数是 110,属于智力正常。

32. D 【解析】生成性目标是在教育情境中随着教育过程的展开而自然生成的课程与教学目标。这种目标所关注的不是外部事先规定的目标,而是师生根据课程教学的实际进展情况而提出的相应的目标。生成性目标的优点是强调在教育过程中,学生在与教育情境的交互作用中所产生的属于自己的目标,并不是教育者代表社会所强加给学生的。学生有权利自己去选择要学的东西,同时,教师也被从目标中解放出来而成为研究者,师生的主动性都得到调动与发挥,学生的主体地位也得到实现。

33. B 【解析】加涅按照学习结果划分,把学习结果分为:言语信息学习、智力技能学习、认知策略学习、动作技能学习和态度学习。其中,认知策略学习指学习用以支配个人的心智加工过程的内部组织能力,用以监控和调节自己的注意、记忆、思维和问题解决过程的能力。

34. A 【解析】1939 年凯洛夫主编的《教育学》被公认为世界上第一部马克思主义的教育学著作。

35. B 【解析】效果律是指刺激和反应之间的联结可因导致满意的结果而加强,也可因导致烦恼的结果而减弱。题干表述体现了效果律的内涵。

36. C 【解析】学校教育不同于一般的社会环境的影响,它是一种有目的、有计划、有系统地对学生品德发展施加影响的过程,在学生品德发展中起着主导作用。

37. B 【解析】波兰尼的著名命题是"我们知晓的比我们能说出的多",他提出了显性知识和隐性知识的知识形态。

38. C 【解析】组织策略是指将经过精加工提炼出来的知识点加以构造,形成更高水平的知识结构的信息加工策略。组织策略主要有两种:一种是归类策略,用于概念、语词、规则等知识的归类整理;另一种是纲要策略,主要用于对学习材料结构的把握。思维导图是对学习材料结构的把握,题干所述属于组织策略。

39. B 【解析】题干中句子的意思是:现在,那些善于教化其子弟的人,也必须延请著名德高望重的儒士们,使他们与之相处,以熏陶成性,潜移默化。故题干中句子的说法体现的是情感陶冶法的内涵。

40. C 【解析】运用说服教育法的基本要求:(1)内容有针对性;(2)情感要充沛;(3)态度要民主;(4)讲究教育时机。C 项是运用自我教育法的要求之一。

41. C 【解析】维护权威或秩序的道德定向阶段,这一阶段的道德价值是以服从权威为导向,包括服从社会规范,遵守公共秩序,尊重法律的权威,以法制观念判断是非、知法守法。张强认为李明没有听老师(权威人物)的话,不是一个好学生,这表明张强的道德发展最有可能处于维护权威或秩序的道德定向阶段。

42. C 【解析】新材料被结合到原有的具有较高概括性的概念或命题中并与之发生交互作用,新的概念或命题获得意义,并使原有的观念得到扩展、精确化、修改或限定,这一过程就是相关归属学习。在相关归属学习中,新知识虽然被看作是原有知识的下位观念,但是前者的意义并非完全蕴含在后者之中,也不能为后者所充分代表。学生通过对整数的学习掌握了基本的数概念,在此基础上学习有理数的概念属于相关归属学习。

43. B 【解析】建设和培养良好的班集体是班级管理的核心工作,也是班主任工作成果的体现。

44. B 【解析】学习的建构理论有很多种,但多数建构主义者都有两个共同的观点:学习者能够主动建构他们自己的知识;社会互动对于智慧建构很重要。基于建构主义的课堂教学模式有:抛锚式教学、支架式教学、随机进入教学（随机通达教学）、认知学徒制、自上而下的教学。

45. A 【解析】交互式教学的步骤包括：策略示范、问题提示、角色变换、教师反馈。交互式教学步骤不包括专家示范。

46. D 【解析】杜威从“教育即生活”中引出他的“教育无目的论”。“教育的过程，在它自身以外没有目的，它就是它自己的目的；教育的过程是一个不断改组、不断改造和不断转化的过程。”

47. C 【解析】程序性知识只有能在各种不同的情境中加以运用才算是真正被掌握，促进程序性知识向不同情境迁移的教学策略是向学生提供大量的变式练习题。

48. C 【解析】人本主义心理学家提出了促进意义学习的基本条件：(1)强调以学生为中心，突出学习者在教学过程中的中心地位；(2)让学生觉察到学习的内容与自我的关系；(3)让学生身处一个和谐、融洽、被人关爱和理解的氛围，并且将这种气氛由教师逐步扩大到学生之间；(4)强调要注重从做中学。

49. D 【解析】在课程设计的价值取向上，主要有以学科为中心、以社会为中心和以学生为中心的三种课程设计取向。

50. C 【解析】古代教育的特征之一是教育同生产劳动相分离。

51. A 【解析】调节聚焦理论区分了两种动机倾向：一种是促进聚焦或促进定向，与进步、成就等提高需要相关；另一种是防御聚焦或防御定向，与安全需要紧密相关。

52. A 【解析】波斯纳等提出，原来的概念要发生转变需要满足四个条件：(1)对原有概念的不满；(2)新概念的可理解性；(3)新概念的合理性；(4)新概念的有效性。

53. B 【解析】在加里培林的智力技能形成阶段中，无声的外部言语活动阶段是指以词的声音表象、动觉表象为支柱而进行智力活动的阶段。

54. B 【解析】根据探究深度不同，问题可分为描述性问题、解释性问题、预测性问题。其中，解释性问题是解释事物变化的原因，适于定量、质的研究。“在高山煮食物为什么煮不熟”属于解释性问题。

55. A 【解析】问题空间是问题解决者对一个问题所达到的全部认识状态。问题空间由三种状态组成：初始状态、操作状态和目的状态。

56. C 【解析】菲斯勒将教师职业期分为八个阶段，处于能力形成阶段的教师，积极寻找新资料、新方法和新策略，渴望参加进修学习，接受新观念，形成自己的教学技能。所以，根据题干表述，张老师处于能力形成阶段。

57. D 【解析】美国精神分析学家埃里克森认为，人格发展是一个逐渐形成的过程，必须经历八个顺序不变的阶段：基本的信任感对基本的不信任感（0～1.5岁）、自主感对羞耻感（2～3岁）、主动感对内疚感（4～5岁）、勤奋感对自卑感（6～11岁）、自我同一性对角色混乱（12～18岁）、亲密感对孤独感（成年早期）、繁殖感对停滞感（成年中期）、自我整合对绝望感（成年晚期）。

58. B 【解析】裴斯泰洛齐明确地提出“使人类教育心理学化”的口号，对于推动教育活动的科学化及教育学的诞生都起到了重要的作用。

59. A 【解析】效度是指一个测验工具希望测到某种行为特征的有效性与准确程度。此次数学测验由于试题文字表述过于复杂，没有达到测量学生数学学习状况的目的，是低效度的。这说明该测验主要缺乏效度。

60. D 【解析】题干所述为批判教育学的基本观点之一。

61. B 【解析】负迁移也叫“抑制性迁移”，是指一种学习对另一种学习产生阻碍作用。汉语拼音的学习阻碍了英语的学习，这属于负迁移。

62. B 【解析】斯腾豪斯在1975年出版的《课程研究与开发导论》中，对目标模式的课程理论进行了分析和批判，以此为基础，提出了过程模式的课程理论。过程模式强调课程开发关注的应该是过程，而不是目的。

63. D 【解析】直观手段一般分为三大类：实物直观、模像直观和言语直观。

64. C 【解析】循序渐进原则是指教师要严格按照科学知识的内在逻辑和学生的认知发展规律进行教学，使学生掌握系统的科学文化知识，能力得到充分的发展。《学记》提出的“学不躐等”“不陵节而施”“杂施而不孙，则坏乱而不修”是这一原则的体现。

65. B 【解析】道尔顿制是由美国教育家柏克赫斯特创建的一种新的教学组织形式。运用这种方法时，教师不再上课向学生系统讲授教材，而只为学生分别指定自学参考书、布置作业，由学生自学和独立作业，有疑难时才请教师辅导，学生完成一定阶段的学习任务后,向教师汇报学习情况和接受考查。

66. A 【解析】奥苏贝尔认为,同化是有意义学习的心理机制。

67. D 【解析】教育的生态功能就是教育对保护自然环境、促进可持续发展和建设生态文明所起的积极作用。题干的描述体现的是教育的生态功能。

68. B 【解析】内部学习动机是指诱因来自于学习者本身的内在因素,即学生因对活动本身发生兴趣而产生的动机。出于兴趣属于内部动机。

69. D 【解析】衡量一堂课的标准不仅要看教师教得怎么样,更要看学生学得怎么样,要看在单位时间内学生的学习质量和学习效率。故 D 项说法错误。

70. D 【解析】尊重信任学生与严格要求学生相结合的原则是指在德育过程中,教育者既要尊重信任学生,又要对学生提出严格的要求,把严和爱有机地结合起来,使教育者的合理要求转化为学生的自觉行动。根据题干中的"要求"和"尊重"两个词,可以得出答案是 D 项。

71. B 【解析】贯彻启发性原则时教师要充分调动学生的学习积极性和主动性,故 B 项说法错误。

72. C 【解析】皮亚杰认为,处于可逆性阶段的儿童已不把准则看成是不可改变的,而把它看作是同伴间共同约定的。题干所述儿童的品德发展最有可能处于可逆性阶段。

73. D 【解析】教学操作能力是指教师在教学中使用策略的水平,其水平高低主要看他们是如何引导学生掌握知识、积极思考、运用多种策略解决问题的,它是教师课堂教学能力的集中体现。题干所述表明王老师具有突出的教学操作能力。

74. B 【解析】动作序列程序的获得是通过程序化和程序化组合两个阶段完成的。程序化指将动作序列从陈述性知识的表征转换成程序性知识表征的过程,程序化之后执行某个动作不再需要提取陈述性知识。所以,题干表述的是程序化的内涵。

75. A 【解析】高级规则学习以简单规则学习为先决条件;规则学习以定义性概念学习为先决条件;定义性概念学习以具体概念学习为先决条件;具体概念学习以知觉辨别为先决条件。

76. C 【解析】认知学徒式教学是在情境学习理论指导下形成的、比较典型的教学技术之一。

77. C 【解析】为了深化对课程实施的认识,提升课程实施的成效,急需将学生纳入课程实施及其研究之中,并给予相当程度的关注。

78. B 【解析】生产力的发展水平制约着教育结构的变化以及学校的专业设置。

79. D 【解析】自我教育法是指学生在教师指导下,积极主动地为自己提出道德学习目标,采取措施,实现思想转化和进行行为控制,从而使自己逐步形成良好品德的方法,又称自我修养法或道德修养法。自我教育的最高境界是慎独。

80. A 【解析】"形式教育"与"实质教育"是在教育形成的两种互相对立的教育理论,前者重视发展能力,后者强调掌握知识。

四、多项选择题

81. ACD 【解析】布鲁纳认为,学习包括三个几乎同时发生的过程:习得新信息、转换、评价。

82. ABD 【解析】建构主义学习观的观点包括:(1)学习是认知结构的改变过程;(2)学习是个体主动构建自己知识的过程;(3)情境、协作、会话、意义建构是学习环境设计的四大要素。建构主义学习观强调学习、知识、智慧的情境性,认为知识不可能脱离活动情境而抽象地存在,学习应该与情境化的社会实践活动联系在一起。

83. AB 【解析】注意的转移是根据任务需要,有目的地、主动地转换注意对象,这么做是为了提高活动效率,保证活动的顺利完成。注意的分散是由于外部刺激或主体内部因素的干扰作用引起的,是消极被动的,违背了活动任务的要求,偏离了正确的注意对象,降低了活动的效率。所以,A、B 表述正确,C 项表述错误。良好的注意转移表现为两种活动之间的转换时间短,活动过程的效率高。D 项表述错误。

84. ACD 【解析】"七艺"包括"三科"(文法、修辞、辩证法)和"四学"(算术、几何、天文、音乐)。

85. ACD 【解析】马斯洛的需要层次理论把需要分成了七个层次,即生理需要、安全需要、归属与爱的需要、尊重需要和认知需要、审美需要和自我实现需要。前四种需要被称为缺失需要,也就是基本需要,后三种需要是成长需要。

86. BCD 【解析】理想师生关系的特点包括:(1)人际关系:尊师爱生;(2)社会关系:民主平等;(3)教育关系:教学相长;(4)心理关系:心理相容。

87. ABD 【解析】关于心智技能的形成,我国学者将其分为原型定向、原型操作和原型内化三个阶段。

88. ABD 【解析】品德的形成是一个从外到内的转化过程,是社会规范的接受和内化,大致经历三个阶段:社会规范的依从、社会规范的认同、内化(社会规范的信奉)。

89. ABD 【解析】品德与道德的区别主要表现为:(1)研究的范畴不同;(2)影响因素不同;(3)性质不同。

90. ABD 【解析】按学习内容,我国学者一般把学习分为知识的学习、技能的学习和社会规范的学习。

91. AC 【解析】题干描述的是实验主义教育学派的主张,该学派的代表人物主要有德国的梅伊曼和拉伊、法国的比纳、美国的霍尔和桑代克。

92. ABCD 【解析】班杜拉把观察学习的过程分为注意、保持、复现和动机四个子过程。

93. BCD 【解析】教育部等九部门联合印发的《关于印发中小学生减负措施的通知》指出,严控书面作业总量。小学一二年级不布置书面家庭作业,三至六年级家庭作业不超过 60 分钟,初中家庭作业不超过 90 分钟,高中也要合理安排作业时间。所以,B、C、D 三项正确。

94. BCD 【解析】创造力的三维侧面模型认为,创造力是由既相互独立又相互联系的三个侧面组成。这三个侧面分别是:(1)创造力的智力侧面;(2)创造力的智力方式侧面;(3)创造力的人格侧面。

95. ABC 【解析】现代教育对经济发展的促进功能主要表现在三个方面:(1)教育使潜在的劳动力转变为现实的劳动力,促进经济的发展;(2)教育生产科学技术,促进经济的发展;(3)教育能够产生经济效益,是经济发展新的增长点。

96. ABD 【解析】教育目的的功能包括:(1)对教育活动的定向功能;(2)对教育活动的调控功能;(3)对教育活动的评价功能。

97. ABCD 【解析】一个好老师共同的、必不可少的特质表现在:第一,做好老师,要有理想信念;第二,做好老师,要有道德情操;第三,做好老师,要有扎实学识;第四,做好老师,要有仁爱之心。

98. ABC 【解析】学生的本质特征包括:(1)以系统学习间接经验为主;(2)具有主体性;(3)具有明显的发展特征。

99. ABCD 【解析】教师要想真正成为教育教学的研究者,应当具备的基本素养有:(1)有对于教育教学改进的热情,有对于教育教学问题研究的意识;(2)有终身学习和思考的习惯,及时了解和把握教育教学改革与发展的新动向与新知识;(3)具有自我反思和批判的能力;(4)掌握教育教学研究的基本方法,使教育教学研究体现客观、科学的本真特性;(5)具有独立的研究精神。

100. BCD 【解析】目前,影响较大的校本课程开发模式主要有"情境分析模式""学生需求模式""问题解决模式"和"目标主导模式"。

五、判断题

101. × 【解析】题干描述的是纳托普的主张,属于社会本位论的观点。社会本位论的价值取向重视教育的社会价值,强调教育目的从社会出发,满足社会的需要,具有一定的合理性。但它过分强调人对社会的依赖,把教育的社会目的绝对化、唯一化,甚至认为"个人不可能成为教育的目的"。这种极端的主张,完全割裂了人与社会的关系,极易导致教育对人的培养只见社会不见人,单纯把人当作社会工具,而不是把人作为社会主体来培养,造成对人本性发展的严重束缚和压抑。

102. √ 【解析】《国家中长期教育改革和发展规划纲要(2010~2020 年)》提出的工作方针是:优先发展、育人为本、改革创新、促进公平、提高质量。

103. × 【解析】概念接受学习是先给学生呈现一个定义,接着呈现几个正例(反例),然后分析这些例子是如何代表这一定义的。概念发现学习是先呈现例子,再引导学生根据概念的特征,不断修正推导出适合的概念,最后再呈现相关的例子,对概念加以巩固。题干所述是概念发现学习的内涵,不是概念接受学习的内涵。

104. × 【解析】道德行为是衡量道德品质的重要标志。所以,题干表述错误。

105. √ 【解析】不同的认知类型有不同的优势和劣势,教育的目的就是要充分发挥学生在认知类型上的优势,弥补认知类型的劣势对学习的不良影响。适应认知类型的教学策略可以分成两类:一类是采取与学习者认知风格一致的教学策略,又叫匹配策略;另一类是采取对学习者缺乏的认知风格进行弥补的教学策略,又叫失配策略。

106. × 【解析】赫尔巴特在世界教育学史上被认

为是“现代教育学之父”或“科学教育学的奠基人”,他的《普通教育学》被公认为是第一本现代教育学著作。

107. √ 【解析】问题解决的策略大致可以分为:算法和启发式。算法策略是将所有可能的针对问题解决的方法都一一列举出来并进行尝试,直到最终从根本上解决问题。因此,用算法策略解决问题时需要进行大量的准备工作,花费较大的精力和较多的时间。但是该方法的优点就是能够确保找到问题解决的途径。

108. √ 【解析】学科课程与活动课程在教学方式上的区别是:学科课程主要是以教师为主导去认识人类的种族经验;而活动课程则主要是以学生自主的实践交往为主导去获取直接经验。

109. √ 【解析】教育法规是指国家权力机关和国家行政机关为调整教育与经济、社会、政治的关系,调整教育内部各个环节的关系而制定和发布的教育法律(基本法律和法律)、法令、条例、规程、制度等规范文件的总称。以人为本原则既是党和国家制定方针政策和处理各种社会矛盾的出发点和归宿,也是各级政治领导开展工作时应该遵循的最基本原则之一。人作为主体,法律只有服务于人的价值取向与利益要求,才有存在的意义,这正是以人为本原则的价值所在。

110. √ 【解析】短时记忆又称工作记忆,其容量一般为5~9,平均值为7。短时记忆的容量是以组块来计算的,组块可以把时空上接近的单个项目组合成一个较大的块,也可以利用已有的知识经验把彼此无关的单个项目组成有意义的块,从而提高工作记忆的容量。对于加工无意义的信息,象棋专家所具有的专业知识经验在加工信息时并不能发挥作用。因此,在此情况下专家并不一定比新手表现好。

押题试卷

山东省教师招聘考试教学基础知识押题试卷(十)

一、单项选择题

1. A 【解析】教师劳动的创造性主要表现在以下三个方面:(1)因材施教;(2)教学方法上的不断更新;(3)教师需要“教育机智”。教师对学生进行在线教学说明了教师在教学方法上的更新,体现了教师劳动的创造性。

2. B 【解析】作为墨家的代表人物,对于获得知识的理解,墨翟认为,人的知识来源可分为三个方面,即“亲知”“闻知”和“说知”。

3. A 【解析】高尚的师德应包括热爱学生、教书育人、为人师表和团结协作等内容。依照题干可知,教师应该热爱学生,具备高尚的师德。

4. B 【解析】行动研究的优点包括:(1)灵活,能适时做出反馈与调整;(2)能将理论研究与实践问题结合起来;(3)对解决实际问题有效。对行动研究的批评包括:(1)研究过程松散、随意,缺乏系统性,影响研究的可靠性;(2)研究样本受具体情境的限制,缺少控制,影响研究的代表性。个案研究常常会遇到伦理道德问题,对研究人员的语言技能、洞察力有较高要求。

5. C 【解析】遗传素质是人的身心发展的前提。

6. A 【解析】说服教育法又叫说理教育法,是通过语言说理,使学生明晓道理,分清是非,提高品德认识的德育方法。题干中王老师对违纪学生采用的是说服教育法。

7. D 【解析】表现性目标指在教育情境的种种遭遇中每一个学生个性化的创造性表现,是生成性目标的进一步发展。它关注学生的创造精神、批判思维,适合以学生活动为主的课程安排。由“利用手中的画笔、卡纸和模具来完成创意制作”可知,郭老师关注的是学生的创造精神,故选D项。

8. D 【解析】情感态度与价值观目标强调在教学过程中激发学生的情感共鸣,引起积极的态度体验,形成正确的价值观。题干中的教师将学生“学会关爱生命”拟定为教学目标之一,这属于情感态度与价值观目标。

9. C 【解析】“征于色,发于声,而后喻”译为:(一个人的想法,只有)从脸色上显露出来,从声音中表现出来,然后才能为人们所了解。意在强调教师在教学过程中要注意表情、语言表达等方面,即教师要重视提高自己的教学技能。

10. C 【解析】教科书编写应遵循的基本原则与要求主要有:(1)科学性与思想性统一;(2)强调内容的基础性与适用性;(3)知识的内在逻辑与教学法要求的统一;(4)理论与实践统一;(5)教科书的编排形式要有利于学生的学习;(6)注意与

其他学科的纵向和横向联系。

11. D 【解析】心理对客观现实的反映具有主观性，因为对客观现实的反映必须通过主体来完成。由于个体在兴趣、需要、知识经验、个性特点等方面不同，对客观事物的反映也必然呈现出个体差异。不同的人，对同一客观实在会有不同的反映，正所谓“仁者见仁，智者见智”。题干中两名同学对同一瓶水的反映不同，这体现了心理对客观现实的反映具有主观性。

12. C 【解析】正强化也称积极强化，是通过呈现想要的愉快刺激来增强反应频率。负强化也称消极强化，是通过消除或中止厌恶、不愉快刺激来增强反应频率。惩罚是指一个反应之后的一个刺激或事件减少了这个反应发生的可能性。依据刺激是呈现还是移除，惩罚也可以分为呈现性惩罚和移除性惩罚。呈现性惩罚（正惩罚）指在行为后施加厌恶刺激以抑制或减少该行为的发生频率；移除性惩罚（负惩罚）指在行为后移去满意刺激，以减少行为的发生。题干中，小彤的妈妈通过呈现“贴着墙站立半个小时”这一厌恶刺激来降低小彤出现驼背这一行为的频率，这是正惩罚的应用。故答案选 C 项。

13. A 【解析】常见的个别化教学模式有：程序教学、掌握学习和计算机辅助教学。B、C、D 项均为以学生为中心的教学模式。

14. C 【解析】“教学相长”是《学记》中提出的教学原则。

15. C 【解析】在我国，“教育”一词最早见于《孟子·尽心上》中的“得天下英才而教育之，三乐也”。故孟子是我国最早提出“教育”一词的教育家。

易错提示：“教育”一词的最早出处与最早对“教育”一词进行解释的出处是易混淆的知识点。考生在做题时，需注意题干的关键词或题干的意思是“最早使用”“最早出现”还是“最早解释”。

16. B 【解析】“家有一斗粮，不当孩子王。”即一个人但凡能吃上饭（有一定经济基础），就不去当教书先生（小学教师），反映了中国传统社会中教师普遍较低的经济地位。

17. A 【解析】双趋冲突是指从自己同时都很喜爱的两个事物中仅择其一的心理状态，如鱼与熊掌不可兼得，舍鱼而取熊掌。

18. C 【解析】形成性评价是在教学过程中为改进和完善教学活动而进行的对学生学习过程及结果的评价。它包括在一节课或一个课题的教学中对学生的口头提问和书面测试。题干中的教师在课堂上进行提问，想要了解学生对这首诗的理解情况，属于教学过程中的形成性评价。

19. A 【解析】广延性是指空间的广延性。教师没有严格界定的劳动场所，课堂内外、学校内外都可能成为教师劳动的空间，这个特点是由影响学生发展因素的多样性决定的。学生的成长不仅受学校的影响，还受社会和家庭的影响。教师不能只在课内、校内发挥影响，还要走出校门，协调学校、社会、家庭的教育影响，以便形成教育合力。

20. B 【解析】《学记》的教育思想包括藏息相辅，认为正课学习与课外练习必须兼顾，课内与课外相结合，相互补充。《学记》指出：“大学之教也，时教必有正业，退息必有居学。”

21. D 【解析】自我体验是自我意识在情感上的表现，是伴随自我认识而产生的内心体验。自尊心、自信心是自我体验的具体内容。题干中的学生因受到表扬而感到开心，这是该学生的自我意识在情感上的表现，故反映的是学生自我意识中的自我体验。

22. D 【解析】精细加工策略是指把新信息与头脑中的旧信息联系起来从而增加新信息意义的深层加工策略。包括记忆术、做笔记、生成性学习等。学生通过“大鱼取两边，小鱼取中间”的口诀进行记忆的方法属于记忆术。因此，这种学习策略属于精细加工策略。

23. D 【解析】替代强化是指观察者因看到榜样的行为被强化而受到强化。题干中的小梁看到同桌小左因为学习成绩有进步受到老师的点名表扬后，也开始努力学习，说明小梁受到了替代强化。因此，答案选 D 项。

24. C 【解析】附属内驱力是指个体为了获得长者们（如家长、教师）的赞许或认可而表现出把工作、学习做好的一种需要。小明努力学习是为了获得老师和家长的表扬，这种学习动机属于附属内驱力。

25. B 【解析】顺应是指当有机体不能利用原有图式接受和解释新刺激时，其认知结构发生改变来适应刺激的影响。题干中小军通过改变自己的认知结构来适应新的刺激，故他的认知过程属于顺应。

26. D 【解析】罗杰斯创立了以学生为中心的教育

和教学理论,其基本理论包括:知情统一的教学目标观、有意义的自由学习观、学生中心的教学观。

27. B 【解析】物质活动指借助实物进行的活动。物质化活动指借助实物的模型、图片、样本等代替物进行的活动。题干所述属于物质化活动。

28. A 【解析】正式群体是指在学校行政部门、班主任或社会团体的领导下,按一定章程组织起来的学生群体。共青团、少先队等都属于正式群体。

29. C 【解析】题干中先有学生主动打扫教室这一行为,然后教师给予表扬强化,这属于操作性条件反射。

30. B 【解析】螺旋式是指在不同单元乃至阶段或不同课程门类中,使课程内容重复出现,逐渐扩大知识面,加深知识难度,即同一课程内容前后重复出现,前面呈现的内容是后面内容的基础,后面内容是对前面内容的不断扩展和加深,层层递进。题干所述教材编排方式即螺旋式。

31. C 【解析】理论联系实际原则是指教师在教学中,应使学生从理论与实际的结合中来理解和掌握知识,并引导他们运用新获得的知识去解决各种实际问题,培养他们分析问题和解决问题的能力。题干所述体现的是理论联系实际原则。

32. C 【解析】教师在班集体的组建阶段,就应着手正常秩序的建立工作,特别是当接到一个教育基础较差的班级时,首先就要做好这项工作。

33. A 【解析】A 项"强化学生主人翁意识和团队精神"强调的是培养学生的情感态度,故属于情感态度与价值观目标,选 A 项。由 B 项"初步了解"和 C 项"认识到"可判断 B、C 两项属于知识与技能目标;由 D 项"形成……能力"可判断 D 项属于过程与方法目标。

34. B 【解析】科技进步是现代教育发展的根本动因。科学技术是第一生产力,现代教育正是人们在自觉适应以科技进步为基础的现代化大生产和现代社会生活要求的过程中发展起来的,它反映了科技进步的需要。

35. B 【解析】非指导性教学模式的代表人物是罗杰斯,掌握学习教学模式的代表人物是布卢姆,暗示教学模式的代表人物是洛扎诺夫。

36. C 【解析】在我国,最早采用班级授课制的是清政府于 1862 年设于北京的京师同文馆,并在癸卯学制中以法令形式确定下来,随之在全国范围内推广。

37. D 【解析】德育原则是根据教育目的、德育目标和德育过程规律而提出的指导德育工作的基本要求。

38. C 【解析】A 项出自《学记》的开篇,体现的是教育的目的;B 项是《学记》提出的长善救失原则;C 项出自《荀子・劝学》,体现的是环境对个体身心发展的影响;D 项是《学记》提出的启发诱导原则。故本题选 C 项。

39. B 【解析】认同是在思想、情感、态度和行为上主动接受他人的影响,把别人或某个群体的态度作为自己的态度,使自己的态度和行为与他人相接近。认同比依从更深入一层,是学习者在思想、情感、态度和行为上主动接受规范,从而试图与之保持一致。因此,题干所述体现了其他同学的态度与品德形成处于认同阶段。

40. C 【解析】顺向迁移是指先前学习对后继学习产生的影响;逆向迁移是指后继学习对先前学习产生的影响。题干中强调后阅读的小说对已学词句的影响,故属于逆向迁移。正迁移也叫"助长性迁移",是指一种学习对另一种学习的促进作用;负迁移也叫"抑制性迁移",是指一种学习对另一种学习产生阻碍作用。题干中强调阅读小说对已学词句的促进作用,故属于正迁移。综上所述,本题答案选 C 项。

易错提示:考生容易错误理解正迁移、负迁移、顺向迁移和逆向迁移,无论是顺向迁移还是逆向迁移,都有正、负之分;同样,无论正迁移还是负迁移,也都有顺向和逆向之分。考生可结合以下表格进行理解记忆:

迁移类型	含义	典例
顺向正迁移	先前学习对后继学习的积极影响	先学习普通心理学,更容易学会教育心理学
顺向负迁移	先前学习对后继学习的消极影响	在初学英语时,学生容易用学过的汉语拼音的读音读英语字母(前摄抑制)
逆向正迁移	后继学习对先前学习的积极影响	学会教育心理学之后,加深了对之前学习的普通心理学知识的理解
逆向负迁移	后继学习对先前学习的消极影响	掌握了英语后,可能用英语字母的发音读之前学过的汉语拼音(倒摄抑制)

41. A 【解析】在刺激作用停止后暂时保留的感觉现象称为感觉后效,即感觉后像。在各种感觉中,视觉的后效很显著,又称视觉后像。视觉后像有正后像和负后像两种,后像和刺激在品质上是相反的是负后像。题干所述属于典型的负后像现象。

42. D 【解析】教育心理学的具体研究范畴是围绕学与教相互作用的过程展开的。学与教的相互作用过程是一个系统过程,该系统包含学生、教师、教学内容、教学媒体和教学环境五个要素。

方法技巧:教育心理学的五个要素可以简记为"教学内媒环"。

43. D 【解析】建构主义非常强调学习者本身已有的经验结构,认为学习者在学习新信息、解决新问题时往往可以基于相关的经验,依靠其认知能力形成对问题的解释。持建构主义学生观的教师认为,学生并不是空着脑袋走进教室的。故吴老师的学生观符合建构主义教学理论的观点。

44. C 【解析】教师采用专制的态度,易导致学生的紧张情绪、冷淡、攻击性和不能自制。故采用专制的领导方式不能促进良好课堂气氛的营造。

45. A 【解析】根据识记有无目的性,可分为无意识记和有意识记。根据识记材料的性质和识记方法的不同,识记可分为机械识记和意义识记。因此,排除C、D两项。机械识记是根据材料的外在联系,采取多次重复的方式所进行的识记,即平时所说的死记硬背。如对无意义音节、地名、人名、历史年代等的识记。意义识记是在理解的基础上,依据材料的内在联系,并运用已有的知识经验而进行的识记,有人也称之为理解记忆或逻辑记忆。因此,本题选A项。

46. B 【解析】从众现象的产生大致有两个原因:(1)人们往往相信大多数人的意见是正确的,觉得别人的看法和意见将有助于他。如果学生越相信集体的正确性,自信心越差,从众的可能性就越大。(2)一个人往往不愿意被群体视为越轨者或不合群者,为了避免他人的非议或排斥,避免受孤立,从而产生从众。

47. A 【解析】晕轮效应即当我们认为某人具有某种特征时,就会对他的其他特征做相似判断。"爱屋及乌"比喻爱一个人而连带地关爱与他(她)有关系的人或物,这体现的就是晕轮效应。

48. D 【解析】根据教育法律关系主体是否完全特定化划分,教育法律关系可以分为绝对教育法律关系和相对教育法律关系。绝对教育法律关系指存在特定的权利主体,没有特定的义务主体的教育法律关系。相对教育法律关系指存在于特定的权利主体和特定的义务主体之间的教育法律关系。在题干当中,权利主体和义务主体都是具体的,明确规定了主体所享有的权利与履行的义务。这属于相对教育法律关系。

49. C 【解析】根据《中华人民共和国教师法》第十一条规定,取得高级中学教师资格和中等专业学校、技工学校、职业高中文化课、专业课教师资格,应当具备高等师范院校本科或者其他大学本科毕业及其以上学历。

50. A 【解析】学生作为公民享有生命权、身体权和健康权。在学校教育中,对这类权利的侵犯主要是由体罚或变相体罚、教育教学设施设备不安全以及学校、教师的不作为侵权等造成的。题干中的陈老师罚学生抄写单词100遍,属于一种变相体罚行为,侵犯了学生的身心健康权。

51. B 【解析】教育对个体发展的独特价值表现在:(1)引导个体发展的方向。没有受过教育的个体,其发展是一种盲目的发展。教育作为有意识地引导个体发展的活动,会根据教育目的对个体的发展作出定向,不仅改变个体自然发展的盲目性,而且对个体的发展作出社会性规范,培养社会所需要的人。(2)提升个体发展的速度。没有受过教育的个体,其发展是一种率性的自然发展、自然成熟的过程。教育的作用就在于改变个体的发展方式,使之从自在的发展转变为自觉的发展,以一种科学有效的方式,提升个体发展的速度,使个体获得更好、更快的发展。(3)开发个体的特殊才能。教育面对具体的人,而每一个人又都是一个独特的生命体。作为一种有意识的活动,教育就必须依据每个人的特长和发展的需要,提供适合每个人的教育,开发个体的特殊才能,促进个体个性的发展。(4)唤醒个体生命的自觉。人是一种有意识的存在,意识使人的发展成为一种自觉的存在。教育需要传授知识技能、开发人的潜力,但更需要唤醒生命发展自觉,使个体发展的过程成为生命自觉行为。

52. B 【解析】以杜威为代表的经验主义课程论流派认为,以学科为中心的传统课程是不足取的,应代之以儿童的活动为中心的课程。

53. B 【解析】观察研究法是教育科学研究广泛使用的一种方法。

54. C 【解析】C 项属于课堂教学活动。

55. C 【解析】题干的描述表明了个体发展存在关键期，错过了关键期，对某一方面进行训练的效果就会降低，甚至永远无法补偿。这体现了个体身心发展的不平衡性规律。

56. A 【解析】奥苏贝尔从两个维度对学习做了区分：从学生学习的方式上，将学习分为接受学习与发现学习；从学习内容与学习者认知结构的关系上，又将学习分为有意义学习和机械学习。因此，答案选 A 项。

57. B 【解析】构造主义主张心理学应该研究人们的直接经验即意识，并把人的经验分为感觉、意象和激情状态三种元素。

58. C 【解析】教学效能感一般指教师对自己影响学生行为和学习结果的能力的一种主观判断。这种判断会影响教师对学生的期待和指导，从而影响教师的工作效率。王老师认为只要自己努力教学，就能提高学生的学习效果，这正体现了王老师具有较高的教学效能感。

59. C 【解析】肯定性训练也叫自信训练、果敢训练，目的是促进个人在人际关系中公开表达自己真实的情感和观点，维护自己权益也尊重别人权益，发展人的自我肯定行为。

60. B 【解析】具体形象思维（形象思维）是以直观形象和表象为支柱的思维过程。表象是思维的材料，思维过程往往表现为对表象的概括、加工和操作。题干中的一年级小学生在计算时，需借助头脑中的小棒等实物表象才能进行计算，这说明他的思维是以直观形象和表象为支柱的，故其思维类型是形象思维。

61. D 【解析】按照问题的组织程度把问题分为结构良好问题和结构不良问题。结构良好问题，其初始状态和目标状态，以及问题解决的方法都是明确的。可以根据给定信息和目标，选择明确的解决方案来达到问题解决的目的。结构不良问题，其初始状态和目标状态不明确，而且它没有明确的结构或解决途径。几何证明题的已知条件和要达到的目标非常明确，属于结构良好问题。

62. C 【解析】黏液质类型的人稳重迟缓，具体表现为：安静稳重，交际适度；反应缓慢，沉默寡言；善于克制自己，情绪不易外露；注意稳定但又难于转移；善于忍耐，沉着坚定；不善空谈，埋头苦干。故答案选 C 项。（具体内容参见谭顶良主编的《高等教育心理学》）

63. A 【解析】人际排斥是指交往双方出现关系极不和谐、相互疏远的现象，以认知失调、情感冲突及行为对抗为特征。

64. B 【解析】根据学习情境由简单到复杂、学习水平由低到高的顺序，加涅把学习分为信号学习、刺激—反应学习、连锁学习、言语联结学习、辨别学习、概念学习、规则或原理学习和解决问题学习八类。其中规则或原理学习是指学习两个或两个以上概念之间的关系，例如各种规律、定理的学习。故 B 项属于规则学习。而 A 项属于概念学习，C 项属于辨别学习，D 项属于解决问题学习。

65. D 【解析】情感领域的教学目标分为接受、反应、形成价值观念、组织价值观念系统、价值体系个性化五级。因此，价值观念的组织属于情感领域的教育目标。

66. D 【解析】新课程改革的六项具体目标包括：(1) 实现课程功能的转变；(2) 体现课程结构的均衡性、综合性和选择性；(3) 密切课程内容与生活和时代的联系；(4) 改善学生的学习方式；(5) 建立与素质教育理念相一致的评价与考试制度；(6) 实行三级课程管理制度。

67. C 【解析】古代雅典在西方最早形成体育、德育、智育、美育和谐发展的教育，教育内容比较丰富，教育方法也比较灵活，教育目的是培养有文化、有修养和多种才能的政治家和商人。

68. B 【解析】东汉灵帝时，设立鸿都门学，这是一所研究文学艺术的专门学校。A 项的“庠”最早出现于五帝时期。C 项的“国子学”是隋唐时期的“六学”之一。D 项的“书院”是宋代主要的学校类型。

69. A 【解析】教育方针的内容主要包括教育工作的指导思想、教育目的和实现教育目的的基本途径等。其中，教育目的是教育方针中的核心和基本的内容。故 A 选项正确。

70. D 【解析】新课程倡导学生“学会学习”，“学会学习”意味着学生传统学习状态的根本改变——由知识的被动接受者转变为知识意义的主动建构者，意味着学生传统学习方式的根本改变——由被动地接受学习转向注重学生的自主探索和发现学习。这里最重要的是教师鼓励学生发表独特的观点和见解，允许学生进行不同的“解读”，倡导“创读”。所以 D 项符合题意。

71. D 【解析】工业社会的教育具有以下特征：(1)现代学校的出现和发展；(2)教育与生产劳动从分离走向结合，教育的生产性日益突出；(3)教育的公共性日益突出；(4)教育的复杂性程度和理论自觉性都越来越高，教育研究在推动教育改革中的作用越来越大。故选D项。

72. B 【解析】泰勒被誉为"课程评价之父"。

73. C 【解析】张老师在化学课的教学中引导学生通过化学知识的学习树立环境保护意识，即在化学课堂中渗入德育工作，采用的德育途径是学科教学。

74. B 【解析】在本质上，教育目的是受社会发展制约的，不同国家、不同时代的教育目的都要受到当时的社会政治、经济、文化和科技等因素的影响。其中，不同国家的历史与文化背景使教育培养的人各有特色，如英国所向往的理想人物是"绅士"，比较重视人文素养，所以教育的目的强调陶冶学生的人格，注重培养有教养的人。故题干所述英国的教育目的受文化背景的影响。

75. A 【解析】活动课程与学科课程的关系，实际上反映的是人的直接经验与间接经验、个人知识与公共知识、儿童当下的心理经验与凝结在学科中的逻辑经验之间的关系，也从一个侧面反映了成人学习方式与儿童学习方式的分歧与差异。

76. D 【解析】注意的功能包括：(1)选择功能，即选择有意义的、符合需要的和与当前活动相一致的刺激，避开与之无关的、干扰当前活动的各种刺激并抑制对它们的反应。(2)保持功能，即使注意对象的映像或内容保持在意识中，得到清晰、准确的反映。(3)调节和监督功能，即控制心理活动向着一定的方向或目标进行。因此题干所述体现了注意的调节功能。

77. B 【解析】合作学习小组成员人数以5人左右为宜。一般说来，最为有效的小组人数是4～6个成员。

78. B 【解析】按学习动机起作用时间的长短，可分为近景的直接性学习动机和远景的间接性学习动机。近景的直接性学习动机是指由活动的直接结果所引起的对某种活动的动机，它是与学习活动直接相连的，来源于对学习内容或学习结果的兴趣。例如，学生的求知欲、成功的愿望、对某门学科的浓厚兴趣，以及教师生动形象的讲解、教学内容的新颖等都直接影响到学生的学习动机。远景的间接性学习动机是指由于了解活动的社会意义、活动结果的社会价值而引起的对某种活动的动机，它是与学习的社会意义和个人的前途相连的。例如，大学生意识到自己的历史使命，为不辜负父母的期望，为争取自己在班集体中的地位和荣誉等都属于间接性的动机。

易错提示：考生易混淆近景的直接性学习动机和远景的间接性学习动机，考生需注意考查该知识点时，强调长远的、具有一定社会意义的学习动机一般为远景的间接性学习动机，强调具体的、与学习内容或兴趣相关的学习动机一般为近景的直接性学习动机。

79. C 【解析】小学低年级学生的情感带有很大的冲动性，低年级学生不善于掩饰、控制，如低年级学生在玩得入迷的时候，忘记了写家庭作业。在独立学习和集体生活的锻炼下，中、高年级学生控制、调节情感的能力逐渐发展起来。他们能根据学校纪律的要求约束自己的情感。即学生情感的可控性逐渐增强。

80. B 【解析】个体由于过去的经验，对所面临的人或事可能会具有某种肯定或否定、趋向或回避、喜好或厌恶等内心倾向性，这种事先的心理准备或态度定势常常支配着人对事物的预料与评价，进而影响着是否接受有关的信息和接受的量。题干所述现象属于学生的态度定势。

81. B 【解析】根据我国《未成年人保护法》规定，学校不得占用国家法定节假日、休息日及寒暑假期，组织义务教育阶段的未成年学生集体补课，加重其学习负担。

82. D 【解析】教师对学校或者其他教育机构侵犯其合法权益的，或者对学校或者其他教育机构作出的处理不服的，可以向教育行政部门提出申诉。

83. A 【解析】根据《中华人民共和国教师法》第十七条规定，学校和其他教育机构应当逐步实行教师聘任制。教师的聘任应当遵循双方地位平等的原则，由学校和教师签订聘任合同，明确规定双方的权利、义务和责任。

84. A 【解析】根据《中华人民共和国义务教育法》第二十七条规定，对违反学校管理制度的学生，学校应当予以批评教育，不得开除。

85. D 【解析】根据《中华人民共和国义务教育法》第二条规定，国家实行九年义务教育制度。义务教育是国家统一实施的所有适龄儿童、少年必须接受的教育，是国家必须予以保障的公益性事业。

86. D 【解析】家庭教育具有针对性。家庭的教育工作能从实际出发,有的放矢,而不是想当然或一般化的说教。人们常说:“知子莫若父,知女莫若母”就是子女自幼随父母生活,长期相处,父母能够全面细致地了解、熟知子女。这说明家庭教育比学校教育更具有针对性。

87. A 【解析】1949 年,泰勒的《课程与教学的基本原理》出版,该书被视为现代课程理论的奠基石。《什么知识最有价值》的作者是英国教育家斯宾塞。《教育目标分类学》的作者是布卢姆。《教育诗篇》的作者是马卡连柯。

88. B 【解析】教育目的是全部教育活动的主题和灵魂,是教育的最高理想。

89. C 【解析】课程资源涉及学生学习与生活环境中一切有利于达成课程目标的资源,它弥散于学校内外的方方面面,因而课程资源具有广泛多样的特点。

90. C 【解析】2008 年修订的《中小学教师职业道德规范》具有以下特点:(1)坚持“以人为本”;(2)坚持继承与创新相结合;(3)坚持广泛性与先进性相结合;(4)倡导性要求与禁行性规定相结合;(5)他律与自律相结合。

91. C 【解析】教育行政法规是行政法规的形式之一,是由最高国家行政机关(国务院)依据《中华人民共和国宪法》和教育法律制定的关于教育行政管理的规范性文件。教育行政法规的名称一般有三种:条例、规定、办法或细则,如《中华人民共和国义务教育法实施细则》《教师资格条例》等。故答案选 C 项。

92. B 【解析】教育法律关系的构成要素有主体、客体和内容,三者相互制约、缺一不可,其中任何一个要素的改变,都会导致原有法律关系的变更。

93. C 【解析】“文以载道”强调在传授知识的同时,注重对人的教化。这意味着教学要做到教书与育人相结合。

94. D 【解析】关于教育定义的方式,美国分析教育哲学家谢弗勒在《教育的语言》一书中探讨了三种定义的方式,即“规定性定义”“描述性定义”和“纲领性定义”。

A 项,描述性定义是指对被定义对象的适当描述或对如何使用定义对象的适当说明。

B 项,纲领性定义是一种有关定义对象应该是什么的界定。

C 项,解释性定义不属于谢弗勒对教育定义的分类,可排除。

D 项,规定性定义即作者自己所创制的定义,其内涵在作者的某种话语情境中始终是同一的。

题干考查的是规定性定义,因此答案选 D 项。

易错提示:教育的这三种定义方式是容易混淆的知识点,区分这三种定义的方式的重点在于:规定性定义——“自创”;描述性定义——“实然”“究竟是”;纲领性定义——“应然”“应该是”“理想状态”。

95. C 【解析】教师职业道德基本原则指明了教师职业实践中道德行为的总方向,体现了教师职业道德的本质属性,统帅整个教师职业道德体系,是衡量和判断教师行为善恶的最高道德标准。

二、多项选择题

96. ABC 【解析】题干描述的是环境对人的发展的影响。“近朱者赤,近墨者黑”“蓬生麻中,不扶而直”及“孟母三迁”的故事,都说明了环境对人的发展的影响。

97. BD 【解析】A 项的活动方式与方法以及 C 项的技能与经验是可以直接作为课程要素的,故属于素材性课程资源。B 项的物力与财力以及 D 项的环境可以为课程实施提供条件,故属于条件性课程资源。

98. ACD 【解析】根据课程任务,可将课程分为基础型课程、拓展型课程与研究型课程。

99. ACD 【解析】从道德修养的角度看问题,教师培养良好的道德义务感至少要做三项主观上的努力:(1)努力提高自己的道德义务认知水平;(2)努力提升自己的教育事业意识水平;(3)实现教育义务意识向教育良心的转化。

100. ABD 【解析】教师的职业形象应是道德形象、文化形象和人格形象三者统一的整体。

101. ACD 【解析】教育的具体而实在的规定性体现在:(1)教育是人类所特有的一种有意识的社会活动;(2)教育是人类有意识地传递社会经验的活动;(3)教育是以人的培养为直接目标的社会实践活动。

102. BC 【解析】现代教学的辅助形式有个别教学与现场教学。

103. AB 【解析】托尔曼认为,学习是一种有目的的行为,进而不同意桑代克等人认为学习是盲目的观点。故 A 项说法正确。布鲁纳主张学习的目的在于以发现学习的方式,使学科的基本结构转变为学生头脑中的认知结构。故B项说法正确。有意义的自由学习观是罗杰斯提出的。故C项说法错误。桑代克提出了尝试—错误说,他把人和动物的学习定义为刺激与反应之间的联结,认为这种联结的形成是通过“盲目尝试—逐步减少错误—再尝试”这样一个往复过程习得的。他是行为主义的代表人物。故D项说法错误。

104. ABD 【解析】运用实际锻炼法的要求是:(1)目的明确,计划周密,加强指导,坚持严格要求;(2)生动活泼,灵活多样,调动学生的主动性;(3)注意检查和持之以恒,随时总结。

105. BCD 【解析】教学过程的特殊性的表现之一是在认识对象上具有间接性与概括性。故A项错误,本题选B、C、D三项。

106. ABC 【解析】正强化也称积极强化,是通过呈现想要的愉快刺激来增强反应频率。A项中学生认真完成家庭作业后,老师并没有任何表示,即没有给予强化。B、C两项属于惩罚,只有D项属于正强化。

107. ABD 【解析】教师职业角色的形成主要经历以下三个阶段:(1)教师角色的认知;(2)教师角色的认同;(3)教师角色的信念。

108. AC 【解析】正迁移也叫“助长性迁移”,是指一种学习对另一种学习的促进作用。顺向迁移是指先前学习对后继学习产生的影响。学习平行四边形知识对梯形的学习很有帮助,体现的是先学习的知识对后学习知识的促进作用,因此答案选A、C两项,D项不选。垂直迁移也称纵向迁移,是指先行学习内容与后续学习内容是不同水平的学习活动之间产生的影响。由于梯形(属于四边形不属于平行四边形)和平行四边形属于同一水平的学习,故B项不选。

109. ABCD 【解析】A项,气质受生理影响大,性格受社会影响大。因此,气质是先天的,性格是后天的。故A项说法正确。B项,气质无所谓好坏,性格有优劣之分。故B项说法正确。C项,不同气质类型的人可以形成相同的性格,相同气质类型的人也可以形成不同的性格。故C项说法正确。D项,气质影响性格的形成和发展,以及形成的速度。故D项说法正确。

110. ABC 【解析】课堂管理的功能有:维持功能、促进功能和发展功能。

111. ABCD 【解析】形成良好班风的基本要求:(1)确立班风目标;(2)培养正确舆论;(3)强化行为训练;(4)加强榜样示范。

112. ABD 【解析】在教学中,贯彻循序渐进原则的要求有:(1)教师的教学要有系统性;(2)抓主要矛盾,解决好重点与难点;(3)教师要引导学生将知识体系化、系统化;(4)按照学生的认识顺序,由浅入深、由易到难、由简到繁地进行教学。C项为理论联系实际原则的贯彻要求。

113. BC 【解析】霍尔认为“一两的遗传胜过一吨的教育”,故A项错误。“不学博依,不能安诗;不学杂服,不能安礼”出自《学记》,意思是:课外不学习音律,课内就不能学好诗文;课外不学好洒扫应对的知识,课内就学不好礼仪。故D项错误。

114. ABCD 【解析】教育机智可以用四个词语概括:因势利导、随机应变、掌握分寸、对症下药。

115. AC 【解析】根据皮亚杰的认知发展阶段理论可知,具体运算阶段的认知特点有:(1)去自我中心性(去中心化);(2)可逆性;(3)守恒;(4)分类;(5)序列化;(6)具体逻辑推理。故答案选A、C两项。B项假设推理和D项反思能力属于形式运算阶段的认知特点。

116. ACD 【解析】福勒和布朗根据教师的需要和不同时期所关注的焦点问题,把教师的成长划分为关注生存、关注情境和关注学生三个阶段。

117. ABC 【解析】提供明确的、及时的、经常性的反馈可以激发学生的学习动机。因此,运用这一方法时应注意:(1)反馈必须明确、具体,特别是对年幼的学生,从而帮助学生形成有动机效应的努力归因。(2)反馈必须及时,紧随个体的学习结果,以免学生延续类似的错误。(3)反馈必须是经常性的,使学生能够付出最大的努力。频繁给予小的奖励比偶尔地给予大的奖励更能够促进学生的学习。故答案选A、B、C三项。

118. BCD 【解析】学生伤害事故具有以下几个法律特征:(1)学生伤害事故必须是在学校负有教育管理职责的时间和空间范围内发生的伤害事故;(2)学生伤害事故必须是在校学生发生的伤害事故;(3)学生伤害事故必须是人身损害事故。

119. BC 【解析】行政救济渠道主要有行政申诉和行政复议两种方式,教师申诉是行政申诉的方式之一。

120. BC 【解析】根据《中华人民共和国未成年人保

护法》第六十二条规定,父母或者其他监护人不依法履行监护职责,或者侵害未成年人合法权益的,由其所在单位或者居民委员会、村民委员会予以劝诫、制止;构成违反治安管理行为的,由公安机关依法给予行政处罚。

121. ACD 【解析】根据埃里克森的人格发展阶段理论,人格发展是一个逐渐形成的过程,必须经历八个顺序不变的阶段,其中前五个阶段属于儿童成长和接受教育的时期。前五个阶段为:(1)基本的信任感对基本的不信任感(0~1.5岁);(2)自主感对羞耻感(2~3岁);(3)主动感对内疚感(4~5岁);(4)勤奋感对自卑感(6~11岁);(5)自我同一性对角色混乱(12~18岁)。

122. ABCD 【解析】学校或者其他教育机构应当对教师的政治思想、业务水平、工作态度和工作成绩进行考核。

123. CD 【解析】持学科中心主义的课程理论流派主要有结构主义课程理论、要素主义课程理论和永恒主义课程理论。

124. ACD 【解析】李老师利用休息时间到个别学生家里家访,体现了其对工作高度负责,凸显了爱岗敬业精神;平时与家长保持电话联系,让家长及时了解学生的情况,给家长讲些教育学生的知识,体现了其尊重家长,符合为人师表的要求;到个别学生家里家访,通过家校联系来更好地教育学生,符合关爱学生的要求。

125. ABC 【解析】学校教育在人身心发展中起主导作用的原因有:(1)学校教育是有目的、有计划、有组织地培养人的活动;(2)学校有专门负责教育工作的教师,相对而言效果较好;(3)学校教育能有效地控制和协调影响学生发展的各种因素。

三、案例分析题

126. B 【解析】教师在教学中起主导作用,学生是学习与发展的主体,新课程提倡的师生关系是合作伙伴关系,教师与学生的关系是平等的,教师是"平等中的首席"。

127. CD 【解析】学生用自己的话表演得很好,说明其理解了教学内容中的意思,也启示教师用多种形式来呈现教学内容,更能激发学生学习的动力,学生学习的效果也会更好。

128. D 【解析】个体的主观能动性是人的身心发展的内在动力,也是促使个体发展从潜在的可能状态转向现实状态的决定性因素。

129. C 【解析】学生的可塑性表现为:学生处于长知识、长身体的时期,也是他们的品德、人格正在形成的时期,各方面尚未成熟,具有很大的发展潜力,而且尚未定型,极容易受外部环境因素的影响,具有"染于苍则苍,染于黄则黄"的特点。案例强调的是在不同环境下,少年表现出不同的行为,这体现了少年极容易受外部环境因素的影响,体现了少年具有可塑性的特点。

130. B 【解析】题干的故事强调了环境对人的发展的重要影响。

山东省教师招聘考试教学基础知识押题试卷(十一)

一、单项选择题

1. A 【解析】由题干中的"教育传统""不随时代变迁而消失"可知教育具有继承性。

易错提示:考生易混淆教育的社会属性中的历史性、继承性和民族性,做题时需注意:历史性强调不同时期的教育不同,继承性强调不同时期的教育相同,民族性则强调不同民族之间的教育不同。上题中虽然出现了"每一个民族",但是题干重点强调的是各民族的教育传统不变,也就是各民族不同时期的教育相同。所以题干说的是教育的继承性,而不是民族性。考生做题时要抓住题干中的关键词进行判断。

2. D 【解析】亚里士多德在教育史上首次提出了"教育遵循自然"的观点,主张按照儿童心理发展的规律对儿童进行分阶段教育,提倡对儿童进行和谐的教育。

3. C 【解析】奴隶社会里,出现了专门从事教育工作的教师,产生了学校教育。教育从社会活动中分化出来,成为独立的形态。学校的出现意味着人类正规教育制度的诞生,是人类教育文明发展的一个质的飞跃。

4. A 【解析】赫尔巴特认为,教育理论体系的两个理论基础是伦理学和心理学。

5. C 【解析】以引导探究为主的方法,是指教师组织和引导学生通过独立的探究和研究活动而获得知识的方法,主要是发现法。发现法,通常称作发现学习或问题教学法,是由美国心理学家布鲁纳所倡导的。

6. D 【解析】教育民主化首先是指教育机会均等,即教育要为所有的社会成员提供平等的教育权利;其次是指师生关系的民主化;再次是指教育方式、教育内容等的民主化,为学生提供更多自由选择的机会;最后是追求教育的自由化,包括教育自主权的扩大、根据社会要求设置课程、编写教材的灵活性等。题干的描述体现了教育民主化的特点。

易错提示:教育的全民化与民主化是易混淆的知识点,考生做题时需注意:全民化(初级)——基础、全体国民必须接受,强调必备性;民主化(进阶)——拥有更多的机会,强调发展性。

7. A 【解析】观念性隐性课程包括隐藏于显性课程之中的意识形态,学校的校风、学风,有关领导与教师的教育理念、价值观、知识观、教学风格、教学指导思想等。

8. A 【解析】开设哪些科目(课程设置)是课程计划的中心和首要问题。

9. B 【解析】目的游离评价模式是由美国学者斯克里文针对目标评价模式的弊病而提出来的。他主张把评价的重点从"课程计划预期的结果"转向"课程计划实际的结果"上来。

10. D 【解析】学校教育具有加速个体发展的特殊功能。

11. A 【解析】福勒和布朗根据教师的需要和不同时期所关注的焦点问题,把教师的成长划分为以下三个阶段:

阶段	关注问题
关注生存阶段	"学生喜欢我吗""同事们如何看我""领导是否觉得我干得不错"
关注情境阶段	"内容是否充分得当""如何呈现教学信息""如何掌握教学时间"
关注学生阶段	能否自觉关注学生,这是衡量一个教师是否成熟的重要标志之一

因此,A 项属于关注生存阶段,B、C 两项属于关注情境阶段,D 项属于关注学生阶段,故答案选 A 项。

方法技巧:对于教师成长的不同阶段,考生应重点掌握三个词:生存、情境和学生。在关注生存阶段,教师主要关注人际关系处理的相关问题;在关注情境阶段,教师主要关注教学情境的相关问题;在关注学生阶段,教师注重因材施教,关注学生的个体差异。

12. C 【解析】教师威信是指由教师的资历、声望、才能和品德等因素决定的,教师个人或群体在学生或社会中的影响力。

13. D 【解析】知觉的选择性是指当面对众多的客体时,知觉系统会自动地将刺激分为对象和背景,并把知觉对象优先地从背景中区分出来。题干中强调用红色粉笔标注重点内容(知觉对象),以引起学生关注,故体现了知觉的选择性特征。

14. D 【解析】斯金纳是行为主义心理学的代表人物,冯特是构造主义心理学的代表人物,杜威、安吉尔是机能主义心理学的代表人物,故 D 项搭配正确。

15. B 【解析】本题考查遗忘的相关知识。有意义的材料比无意义的材料遗忘得慢,即没有重要意义的材料遗忘较快,故①说法正确;一般情况下,学习者对于熟悉的情景材料遗忘较慢,故②说法正确;在学习程度相等的情况下,识记材料越多遗忘越快,故③说法错误;过度学习达到 50%,即学习的熟练程度达到 150% 时,学习的效果最好,故④说法正确。因此,答案选 B 项。

16. D 【解析】儿童厌学症的主要表现是对学习不感兴趣,讨厌学习。

17. D 【解析】掌握学习是由美国心理学家布卢姆提出来的一种适应学习者个别差异的教学方法。该方法将学习内容分成小的单元,学生每次学习一个小的单元并参加单元考试,直到学生以 80% ~100% 的掌握水平通过考试,才能进入下一个单元的学习。按照这个理论,对学习内容达到掌握的程度,通常意味着完成 80% ~90% 的评价项目。

18. A 【解析】动景运动是当两个刺激(如光点、直线、图形等)按一定的空间间隔和时距相继呈现时,我们就会看到从一个刺激物向另一个刺激物的连续运动。电子广告、摄影机运用的就是这个原理。

易错提示:似动知觉的种类是易混点也是常考点,考生需要把握各自的关键词。动景运动:两(多)静相继呈现,看起来是连续运动。诱导运动:一动一静同时呈现,看起来像是静的在运动。自主运动:一个静止的物体,看久了像是在运动。运动后效:一动一静相继呈现,静的向相反的方向运动。

19. A 【解析】动作技能的形成一般要经历四个主要阶段:认知阶段、分解阶段、联系定位阶段和自动化阶段。其中,认知阶段是动作技能形成的开始阶段。从传授者的角度看,主要是讲解与示范;从学习者的角度看,主要是理解学习任务,形成目标表象和目标期望。(具体内容参见郭德俊主编的《小学儿童教育心理学》)

20. B 【解析】在从具体形象思维为主逐渐向抽象逻辑思维为主的过渡中出现"飞跃"或"质变"。一般认为,这个关键年龄出现在小学四年级(约10～11岁)。

21. B 【解析】题干中孔子偏重社会人事和文事,轻视生产劳动,体现了教育与生产劳动相脱离的特点。

22. B 【解析】教学是学校教育的中心工作,学校教育工作必须坚持以教学为主。

23. C 【解析】教师通过改变教学内容的学习方式以激发学生的学习兴趣体现了教师劳动的创造性特点。

24. A 【解析】教育者是德育过程的组织者、领导者,在德育过程中起主导作用。

25. D 【解析】题干通过弈秋教人下棋的故事,说明了在同样条件下,不同的学习态度产生不同的学习效果,这启示我们个体的主观能动性是人发展的内在动力。

26. A 【解析】家庭教育具有先导性的特点,家庭的生活环境和家长的言行举止,从小就对孩子产生了深远影响。故题干的描述体现的是家庭教育的先导性特点。

27. A 【解析】"六艺"是西周各级各类学校教育的基本学科,具体指礼、乐、射、御、书、数。礼,包括政治、历史和以"孝"为本的伦理道德教育;乐,包括音乐、诗歌、舞蹈教育;射,射箭技术教育;御,以驾兵车为主的军事技术教育;书,文字教育;数,简单的计算教育。

28. D 【解析】职业幸福感是教师从事职业活动最强大的精神动力和根本目的。

29. D 【解析】教学是在一定教育目的规范下,教师的教和学生的学共同组成的传递和掌握社会经验的双边活动。D项是由教师的教和学生的学共同组成的活动,属于教学活动。A项属于自学,B项属于学生之间的活动,C项属于教师之间的活动。

30. D 【解析】知识的认识价值体现在:学生掌握知识的广度和深度,制约着他对事物的视域和对世界认识的广度和深度。"秀才不出门,能知天下事",在很大程度上可能是就此而言的。

31. B 【解析】研究型课程注重培养学生的探究态度和能力。

32. C 【解析】"博学之,审问之,慎思之,明辨之,笃行之"出自《礼记·中庸》。

33. B 【解析】布鲁纳认为学习包括三种几乎同时发生的过程,这三种过程是:新知识的获得、知识的转化和知识的评价。其中,知识的转化是指超越给定的信息,运用各种方法将它们变成另外的形式,以适应新任务,并获得更多的知识。题干中刘明试图用掌握的知识指导自己的学业属于知识的转化。

34. B 【解析】影响品德学习的一般条件包括:(1)外部条件。①家庭教养方式;②社会风气;③同伴群体。(2)内部条件。①认知失调;②态度定势;③道德认知。其中,态度定势是指个体由于过去的经验,对所面临的人或事可能会具有某种肯定或否定、趋向或回避、喜好或厌恶等内心倾向性,这种事先的心理准备或态度定势常常支配着人对事物的预料与评价,进而影响着是否接受有关的信息和接受的量。

35. A 【解析】维果斯基认为学生的发展有两种水平:一种是学生的现有水平,指独立活动时所能达到的解决问题的水平;另一种是学生可能的发展水平,也就是通过教学所获得的潜力。两者之间的差异就是最近发展区。3岁的小军不会穿衣服,在妈妈的指导下,逐渐学会了自己穿衣服。这是"最近发展区"理论在实际生活中的运用。

36. B 【解析】冲动型的学生在完成需要做整体性解释的学习任务时,成绩要好些。这是因为他们善于用整体加工的方式来分析和解决问题。

37. A 【解析】练习是形成各种动作技能所不可缺少的关键环节。题干所述强调的是练习对动作技能学习的重要性。

38. D 【解析】鲍姆林德从要求和反应性两个维度,将父母的教养方式分为四类:权威型、专制型、溺爱型和忽视型。在多数情况下,权威型的教养方式对孩子的成长最为有利。采用权威型教养方式的父母对孩子提出合理的要求,对孩子的行为作出适当的限制,设立恰当的目标,并坚持要求孩子服从和达到这些目标。同时,他们表现出对孩子成长的关爱,会耐心地倾听孩子的观点。根据题干所述,多多受到的家庭教养方式属于权威型。

方法技巧:考生在做此类试题时,可以根据关键词来区分不同的教养方式。"严厉、高标准"对应专制型;"期望、无要求、溺爱"对应溺爱型;"漠不关心、忽视"对应忽视型;"合理、恰当、倾听、耐心"对应权威型。

39. A 【解析】投射效应指知觉者总是假设他人与自己有相同的心理倾向,往往把自己的特性强加到他人身上。"以小人之心,度君子之腹"即为典型的投射效应。

40. B 【解析】教师提高教学研究技能的途径主要有三种:(1)阅读,即教师自己阅读有关教学理论和教学研究方法的论著;(2)合作,即与大学或研究机构的教学研究专家合作进行实验研究;(3)行动研究,即教师针对实际问题自己思考解决问题的办法。

41. B 【解析】教育心理学的研究方法分为实证研究方法和描述研究方法。其中,实证研究分为相关研究和因果研究。相关研究主要用于探讨变量之间的相互关系。相关研究中最常用的方法是测验法。测验法的主要优点是能对心理进行定量化的分析,可以同时分析多个变量之间的相关程度;缺点是难以从中推出因果性的结论。因果研究主要用于探讨变量之间的因果关系。(具体内容参见莫雷主编的《教育心理学》)

42. D 【解析】根据成败归因理论可知,所有可控制因素都是内在因素,如努力程度。故D项说法正确。稳定性因素并不都是内在因素,如工作难度属于外在因素。故A项说法错误。内在因素并不都是稳定性因素,如努力程度和身心状况属于不稳定性因素。故B项说法错误。内在因素并不都是可控因素,如能力和身心状况属于不可控因素。

43. B 【解析】注意的广度也称注意的范围,是指在同一时间内,人们能够清楚地知觉出的对象的数目。题干所述符合注意的广度的含义。

44. A 【解析】知识的表征方式能影响问题的解决。以九点连线图问题为例,实验时要求人们用一笔连续画四条直线把图中的九个点连在一起。人们常常不能成功地解决这一问题,其原因在于,九个点在知觉上组成了方形,人们总是试图在这个方形的轮廓中连线,这种问题的表征方式阻碍了问题的解决,如果在实验中告诉被试,连线时可以突破方形的限制,被试的成绩就会得到很大的提高。

45. A 【解析】习俗水平是在小学中年级出现的,一直到青年、成年。故初中生的品德发展在科尔伯格的道德发展阶段理论中位于习俗水平。

46. A 【解析】性格的结构分为态度特征、意志特征、理智特征、情绪特征。其中,性格的态度特征是指个体对自己、他人、集体、社会以及对工作、劳动、学习的态度特征。例如,诚实或虚伪、谦虚或骄傲、勤劳或懒惰等。性格的意志特征是指个体自觉地确定目标,调节支配行为,从而达到目标的性格特征。例如,勇敢或怯懦、果断或优柔寡断等。性格的情绪特征指个体稳定而独特的情绪活动方式。例如情绪活动的强度、稳定性、持久性和主导心境等方面的特征。理智特征指个体在感知、记忆、想象、思维等认知过程中表现出来的认知特点和风格。例如,主动感知或被动感知,习惯于看到细节还是看到轮廓等。故A项符合题意。

47. A 【解析】强化法用来培养新的适应行为。根据学习原理,一个行为发生后,如果紧跟着一个强化刺激,这个行为就会再一次发生。题干描述的是强化法的典例。

48. B 【解析】动机的激活功能体现在动机具有发动行为的作用,能推动个体产生某种活动,使个体由静止状态转向活动状态。故题干所述体现了动机的激活功能。

49. D 【解析】眼到、耳到、口到、手到和心到体现的是人体多种感知渠道参与学习的过程。

50. D 【解析】系列位置效应就是指接近开头和末尾的记忆材料的记忆效果好于中间部分的记忆效果的趋势。开头部分和结尾部分的记忆效果较好,分别称为首因效应和近因效应,而效果较差的中间部分被称为渐近部分。

51. A 【解析】永久性遗忘是发生在瞬时记忆与短时记忆阶段的记忆材料未经复习而消失产生的遗忘。这是一种因衰退原因而引起的"存储性障碍"。

52. D 【解析】元认知策略是指个体为实现最佳的认知效果而对自己的认知活动所进行的调节和控制,它包括计划策略、监控策略、调节策略。题干中的学生提前制订计划,根据目标安排学习进程,及时总结不足并进行针对性的改进,分别体现了计划策略、监控策略和调节策略。

53. C 【解析】感觉对比是同一感受器接受不同的刺激,而使感受性发生变化的现象。感觉对比分为两种:同时对比和继时对比。刺激物先后作用于同一感受器会产生继时对比。题干所述是继时对比的典型实例。

54. C 【解析】题干中周老师的做法达到了杀一儆百的效果,这体现了班杜拉社会学习理论中替代强化的原理。

55. D 【解析】激情是一种爆发式的、猛烈而时间短暂的情绪状态。例如,狂喜、暴怒、恐惧、绝望、剧烈的悲痛等,都是激情的表现。因此,根据题干中的"喜欲狂"一词可知,杜甫当时的情绪状态属于激情。

56. C 【解析】根据《中华人民共和国教育法》第四十三条规定,受教育者享有参加教育教学计划安排的各种活动的权利,老师将学生赶出课堂的行为剥夺了学生的这一权利。

57. D 【解析】普雷马克原理,也叫祖母原则,指利用高频的活动作为低频活动的有效强化物。如果有一件令儿童感到愉快的事等着儿童去做,他们会很快完成另一件不喜欢的事。D 选项正是对普雷马克原理的运用。

58. D 【解析】根据《中华人民共和国教育法》第七十二条规定,结伙斗殴、寻衅滋事,扰乱学校及其他教育机构教育教学秩序或者破坏校舍、场地及其他财产的,由公安机关给予治安管理处罚;构成犯罪的,依法追究刑事责任。

59. B 【解析】时间错觉是在某种情况下对同样长短的时间觉得有快有慢。参加紧张而有趣的活动觉得时间过得快,从事枯燥乏味的活动觉得时间过得很慢。时间错觉主要是由态度、情绪的干扰造成的。"欢娱嫌夜短,寂寞更恨长"就是对同一段时间的长短估计不同,即产生了时间错觉。

60. D 【解析】奥苏贝尔提出了"先行组织者"的概念,即先于某个学习任务本身呈现的引导性学习材料。先行组织者的抽象、概括和综合水平高于学习任务,并与认知结构中的原有观念及新的学习任务相关联。题干中"三角形"的概念等级高于"等腰三角形",并且二者存在一定的关联。因此,题干中的做法符合先行组织者策略。

61. D 【解析】一个国家的政治是否民主,主要取决于该国的政体,但也与国民的文化素质密切相关。一个国家普及教育的程度越高,国民的文化素质越高,其国民就越能认识民主的价值,在政治生活和社会生活中就越能履行民主的权利。在一个文盲充斥的国家里,政治独裁、宗教迷信和官僚主义则是比较容易推行的。正如列宁所说:"文盲是站在政治之外的,必须先教他们识字,不识字就不能有政治,不识字只能有流言蜚语、传闻偏见,而没有政治。"(具体内容参见王道俊、郭文安主编的《教育学(第6版)》)

62. A 【解析】教师的道德形象被视为教师最基本的形象。

63. A 【解析】校园组织与制度文化作为校园文化的内在机制,包括学校的传统、仪式、规章制度等。

64. C 【解析】巩固性原则指教师在教学中要引导学生在理解的基础上牢固地掌握基本知识和基本技能,而且在需要的时候,能够准确无误地呈现出来,以利于知识技能的利用。陈老师在给学生讲解完等差数列的基本概念后,不断给学生出新的题目进行练习,以加深学生对知识的理解,体现的是巩固性原则。

65. A 【解析】题干中,路老师给大家讲解知识是学生获取间接经验的体现,路老师带大家到植物园观察和操作,是学生自主探索,获得直接经验的过程。因此,题干所述体现了路老师遵循了教育过程的直接经验与间接经验相统一的规律。

66. B 【解析】题干的意思是:跟善良正直的人在一起生活,就好像进了有着清纯花香的地方,时间长了自己也会因受到感染而散发着芳香。即体现了环境对人的影响。

67. A 【解析】知识与技能目标强调基础知识和基本技能的获得。题干所述属于三维目标中的知识与技能目标。

68. B 【解析】教学与教育是一种部分与整体的关系。教育包括教学,教学只是学校进行教育的一个基本途径。除教学外,学校还通过课外活动、生产劳动、社会活动等途径向学生进行教育。

易错提示:考生在掌握教学的概念时,需要与以下几个概念相区分:

(1)教学与教育:部分与整体。

(2)教学与智育:既有联系又有区别。教学是智育的主要途径,但不是唯一途径。

(3)教学与上课:上课是实施教学的一种方式。

69. D 【解析】个人本位论重视人的价值、个性的发展及其需要,把人的个性发展及需要的满足视为教育的价值所在。赵校长的观点是个人本位论的体现。

70. D 【解析】知行统一原则是指教育者在进行德

育时,既要对学生进行系统的思想道德教育,又要重视组织学生参加实践,把提高认识和行为养成结合起来,使学生做到言行一致。题干中的班主任只提交材料,未开展"扫黑除恶"的具体工作,违反了知行统一原则。

71. C 【解析】学习方式转变被看成是本次课程改革的显著特征和核心任务。

72. A 【解析】教学相长有三层含义:(1)教师的教可以促进学生的学;(2)教师可以向学生学习;(3)学生可以超越教师。题干表达的是师生间教学相长、相互尊重的思想。

73. A 【解析】一般来说,完整的课程目标体系包括三类:结果性目标、体验性目标和表现性目标。因此,目标的陈述也有相应的三种基本的方式。所谓表现性目标,即明确安排学生各种各样的个性化的发展机会和发展程度。它在设计中所采用的行为动词通常是与学生表现什么有关的或者结果是开放性的。这种指向表现性的课程目标,主要适用于各种"制作"领域。题干中,美术老师要求学生根据提示设计产品 logo,这种课程目标指向表现性,结果是开放性的,属于表现性目标的陈述方式。

74. A 【解析】"有教无类"的意思是:每个人都有接受教育的权利,教育没有高低贵贱之分。这体现了每个人获得教育的机会是均等的。

75. A 【解析】"学高为师"的意思是学问高的人可以成为老师,意在强调教师应具备精深的学科专业知识(本体性知识),这是教师知识结构的核心,也是教师向学生传授知识的必备基础。故选 A 项。

方法技巧:本体性知识与条件性知识是易错易混点,考生可这样理解:缺乏本体性知识的教师不能称为教师,缺乏条件性知识的教师不能称为好的教师。

76. C 【解析】多愁善感是性格特征,不是智力特征。

77. B 【解析】学习是个体在特定情境下由于练习或反复经验而产生的行为或行为潜能的相对持久的变化。学习的内涵可以从以下几个方面去理解:(1)学习实质上是一种适应活动;(2)学习是人和动物共有的普遍现象,故 A 项说法错误;(3)学习是由反复经验引起的;(4)学习是有机体后天习得经验的过程,故 B 项说法正确;(5)学习的过程可以是有意的,也可以是无意的;(6)学习引起的是相对持久的行为或行为潜能的变化。然而,值得注意的是,并非所有的行为变化都是由学习产生的,如生理成熟、疲劳、药物等因素亦可引起行为的变化。鸭子游水属于先天性行为,不是学习;小狗钻火圈属于后天习得的行为,属于学习。故 C 项说法错误。学习表现为个体行为由于经验而发生的行为或行为潜能的较为稳定的变化。故 D 项说法错误。

78. C 【解析】周围神经系统由 12 对脑神经和 31 对脊神经组成,其功能是把各感觉器官的神经冲动(信息)传给中枢,再把中枢活动和神经冲动(信息)传给有关的组织器官。

79. C 【解析】并列结合学习又称组合学习,是在新命题与认知结构中原有的命题既非下位关系又非上位关系,而是一种并列的关系时产生的。

80. A 【解析】注意的集中性是指心理活动停留在被选择的对象上的强度或紧张度,它使心理活动离开一切无关的事物,并且抑制多余的活动,以保证注意的对象能得到比较鲜明和清晰的反映。人在注意力高度集中时,除了对目标物之外,对自己周围的其他事物就会"视而不见、听而不闻"了。

81. B 【解析】瞬时记忆中只有能够引起个体注意并被及时识别的信息,才有机会被转入短时记忆。故 A 项说法正确。长时记忆的信息保持时间长久,在 1 分钟以上,直至保持终生。故 C 项说法正确。瞬时记忆的容量较大;短时记忆的容量有限,一般是 7±2 个组块;长时记忆的容量无限。故 D 项说法正确。长时记忆是信息经过充分加工,在头脑中长久保持的记忆。故 B 项说法错误。

82. A 【解析】后学习的材料对保持和回忆先学习的材料的干扰作用,称为倒摄抑制。故 A 项体现了倒摄抑制的内涵。

83. C 【解析】活动律,指活动的对象较之静止的对象容易感知。为此,应注意在活动中进行直观、在变化中呈现对象,要善于利用现代科学技术作为知识的物质载体,使知识以活动的形象呈现在学生面前。因此,题干所述正是利用了活动律。

方法技巧:在做感知规律的相关题目时,考生可以结合以下例子进行区分：

规律类型	要点	实例
强度律	达到一定强度	教师讲课要声音洪亮
差异律	存在对比差异	教师讲到重点内容时声音突然变大
活动律	在活动中传递知识	采用活动性教具
组合律	组织合理	教师讲课应有间隔和停顿

84. D 【解析】美国心理学家加德纳提出了多元智力理论，前期，他认为人的智力结构中存在着七种相对独立的智力：(1)言语智力，包括说话、阅读、书写的能力。(2)逻辑—数理(学)智力，指数字运算与逻辑思考的能力以及科学分析的能力。(3)视觉—空间智力，包括认识环境、辨别方向的能力。(4)音乐智力，包括对声音的辨识与韵律表达的能力。(5)运动智力，包括支配肢体以完成精密作业的能力。(6)人际智力(也即社交智力)，包括与人交往并和睦相处的能力。(7)自知智力，也称内省智力，指的是认识自己并选择自己生活方向的能力。1999 年，加德纳又提出了第八种智力，即认识自然智力，它是认识自然，并对我们周围环境中的各种事物进行分类的能力。后来，他又提出了第九种智力，即存在智力，指陈述、思考有关生与死、身体与心理等问题的倾向性。

85. D 【解析】形式运算阶段，是儿童思维发展趋于成熟的阶段。该阶段儿童思维的特征如下：(1)命题之间的关系；(2)假设—演绎推理；(3)类比推理；(4)抽象逻辑思维；(5)可逆与补偿；(6)反思能力；(7)思维的灵活性；(8)系统思维；(9)形式运算思维的逐渐发展。

86. C 【解析】从教师个体职业良心形成的角度看，教师的职业良心首先会受到社会生活和群体的影响。

87. C 【解析】题干中洛克与康德的观点属于“教育万能论”。“教育万能论”是一种片面地夸大教育在人的发展中的作用的观点，认为人完全是教育的产物。

88. A 【解析】高度概括地说，教学方式、学习方式转变的基本精神是自主、合作、创新。

89. B 【解析】爱国主义教育是德育的永恒主题。

90. B 【解析】生物起源说认为，教育是一种生物现象，而不是人类所特有的社会现象。刚出生的小鸭子会发生“印刻”现象，即模仿第一眼看到的动物并向其学习，就体现了生物起源说的观点。

91. D 【解析】结构主义课程理论是当代西方出现的一个重要的课程理论，其代表人物是该课程理论的创始人布鲁纳。结构主义课程理论以学科结构为课程中心，认为人的学习是认知结构不断改进与完善的过程，因此，学科基本结构的学习对学习者的认知结构发展最有价值。

92. B 【解析】正例又称肯定例证，指包含着概念或规则的本质特征和内在联系的例证；反例又称否定例证，指不包含或只包含了一小部分概念或规则的主要属性和关键特征的例证。题干中，中国、澳大利亚不属于岛屿，因此属于反例；美国夏威夷、中国台湾属于岛屿，因此属于正例。

93. B 【解析】《中华人民共和国教育法》是调整教育内部、外部相互关系的基本法律准则。它对整个教育全局起宏观调控作用，被称为“教育宪法”“教育母法”。在该题有关教育的四个法律中，效力最高。

94. C 【解析】教师应具有比较广博的文化修养。在学生心目中，教师常常是全知全能的，他们经常向教师提出“是什么”“为什么”等问题，上至天文，下至地理，从远古到未来，从宏观到微观，无一不想从教师那里得到答案。如果教师因自己知识狭窄而不能满足学生的求知欲，采取敷衍、回避的方式掩饰自己的无知，或反而斥责学生的多问，则不仅有损教师的威信，也会严重危害师生关系。尤其是在信息社会的今天，学生的视野更为开阔，教师应使自己的文化素养更加宽厚。

95. D 【解析】演示法是指教师通过展示实物、教具和示范性的实验来说明、印证某一事物和现象，使学生掌握新知识的一种教学方法。教师给学生演示会吹气球的瓶子，既能让学生获得直观形象的感性知识，又能激发学生的学习兴趣，培养学生勇于探索的精神。所以，最容易使学生接受的教学方法是直观演示法。

二、多项选择题

96. ABC 【解析】师生之间的伦理关系是指在教育教学活动中，教师与学生构成一个特殊的道德共同体，各自承担一定的伦理责任，履行一定的伦理义务。这种关系是师生关系体系中最高层次的关系形式,对其他关系形式具有约束和规范作用。故D选项错误。

97. ABC 【解析】教师要成为学生建构意义的帮助者,就要求教师在教学中从以下三个方面发挥主导作用:(1)激发学生的学习兴趣,帮助学生形成学习动机。(2)通过创设符合教学内容要求的情境和提示新旧知识之间联系的线索,帮助学生建构当前所学知识的意义。(3)为了使意义建构更有效,教师应在可能的条件下组织合作学习(开展讨论与交流),并对合作学习过程进行引导使之朝有利于意义建构的方向发展。引导的方法包括:提出适当的问题以引起学生的思考和讨论;在讨论中设法把问题一步步引向深入以加深学生对所学内容的理解;要启发、诱导学生自己去发现规律、自己去纠正和补充错误的或片面的认识,切忌直接对学生进行灌输。故A、B、C三项做法恰当,D项做法不恰当。

98. ABCD 【解析】现阶段我国教育目的的基本精神的基本点主要表现在:(1)坚持社会主义方向性,要求培养的人是社会主义事业的建设者和接班人,因此要坚持政治思想道德素质与科学文化知识能力的统一;(2)坚持全面发展;(3)培养独立个性;(4)教育与生产劳动相结合,是实现我国教育目的的根本途径;(5)注重提高全民族素质。

99. ABCD 【解析】教师专业发展的内容包括专业理想的建立、专业态度和动机的完善、专业知识的拓展与深化、专业能力的提高、教师的专业人格和专业自我的形成六个方面。

100. ABCD 【解析】文献检索的基本方法包括顺查法、逆查法、引文查找法、综合查找法。

101. ABCD 【解析】教育心理学的研究原则有:(1)客观性原则;(2)教育性原则(道德性原则);(3)发展性原则;(4)理论联系实际原则(实践性原则);(5)系统性原则。

102. ACD 【解析】建构主义知识观认为建构主义在一定程度上对知识的客观性和确定性提出质疑,强调知识的动态性。具体体现在以下三个方面:(1)知识不是对现实的准确表征,只是一种解释、一种假设;(2)知识并不能精确地概括世界的法则,而是需要针对具体情境进行再创造;(3)知识不可能以实体的形式存在于具体个体之外,尽管我们通过语言符号赋予了知识一定的外在形式,甚至这些命题还得到了较普遍的认可,但这并不意味着学习者会对这些命题有同样的理解。所以A、C、D这三个选项的说法符合建构主义知识观的观点。

103. ABCD 【解析】阿西顿曾认为,优秀教师具有较强的自我效能感,表现在优秀教师有个人成就感,认为从事的教学活动很有价值、对学生有正向的期望,并认为教师对学生的学习应负有责任。

104. AD 【解析】领会知识是教学过程的中心环节。领会知识包括使学生感知和理解教材。

105. ABCD 【解析】运用说服教育法的要求:(1)明确目的性和针对性;(2)富有知识性、趣味性;(3)注意时机;(4)以诚待人。

106. ABD 【解析】培养和激发学习动机是进行后进生教育时应注意的问题。

107. ABCD 【解析】教师劳动的复杂性主要表现在以下五个方面:(1)教师劳动性质的复杂性;(2)教师劳动对象的复杂性;(3)教师劳动任务的复杂性;(4)教师劳动过程的复杂性;(5)教师劳动手段的复杂性。

108. ACD 【解析】课堂管理的目标有:(1)争取更多的时间用于学习;(2)争取使更多的学生投入学习;(3)帮助学生自我管理。

109. BCD 【解析】完整的课程标准由前言、课程目标、内容标准、实施建议、附录五部分组成。

110. ABCD 【解析】CIPP模式认为课程评价包括四个步骤:(1)背景评价;(2)输入评价;(3)过程评价;(4)成果评价。

111. ACD 【解析】班主任"多次与小军进行单独谈话"运用的是说服教育法,"鼓励小军多参加由学校组织的公益活动和集体活动"运用的是实践锻炼法,"对于小军每次取得的进步,班主任都会给予肯定和鼓励"运用的是品德评价法。

112. ABCD 【解析】学校教育主导作用和促进作用的实现是相对的、有条件的:(1)从外部环境方面来说,它要求社会的发展为个体的发展提供相应的前提,它依赖于家庭环境的影响,依赖于社会发展的状况;(2)从教育系统内部来说,它依赖于教育自身的状况,依赖于学习者的主观能动性。

113. ABD 【解析】意志的特征是:(1)意志行动是人特有的自觉确定目的的行动;(2)意志对活动有调节支配作用,使人的行动能按设定好的目的去改造世界;(3)克服内部和外部的困难是意志行动最重要的特征;(4)意志行动以随意动作为基础。

114. ABD 【解析】复述策略可以分为识记过程中的复述策略和保持过程中的复述策略。(1)识记过程中的复述策略包括:①利用随意识记和有意识记;②排除相互干扰;③多种感官参与;④整体识记和分段识记;⑤反复阅读与尝试背诵相结合;⑥过度学习。(2)保持过程中的复述策略包括:①及时复习;②分散复习和集中复习;③复习形式多样化;④画线。故答案选A、B、D三项。

115. BCD 【解析】概念的结构包括:(1)概念名称,指人们用某个符号或词汇来代表某些具有共同属性的事物;(2)概念定义,指对同类事物共同的本质特性的概括;(3)概念属性,指概念的具体例子所具有的共同属性,即通常所指的概念的内涵;(4)概念例证,指概念所包括的一些具体例子。

116. AB 【解析】加涅指出,智慧技能的四个亚类之间存在层次关系,即高级规则学习以简单规则学习为先决条件;规则学习以概念学习为先决条件;概念学习以知觉辨别为先决条件。所以,A、B项说法正确,C、D项说法错误。

117. ABC 【解析】兴趣的迁移要满足以下条件:(1)教师要善于发现学生感兴趣的事物或活动;(2)教师应寻找到使学生感兴趣的新事物或活动与学生原有兴趣的相同点;(3)教师要通过各种方法使学生产生对新事物与活动的认识需要,并把这种需要转化成强烈的动机。满足了这三个条件,就可以将学生对某一事物或活动的兴趣转化到对学习的兴趣上来。

118. ABCD 【解析】根据《中学教师专业标准(试行)》的基本内容可知,中学教师的专业知识包括教育知识、学科知识、学科教学知识和通识性知识。

119. ABCD 【解析】皮亚杰认为,10岁是儿童从他律道德向自律道德转化的分水岭,10岁前儿童对道德行为的思维判断主要依据他人设定的外在标准,也就是他律道德;10岁以后儿童对道德行为的思维判断大多依据自己的内在标准,也就是自律道德。处于他律道德阶段的儿童服从权威,机械地遵守规则,认为规则是不可改变的;处于自律道德阶段的儿童认为判断一个行为不仅要看后果,也要看意向。开始以动机作为道德判断的依据,认为公平的行为都是好的。

120. ABD 【解析】有助于学生创造性个性塑造的措施包括:(1)保护好奇心;(2)解除个体对答错问题的恐惧心理;(3)鼓励独立性和创新精神;(4)重视直觉思维能力;(5)给学生提供具有创造性的榜样。故答案选A、B、D三项。C项说法有误,故不选。

121. ABCD 【解析】自我效能感的作用:(1)决定人们对活动的选择,以及对活动的坚持性;(2)影响人们在困难面前的态度;(3)自我效能感不仅影响新行为的习得,而且影响已习得行为的表现;(4)自我效能感还会影响活动时的情绪。

122. ABC 【解析】多元智力理论是由美国心理学家加德纳提出来的。加德纳认为,人的智力结构中存在着七种相对独立的智力,这七种智力在每个人身上的组合方式是多种多样的,每个人在不同领域的智力发展水平是不同步的。

123. CD 【解析】班杜拉提出了直接强化、替代强化和自我强化的概念。

124. ABCD 【解析】教师职业道德修养的基本原则有:知行统一原则、动机和效果统一原则、自律和他律相结合原则、继承和创新相结合原则、个人和社会相结合原则。

125. CD 【解析】孟子的教学思想主要有:“深造自得”“盈科而进”“教亦多术”“专心致志”。故选CD两项。因材施教为孔子的教育思想,教学相长为《学记》中的教学思想。

三、案例分析题

126. A 【解析】小贺把自己最近几次考试成绩都不理想归因于自己根本不是学习的料即能力低,这属于内部的、稳定的和不可控的因素。

127. C 【解析】一个总是失败并把失败归于内部的、稳定的和不可控的因素(即能力低)的学生会形成一种习得性无助的自我感觉。案例中小贺的表现正是出现了习得性无助的现象。

128. D 【解析】对习得性无助行为有效解决的策略有:(1)积极评价学生,培养学生自控信念;(2)创设良好环境,营造和谐师生关系;(3)引导正确归因,进行有效训练;(4)保证爱的持续,允许有差异的发展。故D项说法错误。

129. D 【解析】2008年修订的《中小学教师职业道德规范》中关于“为人师表”方面要求教师严于律己,以身作则;作风正派,廉洁奉公等,要求教师不从学生那里谋取自己的利益。王某作为小学教师在工作时间进行微商买卖活动,还介绍学生家长加入购物群的行为显然违背了“为人师表”的师德规范。

130. ABCD 【解析】廉洁从教是指教师在整个教育教学生涯中都要坚持行廉操洁的原则，不贪受学生及家长的钱物、不贪占公共和他人的钱物，不沾染社会上贪、赌、欲等恶习，始终以清廉纯洁的道德品行为学生和世人做出表率。廉洁从教要求教师要坚守高尚情操，发扬奉献精神，自觉抵制社会不良风气影响。不利用职责之便谋取私利。

山东省教师招聘考试教学基础知识押题试卷（十二）

一、单项选择题

1. A 【解析】有利于教育的原则是班级组织建立的首要原则。当其他原则与其发生冲突的时候，其他原则都必须无条件地服从这一原则。

2. B 【解析】文化教育学又称精神科学教育学，主张教育研究采用精神科学或文化科学的方法（即理解与解释的方法）进行。

3. A 【解析】实验研究的目的是发现事物间的因果关系，是各类研究中唯一能确定因果关系的研究。

4. D 【解析】赫尔巴特提出了传统教学的“三中心”，即“课堂中心”“教材中心”“教师中心”。

5. B 【解析】古代印度宗教权威至高无上，教育权控制在婆罗门教和佛教手中。

6. A 【解析】发散思维，也叫求异思维、分散思维、辐射思维，是指人们解决问题时，思路朝着各种可能的方向扩散，从而求得多种答案。

7. B 【解析】初中阶段品德发展具有波动性，这一时期既是人生观开始形成的时期，又是容易发生品德两极分化的时期。

8. B 【解析】习得性无助感，指由于连续的失败体验而导致个体产生的对行为结果感到无力控制、无能为力的心理状态。

9. C 【解析】在进行类化时，必须归纳客观事物某些属性或特征的相似性或共同性，而忽略事物之间非本质特征或属性的差异性。

10. A 【解析】桑代克是行为主义学习理论的代表人物。他认为，学习的进程是一种渐进的、盲目的、尝试错误的过程。故题干中的观点属于行为主义学习理论的观点。B 项，认知主义学习理论认为，有机体获得经验的过程（学习过程）是通过积极主动的内部信息加工活动形成新的认知结构的过程。C 项，人本主义学习理论认为，学习是人固有能量的自我实现过程，强调人的尊严和价值，强调无条件积极关注在个体成长过程中的重要作用。D 项，建构主义学习理论认为，知识是在主客体相互作用的活动中建构起来的，强调学习的主动建构性、社会互动性和情境性。因此，本题答案选 A 项。

11. D 【解析】自我控制法是让当事人自己运用学习原理，进行自我分析、自我监督、自我强化、自我惩罚，以改善自身行为。

12. A 【解析】设置学习目标属于元认知计划策略；对材料进行自我提问、考试时监视自己做题的速度和时间属于元认知监控策略；测验时先做简单题目属于元认知调节策略。

13. A 【解析】无意想象又称不随意想象，是没有预定目的，不由自主产生的想象。看到天上的白云，人们不由自主地将其想象成羊、棉花，这种想象属于无意想象。有意想象又称随意想象，是指有预定目的、自觉进行的想象。根据创造程度的不同，有意想象又可分为再造想象、创造想象和幻想。故 B、C、D 三项可排除，答案选 A 项。

14. A 【解析】过度学习是指学习达到恰能背诵之后再继续学习。过度学习达到 50%，即学习的熟练程度达到 150% 时，学习的效果最好。题干中小红达到恰能背诵的时间是 10 分钟，那么她再学习 5 分钟（过度学习达到 50%），效果最佳。故 A 项正确。

15. C 【解析】题干所述是辐合型认知方式的典型特征。

16. A 【解析】在陶行知的生活教育理论中，“生活即教育”是生活教育的本质论及核心，“社会即学校”是生活教育的范围论，“教学做合一”是生活教育的方法论。

17. A 【解析】“壬戌学制”以美国学制为蓝本，明确以学龄儿童和青少年身心发展规律作为划分学校教育阶段的依据，这在我国现代学制史上是第一次。

18. B 【解析】公元前 6 世纪，孔子把学习过程概括为“学—思—行”（也有说法认为是“学—思—习—行”）的统一过程。

19. B 【解析】作为“近代实验科学的鼻祖”，培根提出了实验的归纳法，这为后来教育学的发展奠定了方法论基础。

20. C 【解析】“爱岗敬业”的教师职业道德规范要求教师:(1)对工作高度负责;(2)认真备课上课;(3)认真批改作业;(4)认真辅导学生;(5)不得敷衍塞责。题干所述符合“爱岗敬业”的师德规范的要求。

21. D 【解析】合理化又称文饰作用,指通过无意识地用一种似乎有理的解释或实际上站不住脚的理由来为其难以接受的情感、行为或动机辩护以使其可以接受。合理化有两种表现:(1)酸葡萄心理,即把得不到的东西说成是不好的;(2)甜柠檬心理,即当得不到葡萄而只有柠檬时,就说柠檬是甜的。题干中的学生因考不上高中,就说考上职高更好,属于合理化中的甜柠檬心理。

22. A 【解析】耶克斯—多德森定律认为,教师在教学时,要根据学习任务的不同难度,恰当控制学生学习动机的激起程度。在学习较容易、较简单的课题时,应尽量使学生集中注意力,使学生尽量紧张一点;而在学习较复杂、较困难的课题时,则应尽量创造轻松自由的课堂气氛,在学生遇到困难或出现问题时,要尽量心平气和地慢慢引导,以免学生过度紧张和焦虑。从这个角度来看,平日在学生中流传的“大考大玩、小考小玩、不考不玩”的俏皮话,在一定程度上是有积极意义的。

23. A 【解析】注意的稳定性,是指注意保持在某一对象或某一活动上的时间长短特性。注意的稳定性可区分为狭义的注意稳定性和广义的注意稳定性。其中,广义的注意稳定性是指注意保持在同一活动上的时间。广义的注意稳定性并不意味着注意总是指向同一对象,而是指注意的对象和行动有所变化,但注意的总方向和总任务不变。例如,上课时学生既要听教师讲课,又要记笔记,还要看实验演示或幻灯片等。但所有这些行为都服从于听课这一总任务,因此,他们的注意是稳定的。因此,答案选 A 项。

24. B 【解析】加里培林提出了较有影响力的心智技能的形成理论。他认为心智技能的形成从低到高分为五个阶段即活动的定向阶段、物质活动和物质化活动阶段、出声的外部言语阶段、无声的外部言语阶段、内部言语阶段。

25. B 【解析】场依存型的特点有:善于把握整体,善于学习系统化、条理化的材料,喜欢与同伴在一起讨论或进行协作学习,注意环境的要求,很容易适应环境,受大家的欢迎,受外在动机的支配。故答案选 B 项。

26. D 【解析】编制课程表时,应将文科与理科、形象性的学科与抽象性的学科交错安排,避免同类刺激长时间地作用于大脑皮层的同一部位而导致疲劳和厌烦。

27. C 【解析】条件反射又称信号反射,是后天经过学习才能得到的反射,即所谓有意识学习得来的知识、技能、经验等。题干中“吞咽口水”的反应属于后天学习得来的经验。

28. C 【解析】场依存型与场独立型的学生对教学方法有不同偏好。场依存型的学生喜欢有严密结构的教学,因为他们需要教师提供外来结构,需要教师的明确指导与讲解。场独立型学生比较喜欢结构不严密的教学方法。

29. B 【解析】组织策略是指将经过精加工提炼出来的知识点加以构造,形成更高水平的知识结构的信息加工策略。组织策略主要有两种:一种是归类策略,用于概念、语词、规则等知识的归类整理;一种是纲要策略,主要用于对学习材料结构的把握。题干所述是纲要策略的典型实例。

30. B 【解析】在认知发展中,处于具体运算阶段的儿童开始进行一些运用符号的逻辑思考活动,可以形成一系列的行动心理表象。比如,8 岁左右的儿童去过几次小朋友的家,就能够画出具体的路线图来,而 5、6 岁的儿童则无法做到。

31. D 【解析】教材是教师进行教学的主要依据,任何教师进行教学时都离不开教材。选项 D 说法错误,故选 D 项。

方法技巧:理解课程计划、课程标准和教材的关系时应注意,从课程计划到课程标准再到教材是一个由宏观到微观、不断具体化的过程,它们之间的关系如下:课程计划(学校教育教学工作的指导性文件)分学科展开课程标准(学科教学内容的指导性文件)具体化教材(阐述学科内容)。

32. B 【解析】热爱学生是教师职业道德的核心,是教师高尚道德品质的表现。

33. B 【解析】课程实施的创生取向认为,课程实施的过程是在具体教育情境中由师生共同创生新的教育经验的过程,原来设计好的课程只是这个“经验”创生过程中可供选择的材料之一。依据题干描述可知 B 选项正确。

易错提示:考生易混淆课程实施的相互调适取向与创生取向,在做题时需注意,相互调适取向重在“可变”,即课程实施过程中可以对课程目标、内容、方法、组织模式诸方面相互调整、改变与适应,而判断创生取向的关键词是“经验”。

34. C 【解析】凡是学校范围之内的课程资源就是校内课程资源,超出学校范围的课程资源就是校外课程资源。与企业合作开发的课程资源属于校外课程资源。

35. B 【解析】家庭教育有其优势,有其有利的因素或条件,这是显而易见的。但同时也必须看到,家庭教育同其他任何事物一样,也有一定的局限性。因此,家庭教育要与学校教育、社会教育相结合,形成教育合力,共同促进孩子的成长。题干的说法从侧面反映了家庭教育的局限性。

36. C 【解析】结果期待指的是人对自己某一行为会导致某一结果的推测;效能期待则指的是人对自己能够进行某一行为的能力的推测或判断,它意味着人是否确信自己能够成功地进行某一结果的行为。某教师一方面认为只要教学认真,就能够取得优异的教学成绩,这说明其结果期待高;但又认为即使自己认真教学也没有能力达到期待目标,这表明其效能期待低。

37. B 【解析】替代强化是指观察者因看到榜样的行为被强化而受到强化。

38. B 【解析】所谓变式,就是使用不同形式的直观材料或事例说明事物的本质属性,使本质属性保持不变而非本质属性或有或无以便突出本质属性。进行“鸟”的概念教学中,企鹅、麻雀、鸵鸟都是鸟类的不同表现形式,是运用了变式来进行教学。

39. C 【解析】对问题解决起启发作用的事物叫原型。原型启发是指从其他事物上发现解决问题的途径和方法。受面包发酵后产生多孔变得松软的启发,制造出泡沫橡胶,这种解决问题的过程与方法属于原型启发,故选 C 项。

40. A 【解析】根据学校情境中的学业成就动机的不同,奥苏贝尔等人把学习动机分为以下三种:

分类	内涵
认知内驱力（内部动机）	要求了解、理解和掌握知识以及解决问题的需要
自我提高内驱力（外部动机）	个体因自己的胜任或工作能力而赢得相应地位的需要
附属内驱力（外部动机）	个体为了获得长者们的赞许或认可而把工作、学习做好的一种需要

题干中,小吴努力学习是为了获得家长的夸奖,因此其学习动机属于附属内驱力。

41. C 【解析】坚持社会主义方向是我国教育目的的根本性质和特点。

42. D 【解析】文化教育学是 19 世纪末以来出现在德国的一种教育学说,其代表人物主要有狄尔泰、斯普兰格、利特等人,代表著作主要有狄尔泰的《关于普遍妥当的教育学的可能》、斯普兰格的《教育与文化》、利特的《职业陶冶、专业教育、人的陶冶》等。

43. A 【解析】王老师针对不同学生的具体情况采取不同的教育措施,较好地贯彻了教育的因材施教原则。

44. D 【解析】知行统一原则是指教育者在进行德育时,既要对学生进行系统的思想道德教育,又要重视组织学生参加实践,把提高认识和行为养成结合起来,使学生做到言行一致。题干中的某校开展“争做垃圾分类排头兵”活动,而学校的垃圾箱里却还是乱堆乱放,说明该校学生并未养成垃圾分类的行为习惯,没有做到知行统一。

45. A 【解析】提供角色学习条件,培养社会角色是班级组织的社会化功能之一。在班级组织中,每个学生都需要承担其服务者、管理者和被管理者的多重角色,为他们的角色学习提供了多方面的条件。班级教学过程中的师生交往和小组学习中的伙伴交往,以及集体生活的多种多样的教育情境,为学生积累交往经验、学习变换角色、提高担当角色的能力,提供了锻炼和体验的机会和条件。题干中小李同学的一系列变化是其社会化的表现,体现了班级对学生社会化的影响。

46. D 【解析】后学习的材料对保持和回忆先学习的材料的干扰作用,称为倒摄抑制(后摄抑制)。在晚上学习不会受到后学习的材料的干扰,即没有倒摄抑制的作用,因此学习效果较好。

47. A 【解析】情感是同人的社会性需要相联系的态度体验,是人类所特有的心理活动,具有一定的社会历史性。从情感的社会内容角度来看,人类的情感有道德感、美感和理智感三种形式。道德感、理智感、美感是与社会需要相联系的情感。

48. C 【解析】普雷马克原理,是指用高频活动作为低频活动的有效强化物。在应用普雷马克原理时应注意:用学生喜欢的行为去强化不喜欢行为的发生;行为和强化的关系不能颠倒,必须先有行为,再有强化;要让学生明确感觉到这种行为和强化的依随关系;不能过度使用强化物,否则,可能使强化物失去原有的效力。所以让学生完成阅读之后再去做喜爱的模型,体现了普雷马克原理。

49. C 【解析】诱导是由兴奋过程引起或加强抑制过程,以及由抑制过程引起或加强兴奋过程。前者是负诱导,后者是正诱导。相继性诱导是在大脑皮层的相同位置上以兴奋与抑制发生的先后来分的。张明由于晚上通宵打游戏,大脑皮层上的兴奋导致第二天无精打采的大脑抑制,是相继负诱导。

50. C 【解析】亚里士多德的《论灵魂》是历史上第一部论述各种心理现象的著作。

51. D 【解析】教育目的与培养目标是普遍与特殊的关系。

52. D 【解析】思想性和科学性相统一的原则是指教学要以马克思主义为指导,授予学生科学知识,并结合知识教学对学生进行社会主义品德和正确人生观、科学世界观教育。王老师在进行知识教学的同时,对学生进行爱国主义教育,做到了教书和育人的统一,体现了科学性和思想性相结合原则。

53. D 【解析】老子是道家学派创始人和主要代表人物。道家主张"绝学"和"愚民",认为"绝学无忧"。根据"道法自然"的哲学,道家主张教循自然原则,一切任其自然,便是好的教育。

54. D 【解析】教师职业道德意志是产生职业道德信念和养成职业道德行为习惯的前提条件。

55. B 【解析】探究式教学的基本程序是问题—假设—推理—验证—总结提高,即首先创设一定的问题情境,提出问题,然后组织学生对问题进行猜想和做假设性的解释,再设计实验进行验证,最后总结规律。

56. C 【解析】操作性条件反射的行为发生在刺激之前,行为结果影响随后的行为。题干中,学生回答问题(行为)后受到表扬(刺激),之后回答问题的次数增加。这种机制是操作性条件反射。

57. B 【解析】A 项,生理需要是指人对食物、水分、空气、睡眠、性等的需要。不符合题意,排除。B 项,安全需要是指希求受到保护与免遭威胁从而获得安全感的需要。题干中小红找稳定的工作、买了多种保险等,都体现了其对安全需要的追求,故答案选 B 项。C 项,归属与爱的需要,也称社交需要,是指每个人都有被他人或群体接纳、爱护、关注、鼓励及支持的需要。不符合题意,排除。D 项,自我实现的需要是追求自我理想的实现,是充分发挥个人潜能、才能的心理需要,也是一种创造和自我价值得到体现的需要。不符合题意,排除。

58. C 【解析】科尔伯格将道德判断分为三个水平(前习俗水平、习俗水平、后习俗水平),每一水平包含两个阶段。其中,习俗水平包括好孩子的道德定向阶段(寻求认可取向阶段或人际关系与补同的定向)和维护权威或秩序的道德定向阶段(遵守法规取向阶段)。处于人际协调定向阶段的儿童以人际关系的和谐为导向,顺从传统的要求,符合大众的意见,谋求大家的称赞。在进行道德评价时,总是考虑到社会对一个"好孩子"的期望和要求,并总是按照这种要求去展开思维。他们认为好的行为就是帮助别人、使别人愉快、受他人赞赏的行为。

59. B 【解析】脑的反射活动是人的心理活动的基础,人的行为是由反射组成的。

60. B 【解析】过度学习是指学习达到恰能背诵之后再继续学习。例如,读一篇外语课文,学习 30 分钟就刚好能背诵并正确回忆,为了巩固记忆,又增加了 15 分钟的学习时间,这就是过度学习,其过度量为 50%。

61. B 【解析】赫尔巴特是"教师中心论"的典型代表。

62. B 【解析】画图、列表、写方程式等都是常用的表征问题的方式。因此,题干中的做法是为了很好地完成对问题的心理表征。

63. B 【解析】题干所述内容体现了教师要尊重爱护学生,不能用批评和处罚去扼杀学生的个性,要关注学生的个别差异,做到因材施教。

64. C 【解析】为使"研究性学习"方式尽快深入人心,有必要设置专门的"研究性学习"课程。再者,即使各门学科有效渗透了"研究性学习"方式,也有必要设置"研究性学习"课程。

65. B 【解析】德育过程一般以知为开端,以行为终结。但由于社会生活的复杂性、德育影响的多样性等因素,在德育具体实施过程中,又具有多种开端,可根据学生品德发展的具体情况,或从导之以行开始,或从动之以情开始,或从锻炼品德意志开始,最后达到学生品德在知、情、意、行几方面和谐发展的目的。

66. B 【解析】拓展型课程注重拓展学生的知识和能力,开阔学生的知识视野,发展学生各种不同的特殊能力,并迁移到其他方面的学习。题干中小学开展的各种兴趣课程属于拓展型课程。

67. C 【解析】西周时期,中国的文字已经产生,但并非一般人所能掌握,加之文字记录的载体诸如竹简等较为昂贵,也非一般人所能置办,文字书写又非常费劲,因此文字、简、册皆为官府所控制,“惟官有书,而民无书”。由于官垄断着文字与书籍,教育自然也被官垄断着,这就是“学在官府”。这体现了教育的阶级性。

68. D 【解析】A 项所述为 CIPP 评价模式的四个基本步骤;B 项三级课程管理指的是国家、地方、学校共同管理的基础教育课程体系;C 项课程计划是课程设置的整体规划。

69. C 【解析】题干的意思是:君子不但懂得教学成功的经验,又懂得教学失败的原因,就可以当好教师了。即强调教师要具备丰富的教育理论知识。

70. A 【解析】教育法规的实施可以有两种方式,即教育法规的遵守和适用。

71. B 【解析】个体身心发展具有阶段性,不同年龄阶段学生的身心发展具有不同的总体特征及主要矛盾,面临着不同的发展任务。根据课程标准的规定,不同学段的教学目标不同,语文教师不按课程标准所要求的学段目标开展教学,其行为主要违背了儿童身心发展的阶段性。

72. A 【解析】题干描述的是要素主义课程理论的主张。要素主义课程理论属于学科中心主义课程理论。

73. B 【解析】教育再生产科学知识具体表现在:(1)教育可以高效能地扩大科学知识的再生产,使原来为少数人所掌握的科学知识在较短的时间内为更多的人所掌握,从而提高劳动生产效率,促进生产力的发展;(2)教育也担负着发展科学、再生产科学的任务,这在高校表现得尤为明显。

74. D 【解析】我国教育家杨贤江以李浩吾为化名出版的《新教育大纲》(1930 年)是我国第一部马克思主义的教育学著作。

75. D 【解析】题干引文出自《孟子·滕文公上》:“或劳心,或劳力;劳心者治人,劳力者治于人;治于人者食人,治人者食于人:天下之通义也”。意思是有的人从事脑力劳动,有的人从事体力劳动;脑力劳动者统治人,体力劳动者被人统治;被统治者养活别人,统治者靠别人养活:这是通行天下的原则。体现了古代社会脑力劳动与体力劳动的分离,反映了当时的学校教育基本上是与生产劳动脱离的。

76. D 【解析】测验法是指用一套预先经过标准化的问题(量表)来测量某种心理品质的方法。

77. D 【解析】学习策略是学习者制订的有关学习过程的复杂的方案,由规则和技能构成。

78. A 【解析】信度是指一个测验量表的可靠程度(或可信程度),它以反复测验时能否提供相同的结果来说明。题干中强调小辉两次测验得到的分数大致相等,故表明这两次测验的信度较高。因此,答案选 A 项。

79. C 【解析】根据《学生伤害事故处理办法》第七条规定,除法律有规定的或者学校依法接受委托承担相应监护职责的情形外,学校对未成年学生不承担监护职责。

80. D 【解析】动作技能形成的自动化阶段,各个动作相互协调似乎是自动流出来的,无需特殊的注意和纠正。练习者能根据情况变化灵活、迅速而准确地完成动作,并且这种动作已经达到自动化程度,几乎不需要有意识地控制。有经验的司机在开车时,可以顺利地与别人交谈正是此表现。

81. A 【解析】学生掌握知识、技能的过程,一般包括以下几个阶段:(1)引起学习动机;(2)感知教材;(3)理解教材;(4)巩固知识;(5)运用知识;(6)检查知识、技能和技巧。其中,检查学生知识、技能和技巧的掌握情况,主要由教师负责进行,一般采取课堂提问、检查课内外各种作业和各种测验来进行。杜老师每堂课后给学生留下课后作业和思考题,就是为了检查学生知识、技能和技巧的掌握情况。所以这一过程是学生掌握知识阶段中的检查知识、技能和技巧阶段。

82. D 【解析】“视其所以,观其所由,察其所安”是孔子提出的了解学生的方法,孔子根据学生的不同特点进行区别性的教育。体现了因材施教原则。

83. C 【解析】重视创新能力的培养是现代教育与传统教育的根本区别之所在。

84. C 【解析】公平合理地评价和对待每个学生是教师公正的最基本的内容。

85. D 【解析】美育是培养学生健康的审美观,发展他们感受美、鉴赏美、创造美的能力,培养他们高尚的情操与文明素养的教育。D 项有助于培养学生的审美观,属于美育。A 项属于劳动教育,B

项属于体育,C 项属于德育。

86. B 【解析】受教育权是学生最基本的权利。小红的父母不让她上学,而是强行将她送到某个酒店当服务员,这侵犯了小红的受教育权。

87. A 【解析】根据《中华人民共和国教育法》第三十二条规定,学校及其他教育机构中的国有资产属于国家所有。

88. B 【解析】王老师没收学生李正的手机,且拒不归还,这侵犯了李正的财产权。根据受教育者的权利可知,对学校、教师侵犯其人身权、财产权等合法权益的情况,学生有提出申诉或者依法提起诉讼的权利。故本题答案选 B 项。

89. C 【解析】道德意志是个体自觉地调节道德行为,克服困难,以实现预定道德目标的心理过程。根据题干描述可知,题干中的学生缺乏意志的坚持性,不能克服困难,因此应对其进行道德意志的培养。

90. B 【解析】根据《中华人民共和国教育法》第三十一条规定,学校及其他教育机构的校长或者主要行政负责人必须由具有中华人民共和国国籍、在中国境内定居、并具备国家规定任职条件的公民担任,其任免按照国家有关规定办理。学校的教学及其他行政管理,由校长负责。根据学校校长的任职条件可知,具有中华人民共和国国籍,定居中国的李某最适合当选校长。

二、多项选择题

91. BCD 【解析】教育的相对独立性主要表现在:(1)教育自身的历史继承性;(2)教育与社会发展的不平衡性;(3)教育与其他社会意识形式的平行性。

92. AD 【解析】蔡元培是我国近代著名的民主革命家和教育家,为我国的教育事业,尤其是高等教育事业的改革和发展,做出了重大贡献。他的主要教育思想包括:(1)"五育并举"的教育方针。(2)改革北京大学的教育实践。主要措施有:①抱定宗旨,改变校风;②贯彻"思想自由,兼容并包"的办学原则;③教授治校,民主管理;④学科与教学体制改革。(3)教育独立思想。我国首次明确提出"美育"一词的是王国维,蔡元培大力倡导美育,提出"以美育代宗教"。B 项不符合题意。C 项是蔡元培被追怀的表现,而不是原因。

93. BC 【解析】"知道""描述"等体现的是知识与技能目标,"与同学合作""验证自己的猜想"体现的是过程与方法目标。

94. ABC 【解析】智力技能与动作技能的区别有:(1)活动的对象不同;(2)活动的结构不同;(3)活动的要求不同。

95. BC 【解析】罗杰斯认为,促进学生学习的关键不在于教师的教学技巧,而在于特定的心理氛围。它包括:(1)真实或真诚;(2)尊重、关注和接纳;(3)移情性理解。故答案选 B、C 两项。

96. ABC 【解析】布鲁纳认为学习包括三种几乎同时发生的过程,这三种过程是:新知识的获得、知识的转化、知识的评价。

97. ABD 【解析】对于现实的课堂教学而言,学生的学习动机主要因学生的学习兴趣、成就动机和交往动机而产生。

98. ACD 【解析】教学行为目标的陈述必须具备三个要素:具体目标、产生条件和行为标准。

99. AB 【解析】环境不决定人的发展,C 项错误;社会环境是人发展的外部条件,D 项错误。

100. ABC 【解析】贯彻平行教育原则的要求:(1)建立健全的学生集体;(2)开展丰富多彩的集体活动,充分发挥学生集体的教育作用;(3)加强个别教育,并通过个别教育影响集体,增强集体的生机和活力。

101. BC 【解析】以情感陶冶为主的教学方法主要有欣赏教学法和情境教学法。读书指导法属于以语言传递为主的教学方法,参观法属于以直观感知为主的教学方法。所以 B、C 项不属于以情感陶冶为主的教学方法。

102. ACD 【解析】教师家访主要是告知家长孩子在校的表现;家校结合,齐抓共管;了解孩子在家的表现。

103. ABC 【解析】学生道德判断与评价发展的特点是:(1)从他律到自律;(2)从效果到动机;(3)从律他到律己;(4)从片面到全面;(5)从笼统到具体。

104. ACD 【解析】影响教师心理健康的内在因素(个人因素)主要有教师的自我期望、能力素质、感受力、人格状况以及个体自身的特点等。

105. AC 【解析】意志的自制性是指一个人善于控制和支配自己的情绪,约束自己言行的品质。与自制性相反的意志品质为任性和怯懦。故答案选 A、C 两项。B 项优柔寡断是缺乏果断性的意志品质,故排除;D 项动摇性是缺乏坚韧性的意志品质,故排除。

106. ABCD 【解析】采用专制型教养方式的父母在

子女教育中,表现得过于支配,孩子的一切都由父母来控制。在这种环境下长大的孩子容易形成消极、被动、依赖、服从、懦弱,做事缺乏主动性,甚至会形成不诚实的性格特征。

107. ABD 【解析】品德的三因素构成说认为,品德的心理结构包括道德认识、道德情感和道德行为三个成分。(具体内容参见卢家楣、伍新春、桑标主编的《现代心理学基础理论及其教育应用》)

108. ABCD 【解析】偶发事件处理的原则有:(1)教育性原则;(2)客观性原则;(3)有效性原则;(4)可接受性原则;(5)冷处理原则。

109. ABCD 【解析】"为人师表"的师德规范要求教师:(1)坚守高尚情操,知荣明耻;(2)严于律己,以身作则;(3)衣着得体,语言规范,举止文明;(4)关心集体,团结协作,尊重同事,尊重家长;(5)作风正派,廉洁奉公;(6)自觉抵制有偿家教,不利用职务之便谋取私利。

110. ACD 【解析】一般认为,爱岗敬业、教书育人和为人师表是师德的核心内容,关爱学生是最基本内容。

111. AD 【解析】个案研究法常常会遇到伦理道德问题,对研究人员的语言技能、洞察力有较高要求。故B、C项错误。

112. BC 【解析】B项是指教师认为学习有困难的学生在其他方面也是差的,即学生只要学习差,则任何方面都是不好的;C项是对好学生的片面理解。

113. BD 【解析】发展性教育主要是面对正常发展的学生,是提高性的;而补救性教育主要是面对在心理方面出现不同程度问题的学生,是矫正性的。

114. CD 【解析】依据主体之间关系的类型,可以把教育法律关系分为隶属型教育法律关系和平权型教育法律关系。

115. BCD 【解析】根据《中华人民共和国教师法》第二十三条规定,考核应当客观、公正、准确,充分听取教师本人、其他教师以及学生的意见。所以,教师考核应注意遵循客观性原则、公正性原则、准确性原则,以利于教师积极性、创造性的调动,增强教师的事业心、责任心。

三、判断题

116. × 【解析】维果斯基认为,人有两种工具。一种是物质工具,另一种是精神工具,主要指人类所特有的语言、符号等。人运用精神工具进行精神生产、心理操作。乔姆斯基认为,决定儿童语言获得的因素不是经验和学习,而是先天遗传的语言能力,这个理论被称作"先天语言能力说"。故题干说法错误。

117. × 【解析】逃避条件作用是指当厌恶刺激出现时,有机体做出某种反应,从而逃避了厌恶刺激,则该反应在以后的类似情境中发生的概率便增加的一类条件作用。如看见路上的垃圾就绕道走开属于逃避条件作用。逃避条件作用是在负强化的基础上形成的,故题干说法错误。

118. √ 【解析】情绪和情感是人对客观事物的态度体验及相应的行为反应。认知是情绪和情感产生的基础,需要是引发情绪和情感的中介。那些满足人们需要的事物和对象,能引起各种肯定的态度,使人产生满意、愉快的情绪体验。不同的态度体验反映着客观事物与人的需要之间的不同关系。

119. √ 【解析】教育心理学的研究对象是学校教育、教学情境中人(主体)的心理。

120. × 【解析】冲动型学生面对问题时总是急于求成,不能全面细致地分析问题的各种可能性,有时还没弄清问题的要求,就开始对问题进行解答,解决问题时强调的是速度而非精度。沉思型学生总是把问题考虑周全以后,再做反应。他们看重的是解决问题的质量,而不是速度。故题干描述错误。

121. × 【解析】原始社会的教育具有自发性、全民性、广泛性、无等级性和无阶级性,是原始状态下的教育机会均等,只因年龄、性别和劳动分工不同而有差别。

122. × 【解析】教育与生产力的发展不完全同步,存在着教育超前或教育滞后的现象。

123. × 【解析】教师与学生在心理上应协调一致,在教学实施过程中表现为师生关系密切、情感融洽、平等合作,但这并不是要求教师与学生建立亲密无间、"零距离"的关系。

124. × 【解析】教育是一种有目的地培养人的社会活动。题干中老鹰教小鹰是动物与生俱来的本能,不属于教育现象。故题干说法是错误的。

方法技巧:理解教育的本质时,可重点理解四个词:有目的、培养、人、社会活动。"有目的"使得教育与本能活动分开;"培养"主要是指教育的正向功能,即使人朝着好的方向发展;对象是

"人",只有人类才有教育,动物界没有教育;"社会活动"就是人与人的交往活动,而不是个体活动。

125. × 【解析】组织教学并不只在上课开始时进行,而是贯穿在教学过程的各个环节中,直到下课。

四、案例分析题

126. AB 【解析】案例中王老师的教学主要采用了讨论法和发现法。讨论法是指全班或小组成员在教师的指导下,围绕某一中心问题发表自己的看法和见解,从而进行相互学习的一种方法。发现法就是让学生通过独立工作,自己主动发现问题、解决问题及掌握原理的一种教学方法。采用发现法时,学生在教师的引导下探究和解决问题,在教学中处于主要地位。王老师就教学内容提出问题启发引导学生进行讨论,体现了讨论法;学生在教师的指导下提出许多颇有探索性、创造性的见解以解决问题体现了发现法。

127. CD 【解析】(1)王老师在讲授"昆虫标本制作"时,通过提问调动了学生学习的主动性和积极性,使学生积极探索所学内容,体现了启发性原则;(2)王老师以"十字形花冠标本采集"及"菜粉蝶的捕捉和蝶类标本制作"为教学内容,既传授了书本知识,又与学生的生活实际相联系,体现了理论联系实际原则。

128. ABC 【解析】抑郁症是以持久性的心境低落为特征的神经症。主要表现为:少言寡语、孤独沉默、郁郁寡欢、闷闷不乐、忧心忡忡。

129. ABCD 【解析】造成抑郁性格的原因颇多,主要有以下几点:(1)从小在家庭中受到歧视和虐待,在学校里受到不公正的待遇,严重挫伤了自尊心。(2)自幼在不健全的家庭中长大的孩子,由于受到别人的歧视,易形成过于敏感、多愁善感等性格特点;再遇不测,一点点的失败、挫折等都会使他们郁闷、耿耿于怀,使抑郁的性格越发明显、严重。(3)生活过于单调,思想闭塞,缺乏与人交往的机会,情绪长期受到压抑。(4)家族中发生了重大不幸,学习又力不从心,心理负担过重等。(5)责任感过强,对事物要求过于完美,因而把所有责任都归咎于自身,导致对自己失望,恨自己无能,形成抑郁的个性。

130. ABCD 【解析】为了帮助该学生,可以建议其采取以下方法:(1)主动寻求他人的帮助;(2)向好朋友倾诉;(3)学会乐观;(4)助人为乐,发现自我价值;(5)建立心理防御机制;(6)体育疗法。

山东省教师招聘考试教学基础知识押题试卷(十三)

一、单项选择题

1. D 【解析】"我辈致知,只是各随分限所及"意为:我们在致知上下功夫,只是随着各人所能达到的程度去做。这体现的是量力施教的教育思想。A项正确。"教之而不受,虽强告之无益"的意思是教导他却不肯接受,即使强行告诉他也没有任何益处。这说明教师要注重启发诱导而不是单纯灌输知识。B项正确。"高者抑之,下者举之;有余者损之,不足者补之"的意思是:(天之道,犹如高明的射手拉弓射箭一样)弓弦拉高了就往下压低点,弓弦拉低了就往上举高点;多出来的时候,就要加以减损,不足的时候,就要加以补充。"损有余而补不足"实际上是一种因材施教。C项正确。"眼过千遍不如手过一遍"说明要组织好学生的复习工作,教会学生记忆的方法,这体现的是巩固性原则。D项错误。

2. D 【解析】人的身心发展具有个别差异性,具体表现在不同个体所具有的个性心理倾向不同,如同年龄的儿童具有不同的兴趣、爱好和性格等。题干所述体现了人的身心发展的个别差异性。

3. D 【解析】教学是教师教与学生学的统一,这种统一的实质是交往、互动。基于此,新课程把教学过程看成是师生交往、积极互动、共同发展的过程。所以D项正确。

4. B 【解析】题干引文的意思:"虽然你让一个齐人来辅导(你儿子说齐国话),许多楚国人哇啦哇啦干扰他,即使天天鞭打他,逼他学会齐国话,也不可能学会。如果带他到齐国都城的闹市上住上几年,即使天天鞭打他,要他讲楚国话,也是不可能的。"这说明了外部环境对个体发展的影响。

5. D 【解析】互补性是指机体一方面的机能受损甚至缺失后,可通过其他方面的超常发展得到部分补偿。题干中盲人的例子即体现了这一特点。

6. A 【解析】文纳特卡制把课程分成两部分:一部分按学科进行,由学生个人自学读、写、算和学习历史、地理方面的知识和技能;另一部分是通过音乐、艺术、运动、集会,以及开办商店、组织自治会来培养学生的“社会意识”。前者通过个别教学进行,后者通过团体活动进行。

方法技巧:葛雷制与文纳特卡制是两种比较容易混淆的教学组织形式。考生在理解二者内涵时,要注意其区别:葛雷制是将学生一分为二,一部分上课,一部分参加社会实践活动,上下午对调;文纳特卡制是将课程一分为二,一部分是学科课程,一部分是活动课程。

7. B 【解析】对人类记忆和遗忘现象首次进行系统实验研究的人是德国心理学家艾宾浩斯。C 项说法正确。他采用自然科学的方法对记忆进行了实验研究。A 项说法正确。他把无意义音节作为记忆材料,采取的具体研究方法是重学法,也叫节省法。通过实验研究,艾宾浩斯通过实验研究,证明了保持和遗忘是时间的函数,并据此绘制出了表示遗忘速度的遗忘曲线,揭示了遗忘规律:遗忘进程是不均衡的,遗忘在学习之后立即开始,而且最初进展很快,以后逐渐缓慢,到了相当时间几乎不再遗忘,即先快后慢,先多后少。B 项说法错误,D 项说法正确。

8. A 【解析】效度是指一个测验工具希望测到某种行为特征的有效性与准确程度。

9. D 【解析】注意的稳定性,是指注意保持在某一对象或某一活动上的时间长短特性。持续时间愈长,注意就愈稳定。题干中甲同学一节课内集中注意力的时间比乙同学长,故甲同学注意的稳定性比乙同学好。

10. C 【解析】思维的深刻性是指能深入地思考问题,善于透过事物的表面现象,抓住事物的实质,揭露事物之间的内在联系。题干所述是思维缺乏深刻性的表现。

11. C 【解析】当人受到不良刺激而产生消极情绪时,应让不良情绪充分得以宣泄,通过合理的宣泄来减轻心理负担,恢复心理平静。张亮通过运动来调节不良情绪,故属于合理宣泄法。

12. A 【解析】性格的态度特征是指个体对自己、他人、集体、社会以及对工作、劳动、学习的态度特征。例如,谦虚或自负、利他或利己、粗心或细心、创造或墨守成规等。

13. A 【解析】智力类型差异(智力结构差异)是指构成智力的各种因素存在质的差异,主要表现在知觉、记忆、想象、思维的类型和品质方面。题干所述是智力结构差异的典型实例。

14. D 【解析】情绪的动机功能是指,情绪能够激励人的活动,提高人的活动效率。适度的情绪兴奋,可以使身心处于活动的最佳状态,推动人们有效地完成任务。研究表明,适度的紧张和焦虑能促使人积极地思考和解决问题。同时,情绪对于生理内驱力也具有放大信号的作用,成为驱使人们行为的强大动力。

易错提示:考生容易混淆情绪的组织功能和动机功能。二者有共同之处,都能起到激励促进作用,但表现形式上存在差异。组织功能针对现有的情绪状态,是指积极的情绪起推动作用,消极的情绪起阻碍作用。动机功能的激励作用体现在动力方面,如发动行为,提高效率。

15. C 【解析】《中小学班主任工作规定》指出:“班主任是中小学日常思想道德教育和学生管理工作的主要实施者,是中小学生健康成长的引领者,班主任要努力成为中小学生的人生导师。”

16. B 【解析】题干所述体现了教师劳动任务的复杂性,这是教师劳动的复杂性的表现之一。

17. C 【解析】体谅或学会关心的道德教育模式形成于 20 世纪 70 年代,由英国学校德育学家彼得·麦克费尔和他的同事所创。

18. C 【解析】班主任在班级管理中的影响力主要表现在两个方面:(1)班主任的权威、权力和地位,这些构成班主任的职权影响力;(2)班主任的个性特征与人格魅力,这些构成班主任的个性影响力。

19. A 【解析】孔子继承西周六艺教育的传统,教学纲领是“博学于文,约之以礼”,基本科目是诗、书、礼、乐、易、春秋。

20. B 【解析】分科课程是根据学校教育目标、教学规律和一定年龄阶段的学生发展水平,分别从各门学科中选择部分内容,组成各种不同的学科,彼此分立地安排它们的教学顺序、教学时数和期限。题干中孔子所分成的诗、书、礼、乐四科属于分科课程。

21. B 【解析】“学生的学习热情高涨,成绩明显提高”体现了教育的正向显性功能,“学生之间相互猜忌、隐瞒学习资料等现象日趋严重”体现了教育的负向隐性功能。

22. B 【解析】所谓变式,就是变换使用不同形式的直观材料或事例说明事物的属性,使本质属性保持不变而非本质属性或有或无,以便突出本质属性。例如,在生物学中介绍“果实”的概念时,不要只选可食的果实(如苹果、西红柿、花生等),还要选择一些不可食的果实(如橡树籽、棉籽等),这样才有利于学生看到一切果实都有"种子"这一关键属性,而舍弃"可食性"等无关特征。

23. A 【解析】组织策略是指将经过精加工提炼出来的知识点加以构造,形成更高水平的知识结构的信息加工策略。组织策略包括归类策略、纲要策略。题干中指出用绘制表格图形的方法帮助学生建立知识结构,故运用了组织策略。

24. A 【解析】A 项趋避冲突,是指对同一目的兼具好恶的矛盾心理。题干中的小李因用人单位的工资高想去,但又因公司要求经常出差而不想去,故体现了趋避冲突。A 项符合题意。B 项双趋冲突,是指从自己同时都很喜爱的两个事物中仅择其一的心理状态。题干未体现,故排除。C 项双避冲突,是指从希望回避的两种事物中必取其一的心理状态。题干未体现,故排除。D 项多重趋避冲突,是指对含有吸引与排斥两种力量的多种目标予以选择时所发生的冲突。题干未体现,故排除。

25. C 【解析】教师是课堂教学的领导者、组织者,在课堂管理中起主导作用;教师的领导风格对课堂管理有着直接的影响,相较于其他领导方式,民主式的课堂管理效果最好;班级的人数越多,学生间的个体差异越大、情感联系的纽带越弱,给课堂管理带来的阻力越大;非正式群体对课堂管理有双重影响。

26. A 【解析】杜威反对将教育视为未来生活的准备,他认为教育即生活,提出"教育是生活的过程,而不是将来生活的准备"。

27. B 【解析】要改革旧的教育观念,真正确立起与新课程相适应的、体现素质教育精神的教育观念,是教学改革的首要任务。

28. B 【解析】劳动起源说是在马克思历史唯物主义理论指导下形成的,认为教育起源于人类特有的生产劳动。故 B 项说法错误。

方法技巧:考生易混淆不同起源说的观点。在做题时考生要通过题干中的关键词判断对应学说,如"上帝或天"对应的是神话起源说;"天性本能""动物界"对应的是生物起源说;"无意识模仿"对应的是心理起源说;"教育即生长,教育即生活"对应的是生活起源说;"劳动""马克思"对应的是劳动起源说。

29. D 【解析】确定课程目标的依据包括:(1)学习者的需要(对学生的研究);(2)当代社会生活的需求(对社会的研究);(3)学科知识及其发展(对学科的研究)。

30. B 【解析】"过程与方法"目标突出的是让学生"学会学习",使学生获得知识的过程同时成为获得学习方法和能力发展的过程。B 项注重方案设计的思考和改善,属于过程与方法目标。A 项属于情感态度与价值观目标,C、D 项属于知识与技能目标。

31. C 【解析】知觉的选择性是指当面对众多的客体时,知觉系统会自动地将刺激分为对象和背景,并把知觉对象优先地从背景中区分出来。人们看书时用红笔画出重点,是为了把重点部分从背景中区分出来。

32. B 【解析】题干中约翰看到盛开的花朵,认为花的盛开是为了看看自己,这符合前运算阶段儿童的思维特征的表现。此时约翰最有可能处于前运算阶段。

33. C 【解析】美国精神分析学家埃里克森认为,人格发展是一个逐渐形成的过程,必须经历八个顺序不变的阶段。其中,主动感对内疚感阶段(4 ~ 5 岁)的发展任务是培养主动性。这一阶段儿童的活动范围逐渐超出家庭的圈子,儿童开始追求出于自我利益和动机的活动。他们想象自己正在扮演成年人的角色,并因自己能从事成年人的角色和胜任这些活动而体验到一种愉快的情绪。例如,当父母做饭时,儿童递过一把勺子,他便认为自己是在从事一项重要的活动,发挥了重要的作用。故本题选择 C 项。

34. C 【解析】伦理的道德情感,即以清楚地意识到道德概念、原理和原则为中介的情感体验。它具有清晰的意识性和明确的自觉性,具有较大的概括性和较强的伦理性,具有稳定性和深刻性。例如,爱国主义情感和集体主义情感都属于伦理的道德情感。

35. C 【解析】自我强化是指对自己表现出的符合或超出标准的行为进行自我奖励。题干中的学生对自己完成家庭作业的奖励就属于一种自我强化。

36. D 【解析】延髓直接关系到人的生命,被称为"生命中枢"。

37. A 【解析】合作学习指学生以主动合作学习的方式代替教师主导教学的一种教学策略。

38. C 【解析】系统脱敏是指当某些人对某事物、某环境产生敏感反应(害怕、焦虑、不安)时,我们可以在当事人身上发展起一种不相容的反应,使其对本来可引起敏感反应的事物,不再发生敏感反应。例如,一个学生过分害怕猫,我们可以让他先看猫的照片,谈论猫;再让他远远观看关在笼中的猫,让他靠近笼中的猫;最后让他摸猫、抱起猫,消除对猫的惧怕反应。

39. C 【解析】从课程内容的组织方式来看,分为分科课程与综合课程;从课程内容所固有的属性来看,分为学科课程与活动课程(经验课程);从课程的表现形式或对学生的影响方式来看,分为显性课程与隐性课程;从对学生学习要求的角度或学生选课的自主性来看,分为必修课程与选修课程。故选 C 项。

40. B 【解析】唐代中央官学主要包括"六学"和"二馆"。六学是国子学、太学、四门学、律学、书学、算学。二馆分别是崇文馆、弘文馆。

41. D 【解析】班主任工作是学校对学生进行德育的一个重要而又特殊的途径。通过班主任,学校可以强有力地管理基层学生集体,更好地发挥各个德育途径的作用。

42. A 【解析】根据观察的情境条件,观察研究法可分为自然观察法和实验观察法。

43. B 【解析】教材是课程资源的核心和主要组成部分。

44. B 【解析】民主管理型的教师善于和集体共同制订计划和做出决定,在不损害集体的情况下,很乐意给个别学生以帮助、指导,尽可能鼓励集体的活动,给予客观的表扬和批评。学生的典型反映是:喜欢学习,喜欢和别人尤其是教师一道工作;学习的质和量都很高,相互鼓励,且独自承担某些责任;不论教师在不在课堂,要改正的问题很少。题干中的学生在明老师不在的情况下,能做到纪律井然有序,这体现出教师的管理方式类型最可能属于民主型。

45. B 【解析】实验教育学的主要代表人物是德国的梅伊曼和拉伊、法国的比纳、美国的霍尔和桑代克。

46. B 【解析】一般来说,群体间竞争的效果取决于群体内的合作,有利于集体主义的培养,在学校教育中通常得到推崇。

47. D 【解析】受教育权是学生最基本的权利。题干中教师的做法侵犯了学生的受教育权。

48. D 【解析】程序性知识即操作性知识,是一种经过学习后自动化了的关于行为步骤的知识,表现为在信息转换活动中进行具体操作。程序性知识是关于事物"做什么"和"怎么做"的知识。因此,题干中李老师给学生讲授解一元二次方程的具体过程和操作步骤属于程序性知识。

49. C 【解析】教学过程应遵循教师主导作用与学生主体作用相统一的规律。一方面要充分发挥教师的主导作用,另一方面要充分发挥学生主体参与教学的能动性。刘老师上课前先了解学生的学习准备情况,然后才设计教学过程,这说明刘老师是教学活动的领导者和组织者,在教学过程中发挥了主导作用。在实际教学中,刘老师不断启发学生思考,调动学生的积极性、主动性,这说明刘老师充分发挥了学生主体参与教学的能动性。故选 C 项。

50. A 【解析】教育部于 2017 年印发的《中小学综合实践活动课程指导纲要》中指出:综合实践活动课程由地方统筹管理和指导,具体内容以学校开发为主,自小学一年级至高中三年级全面实施。故 A 项说法错误。

51. B 【解析】小学生记忆发展的特点有:(1)小学生的有意记忆明显增强,从无意记忆为主转变为有意记忆为主;(2)小学生的意义记忆迅速发展,从机械记忆为主向意义记忆为主过渡;(3)小学生的抽象逻辑记忆水平逐步提高,从具体形象记忆向抽象逻辑记忆的方向发展。故答案选 B 项。

52. D 【解析】有意义学习包含四个要素:(1)学习是学习者自我参与的过程,整个人都要参与到学习之中,既包括认知参与,也包括情感参与,即参与性;(2)学习是学习者自我发起的,内在动力在学习中起主要作用,即自发性;(3)学习是渗透性的,它会使学生的行为、态度以及个性等都发生变化,即渗透性;(4)学习的结果由学习者自我评价,他们知道自己想学什么和学到了什么。故答案选 D 项。

53. A 【解析】同化是指在有机体面对一个新的刺激情境时,把刺激整合到已有的图式或认知结构中。题干中的小朱将新见到的"白天鹅"整合到自己已有的图式"鸭子"中,属于同化的过程。故答案选 A 项。

54. C 【解析】青少年对自身情绪的控制能力有了明显的进步,在情绪表现上逐渐失去了那种毫无掩饰的单纯和率真,能够根据场合的要求隐藏自己的情绪。故题干所述反映了青少年的情绪具有掩饰性。

55. D 【解析】一般迁移也称非特殊迁移、普遍迁移,是指一种学习中所习得的一般原理、原则和态度对另一种具体内容学习的影响,即原理、原则和态度的具体应用。例如,获得基本的运算技能、阅读技能后运用到各种具体的学科学习中。

56. D 【解析】按照问题的组织程度,可把问题分为结构良好问题和结构不良问题。学习者在学科学习中遇到的绝大多数问题都是结构良好问题。例如,"从北京出发乘火车到香港,最好的路线应该怎么走?"其初始状态、目标状态和操作都是具体明确的。结构不良问题并不是指这个问题本身有什么错误或是不恰当,而是指它没有明确的结构或解决途径。例如,怎样培养学生的创新意识?如何激发学生的学习动机?这些都是重要但又无确切的、唯一正确的答案的问题。故D项属于结构不良问题。

57. B 【解析】根据形成途径,课堂纪律一般可分为四类:(1)教师促成的纪律。教师促成的纪律即在教师的指导帮助下形成的班级行为规范。(2)集体促成的纪律。集体促成的纪律即在集体舆论和集体压力的作用下形成的群体行为规范。(3)任务促成的纪律。任务促成的纪律即某一具体任务对学生行为提出的具体要求。(4)自我促成的纪律。自我促成的纪律简单说就是自律,它是在个体自觉努力下由外部纪律内化而成的个体内部约束力。小敏因受到集体压力(上课前大家都在翻看课本)的影响而认为自己也需要提前翻看课本,这属于集体促成的纪律。故答案选B项。

易错提示:考生易混淆课堂纪律的种类,在做题时考生应注意根据题干关键词进行判断。教师促成的纪律强调教师主导形成的纪律,如教师主动要求大家静一静;集体促成的纪律强调群体压力促成的纪律,如大家都在学习,小明也开始学习;自我促成的纪律强调个体自己约束自己;任务促成的纪律强调具体任务形成的纪律,如课堂讨论、当堂测验等。

58. B 【解析】垂直迁移也称纵向迁移,是指先行学习内容与后续学习内容是不同水平的学习活动之间产生的影响。垂直迁移表现在两个方面:(1)自下而上的迁移;(2)自上而下的迁移。B项属于垂直迁移中的自上而下的迁移。

59. C 【解析】道德意志是个体自觉地调节道德行为,克服困难,以实现预定道德目标的心理过程。小丽已认识到随地乱扔果皮纸屑是不对的,但就是改不了,这说明其缺乏道德意志。

60. B 【解析】认同是在思想、情感、态度和行为上主动接受他人的影响,态度和行为与他人相接近。认同实质上就是对榜样的模仿。

61. D 【解析】《新时代中小学教师职业行为十项准则》中"规范从教行为"准则要求教师勤勉敬业,乐于奉献,自觉抵制不良风气;不得组织、参与有偿补课,或为校外培训机构和他人介绍生源、提供相关信息。故何老师组织、参与有偿补课的行为违背了规范从教行为的准则。

62. C 【解析】我国《教师法》明确规定了教师申诉的程序,各级人民政府及其所在部门必须依法在规定的期限内对教师的申诉作出处理决定,使教师的合法权益及时得到保障。

63. D 【解析】教育法律关系的发生、变更和消灭是由一定的客观情况的出现而引起的。通常把能够引起法律关系发生、变更和消灭的客观情况称为法律事实。

64. D 【解析】"甲之熊掌,乙之砒霜"字面意思是同一样东西,对甲来说是"熊掌"(指贵重、有价值的东西),对乙来说却是"砒霜"(指毫无价值,更甚者会拖累自己的东西),这反映了心理是对客观现实的主观映像。

65. A 【解析】班级的大小是影响课堂管理的一个重要因素。这主要基于以下几个原因:(1)班级的大小会影响成员间的情感联系。班级越大,情感纽带的力量就越弱。(2)班内的学生越多,学生间的个别差异就越大,课堂管理所遇到的阻力也可能越大。(3)班级的大小也会影响交往模式。班级越大,成员间相互交往的频率就越低,对课堂管理技能的要求也就越高。(4)班级越大,内部越容易形成各种非正式小群体,而这些小群体又会影响课堂教学目标的实现。因此,A项说法错误,B、C、D三项说法正确。

66. B 【解析】正强化也称积极强化,是通过呈现想要的愉快刺激来增强反应频率。题干中小江的老师因小江正确回答问题而对其进行表扬(愉快刺激),这属于正强化。惩罚是指一个反应之后的一个刺激或事件减少了这个反应发生的可能性。题干中小江的妈妈因房间很乱而批评小江并禁止其玩游戏(厌恶刺激),这属于惩罚。

67. C 【解析】注意的集中性是指心理活动停留在

被选择的对象上的强度或紧张度,它使心理活动离开一切无关的事物,并且抑制多余的活动,以保证注意的对象能得到比较鲜明和清晰的反映。人在注意力高度集中时,除了目标物之外,对自己周围的其他事物就会“视而不见、听而不闻”了。

68. B 【解析】想象的补充功能是指借助想象可以弥补人们认识活动的时空局限,超越个体狭隘的经验范围,获得更多的知识。

69. B 【解析】课堂问题行为是一种普遍行为。课堂问题行为普遍存在,不管是优秀生还是学困生都有可能产生问题行为。所以,B 项说法错误。

70. A 【解析】从教育目的到培养目标到课程目标再到教学目标,它们是一个紧密联系的统一体,上一层次目标制约着下一层次的目标,而下一层次目标是上一层次目标的落实与具体化。

71. B 【解析】相对性评价又称为常模参照性评价,是运用常模参照性测验对学生的学习成绩进行的评价,它主要依据学生个人的学习成绩在该班学生成绩序列或常模中所处的位置来评价和决定学生成绩的优劣,而不考虑是否达到教学目标的要求。题干中陈浩的期中语文测试成绩在班上属于中等水平即属于相对性评价。

方法技巧:考生容易混淆相对性评价、绝对性评价和个体内差异评价。在理解这三个概念时,可把相对性评价理解为“看位置”,绝对性评价理解为“看标准”,个体内差异评价理解为“看自己”。

72. C 【解析】科技活动是以让学生学习和了解科技知识为目的的课外活动,机器人兴趣小组开展的编程交流活动属于科技活动。

73. B 【解析】柏拉图的教育思想集中体现在其代表作《理想国》中。他认为理想国中教育的最高目标是培养哲学家兼政治家——哲学王。故 A 项正确。柏拉图认为女子应和男子受同样的教育,从事同样的职业。故 C 项正确。柏拉图是“寓学习于游戏”的最早提倡者,他要求不强迫孩子学习,主张采用做游戏的方法,在游戏中更好地了解每个孩子的天性。故 D 项正确。亚里士多德首先提出了对青年学生必须进行“智育、德育、体育”三方面教育的理念。故本题选 B 项。

74. A 【解析】20 世纪 60 年代,以美国舒尔茨为代表的西方经济学家,提出了人力资本理论。

75. C 【解析】王老师不严厉批评痴迷上网的同学,而是肯定他的电脑技术并安排他当电脑兴趣组的小组长,主要是想通过依靠、发扬学生自身的积极因素,调动学生自我教育的积极性,克服学生身上的消极因素,这体现的是德育的长善救失原则。

76. C 【解析】教师专业理想是教师个体专业发展的精神内涵,也是推动教师专业发展的巨大动力。

77. C 【解析】斯宾塞在教育内容方面,主张科学知识最有价值。故 A 项正确。亚里士多德的教育观点基本上承袭柏拉图,认为教育应该由国家负责,受国家控制。故 B 项正确。卢梭提出了“自然主义教育”,夸美纽斯提出了“泛智”教育思想,主张“把一切知识教给一切人”。故 C 项错误。福禄贝尔提出要让儿童在游戏中得到发展,他是教育史上第一个承认游戏的教育价值的人。故 D 项正确。

78. C 【解析】教育民主化是对教育的等级化、特权化和专制性的否定。

79. B 【解析】国际上通常认为,高等教育的毛入学率低于 15% 的属精英教育阶段,高于 15% 低于 50% 的为大众化阶段,高于 50% 的为普及化阶段。因此,我国的高等教育处于大众化阶段。

80. D 【解析】廉洁从教的师德规范要求教师要:坚守高尚情操,发扬奉献精神,自觉抵制社会不良风气影响。不利用职责之便谋取私利。

81. D 【解析】受过教育的人口更容易做远距离迁移,小周毕业后选择留在北京工作体现了教育促进人口迁移的功能。

82. B 【解析】形成性评价是在教学过程中为改进和完善教学活动而进行的对学生学习过程及结果的评价。它包括在一节课或一个课题的教学中对学生的口头提问和书面测验。题干中,张老师在课堂上以练习题的形式考查学生的学习结果,符合形成性评价的内涵。

83. D 【解析】职前师范教育阶段是师范生进行专业准备与学习,初步形成教师职业所需要的知识与能力的关键时期,是教师专业化发展的起始和奠基阶段。

84. C 【解析】演示法是指教师通过展示实物、教具和示范性的实验来说明、印证某一事物和现象,使学生掌握新知识的一种教学方法。题干中教师运用的教学方法是演示法。

85. A 【解析】原始社会的教育具有自发性、全民性(普及性)、广泛性、无等级性(平等性)和无阶级性，是原始状态下的教育机会均等，只因年龄、性别和劳动分工不同而有差别。

86. D 【解析】讲解是教师向学生对概念、原理、规律、公式等进行解释、论证。

87. C 【解析】"慎独"标志着一个教师的职业道德修养已达到高度自觉的程度。

88. C 【解析】知行统一原则是指教育者在进行德育时，既要重视对学生进行系统的思想道德的理论教育，又要重视组织学生参加实践锻炼，把提高认识和行为养成结合起来，使学生做到言行一致。贯彻知行统一原则要求教师组织和引导学生参加社会实践，通过实践活动加深认识，增强情感体验，养成良好的行为习惯。题干中某学校开展好习惯训练营活动体现了知行统一原则。

89. C 【解析】癸卯学制是中国近代教育史上第一部由国家颁布的并在全国实行的学制系统，成为中国近代教育走向制度化、法制化阶段的标志。

90. D 【解析】列宁的这段话表明智力的发展依赖于知识的掌握，这体现了掌握知识和发展智力的关系。

二、多项选择题

91. AB 【解析】霍尔提出"一两的遗传胜过一吨的教育"，高尔顿是遗传决定论的创始人，他认为个体的发展及其个性品质早在基因中就决定了，发展只是这些内在因素的自然展开，环境只起引发作用。故A项错误。洛克提出了"白板说"，卢梭提倡"自然主义教育"。故B项错误。吴伟士（武德沃斯）认为，人的发展等于遗传与环境的乘积。故C项正确。董仲舒提出"性三品说"，突出了"先天""命定"性因素在人的发展中的作用。故D项正确。

92. BD 【解析】小强刚上幼儿园，才刚刚学会认字，小强妈妈就给他报了一个作文班，这违背了儿童身心发展的顺序性规律；明知道儿子不喜欢弹钢琴，还给他报了钢琴兴趣班，没有做到因材施教，这违背了儿童发展的个别差异性规律。

93. ABD 【解析】综合课程可分为学科本位综合课程、社会本位综合课程、儿童本位综合课程。

94. ABCD 【解析】有意义学习的条件包括：(1)客观条件。客观条件是指受学习材料本身性质的影响。有意义学习的材料本身必须合乎这种非人为的和实质性的标准，即具有逻辑意义。(2)主观条件。主观条件是指受学习者自身因素的影响。主要表现在：①学习者必须具有有意义学习的心向；②学习者认知结构中必须具有适当的知识，以便与新知识进行联系；③学习者必须积极主动地使这种具有潜在意义的新知识与认知结构中有关的旧知识发生相互作用，结果使旧知识得到改造，新知识获得实际意义，即心理意义。

95. CD 【解析】情绪是原始的、低级的态度体验，与生理需要是否满足相联系，是人和动物共有的；情感是后继的、高级的态度体验，与社会需要是否满足相联系。情感依赖于情绪，具有稳定性、深刻性。情绪带有冲动性，伴随明显的外部表现。情感比较内隐，较为深沉。对人类而言，情绪离不开情感，是情感的具体表现。情绪是情感的外在表现，情感是情绪的本质内容。

96. ABCD 【解析】场依存型的学生对客观事物的判断常以外部线索为依据，其态度和自我认知易受周围环境或背景（尤其是权威人士）的影响，往往不易独立地对事物做出判断，而是人云亦云，从他人处获得标准；行为常以社会为定向，社会敏感性强，爱好社交活动；偏好合作学习的学习方式。场独立型的学生对客观事物的判断常以自己的内部线索（经验、价值观）为依据，不易受到周围环境因素的影响和干扰，倾向于对事物的独立判断；行为常是非社会定向的，社会敏感性差，不善于社交，关心抽象的概念和理论，喜欢独处；偏好自主学习的学习方式。

97. ABCD 【解析】德育目标确立的依据有：(1)青少年思想品德形成、发展的规律及心理特征；(2)国家的教育方针和教育目的；(3)民族文化及道德传统；(4)时代与社会发展需要。

98. ABCD 【解析】促进教师成长的途径有：(1)观摩和分析优秀教师的教学活动；(2)开展微格教学；(3)进行专门训练；(4)进行教学反思。

99. ABCD 【解析】影响师生关系的因素主要有：(1)教师方面，主要是教师对学生的态度、教师领导方式、教师的智慧、教师的人格因素；(2)学生方面，主要是学生对教师的认识；(3)环境方面，主要是学校的人际关系环境和课堂的组织环境。

100. ABCD 【解析】1996年，国际21世纪教育委员会向联合国教科文组织提交了《教育——财富蕴藏其中》的报告，其中最核心的思想是教育应使受教育者学会学习，即教育要使学习者"学会认知""学会做事""学会共同生活（学会合作）"和"学会生存"。

101. BCD 【解析】面对学生的提问,地理老师未能将理论知识与实际天气情况结合起来,违背了理论联系实际原则。直观性与抽象性相结合的原则要求教师做到直观与讲解相结合,而这位老师只关注讲解,未能结合直观的天气情况,违背了这一原则。统一要求与因材施教相统一的原则要求教师既要面向全体学生教学,又要针对学生的特点进行有差别的教学,尽量使每个学生都得到基于现有水平和个性特点的发展。这位老师回避学生的问题,未能做到因材施教。

102. CD 【解析】道德是依赖于整个社会的存在而存在的一种社会现象,品德是依赖于某一个体的存在而存在的一种个体心理现象。故A项说法正确,C项说法错误。品德是社会道德准则在个人思想与行动中的体现,是个性中具有道德评价意义的核心部分。故B项说法正确,D项说法错误。

103. ABCD 【解析】学校咨询活动的基本原则:(1)积极关注和信任来访学生;(2)充分支持和鼓励来访学生;(3)注重来访学生的主动参与;(4)严格为来访学生保密。

104. ACD 【解析】对于积极型的非正式群体,应该支持和保护;对于中间型的非正式群体,要持慎重态度,积极引导,联络感情,加强班级目标导向;对于消极型的非正式群体,要教育、争取、引导和改造;对于破坏型的非正式群体,则要依据校规和法律,给予必要的制裁。

105. AB 【解析】影响知识理解的客观因素有:(1)学习材料的内容;(2)学习材料的形式;(3)教师言语的提示和指导。主观因素有:(1)原有的知识经验背景;(2)学生的能力水平;(3)主动理解的意识与方法。故答案选A、B两项。

106. BCD 【解析】沟通是信息在发送者和接收者之间进行交换的过程。沟通对于学校管理来说,其功能包括:(1)信息传递;(2)控制;(3)激励;(4)情感交流。

107. BCD 【解析】榜样示范法中的榜样包括伟人的典范、教育者的示范、学生中的好榜样等。

108. ABCD 【解析】以语言传递为主的教学方法主要包括:讲授法、谈话法、讨论法、读书指导法。

109. ABD 【解析】依据调查的对象,可将教育调查分为全面调查、重点调查、抽样调查和个案调查。

110. ABC 【解析】钻研教材包括学习学科课程标准、钻研教科书和阅读有关参考资料。

111. AB 【解析】班主任工作总结一般分为两类:全面总结和专题总结,一般在学期、学年末进行。

112. ACD 【解析】贯彻因材施教原则的要求:(1)要坚持课程计划和学科课程标准的统一要求;(2)教师要了解学生,从实际出发进行教学;(3)教师要善于发现每个学生的兴趣、爱好,并创造条件,尽可能使每个学生的不同特长都得以发挥。

113. ABCD 【解析】学校和教师的不作为侵权行为表现形式有:(1)对学生身体状况关照不力;(2)教师对生病或受伤学生救护不力;(3)在履行职责中违反工作要求、操作规程;(4)学校活动组织失职;(5)饮食安全事故;(6)未及时向学生监护人履行告知义务。

114. BCD 【解析】根据《中华人民共和国宪法》第十九条规定,国家举办各种学校,普及初等义务教育,发展中等教育、职业教育和高等教育,并且发展学前教育。

115. ABCD 【解析】《教育行政处罚暂行实施办法》第三章中对教育行政处罚的种类作出了明确的规定,共包括以下十项:(1)警告;(2)罚款;(3)没收违法所得,没收违法颁发、印制的学历证书、学位证书及其他学业证书;(4)撤销违法举办的学校和其他教育机构;(5)取消颁发学历、学位和其他学业证书的资格;(6)撤销教师资格;(7)停考,停止申请认定资格;(8)责令停止招生;(9)吊销办学许可证;(10)法律、法规规定的其他教育行政处罚。故本题答案全选。

三、判断题

116. × 【解析】发现问题是问题解决的开端。

117. √ 【解析】外部学习动机是指诱因来自学习者外部的某种因素,即在学习活动以外由外部的诱因激发出来的学习动机。

118. √ 【解析】网络成瘾又称网络依赖,是指不健康的、病态的、强迫性的过度使用互联网的行为。题干所述为网络成瘾的内涵。

119. × 【解析】学习的元认知策略包括计划策略、监控策略和调节策略。调节策略是指在学习过程中根据对认知活动监视的结果,找出认知偏差,及时调整策略或修正目标。例如:当学习者意识到他不理解课文的某一部分时,他就会退回去重读困难的段落;在阅读困难或不熟的材料时放慢阅读速度等。

120. × 【解析】非正式群体可以分为:积极型、中间型、消极型和破坏型。因此,非正式群体并不都是有害的。

121. √ 【解析】2018年9月,习近平在全国教育大会上的讲话中提出了关于教育的"首要问题"和我国教育的"根本任务"的重要论断。他指出:培养什么人,是教育的首要问题。

122. × 【解析】杜威的"教育无目的论"并非主张真正教育无目的,而是认为无教育过程之外的"外在"目的。

123. × 【解析】教师公正是指教师在教育职业活动中,公平合理地对待和评价全体合作者。其中,公平合理地评价和对待每个学生是教师公正最基本的内容。教师要公正地对待每一个学生,必须走出的误区是对优生的偏爱和对差生的歧视。

124. √ 【解析】格塞尔通过双生子爬梯实验证明了他的"成熟势力说",强调成熟机制对人的发展的决定作用。他认为,胎儿的发育大部分是由基因制约的,这种由基因制约的发展过程的机制就是成熟。格塞尔的观点属于遗传决定论,夸大了遗传的作用。

125. √ 【解析】在现代学校教育中,班级活动完全是一种培养人的实践活动,满足学生发展的需要既是班级活动的出发点,又是班级活动的最终归宿。

四、案例分析题

126. C 【解析】小学生的情绪、情感逐步从冲动性、易变性向平衡性、稳定性方向发展;道德概念也已从直观具体的、比较肤浅的认识逐步过渡到比较抽象的、本质的认识,并开始从动机与效果的统一来评价道德行为;思维开始从具体形象思维为主过渡到抽象逻辑思维为主,但其抽象逻辑思维仍需以具体形象为支柱。C项属于初中生的心理特点。

127. D 【解析】教师在处理学生之间发生的矛盾时,应该给学生倾诉的机会。对于已发生冲突的学生,先不要忙于做出评价,先听一听,让他们有一个倾诉的机会。教师只有在了解事实的基础上,才能做出正确的判断;只有让学生充分宣泄情绪与表达思想,才能心平气和地解决问题。作为老师,应在理解学生的基础上再进行处理。D项是教师恰当的处理态度。

128. ABC 【解析】案例中并未体现出自我批评。

129. D 【解析】专制型师生关系中,教师教学责任心强,但不讲求方式方法,不注意听取学生的意愿和与学生的协作;学生对教师只能唯命是从,不能发挥独立性和创造性,学习是被动的。题干中的王老师从来不会听同学们说什么,王老师说怎么办就必须怎么办,这属于专制型的师生关系。

130. ABC 【解析】案例中的王老师采用专制型的领导方式,将学生看作是教育实践活动的对象,是被教育者、被组织者和被领导者。故D项不选。

山东省教师招聘考试教学基础知识押题试卷(十四)

一、单项选择题

1. C 【解析】品德评价法是通过对学生品德进行肯定或否定的评价而予以激励或抑制,促使其品德健康形成和发展的德育方法。其方式有奖励、惩罚、评比和操行评定等。题干中的某班通过评选学习之星、进步之星以及给学生颁发荣誉奖状等来对学生进行德育,运用的是品德评价法。

2. A 【解析】德育对其他各育起着保证方向和保持动力的作用,体现了社会主义教育的方向。

3. B 【解析】意志的品质包括:意志的自觉性、意志的果断性、意志的自制性、意志的坚韧性(坚持性)。意志的坚韧性是指一个人在行动中坚持决定,百折不挠地克服重重困难去达到行动目的的品质。题干所述属于意志坚持性的概念。

4. B 【解析】人格障碍有很多种类型,如依赖型人格障碍和反社会型人格障碍。反社会型人格障碍有两个特点:一是缺乏对他人的同情与关心;二是缺乏羞耻心与罪恶感。

5. A 【解析】人际智力是指与人交往并和睦相处的能力。人际智力高者善于处理人际关系,善于与人交往。题干表述说明班主任具有很高的人际智力。

6. B 【解析】需要具有对象性,没有客体、没有对象的需要是不存在的。

7. D 【解析】严谨治学要求教师要树立优良学风,刻苦钻研业务,不断学习新知识,探索教育教学规律,改进教育教学方法,提高教育、教学和科研水平。

8. D 【解析】现代教育理论认为,在教育过程中,学生既是认识的客体,又是认识的主体。

9. D 【解析】负向功能指阻碍社会进步和个体发展的消极影响和作用的功能。题干的描述体现了教育的负向功能。

10. D 【解析】指导教学(直接教学)是以教师为中心的教学策略。发现学习、情境教学和合作学习都是以学生为中心的教学策略。

11. A 【解析】强度律是指作为知识的物质载体的直观对象(实物、模像或言语)必须达到一定强度,才能被学习者清晰地感知。刺激过强或过弱都属于不适宜刺激,不能使学生获得清晰的感知,因此,教师在教学中应注意言语的运用,语调柔和亲切、声音适中,辅以一定的手势语言和表情,将更有利于学生的感知;写板书时字迹要清晰,字不要过大或过小,画图时线条粗细要适中,以保证全体学生都能看明白。

12. A 【解析】对同一目的兼具好恶的矛盾心理指的是趋避冲突,小明想打开空调凉爽一下,但又怕感冒,这种冲突属于趋避冲突。

13. C 【解析】改革开放以来,我国于 1985 年、1991 年、1997 年先后三次颁布和修订了《中小学教师职业道德规范》。2008 年 9 月,教育部、中国教科文卫体工会全国委员会联合发布了重新修订的《中小学教师职业道德规范》。

14. C 【解析】班级常规管理是指通过制定和执行规章制度来管理班级的经常性活动。班级民主管理是指班级成员在服从班集体的正确决定和承担责任的前提下参与班级全程管理的一种管理方式。班级民主管理的实质是在班级管理的全过程中,调动学生自我教育的力量,使人人都积极主动地参与班级事务。题干中,班主任通过制定一日常规来稳定班级秩序,运用的是班级常规管理模式;班主任发动学生参与管理,且每项打分都由学生负责,运用的是班级民主管理模式。

15. D 【解析】学生的非正式组织有四种类型:(1)积极型;(2)娱乐型;(3)消极型;(4)破坏型。

16. A 【解析】班会的特征是集体性、自主性和针对性。

17. B 【解析】处在前运算阶段的儿童具有泛灵论的特点,即将人类的特征赋予无生命的物体。他们会认为任何物体都是有生命的。故小伟此时最可能处于前运算阶段。

18. C 【解析】在酝酿阶段,常需要问题的解决者把问题放置一段时间,也许有一天会突然找到了问题解决的方法,这一现象常被称为酝酿效应。题干中强调搁置一段时间后突然产生灵感,故属于酝酿效应。A 项,高原现象是指学生在学习过程中出现一段时间的学习成绩和学习效率停滞不前,甚至学过的知识感觉模糊的现象。不符合题意,排除。B 项,定势(即心向)是指重复先前的操作所引起的一种心理准备状态。不符合题意,排除。D 项,人们把某种功能赋予某物体的倾向称为功能固着。不符合题意,排除。

19. D 【解析】布卢姆把认知领域的教学目标由低到高分为知识、领会(理解)、应用(运用)、分析、综合、评价六级。

20. D 【解析】文纳特卡制是美国人华虚朋于 1919 年在芝加哥市郊文纳特卡镇公立学校实行的教学组织形式。

21. A 【解析】孔子是世界上最早提出启发式教学的教育家,比古希腊教育家苏格拉底提出的"产婆术"早几十年。苏格拉底以其雄辩和与青年智者的问答法而著名,这种问答法亦称"产婆术"。

22. D 【解析】2008 年修订的《中小学教师职业道德规范》的具体要求之一是"教书育人",倡导"教书育人"就是要求教师以育人为根本任务。教师必须遵循教育规律,实施素质教育,以培养学生良好品行,激发学生创新精神,促进学生的全面发展。题干中教师在传授知识的基础上培养学生热爱祖国、积极探索、献身事业的精神,这表明杜老师做到了"教书育人"。

23. A 【解析】马斯洛将人的需要划分为七个层次,分别是生理需要、安全需要、归属与爱的需要、尊重需要、求知的需要、审美的需要和自我实现的需要。前四种需要是缺失性需要,后三种需要是成长性需要。B、C、D 三项为缺失性需要,因此排除 B、C、D 三项。自我实现的需要是最高层次的需要,是在基本需要得到满足后产生的。所谓"自我实现",即追求自我理想的实现,是充分发挥个人潜能、才能的心理需要,也是一种创造和自我价值得到体现的需要。在人自我实现的创造性过程中,产生出一种所谓的"高峰体验"的情感,这个时候是人处于最激荡人心的时刻,是人的存在的最高、最完美、最和谐的状态,这时的人具有一种欣喜若狂、如醉如痴、销魂的感觉。因此,答案选 A 项。

24. D 【解析】人格方面的问题行为，是与学生的个性关联在一起的不良行为，如孤僻退缩、焦虑抑郁等。A、B、C 均属于品行方面的问题行为。

25. A 【解析】建构主义强调学习者本身已有的经验结构，认为学习者在学习新信息、解决新问题时往往可以基于相关的经验，依靠其认知能力形成对问题的解释。B 项属于人本主义学习理论；C 项属于行为主义学习理论；D 项属于认知主义学习理论。

26. B 【解析】教师在履行教育义务的活动中，最主要、最基本的道德责任体现在正反两个方面。正面：教书育人；反面："不要误人子弟"。

27. C 【解析】教师良心的内隐性是指教师良心是隐藏在教师内心深处的一种对教师社会道德责任感、义务感的认识和感情以及自我评价能力，是教师在教育劳动过程中发自"肺腑"的一种内在的精神力量，也是一定社会的道德原则和规范体现在教师内心深处的认识、情感、意志、信念、理想和行为的有机统一。

28. D 【解析】根据《〈教师资格条例〉实施办法》第八条规定，申请认定教师资格者的普通话水平应当达到国家语言文字工作委员会颁布的《普通话水平测试等级标准》二级乙等以上标准。

29. B 【解析】根据《中华人民共和国教师法》第二十五条规定，教师的平均工资水平应当不低于或者高于国家公务员的平均工资水平，并逐步提高。建立正常晋级增薪制度，具体办法由国务院规定。

30. A 【解析】法规的形式效力是指母法与子法、上位法与下位法的层级效力关系。宪法是国家的根本大法，它高于其他一切法律。宪法以下依次是教育基本法、教育单行法、教育行政法规、地方性教育法规和教育规章，后者不能与前者相抵触，法律效力也依次降低。

31. C 【解析】一种感觉兼有另一种感觉的心理现象叫联觉。如红色给人以热烈、紫色给人以高贵、蓝色给人以安静、黑色给人以沉重的感觉等。不同的声音也会产生不同的联觉。题干所述现象为联觉。

32. B 【解析】1877 年，俄国教育家和心理学家卡普捷列夫发表了《教育心理学》一书，这是最早正式以"教育心理学"命名的著作。

33. C 【解析】情绪记忆是个体以曾经体验过的情绪或情感为内容的记忆。娇娇对虫子的害怕属于情绪记忆。

34. B 【解析】学习策略的过程性是规定学习时做什么不做什么、先做什么后做什么、用什么方式做、做到什么程度等诸方面的问题。

35. A 【解析】草履虫是单细胞动物，没有神经系统，所以不存在反射活动，其趋利避害反应属于应激行为。

36. C 【解析】社会自我是指对自己在一定的社会关系和人际关系中的角色、地位、名望等方面的认识。题干所述符合社会自我的含义。

37. A 【解析】最早的智力测验是法国心理学家比纳和西蒙于 1905 年编制的比纳—西蒙智力量表。后经美国斯坦福大学推孟教授的翻译和修订，改名为斯坦福—比纳量表（S－B 量表）。这是目前世界上广泛流传的智力量表。

38. A 【解析】依据情绪发生的强度、持续性和紧张度的不同，可以把情绪状态划分为激情、心境、应激三种。激情是一种爆发式的、猛烈而时间短暂的情绪状态。心境是一种微弱的、持续时间较长的、带有弥漫性的情绪状态。心境一经产生就不只表现在某一特定对象上，而是在相当长的一段时间内，使人的整个心理活动都染上某种情绪色彩，影响人的整个行为表现，成为情绪生活的背景。古语"对花落泪，对月伤情"就是心境对人的影响。应激是出乎意料的紧迫情况所引起的急速而高度紧张的情绪状态。

39. D 【解析】符号学习是指学习单个或一组符号的意义。符号学习的心理机制是符号和它们所代表的事物或观念在学习者认知结构中建立相应的等值关系。

40. B 【解析】概念形成一般经历三个阶段：(1)抽象化；(2)类化；(3)辨别。概念形成首先是要了解客观事物的属性或特征，因此，必须对具体事物的各种特征与属性进行抽象化。

41. B 【解析】合理化（文饰）是指通过无意识地用一种似乎有理的解释或实际上站不住脚的理由来为其难以接受的情感、行为或动机辩护以使其可以接受。吃不着葡萄说葡萄酸，得不到的东西是不好的，这种心理防御机制属于文饰。

42. C 【解析】根据题干描述可知，教师李某的做法侵犯了学生上课学习的权利，这是侵犯学生受教育权的表现之一。因此，李某的做法是不合法的。

43. C 【解析】根据《中华人民共和国教师法》第三

十九条规定,教师对学校或者其他教育机构侵犯其合法权益的,或者对学校或者其他教育机构作出的处理不服的,可以向教育行政部门提出申诉,教育行政部门应当在接到申诉的三十日内,作出处理。

44. A 【解析】我国古代的朱熹是神话起源说的代表人物。

45. C 【解析】德育过程是对学生知、情、意、行的培养与提高过程,贯彻该德育规律的要求是:(1)要注重全面性;(2)要注重多开端性;(3)要注重针对性。

方法技巧:上述题目中乍一看,四个选项都没有问题,特别是C项比较有迷惑性。故考生在理解此知识点时需注意:在学生品德发展过程中,知、情、意、行四个因素的发展往往是不平衡的,有的发展得快,有的发展得慢,故德育更强调针对性,而不是均衡性。

46. A 【解析】在教育研究过程中,文献检索是必不可少的步骤,它贯穿研究的全过程。

47. C 【解析】实习作业法是指教师根据学科课程标准要求,指导学生运用所学知识在课上或课外进行实际操作,将知识运用于实践的教学方法。这种方法在自然学科的教学中占有重要的地位,如数学课的测量练习、生物课的植物栽培和动物饲养等。王老师运用的教学方法是实习作业法。

48. D 【解析】正确的舆论和良好的班风是班集体形成的重要标志。

49. D 【解析】教学中,学生是学习的主人,具有主观能动性,学生对信息的选择与否直接受学生本人的学习动机、兴趣、需要以及所接受的外部要求左右。教师的主导作用是针对能否引导学生积极学习与上进而言的。题干中的周老师注重调动学生的积极性,发挥了教师的主导作用,但教学成功的内因在于学生的主体作用。

50. B 【解析】"保护学生安全"是2008年修订的《中小学教师职业道德规范》中关于"关爱学生"方面所规定的具体职业行为要求。

51. C 【解析】校本课程的开发主体是教师,其主导价值在于通过课程展示学校的办学宗旨和特色,提升学校的办学水平,促进学生的个性发展。根据题干所述,动漫课程属于校本课程。

52. B 【解析】从广义上说,教育是文化的一部分,但教育又是一种非常特殊的文化,因为教育既是文化的构成体,又是文化的传递、深化与提升的手段。这就是教育的双重文化属性。

53. A 【解析】"填空题错了一道,其他题全对,能够非常好地运用循环小数的简便记法等知识"说明孙老师关注学生的知识掌握情况和学习效果,"等级定为优秀"说明孙老师对学生的学业水平进行了评定。孙老师的评语并没有以分数作为评价标准,故A项说法不正确。

54. A 【解析】题干引文出自《论语·里仁》,意为:看见有才能的人(德才兼备的人)就向他学习,希望能向他看齐;看见不贤的人,就反省自己有没有和他一样的缺点,有就要改正。这说明向先进人物学习是教师职业道德修养的重要方法。

55. C 【解析】班级管理的实质是让学生的潜能得到尽可能的开发。

56. D 【解析】教师职业道德修养的最终目的是要养成良好的职业道德行为习惯。

57. C 【解析】能否培养学生的创新精神和实践能力是应试教育和素质教育的本质区别。

58. B 【解析】"授人以鱼,仅供一饭之需;授人以渔,则终身受用无穷"强调了教师在教学中不仅要传授给学生知识,更重要的是发展学生的学习能力。故选B项。

59. B 【解析】个体身心发展的不平衡性(不均衡性)一方面是指身心发展的同一方面的发展速度,在不同的年龄阶段是不平衡的;另一方面是就个体身心发展的不同方面而言的。题干中的王阳明5岁时还不能开口说话,却能默背众多藏书,这说明他在语言方面发展比较晚,而在记忆方面发展较早,即体现了他的身心发展的不同方面的不均衡性。

60. A 【解析】美国学者博比特在1918年出版的《课程》一书,标志着课程作为专门研究领域的诞生,这也是教育史上第一本课程理论专著。

二、多项选择题

61. AD 【解析】桑代克是联结主义学习理论的创始人,提出了尝试—错误说,故A项搭配正确。斯金纳提出了操作性条件作用论,巴甫洛夫提出了经典性条件作用论,故B、C两项搭配错误。有的学习理论既不完全是联结取向的,也不完全是认知取向的,而是介于两者之间的,这种折中理论往往是在联结主义的框架内运用认知主义的术语,其主要代表人物有托尔曼、加涅和班杜拉。因此,加涅的信息加工学习理论是联结—认知理论,故D项搭配正确。

62. BCD 【解析】“万般皆下品，唯有读书高”的意思是在古代只有读书才可以光宗耀祖，其他的都是低级的，读书是为了提高自身地位，属于外部动机；“书中自有颜如玉，书中自有黄金屋”的意思是读书考取功名是人生的一条绝佳出路，考取功名后，能得到财富和美女，也属于外部动机；“为中华之崛起而读书”是为了祖国的强盛而读书，同样是外部动机。“读书是一种乐趣”是对读书本身发生兴趣而产生的动机，属于内部动机。

63. AD 【解析】在教师的人格特征中，有两个重要特征对教学效果有显著影响：一是教师的热心和同情心；二是教师富于激励和想象的倾向性。

64. ABD 【解析】把学生看成是具有独立意义的人，包含三个基本含义：(1)每个学生都是独立于教师的头脑之外，不以教师的意志为转移的客观存在；(2)学生是学习的主体；(3)学生是责权主体。

65. ABC 【解析】2008 年修订的《中小学教师职业道德规范》中关于“爱国守法”方面所规定的具体职业行为要求有：(1)全面贯彻国家教育方针；(2)自觉遵守教育法律法规，依法履行教师职责权利；(3)不得有违背党和国家方针政策的言行。

66. ABC 【解析】布鲁纳主张学习的目的在于以发现学习的方式，使学科的基本结构转变为学生头脑中的认知结构。学习的实质在于主动形成认知结构，学习包括获得、转化和评价三个过程。他认为学生掌握学科的基本结构的最好方法是发现学习。

67. BC 【解析】能力高者，创造力可能高也可能低，故 A 项表述错误。个性心理特征包括能力、气质、性格等，故 B 项表述正确。能力是掌握知识与技能的前提。能力的高低会影响到知识掌握的深浅、难易和技能水平的高低。故 C 项表述正确。流体智力是一种以生理为基础的认知能力，受先天遗传因素的影响较大。一般人在 20 岁以后，流体智力的发展达到顶峰，30 岁以后随着年龄的增长而降低。故 D 项表述错误。

68. ACD 【解析】心理健康主要针对的是健康人群，不包括帮助有心理障碍的人排除心理问题。针对大多数心理健康的学生而言，心理健康教育的目标是培养学生良好的心理素质，预防心理障碍的发生，促进学生心理机能、人格的发展与完善。

69. ABC 【解析】校本课程开发的理念包括：(1)“学生为本”的课程理念；(2)“决策分享”的民主理念；(3)校本课程开发的主体是教师而不是专家；(4)“全员参与”的合作精神；(5)校本课程开发的基础：善于利用现场课程资源；(6)个性化是校本课程开发的价值追求；(7)校本课程开发的性质：国家课程的补充；(8)校本课程开发的运作：同一目标的追求。故本题选 A、B、C 三项。

70. BC 【解析】“通过观察圆的形状，能独立画圆”属于知识与技能目标；“在讨论中掌握圆的特征”属于过程与方法目标。

71. AB 【解析】“盈科而后进”意为泉水遇到坑洼，要充满之后才能继续向前流，体现的是循序渐进原则。C 项体现的是启发性原则，D 项体现的是因材施教原则。

72. ABCD 【解析】操行评定的一般步骤是：学生自评、小组评议、班主任评价、信息反馈。

73. ABD 【解析】黄炎培是我国职业教育的先驱，提倡“大职业教育主义”。

74. ABC 【解析】幻想可分为科学幻想、理想和空想三种形式。

75. ABCD 【解析】教育法律关系主体只有具备以下四个教育法律责任的归责要件，才被认定为教育法律责任主体，并要承担相应的法律后果：有损害事实、损害行为必须违法、行为人主观有过错、违法行为与损害事实之间具有因果关系。

三、判断题

76. × 【解析】长时记忆的容量是无限的。

77. √ 【解析】多元智力理论是由美国心理学家加德纳提出来的。前期，加德纳认为，人的智力结构中存在着七种相对独立的智力，这七种智力在每个人身上的组合方式是多种多样的，每个人在不同领域的智力发展水平是不同步的。有人可能在某一两个方面是天才，而在其余方面却是蠢材；有人可能每种智力都很一般，但如果他所拥有的各种智力被巧妙地结合在一起，则可能在解决某些问题时会显得很出色。这正体现了题干中“人生天地间，各自有禀赋”的说法，故题干说法正确。

78. √ 【解析】大脑左半球是抽象逻辑思维和言语中枢的优势半球，它主要负责言语、阅读、书写、数学运算和推理等；右半球是形象思维和高度空间知觉的优势半球，它主要处理的信息是知觉物体的空间关系、情绪情感、欣赏音乐和艺术等。

79. × 【解析】强化有正强化和负强化之分。正强化是通过呈现想要的愉快刺激来增强反应频率；负强化是通过消除或中止厌恶、不愉快刺激来增强反应频率。故题干说法错误。

80. √ 【解析】奥苏贝尔强调，必须消除对接受学习的误解。接受学习未必都是机械学习，它可以而且也应该是有意义的学习。同样，发现学习未必都是有意义的学习，它也可能是机械学习。

81. × 【解析】劳动技术教育是引导学生掌握劳动技术知识和技能，形成劳动观点和习惯的教育。组织学生参加生产劳动只是劳动技术教育的一个方面。

82. × 【解析】学校观念文化（精神文化）可分解为四种成分，即认知成分、情感成分、价值成分和理想成分。

83. × 【解析】教师公正是教育公正的核心内容，教育公正不仅包括教师公正，还包括教育的制度性公正。故题干说法错误。

84. × 【解析】课程标准规定了学科的教学目标、任务，知识的范围、深度和结构，教学进度以及有关教学方法的基本要求。

85. √ 【解析】在教育过程中，师生之间能够建立并保持经常性的民主、平等、和谐的关系，教育效果就好，反之，教育效果就差。因为在一个没有民主、没有平等、极不协调的师生关系中，反感甚至对立的情绪总是销蚀着学生良好的学习状态和他们对教育理解的能动性，甚至形成对教育的排斥现象。正因为如此，民主、平等、和谐的师生关系日益成为现代教育的重要取向。

山东省教师招聘考试教学基础知识押题试卷（十五）

一、单项选择题

1. B 【解析】新课程倡导民主、开放、科学的课程理念，同时确立了国家、地方、学校三级课程管理政策，这就要求课程与教学相互整合，教师必须在课程改革中发挥主体作用。教师不仅仅是课程的实施者，更应该成为课程的开发者和建设者。题干中的这种认识忽视了教师的这一角色，故选 B 项。

2. B 【解析】在一定的年龄阶段，人的生理与心理两方面就会出现某些典型的、本质的特征，即年龄特征。

3. A 【解析】"集体中心"的领导方式视集体为管理主体，主张信赖而不是怀疑集体，用集体领导的手段管理班级，将班级作为教育的对象。题干所述体现了"集体中心"的领导方式的观点。

4. C 【解析】为深入贯彻落实习近平总书记关于教育的重要论述和全国教育大会精神，全面提升教师思想政治素质和职业道德水平，2019 年 11 月 15 日教育部等七部门印发了《关于加强和改进新时代师德师风建设的意见》。

5. A 【解析】智育的实施途径不仅限于文化课，A 项说法有误。

6. B 【解析】发现学习是指给学生提供有关的学习材料，让学生通过探索、操作和思考，自行发现知识、理解概念和原理的教学方法。

7. C 【解析】注意的分配是指人在进行两种或多种活动时能把注意指向不同对象的现象。题干中，有些演员能够自拉自唱，或者边说话边打快板，这均属于同时进行两种活动，故体现了注意的分配。

8. B 【解析】由于刺激对感受器的持续作用而使感受性发生变化的现象叫感觉适应。适应现象表现在所有感觉中，如听觉适应、视觉适应、嗅觉适应等。题干所述属于听觉适应的典例。故答案选 B 项。

9. C 【解析】共同因素是学习迁移产生的客观必要条件，但不是唯一的条件。因此，答案选 C 项。

10. D 【解析】强化法用来培养新的适应行为。根据学习原理，一个行为发生后，如果紧跟着一个强化刺激，这个行为就会再一次发生。根据题干所述，学生主动出现举手回答问题的行为后，教师就给予表扬、鼓励，此时教师的表扬和鼓励是一个强化刺激，促进了学生行为的下一次发生，因此学生逐渐养成了勇于举手回答问题的行为方式。故题干中教师采用的方法是强化法。

11. C 【解析】演示法是指教师通过展示实物、教具和示范性的实验来说明、印证某一事物和现象，使学生掌握新知识的一种教学方法。题干中的陈老师通过示范性的实验来讲解"二氧化碳的性质"，是对演示法的运用。

12. D 【解析】"5 + 2 = 0"的现象，其中的"5"是指学生在一周的五个学习日内在学校接受的正面教育，"2"是学生双休日回到社会后接触到的消极、负面影响，"0"指教育效果。"5 + 2 = 0"的现象反映的是学校教育与家庭教育和社会教育严重脱节的现象。家访可以增进学校和家庭的交流，体现了教育影响的一致性和连贯性的原则。

13. C 【解析】墨子这句话的意思是：用深一点的知

识去教育程度较深的人,用浅一点知识去教育程度较浅的人,用使其增长的办法对待人的长处,用尊重的态度去对待别人的自尊之处。这说明墨子要求根据学生的知识水平量力而教,体现了量力性原则。

14. B 【解析】古代埃及开设最多的是文士学校。

15. A 【解析】A 项的意思是:仁义礼智都不是外部给予的,而是本身所固有的,只是平时不用心思考、领悟罢了。这体现了内发论的观点。

16. C 【解析】信度是指一个测验量表的可靠程度(或可信程度),它以反复测验时能否提供相同的结果来说明。同一套试卷在程度相当的两个班级的测试结果基本一致,说明此试卷有较好的信度。

17. A 【解析】位置记忆法是一种传统的记忆术,最早被古希腊演讲家使用。它是通过与熟悉的地点顺序相联系来记忆一些名称或者客体顺序的方法。

18. B 【解析】根据国内外的研究和实践,人的心理健康水平大致可划分为三个等级:(1)一般常态心理;(2)轻度失调心理;(3)严重病态心理。

19. A 【解析】布鲁纳认为学习包括三种几乎同时发生的过程,这三种过程是:新知识的获得、知识的转化、知识的评价。本题为选非题,因此选 A 项。

方法技巧:布鲁纳所提出的三个学习过程可以简记为:布鲁纳得(获得)花(转化)甲(评价)。

20. C 【解析】隐私包括个人私生活、个人日记、照片、储蓄及财产状况、生活习惯及通讯秘密等。隐私权是指公民生活中不愿为他人公开或知悉的个人秘密的不可侵犯的人身权利。故李老师私自翻看小麦信件的行为侵犯了小麦的隐私权。

二、双项选择题

21. AB 【解析】从教育目的存在形态上看,有实然的教育目的和应然的教育目的之分。

22. BD 【解析】A 项适合用于基础型课程;C 项适合用于研究型课程。

23. CD 【解析】情感态度与价值观目标强调教学过程中激发学生的情感共鸣,引起积极的态度体验,形成正确的价值观。C、D 项的描述属于情感态度与价值观目标。

24. AB 【解析】"采用视频短片的方式"体现了直观性原则,"引导学生提出问题"体现了启发性原则。

25. AB 【解析】系列位置效应就是指接近开头和末尾的记忆材料的记忆效果好于中间部分的记忆效果的趋势。例如,学习一篇课文时,一般总是开头和结尾部分容易记住,而中间部分则容易忘记。其原因是:课文的开始部分只受倒摄抑制的影响,不受前摄抑制的影响;结尾部分只受前摄抑制的影响,不受倒摄抑制的影响;中间部分则受两种抑制的影响,因而最容易遗忘。

26. AC 【解析】有意义学习的条件:(1)客观条件,是指受学习材料本身性质的影响。有意义学习的材料本身必须合乎这种非人为的和实质性的标准,即具有逻辑意义。(2)主观条件,是指受学习者自身因素的影响。主要表现在:①学习者必须具有有意义学习的心向;②学习者认知结构中必须具有适当的知识,以便与新知识进行联系;③学习者必须积极主动地使这种具有潜在意义的新知识与认知结构中有关的旧知识发生相互作用。所以,学习材料的逻辑意义不能确保产生有意义学习;奥苏贝尔指出接受学习也可以是有意义学习,并且强调学生学习的主要方式是有意义的接受学习。

27. AC 【解析】教学策略的特征包括:(1)指向性;(2)操作性;(3)整体综合性;(4)调控性;(5)灵活性;(6)层次性。

28. BC 【解析】根据结论是否有明确的思考步骤和思维过程中意识的清晰程度和逻辑性,可将意识分为直觉思维和分析思维。

29. CD 【解析】小学三年级处于具体运算阶段。具体运算阶段儿童的思维具有以下特征:(1)去自我中心性(去中心化);(2)可逆性;(3)守恒;(4)分类;(5)序列化。自我中心性属于前运算阶段的思维特点,客体永久性属于感知运动阶段的思维特点。

30. CD 【解析】维持有意注意的条件有:(1)加深对目的任务的理解;(2)合理组织活动;(3)对兴趣的依从性;(4)排除内外因素的干扰,提高意志力水平。故选 C、D 两项。A、B 两项属于引起无意注意的条件。

三、多项选择题

31. BC 【解析】"张老师将事先插在红墨水瓶中的枝条剪下来,分到学生手里,让学生一边剥枝条一边观察"采用的是演示法;张老师提问,学生边观察边回答,体现的是谈话法。

32. ABCD 【解析】学校文化由观念文化(又叫精神

文化）、规范文化和物质文化构成。

33. ABC 【解析】(1)学困生在记忆类型方面的不良表现是:①逻辑型记忆发展较差,非逻辑型记忆较显著;②偏向于运动动作记忆;③具体形象记忆作用较突出,抽象逻辑记忆发展较差;④情绪记忆比较突出,且常有亢进表现,差生常因情绪焦虑、激动而产生深刻的情绪记忆。(2)学困生在记忆品质方面的不良表现是:学困生在记忆广度、记忆速度、记忆精准度、短时记忆、长时记忆等方面都低于学优生,短时记忆差是学困生的一大特点。(3)学困生在记忆过程方面的不良表现是:①学困生的回忆能力比再认能力差;②学困生的复述频率低于其他学生,复述策略水平偏低;③学困生短时记忆向长时记忆转化的过程中编码困难,尤其是语义编码困难。

34. AC 【解析】先行组织者可以分为两类:陈述性组织者(说明性组织者)和比较性组织者。

35. ABCD 【解析】皮亚杰提出了认知发展的阶段理论,将个体的认知发展分为以下四个阶段:(1)感知运动阶段(0～2岁);(2)前运算阶段(2～7岁);(3)具体运算阶段(7～11岁);(4)形式运算阶段(11岁～成人)。

36. BCD 【解析】培养学生问题解决能力具体可从以下几方面入手:(1)培养学生主动质疑和解决问题的内在动机。(2)问题的难度要适当。(3)帮助学生正确表征问题。画草图、列表、写方程式等都是常用的表征问题的方式。B项有助于学生对问题的表征。(4)帮助学生养成分析问题和对问题归类的习惯。故C项正确。(5)提高学生知识储备的数量和质量,指导学生善于从记忆中提取信息。(6)训练学生陈述自己的假设及其步骤,鼓励自我评价和反思。(7)教授与训练解决问题的方法和策略。(8)提供多种练习机会。应避免低水平的、简单的提问或重复的机械练习,防止学生埋没于题海之中,应考虑练习的质量,故A项重复性机械练习的做法是不正确的。(9)训练逻辑思维能力,提高思维水平。故D项做法正确。(10)培养思考问题的习惯。

37. BC 【解析】根据《中华人民共和国教师法》第三十七条规定可知,教师有体罚学生,经教育不改的,由所在学校、其他教育机构或者教育行政部门给予行政处分或者解聘。

38. ABD 【解析】教育研究同所有的科学研究一样,由三个要素组成,即客观事实、科学理论和方法技术。

39. ABCD 【解析】教师个人为实现专业化应做的主观努力有善于学习、勤于反思、恒于研究、勇于实践。

40. BCD 【解析】贯彻德育中导向性原则的要求是:(1)坚持正确的政治方向;(2)德育目标必须符合新时期的方针政策和总任务的要求;(3)要把德育的理想性和现实性结合起来。

四、判断题

41. × 【解析】在德育工作中,尊重信任与严格要求是辩证统一的,尊重和信任是严格要求的前提。爱是严的基础,严是爱的体现,只有把两者紧密结合在一起,才能取得最佳教育效果。

42. × 【解析】学校的建筑属于物质性隐性课程。

43. × 【解析】顺向迁移是指先前学习对后继学习产生的影响,逆向迁移是指后继学习对先前学习产生的影响。故题干说法错误。

44. × 【解析】学习风格没有优劣、好坏之分,只是表现为学生对信息加工方式的某种偏爱,学习风格主要影响学生的学习方式。

45. × 【解析】学生是具有主体性的人,有自己的主动性、选择性、需要性和意志性,可以依靠自己的独立思考主导自己的行为。但同时,学生也是教育的对象,是不成熟的人,具有主体性并不意味着学生的一切都由学生做主。

46. × 【解析】2001年颁布的《基础教育课程改革纲要(试行)》明确规定实行国家、地方和学校三级课程管理体制。制定基础教育课程标准是国家对课程的管理内容之一,学校不能制定课程标准。

47. × 【解析】新一轮的课程改革是全面贯彻党的教育方针,全面推进素质教育。但并不是对传统教学的彻底改变,例如仍保留着传统教学的班级授课的形式。

48. × 【解析】形式教育论认为教学的主要任务在于发展学生的智力,是重智轻知的。实质教育论认为教学的主要任务在于传授给学生有用的知识,是重知轻智的。

49. √ 【解析】个性即个体的独特性,指一个人总的心理面貌。个性心理是由个性倾向性和个性心理特征构成的。个性倾向性和个性心理特征并不是孤立的,它们相互渗透、相互影响。它们在一个人身上独特的稳定的有机结合,就形成了这个人不同于其他人的个性。常言道:“人心不同,各如其面。”就是说每个人都有与别人不同的心理世界。

50. × 【解析】除法律有规定的之外,教育行政复议的决定不是最终决定。

五、简答题(答案要点)

51. 简述班级授课制的优点。

(1)有利于经济有效地大面积培养人才,提高教学效率(同个别教学相比,班级授课制扩大了教学规模,加快了教学速度,提高了教学效率);(2)它以“课”为教学活动单元,能保证学习活动循序渐进,有利于学生获得系统的科学知识;(3)有利于发挥教师的主导作用;(4)有利于发挥学生集体的教育作用;(5)有利于学生德、智、体多方面的发展;(6)有利于进行教学管理和教学检查。

52. 简述良好的记忆品质表现在哪些方面。

(1)记忆的敏捷性,这是记忆的速度和效率特征;(2)记忆的持久性,这是记忆的保持特征;(3)记忆的准确性,这是记忆的正确和精确特征;(4)记忆的准备性,这是记忆的提取和应用特征。

六、案例分析题(答案要点)

53. (1)材料中体现的初中生心理发展的一般特点有以下四条:

①过渡性。初中生处于少年期,是从幼稚走向成熟发展的一个过渡时期,是一个半幼稚、半成熟的时期,是独立性和依赖性、自觉性和盲目性并存的充满矛盾的时期。案例一中,孩子逆反心理严重,会以赖在床上不去上课来表达不满,这体现了初中生半成熟、半幼稚的过渡性。

②闭锁性。初中生的内心世界逐渐复杂,自我、独立意识逐渐增强,开始不大轻易地将内心活动表露出来,显示出闭锁性。案例二中家长和孩子的相处、交流时间减少,不给家长沟通的机会,导致家长不太能够了解孩子的内心活动,体现了初中生心理发展的闭锁性。

③社会性。与小学生相比,初中生的心理常有更大的社会性,因为中学生心理发展在很大程度上取决于社会和政治环境的影响。案例二中孩子周末经常和同学出去打篮球,这体现了初中生心理发展的社会性。

④动荡性。初中生思想比较敏感,对现实变化常常会引起迅速反应,心理起伏大,感情变化快,兴趣容易转移。这个年龄阶段的学生心理很不稳定,易变化,可塑性大,这是心理成熟前动荡不稳的时期,因此,初中生的培养和教育工作在一个人一生的教育中,起着关键性的作用。案例一中孩子的性格倔强、个性刚硬、自尊心特强,逆反心理十分严重,经常和父母及老师发生冲突、顶撞,有很强的抵触情绪,体现了初中生心理发展的动荡性。

(2)如果我是邓老师,我会通过以下方法来教育、引导小林这类学生。

①尊重学生,善于沟通。作为老师我会深入到小林的学习和生活当中,主动和小林做朋友,努力成为小林的“知心人”。帮助小林塑造一个优良的自我心理,发挥其主动性,引导小林的心理朝着积极、健康的方向发展。

②家校合力,共同引导。我会主动和小林的家长进行沟通,告诉家长小林目前出现的情况是初中生的正常表现,让家长不用过多担心。同时,针对小林目前出现的情况和家长一起讨论,想办法解决,利用学校和家庭环境中积极健康的因素对小林进行引导。

③开展班会,进行教育。我会在班级开展一次班会,针对初中生出现的一些现象进行心理健康教育,让学生对自己有一个正确的认知,引导中学生主动地与家长、老师和同学相互交流、了解,帮助他们走出心理闭锁和阴影。

(3)亲爱的家长:

您好!

非常感谢您愿意和我分享孩子的一些情况,作为孩子的老师,我也非常愿意与你共同关注孩子的成长,让每个孩子都能成为更好、更棒的人。

首先,我要和您说并不是只有您的孩子存在这样的问题,这是青春期的一种常见现象。处于这个年龄段的孩子对成人有较强的反抗心理。他们的自尊心高度发展,一方面,他们总以为自己正确,听不进别人的意见;另一方面,他们又感到别人似乎总用尖刻和挑剔的态度对待他们,议论他们的一言一行,所以会出现逆反心理,比如和家长唱反调、不服从家长和老师的管理、不愿意和家长交流等,这是青春期孩子们的共性。只要我们共同努力帮助他们顺利度过这一阶段,他们的成长就会迈进新的阶段。

其次,处于青春期的孩子开始逐渐意识到自己是一个独立的人,他们有自己的思想,作为家长我们不能再用简单、粗暴的方法来对待他们,那样只会适得其反。我们要做的是重视他们的一言一行，在日常生活中多花一些时间来和孩子沟通，了解孩子的所思所想，以平等、尊重、接纳的心态来对待他们，成为孩子无话不谈的好朋友。

最后，希望我的回答可以帮助到您，期望我们可以携起手来，共同成为孩子健康成长的守护者。

黄老师

×年×月×日

54.（1）案例中的班主任在谈话过程中遵循了导向性、疏导、尊重信任学生与严格要求学生相结合的德育原则。

①导向性原则是指进行德育时要有一定的理想性和方向性，以指导学生向正确的方向发展。案例中，班主任王老师通过谈话引导学生正确看待中学生化妆问题，提高了学生的认识水平，贯彻了导向性原则。

②疏导原则是指进行德育时要循循善诱、以理服人，从提高学生认识入手，调动学生的主动性，使他们积极向上。案例中班主任王老师就化妆问题与学生进行悉心探讨，让学生明白青少年应有自然朴素的美，应该有蓬勃向上的气质。

③尊重信任学生与严格要求学生相结合原则是指教育者既要尊重信任学生，又要对学生提出严格的要求，把严和爱有机结合起来，使教育者的合理要求转化为学生的自觉行动。案例中班主任王老师的谈话过程体现了对学生的尊重，同时班主任王老师明确指出了中学生妆容的要求，做到了尊重信任学生与严格要求学生相结合。

（2）案例中的班主任在谈话过程中运用了说服教育法、陶冶教育法。

①说服教育法是通过语言说理，使学生明晓道理，分清是非，提高品德认识的德育方法。这是一种坚持正面理论教育和正面思想引导、增强辨别是非能力、促进道德发展的重要方法。案例中班主任王老师通过谈话正面引导学生，加深学生对化妆的理解，体现了对说服教育法的使用。

②陶冶教育法是教师利用环境和自身的教育因素，对学生进行潜移默化的熏陶和感染，使其在耳濡目染中受到感化的德育方法。案例中班主任王老师先是同学生交流观看电视节目的感受，从学生的情感体验入手，逐渐切入中学生化妆问题，最终取得了良好的教育效果，使学生真切地感受到自然朴素的美。

山东省教师招聘考试教学基础知识押题试卷（十六）

一、填空题

1. 体育课
2. 家庭教育　社会教育
3. 教育学
4. 荀子
5. 集体备课
6. 行为　行为潜能
7. 1903
8. 多元化
9. 形式运算
10. 法律

二、单项选择题

1. C 【解析】生物起源说主张教育的产生完全来自于动物本能，是种族发展的本能需要。
2. D 【解析】狭义的教育指学校教育，A 项理解错误。B 项是从个体的角度来给教育下定义的，这种观点不够全面。C 项，教育具有负向功能，对社会和个体的发展的影响并不总是好的，C 项理解错误。D 项是兼顾社会和个体两个方面给教育下定义的，理解正确。
3. D 【解析】基础型课程注重培养学生的基础学力，注重学生对科学文化基础知识和基本技能的掌握，同时获得智力的发展和能力的培养，即培养学生作为一个公民所必需的以“三基”（读、写、算）为中心的基础教养，是中小学课程的主要组成部分。
4. B 【解析】思维是人脑对客观事物的本质属性与内在联系的概括的、间接的反映。思维具有间接性和概括性两个特点。
5. A 【解析】原型启发是指从其他事物上发现解决问题的途径和方法。对问题解决起启发作用的事物叫原型。题干所述锯子的原型是丝茅草。
6. B 【解析】王老师主持的名师工作室是教师分享知识、共同研究和探讨问题的同伴互助形式，小李老师加入其中，积极参与各项教研活动，很快适应了岗位工作，表明小李老师在专业发展上注重同伴互助。
7. B 【解析】“壬寅学制”是中国近代教育史上最早由国家正式颁布的学制系统，虽然正式公布，但并未实行。故①对应“壬寅学制”。“癸卯学制”是中国近代教育史上第一部由国家颁布的并在全国实行的学制系统。故④对应“癸卯学制”。“壬子癸丑学制”第一次规定了男女同校，废除读经，充实了自然科学的内容，将学堂改为学校。它是我国教育史上第一个具有资本主义性质的学制。故③对应“壬子癸丑学制”。“壬戌学制”采用美国式的六三三分段法，即小学六年、初中三年、高中三年，因此又称“新学制”或“六三三学制”。故②对应“壬戌学制”。

8. C 【解析】巴甫洛夫在研究高等动物的条件反射时发现，动物高级神经系统活动的兴奋和抑制有强度、平衡性、灵活性三种特性。在这三种特性的不同结合中，强—平衡—不灵活所对应的气质类型是黏液质。

9. B 【解析】观察法是指在教育过程中，研究者通过感官或借助于一定的科学仪器，有目的、有计划地考察和描述个体某种心理活动的表现或行为变化，从而收集相关的研究资料的方法。测验法是指用一套预先经过标准化的问卷（量表）来测量某种心理品质的方法。实验法是指根据研究目的，改变或控制某些条件，以引起被试某种心理活动的变化，从而揭示特定条件与这种心理活动之间关系的方法。调查法是通过各种途径间接了解被试心理活动的一种研究方法。在教育心理学研究中，常用的调查方法有问卷法、访谈法等。根据各自的定义可以判断，题干描述中运用的是观察法。

10. D 【解析】教育法律关系的主体是指教育法律关系的参加者，也就是在具体的教育法律关系中享有权利并承担义务的人和组织。我国教育法律关系的主体可分为三类：公民（自然人）、机构和组织（法人）、国家。教育法律关系客体是教育法律关系主体的权利与义务所指向的对象。教育法律关系的客体一般包括物质财富、非物质财富、行为三个大的方面。在本题中张老师和林某是法律关系的主体，支架发明是法律关系的客体。

11. B 【解析】意志的自制性是一个人善于控制和支配自己的情绪，约束自己言行的品质。题干中教师能够控制自己的不愉快情绪，体现了其意志的自制性。

12. B 【解析】一个人的某种人格特点一旦形成，就相对稳定下来了，要想改变它是比较困难的事情。“三岁看大，七岁看老”体现的就是人格的稳定性。

13. A 【解析】学校恐惧症是指学生一进入学校就不由自主地产生一种严重的焦虑和恐惧感。

14. B 【解析】教师职业心理特征包括：(1)教师的认知特征；(2)教师的人格特征；(3)教师的行为特征。

15. B 【解析】智力的性别差异表现在：(1)男女智力的总体水平大致相等，但男性智力分布的离散程度比女性大。(2)男女的智力结构存在差异，各自具有自己的优势领域。如男性的空间知觉能力明显优于女性。故B项说法错误。

16. D 【解析】詹姆斯医生接连杀害数人说明其思想品德出现问题，故在教育过程中应贯彻传授知识与思想品德教育相统一的规律。

17. A 【解析】题干的表述体现的是孩子是具有个别差异且复杂的个体，体现了教师劳动对象的复杂性。

18. D 【解析】新课程倡导教学更为关注人而不只是学科。传统的学校教育以学科为本，重认知轻情感，重教书轻育人，而新课程则强调以人为本，故D选项错误。

19. D 【解析】2008年修订的《中小学教师职业道德规范》中的为人师表要求之一是自觉抵制有偿家教，不利用职务之便谋取私利。题干中薛某的做法违背了不利用职务之便谋取私利这一师德规范。

20. A 【解析】讨论法是全班或小组成员在教师的指导下，围绕某一中心问题发表自己的看法和见解，从而进行相互学习的一种方法。题干中，刘老师让学生各抒己见，充分表达自己的看法，采用的就是讨论法。

三、判断题

1. × 【解析】母鸡带小鸡是动物的本能行为，不属于教育现象。

2. √ 【解析】校本课程的主导价值在于通过课程展示学校的办学宗旨和特色，提升学校的办学水平，促进学生的个性发展。

3. √ 【解析】《关于加强和改进新时代师德师风建设的意见》中提出：把立德树人的成效作为检验学校一切工作的根本标准，把师德师风作为评价教师队伍素质的第一标准。

4. × 【解析】从类型上看，我国现行学制是从单轨学制发展而来的分支型学制。

5. √ 【解析】道德教育的认知模式的特征包括：(1)人的本质是理性的；(2)必须注重个体认知发展与社会客体的相互作用；(3)注重研究个体道德认知能力的发展过程。

6. × 【解析】全面发展的教育同"因材施教""发挥学生的个性特长"并不是对立的、矛盾的。人的发展应是全面、和谐、具有鲜明个性的。

7. × 【解析】教师职业道德修养是将教师职业道德要求转化为自己的信念并付诸行动的活动,简单说,是一种自我锻炼、自我改造、自我陶冶、自我教育的过程。

8. √ 【解析】著名认知心理学家安德森认为,心智技能(智慧技能或智力技能)的形成需经过三个阶段,即认知阶段、联结阶段和自动化阶段。

9. √ 【解析】知觉是在感觉的基础上产生的,它是人脑对直接作用于感觉器官的客观事物的整体属性的反映,现代认知心理学派把知觉看作信息的识别。能够辨别出月季花,是整合头脑中月季花的颜色、形状、气味等多种属性,做出的判断,符合知觉的定义。

易错提示:考生易混淆感觉与知觉。需注意感觉反映的只是单个特征,如视觉、听觉、嗅觉,只有把这些特征综合起来,才叫做知觉。

10. √ 【解析】讲授法可用于传授新知识,也可用于巩固旧知识,是整个教学方法体系中运用最多、最广的一种方法。

11. × 【解析】教学研究课题一般来自教学实践和理论研究之中。中小学教师更贴近一线,他们的教学研究课题一般应来自教学实践中的问题,而不是学术前沿中的问题。

12. × 【解析】批判教育学的基本观点之一是教育目的是要对师生进行"启蒙",以达到意识"解放"。

13. × 【解析】题干的描述是对"素质教育使学生全面发展"的误解。素质教育强调为学生的发展奠定基础,同时又要发展学生的个性,因此素质教育对学生的要求是合格加特长,并不是什么都学好。

14. √ 【解析】加强学习的目的性教育,调动学生学习的主动性,是贯彻启发性原则的首要问题。

15. × 【解析】教师个体的专业发展是教师作为专业人员,从专业思想到专业知识、专业能力、专业心理品质等方面由不成熟到比较成熟的发展过程,即由一个专业新手发展成为专家型教师或教育家型教师的过程。

16. × 【解析】辨别学习是指学会识别多种刺激的异同并对之做出不同的反应。学生对相似的、易混淆的英文单词分别做出正确的反应,属于辨别学习。

17. × 【解析】干扰说认为,遗忘是因为在学习和回忆之间受到其他刺激的干扰。同化说又称认知结构说,认为遗忘是知识的组织和认知结构简化的过程。

18. × 【解析】强化有正强化和负强化之分。正强化也称积极强化,是通过呈现想要的愉快刺激来增强反应频率;负强化也称消极强化,是通过消除或中止厌恶、不愉快刺激来增强反应频率。惩罚是指一个反应之后的一个刺激或事件减少了这个反应发生的可能性。题干中对学生的表扬是属于正强化,但批评运用的不是负强化而是惩罚。

19. √ 【解析】教师自编测验是教师根据教学需要自行设计与编制的,通常没有统一、具体的规定,内容及取样全部由任课教师决定,操作过程容易,适用于测量教师设定的特殊教学目标,作为班内比较的依据。它在学校教学评价中应用最多,也是教师最愿意用的测验。

20. √ 【解析】根据《中华人民共和国教育法》第四十九条规定,学校及其他教育机构在不影响正常教育教学活动的前提下,应当积极参加当地的社会公益活动。

21. × 【解析】一般迁移是将一种学习中习得的一般原理、方法、策略和态度等迁移到另一种学习中去。例如,学习了金属的热胀冷缩原理后,很容易掌握各种金属的一般特征。

方法技巧:在做此类题目时,考生需注意记住以下关键词:强调基本技能、态度、原理、方法等的运用,就属于一般迁移。

22. × 【解析】形式训练说是最早的关于迁移的理论。

23. × 【解析】美国教育心理学家卡芬顿提出自我价值理论,关注人们如何评估自身价值。自我价值理论采用四象模型将动机类型分为四种:(1)高驱低避型;(2)低驱高避型;(3)高驱高避型;(4)低驱低避型。其中,高驱高避型的学生被称作"过度努力者",具有这种动机形式的人同时受到成功的诱惑和失败的恐惧,他们对一项任务怀有既追求又排斥的冲突情绪,他们兼具了成功定向者和避免失败者的特点。对他们而言,焦虑引起并加强了对学习的注意。他们采取的防御方式是用取得成功来避免失败。这类学生通常学习努力、聪明能干,对于大部分没有挑战性的作业和功课,他们会自己提出更高的要求和目标,以赢得老师额外的奖励。表面看他们很好,但事实上他们受着紧张、冲突的严重困扰。为了成功同时又要掩饰自己的努力,他们中就出现了一种"隐讳努力"的现象。他们在同学中尽量表现得贪玩、不在乎考试,但私下里却偷偷努力,拼命学习。这样,成功时,他们的成绩更有价值,更能说明他们的能力过人;即使失败,也可以为自己的失利找到很好的理由,不会被认为无能。

24. × 【解析】教学是学校的中心工作,学校教育工作必须以教学为主。

25. × 【解析】儿童中心课程理论对教师的教学组织水平提出了很高的要求。因此,题干的表述是错误的。

26. × 【解析】教育的长期性是指无论从一个教育活动完成的角度,还是从一个个体的教育生长的角度,其时间周期都比较长。"十年树木,百年树人"就是长期性的体现。

方法技巧:考生应重点掌握教育的以下几个社会属性:

永恒性:教育与人类社会共存亡。

历史性:春秋战国时期"百家争鸣";西汉时"独尊儒术"。

继承性:《论语》《学记》等古代著作中的一些教育理念至今仍被借鉴。

长期性:"十年树木,百年树人"。

27. × 【解析】选修课程的主导价值在于培养和发展学生的个性。

28. × 【解析】教育的多元化是对教育的单一性和统一性的否定。

29. × 【解析】课堂教学是最为常用的教学形式,但不是唯一形式。

30. × 【解析】根据《中华人民共和国义务教育法》第二十四条规定,学校不得聘用曾经因故意犯罪被依法剥夺政治权利或者其他不适合从事义务教育工作的人担任工作人员。

山东省教师招聘考试教学基础知识押题试卷(十七)

一、填空题

1. 单一课
2. 原始形态
3. 罗杰斯
4. 反比
5. 华生
6. 桑代克
7. 检查复习
8. 创造性
9. 创造美
10. 学习需要　学习期待
11. 认知内驱力
12. 康德
13. 人格
14. 奖励性规范
15. 3

二、选择题

1. B 【解析】品德评价法是通过对学生品德进行肯定或否定的评价而予以激励或抑制,促使其品德健康形成和发展的德育方法。它包括奖励、惩罚、评比和操行评定等。题干所述体现了品德评价法的内涵。

2. D 【解析】教师的教学目标是指教学活动结束后学生所能达到的预期标准,也即教育者在教育教学过程中,在完成某一阶段的工作时,希望受教育者达到的要求或产生的变化结果。根据题干所述,老师要求学生在学完"昆虫的种类"这节课后能准确识别昆虫,这属于教师的教学目标。

3. C 【解析】题干中的教师在评上高级职称后仍坚持不断提升自我,表明该教师具有终身学习的意识。

4. D 【解析】布鲁纳认为教学的目的在于理解学科的基本结构。所谓学科的基本结构,是指学科的基本概念、基本原理及其基本态度和方法。

5. ABC 【解析】《中国学生发展核心素养》以科学性、时代性和民族性为基本原则,以培养"全面发展的人"为核心,分为文化基础、自主发展、社会参与三个方面。综合表现为人文底蕴、科学精神、学会学习、健康生活、责任担当、实践创新六大素养,具体细化为人文积淀、国家认同、批判质疑等18个基本要点。

三、判断题

1. × 【解析】行动研究的基本过程大致分为循序渐进的四个环节,即计划、行动、考察和反思。题干的描述顺序有误。

2. × 【解析】教师要以身作则、为人师表,这是教师职业道德区别于其他职业道德的显著标志。

3. √ 【解析】奥苏贝尔在有意义接受学习理论的基

础上提出了认知结构迁移理论,认为可利用性、可辨别性和稳定性(包括清晰性)是影响迁移的三个关键认知结构变量。

4. × 【解析】注意的品质包括注意的稳定性、广度、分配和转移。其中注意的分配是指人在进行两种或多种活动时能把注意指向不同对象的现象。注意的广度也称注意的范围,是指在同一时间内,人们能够清楚地知觉出的对象的数目。

5. √ 【解析】没有文化的更新和创造,就没有文化的真正发展。教育的文化功能,最根本的就是实现文化的创新。

6. × 【解析】课外辅导的对象应包括不同类型的学生,重点集中在学习成绩差的学生身上。

7. √ 【解析】高智力是高创造性的必要条件,但不是充分条件。其关系表现为:(1)低智力不可能具有高创造性;(2)高智力可能有高创造性,也可能有低创造性;(3)低创造性者的智力水平可能高,也可能低;(4)高创造性者必须有高于一般水平的智力。

8. × 【解析】教育法律责任主要有行政法律责任、民事法律责任和刑事法律责任三种方式。

9. × 【解析】教育规律具有客观性;教育方针政策是一定的阶级、集团为了教育上的利益而制定的,具有主观性。所以,教育方针政策不一定能完全并正确地反映教育规律。

10. × 【解析】外铄论认为人的发展主要依靠外在的力量,诸如环境的刺激和要求、他人的影响和学校的教育等。

四、简答题(答案要点)

1. 简述教学过程的基本规律。

(1)间接经验与直接经验相结合(间接性规律);(2)教师主导作用与学生主体作用相统一(双边性规律);(3)掌握知识和发展智力相统一(发展性规律);(4)传授知识与思想品德教育相统一(教育性规律)。

2. 简述我国确立教育目的的理论依据。

(1)人的全面发展;(2)旧式分工造成了人的片面发展;(3)机器大工业生产为人的全面发展提供了基础和可能;(4)社会主义制度是实现人的全面发展的社会条件;(5)教育与生产劳动相结合是"造就全面发展的人的唯一方法"。

3. 简述班杜拉的自我效能感理论。

自我效能感的概念由班杜拉首次提出,是指人对自己能否成功从事某一成就行为的主观判断。班杜拉指出,人的行为受行为的结果因素与先行因素的影响。行为的结果因素是人们通常所说的强化;行为的先行因素就是人在认识到行为与强化之间的依随关系之后产生的对下一步强化的期待。

班杜拉认为,自我效能感的作用表现在:(1)决定人们对活动的选择以及对活动的坚持性。(2)影响人们在困难面前的态度。(3)不仅影响新行为的习得,而且影响已习得行为的表现。(4)影响活动时的情绪。

班杜拉认为,影响自我效能感的因素有:(1)个人自身行为的成败经验;(2)替代经验;(3)言语暗示;(4)情绪唤醒。

4. 如何提高解决问题的能力?

(1)培养学生主动质疑和解决问题的内在动机;(2)问题的难度要适当;(3)帮助学生正确表征问题;(4)帮助学生养成分析问题和对问题归类的习惯;(5)提高学生知识储备的数量和质量,指导学生善于从记忆中提取信息;(6)训练学生陈述自己的假设及其步骤,鼓励自我评价和反思;(7)教授与训练解决问题的方法和策略;(8)提供多种练习机会;(9)训练逻辑思维能力,提高思维水平;(10)培养思考问题的习惯。

五、论述题(答案要点)

1. 试述如何培养学生的创造性想象。

(1)引导学生学会观察,丰富学生的表象储备;(2)引导学生积极思考,有利于打开想象力的大门;(3)引导学生努力学习科学文化知识,扩大学生的知识经验以发展学生的空间想象能力;(4)注意发展学生的语言能力;(5)结合学科教学,有目的地训练学生的想象力;(6)引导学生进行积极的幻想。

2. 试述学校教育在人身心发展中起主导作用的原因。

(1)学校教育具有较强的目的性。学校教育的目的性表现在:①学校的教育目的比较明确;②学校教育的目的比较统一。

(2)学校教育具有较强的系统性。学校教育的系统性表现在四个方面:计划性、组织性、协作性、全面性。

(3)学校教育具有较强的选择性。学校教育的选择性表现在:①是对教育培养目标的选择;②是对教育内容的选择;③是对教育方式、方法和手段的选择。

(4)学校教育具有较强的专门性。学校教育的专门性表现在:①培养人是学校教育的基本职能和中心任务;②学校教育设有比较系统和完整的专门课程;③学校教育主要是通过专门从事教育工作的教师来进行的。

(5)学校教育具有较强的基础性。学校教育的基础性尤其表现在基础教育、普通教育和通识教育中,对人一生的发展具有“定调”乃至“定性”的意义。

山东省教师招聘考试教学基础知识押题试卷(十八)

一、单项选择题

1. A 【解析】再造想象是依据词语或符号的描述、示意,在头脑中形成与之相应的新形象的过程。因此,在阅读鲁迅先生的《孔乙己》时,读者根据书中的描述在脑海中浮现出人物形象的过程属于再造想象。

2. A 【解析】精加工策略是指把新信息与头脑中的旧信息联系起来从而增加新信息意义的深层加工策略。

3. A 【解析】道德感是根据一定的道德标准评价人的思想、意图和言行时所产生的主观体验。它表现在对待国家、集体、工作、事业、学习以及人与人之间的关系等各个方面,如爱国主义情感、集体主义情感、责任感、事业心、荣誉感、自尊心等。因此,小华在为老人让座后产生的自豪感属于道德感。

4. C 【解析】“一方水土养一方人”比喻一定的环境造就一定的人才。不同地域上的人,由于环境的不同、生存方式不同、地理气候不同,导致思想观念不同、人文历史不同、为人处事不同,文化性格特征也不同。这体现的是环境对人的身心发展的影响。A、D两项强调的是个体主观能动性对人的身心发展的影响;B项体现的是遗传对人的身心发展的影响。

5. A 【解析】负强化也称消极强化,是通过消除或中止厌恶、不愉快刺激来增强反应频率。免去额外作业也就是消除或中止厌恶、不愉快刺激,使学生认真听讲。因此,题干所述是负强化。

6. A 【解析】人的行动是以意识为中介,以自觉目的为特征的意志行动,这是人区别于动物的根本标志,是人主观能动性的最突出表现,是意志的首要特征。

7. D 【解析】在教育的诸多矛盾中,受教育者与教育内容这一对矛盾是教育中基本的、决定性的矛盾,因为它是教育活动的逻辑起点。

8. C 【解析】学校教育在人的身心发展中起主导作用,但是并不能解决人发展过程中的所有问题,C项说法错误。

9. A 【解析】坚定教师职业道德信念,是教师职业道德修养的核心问题。

10. A 【解析】附属内驱力在儿童早期表现得最为充分,到儿童后期和少年期,强度有所减弱。

11. A 【解析】教育性原则是指在教育心理学的研究过程中,所采用的研究手段与方法应能促进被试心理的良性发展,这是所有关于人的心理学研究中都应遵从的一个基本伦理道德原则。

12. B 【解析】教育的日常用法大致可以分为三类:一类是作为一种过程的“教育”,表明一种深刻的思想转变过程,如“我从这部影片中受到了一次深刻的教育”中的“教育”;又一类是作为一种方法的“教育”,如“你的孩子真有出息,你是怎么教育孩子的”中的“教育”;再一类是作为一种社会制度的“教育”,如“教育是振兴地方经济的基础”中的“教育”。题干中小刚父母所说的教育就是作为一种方法的“教育”。本题选B项。

13. D 【解析】教育的隐性功能指伴随显性教育功能所出现的非预期性的功能。如教育复制了现有的社会关系、再现了社会的不平等,学校照管儿童的功能等。

14. C 【解析】为促进教学发展,维果斯基认为教师可采用教学支架,进行支架式教学,即在学生试图解决超出当前知识水平的问题时给予支持和指导,帮助其顺利通过最近发展区,使之最终能够独立完成任务。

15. C 【解析】学生焦虑症产生的原因有:(1)学校的统考和应试教育体制使学生缺乏内在自尊;(2)家长对子女期望过高;(3)学生的个性过于争强好胜,缺乏对于失败的耐受力等。故C项说法不正确。

16. C 【解析】动机性遗忘是由一定动机引起的主动性遗忘,是个体自我防御的一种手段,具有主动性和人为性的特点。根据弗洛伊德的观点,动机性遗忘不是有关经验或体验从记忆中完全消失,或者以某些过失行为隐晦地表现出来或出现在梦境中,而是有意识或无意识压抑过去某些不愉快的经验所致。因此本题答案选 C 项。(具体内容参见杨治良、郝兴昌主编的《心理学辞典》)

17. D 【解析】“尺子”在教学评价中相当于标准,题干意在指出评价标准应该多元化。

18. D 【解析】影响学习迁移的因素有学习材料的特点(相似性)、原有的认知结构、对学习情境的理解、学习的心理准备状态(心向)、学习策略的水平、智力与能力、教师的指导。因此,答案选 D 项。

19. B 【解析】题干的意思是:吴国、越国、东夷、北貉之人,刚生下来啼哭的声音都是一样的,长大后风俗习惯却各不相同,就是教育使他们如此的。故题干内容强调了教育对人的身心发展的影响。

20. B 【解析】职业倦怠是个体在长期的职业压力下,缺乏应对资源和应对能力而产生的身心耗竭状态。教师的职业倦怠是在长期工作压力和自身心理素质的互动下形成的,并带来生理、情绪、认知和行为等方面的问题,导致教师出现严重的身心疾病。玛勒斯等人认为职业倦怠主要表现为三个方面:情绪耗竭、去人性化、个人成就感低。题干所述吴老师的表现符合职业倦怠的特征。

二、多项选择题

1. AD 【解析】环境对人的发展的影响要通过个体的主观努力和社会实践活动才能实现。

2. ABCD 【解析】上好课的基本要求包括:(1)教学目标明确;(2)教学内容准确;(3)教学结构合理;(4)教学方法适当;(5)讲究教学艺术;(6)板书有序;(7)充分发挥学生的主体性。

3. ABC 【解析】新课程强调以人为本,关注人是新课程的核心理念——“为了每位学生的发展”在教学中的具体体现。它意味着:(1)关注每一位学生;(2)关注学生的情绪生活和情感体验;(3)关注学生的道德生活和人格养成。

4. AC 【解析】狭义的教育指学校教育,是教育者依据一定的社会要求,依据受教育者的身心发展规律,有目的、有计划、有组织地对受教育者施加影响,促使其朝着所期望的方向发展变化的活动。A、C 两项属于学校教育也即狭义教育的范畴,B、D 两项属于广义的教育范畴。

5. ABCD 【解析】知觉的基本特征包括:(1)知觉的选择性;(2)知觉的理解性;(3)知觉的整体性;(4)知觉的恒常性。

三、判断题

1. × 【解析】题干的描述是对素质教育形式化的误解。素质教育的主渠道是教学,主阵地是课堂。

2. √ 【解析】根据 1988 年、1994 年和 1996 年中共中央颁布的有关决定,我国学校德育内容主要有政治教育、思想教育、道德教育和心理健康教育。

3. √ 【解析】作为国力竞争基础工程的教育,必须培养具有创新精神和实践能力的新一代人才。这是素质教育的时代特征。

4. √ 【解析】教育目的是一种教育理想,属于理想的范畴,具有社会性和时代性,对教育活动具有质的规定性。

5. × 【解析】“活到老,学到老”是现代教育终身性特点的要求。

6. √ 【解析】题干孔子这句话的意思是温习旧知识从而得到新的理解与体会,凭借这一点就可以成为老师了。这表明了孔子对巩固知识的重视,是遵循巩固性原则的体现。

7. × 【解析】地方课程是省级教育行政部门以国家课程为基础,依据当地的政治、经济、文化、民族等发展的需要而开发设计的课程。其宗旨是补充、丰富国家课程,满足地区差异。它是基础教育课程结构的重要组成部分,与国家课程具有平等的地位和作用。

8. × 【解析】少年期充满独立性和依赖性、自觉性和幼稚性错综的矛盾。如果管教过严,会使他们出现逆反心理。要尊重、支持和引导少年独立的要求,丰富少年的内心世界,使其形成正确的自我意识和自我理想。

9. × 【解析】由兴奋过程引起或加强邻近区域的抑制过程称为负诱导;由抑制过程引起或加强兴奋过程称为正诱导。相互诱导可能是同时性的,也可能是继时性的。小张通宵达旦玩游戏,大脑皮层上的兴奋导致第二天无精打采、昏昏欲睡的大脑抑制,就是继时性负诱导。故题干说法错误。

易错提示:考生易混淆兴奋和抑制的相互诱导的内容。考生需牢记:(1)区分同时性与相继性的关键点在于时间,即同时发生为同时性,存在时间差为相继性;(2)区分正诱导和负诱导的关键点在于结果的兴奋与抑制,结果为抑制则为负诱导,结果为兴奋则为正诱导。

10. × 【解析】儿童对自己做错事感到内疚的情感是道德感的体现。

11. × 【解析】结构良好问题是问题的初始状态和目标状态，以及问题解决的方法都是明确的。结构不良问题是指问题没有明确的结构或解决途径。故题干所述为结构不良问题。

12. × 【解析】实验证明，过度学习达到 50%，即学习的熟练程度达到 150% 时，学习的效果最好。

13. × 【解析】感觉器官对适宜刺激的感觉能力叫感受性。但是刺激不一定是来自外界，如引起机体觉的适宜刺激是机体内部器官的活动和变化，接受机体觉刺激的感受器分布于人体各脏器的内壁。

14. √ 【解析】认知失调是态度改变的先决条件。

15. × 【解析】受教育权是学生最基本的权利。常见的侵犯学生受教育权的表现形式主要有：(1)侵犯学生受教育机会的平等权；(2)侵犯学生的入学权；(3)侵犯学生参加考试的权利；(4)随意开除学生。此外，还有侵犯学生上课学习的权利、侵犯学生受教育的选择权、侵犯学生升学复学方面的同等权利、以侵犯姓名权的手段侵犯学生的受教育权、延误学生录取通知书的发放等。题干所述的教师侵犯了学生的受教育权。

四、简答题(答案要点)

1. 简述教师职业道德修养的方法。

(1)加强学习；(2)勤于实践磨炼，增强情感体验；(3)树立榜样，虚心向他人学习；(4)确立可行目标，坚持不懈努力；(5)学会反思；(6)努力做到“慎独”。

2. 如何维护学生的心理健康？

(1)学生个体进行积极的自我调适；(2)学校通过多种方式进行心理健康教育，维护学生心理健康；(3)与家长合作构建社会支持网络。

3. 简述原有认知结构对迁移的影响。

原有认知结构对迁移的影响表现在以下三个方面：(1)学习者是否拥有相应的背景知识，这是迁移产生的基本前提条件。(2)原有认知结构的概括水平对迁移起到至关重要的作用。(3)学习者是否具有相应的认知技能或策略以及对认知活动进行调节、控制的元认知策略对迁移的产生有重要影响。

4. 简述班主任工作的主要内容。

(1)了解和研究学生；(2)有效地组织和培养优秀班集体；(3)协调校内外各种教育力量；(4)学习指导、学习活动管理和生活指导、生活管理；(5)组织课外、校外活动和指导课余生活；(6)建立学生档案；(7)操行评定；(8)班主任工作计划与总结；(9)个别教育工作；(10)班会活动的组织；(11)偶发事件的处理。

五、论述题(答案要点)

1. “教学有法，教无定法，贵在得法。”这句话中的三个“法”分别是什么意思？结合教育理论知识和教育实践谈谈你对这句话的认识。

(1)①“教学有法”是指我们的教育教学活动是有规律可遵循、有法则可遵守、有模式可遵照的，是有可以掌握的基本方法、基本规律的。“教学有法”中的“法”指的是教学活动自身的基本规律和基本方法。②“教无定法”指的是教学的模式、方法、技能等不是机械的、教条的，而是灵活多变、富有个性、充满灵性的。教无定法是我们组织教育教学活动的依据。“教无定法”中的“法”指的是教学的模式、方法、技能等。③“贵在得法”指的是教师将各种教学方法、手段、技巧等恰如其分、灵活巧妙地应用于具体的教学情景中。“贵在得法”中的“法”指的是教师采用的教学手段、方法、技巧等，即科学化的教法。

(2)在实际教学中，教师要想做到“得法”就要选择和运用好教学方法，教师要根据教学目的和任务的要求，课程性质和特点，学生年龄特征，自身的业务水平、实际经验及个性特点等选择适合的教学方法。教师要综合、灵活、创造性地运用教学方法。教学方法运用的综合性是指根据教学任务和教学内容的需要，综合运用多种教学方法，而不要长期只使用一种教学方法；教学方法运用的灵活性是指在实际应用中，要从实际需要出发，随时对其进行调整；教学方法运用的创造性是指从教学实践出发，在把握现有教学方法的基础上有所创造。

2. 试述科尔伯格的道德发展阶段论。

科尔伯格采用“道德两难故事法”进行研究，最典型的就是用“海因茨偷药”的故事，让儿童对道德两难问题做出判断。科尔伯格将道德判断分为三个水平，每一水平包含两个阶段，六个阶段依照由低到高的层次发展。

(1)前习俗水平

前习俗水平大约出现在幼儿园及小学中低年级。该时期的特征是：个体着眼于人物行为的具体结果及其与自身的利害关系,认为道德的价值不决定于人及准则,而是决定于外在的要求。前习俗水平包括两个阶段:①服从与惩罚的道德定向阶段。这一阶段儿童的道德价值来自对外力的屈从或对惩罚的逃避。②相对功利的道德定向阶段(相对功利取向阶段或朴素的利己主义的定向或操作与关系)。这一阶段儿童的道德价值来自对自己要求的满足,偶尔也来自对他人需要的满足。

(2)习俗水平

习俗水平是在小学中年级出现的,一直到青年、成年。这一阶段的特征是:个体着眼于社会的希望和要求,能够从社会成员的角度去思考道德问题;开始意识到人的行为必须符合群体或社会的准则;能够了解、认识社会行为规范,并遵守、执行这些规范。这一水平包括以下两个阶段:①好孩子的道德定向阶段(寻求认可取向阶段或人际关系与补同的定向)。这一阶段儿童的价值是以人际关系的和谐为导向,顺从传统的要求,符合大众的意见,谋求大家的称赞。②维护权威或秩序的道德定向阶段(遵守法规取向阶段)。这一阶段的道德价值是以服从权威为导向,包括服从社会规范,遵守公共秩序,尊重法律的权威,以法制观念判断是非、知法守法。

(3)后习俗水平

该时期的特点是:个体不只是自觉遵守某些行为规则,还认识到法律的人为性,并在考虑全人类的正义和个人尊严的基础上形成某些超越法律的普遍原则。这一水平包括以下两个阶段:①社会契约的道德定向阶段(社会法制取向阶段)。这一阶段仍以法制观念为导向,有强烈的责任心和义务感,但不再把社会规则和法律看成是死板的、一成不变的条文,而认识到了它们的人为性和灵活性,他们尊重法制但不拘泥于法律条文,认为法律是人制定的,不合时宜的条文可以修改。②普遍原则的道德定向阶段。这一阶段以价值观念为导向,有自己的人生哲学,对是非善恶的判断有独立的价值标准,思想超越了现实道德规范的约束,行为完全自律。

3. 在教学过程中,如何正确对待和教育班级中的非正式群体?

(1)对于积极型的非正式群体,应该支持和保护。可以利用其成员间感情密切的特点,引导他们相互学习,取长补短;利用其成员相互信任、说话投机的特点,引导他们开展批评与自我批评;利用其成员间信息沟通迅速的特点,可以及时搜集学生的反映,做到心中有数;利用其归属感强、爱好交际的特点,把正式组织无力顾及的工作交给他们去完成;利用其自发形成的领袖人物威信高的特点,可授予其适当的合法权利,使之纳入班级目标的轨道。

(2)对于中间型的非正式群体,要持慎重态度,积极引导,联络感情,加强班级目标导向。

(3)对于消极型的非正式群体,要教育、争取、引导和改造。

(4)对于破坏型的非正式群体,要依据校规和法律,给予必要的制裁。

六、案例分析题(答案要点)

心智技能也称为智力技能、认知技能,是通过学习而形成的合乎法则的心智活动方式。我国教育心理学家冯忠良通过教学实验,提出了心智技能的形成理论,具体阶段为:

(1)原型定向。原型定向就是了解原型的活动结构,从而使主体明确活动的方向,知道该做哪些动作和怎样去完成这些动作。材料中,教师运用运算规律进行算式的变形,帮助学生明确计算的方向,即教师引导学生进行了原型定向的过程。

(2)原型操作。原型操作是依据智力技能的实践模式,把学生在头脑中已建立起来的活动程序计划以外显的操作方式付诸实施,获得完备的动觉映像的过程。材料中,教师通过出一些类似的题目引导学生进行纸笔操作练习,这是进行原型操作的过程。

(3)原型内化。原型内化,即智力活动的实践模式(原型)向头脑内部转化,由物质的、外显的、展开的形式变成观念的、内潜的、简缩的形式的过程。材料中,学生通过纸笔操作练习,从而产生言语表征,形成熟练的心算技能,这是进行原型内化的过程。